《中国国际贸易单一窗口年鉴》编委会◎编著

中国国际贸易单一窗口年鉴 2023

中国海关出版社有限公司·北京

图书在版编目（CIP）数据

中国国际贸易单一窗口年鉴 . 2023/《中国国际贸易单一窗口年鉴》编委会编著 . —北京：中国海关出版社有限公司，2023. 12
ISBN 978-7-5175-0716-1

Ⅰ. ①中…　Ⅱ. ①中…　Ⅲ. ①国际贸易—贸易管理—中国—2023—年鉴
Ⅳ. ①F752-54

中国国家版本馆 CIP 数据核字（2023）第 213196 号

中国国际贸易单一窗口年鉴 2023
ZHONGGUO GUOJI MAOYI DANYI CHUANGKOU NIANJIAN 2023

作　　者：《中国国际贸易单一窗口年鉴》编委会
责任编辑：文珍妮
出版发行：中国海关出版社有限公司
社　　址：北京市朝阳区东四环南路甲 1 号　　邮政编码：100023
网　　址：www. hgcbs. com. cn
编 辑 部：01065194242-7533（电话）
发 行 部：01065194221/4227/4246/5127（电话）
社办书店：01065195616（电话）
https://weidian. com/?userid=319526934（网址）
印　　刷：固安县铭成印刷有限公司　　经　　销：新华书店
开　　本：889mm×1194mm　1/16
印　　张：19. 25　　字　　数：500 千字
版　　次：2023 年 12 月第 1 版
印　　次：2023 年 12 月第 1 次印刷
书　　号：ISBN　978-7-5175-0716-1
定　　价：300. 00 元

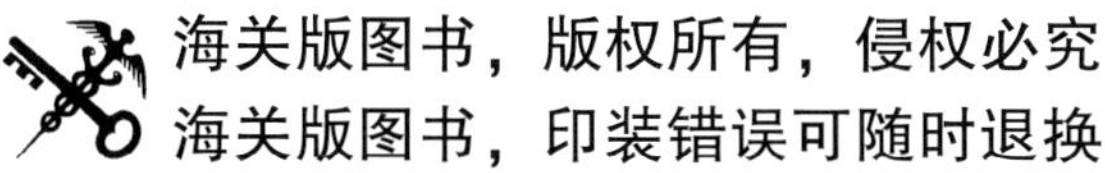

不忘初心 牢记使命

全面推进国际贸易“单一窗口”建设

稳步扩大规则、规制、管理、标准等制度型开放。推动货物贸易优化升级，创新服务贸易发展机制，发展数字贸易，加快建设贸易强国。

——2022年10月16日，中共中央总书记习近平在中国共产党第二十次全国代表大会上的讲话

建议各方共同开展“智慧海关、智能边境、智享联通”和“关铁通”项目合作，促进“经认证的经营者”互认合作，加强国际贸易“单一窗口”建设，提高口岸通关效率。

——2022年11月1日，国务院总理李克强在上海合作组织成员国政府首脑（总理）理事会第二十一次会议上的讲话

要积极支持外贸企业获取订单、稳住市场，保障粮食和能源资源等进口安全，确保外贸物流畅通，推动服务贸易创新发展、发挥更大作用。

——2022年8月17日，中共中央政治局委员、国务院副总理胡春华出席全国稳外贸稳外资扩消费电视电话会议时强调

持续优化口岸营商环境，巩固压缩整体通关时间、压减进出口环节单证工作成效，深化国际贸易“单一窗口”建设。

——2022年4月28日，海关总署党委书记俞建华在总署党委扩大会议暨统筹口岸疫情防控和促进外贸稳增长指挥部会议上强调

不忘初心 牢记使命

全面推进国际贸易“单一窗口”建设

依托国际贸易“单一窗口”创新“通关+物流”服务，提高口岸智慧管理和服务水平。推动部门间物流安检互认、数据互通共享，减少不必要的重复安检。

——《国务院办公厅关于印发“十四五”现代物流发展规划的通知》（国办发〔2022〕17号）

拓展“单一窗口”的“通关+物流”、“外贸+金融”功能，为企业提供通关物流信息查询、出口信用保险办理、跨境结算融资等服务。

——《国务院办公厅关于进一步优化营商环境降低市场主体制度性交易成本的意见》（国办发〔2022〕30号）

利用国际贸易“单一窗口”为企业提供本企业进出货物全流程查询服务。经企业授权和“单一窗口”平台认证，企业申报信息及海关部门处理结果信息可为金融机构开展融资、保险和收付汇等服务提供信用参考。

——《国务院办公厅关于复制推广营商环境创新试点改革举措的通知》（国办发〔2022〕35号）

2022年底前，依托国际贸易“单一窗口”平台，加强部门间信息共享和业务联动，开展进口关税配额联网核查及相应货物无纸化通关试点。

——《国务院办公厅关于印发第十次全国深化“放管服”改革电视电话会议重点任务分工方案的通知》（国办发〔2022〕37号）

推进进口关税配额通关无纸化。会同发展改革委、商务部加快推进关税配额联网核查系统建设，依托国际贸易“单一窗口”加强部门间信息共享和业务联动，实现关税配额线上申请、自动核查核销和无纸化通关。

——《海关总署关于印发促进外贸保稳提质十条措施的通知》（署综发〔2022〕45号）

深化国际贸易“单一窗口”建设，推动“单一窗口”服务功能由口岸通关向口岸物流、贸易服务等全链条拓展。

——《国家发展改革委关于印发长三角国际一流营商环境建设三年行动方案的通知》（发改法规〔2022〕1562号）

除特殊情况外，进出口环节监管证件统一纳入“单一窗口”受理，最大限度实现通关物流环节单证无纸化。

——《商务部等6部门关于高质量实施〈区域全面经济伙伴关系协定〉（RCEP）的指导意见》（商国际发〔2022〕10号）

主动引导银行和中小微企业通过“单一窗口”、外汇局跨境金融区块链服务平台等渠道开展线上保单融资，扩大保单融资客户覆盖面。积极推动银行和外贸企业加强信息共享，充分发挥保单融资“白名单”机制作用强化供应链金融服务，为上下游企业提供增信支持和融资便利。

——《商务部 中国出口信用保险公司关于加大出口信用保险支持做好跨周期调节进一步稳外贸的工作通知》（商财函〔2022〕54号）

不忘初心　牢记使命

全面推进国际贸易“单一窗口”建设

优化推广国际贸易“单一窗口”、电子税务局等信息系统，积极支持引导出口企业采用“非接触”方式办理口岸和跨境贸易领域相关业务。原则上出口企业通过网上渠道提交申报电子数据后，即可申请办理出口退税申报等事项，无需提交纸质资料。税务等部门审核电子数据无问题的，即可办结业务，并通过网上反馈办理结果。

进一步提升出口退税申报便利水平，实现企业通过税务信息系统申报出口退税时自动调用本企业出口报关单信息，通过国际贸易“单一窗口”申报出口退税时自动调用本企业购进的出口货物的发票信息。持续扩大出口退税申报“免填报”范围，为企业高效申报退税创造便利条件，进一步提升申报效率。

——《税务总局等十部门关于进一步加大出口退税支持力度促进外贸平稳发展的通知》（税总货劳发〔2022〕36号）

不忘初心 牢记使命

全面推进国际贸易“单一窗口”互联互通

2022年6月8日，“中国+中亚五国”外长第三次会晤通过《关于深化“中国+中亚五国”互联互通合作的倡议》。倡议提出拓展中国同中亚国家“智慧海关、智能边境、智享联通”合作试点，探讨开展国际贸易“单一窗口”、电子证书联网等领域的交流与合作。

2022年7月4日，澜沧江—湄公河合作第七次外长会发布《关于在澜沧江—湄公河合作框架下深化海关贸易安全和通关便利化合作的联合声明》。声明提出持续完善边境口岸基础设施建设，提升海关监管服务水平，优化通关流程，加速推进“单一窗口”和“经认证的经营者”合作，推动《区域全面经济伙伴关系协定》高效落实，持续优化口岸营商环境。

2022年10月31日，《中华人民共和国海关总署和巴基斯坦海关关于国际贸易“单一窗口”合作的框架协议》签署，作为习近平主席同巴基斯坦总理夏巴兹·谢里夫会晤成果之一发布。

2022年11月1日，《中华人民共和国海关总署和新加坡关税局关于“单一窗口”互联互通联盟链及通关物流全流程状态信息共享功能上线的联合声明》发布，宣布联盟链及其上运行的通关物流全程状态信息共享服务将于2022年年底上线。

2022年11月28日，《中华人民共和国海关总署和蒙古国海关总局关于国际贸易“单一窗口”合作的框架协议》签署，作为习近平主席同蒙古国总统呼日勒苏赫会晤成果之一发布。

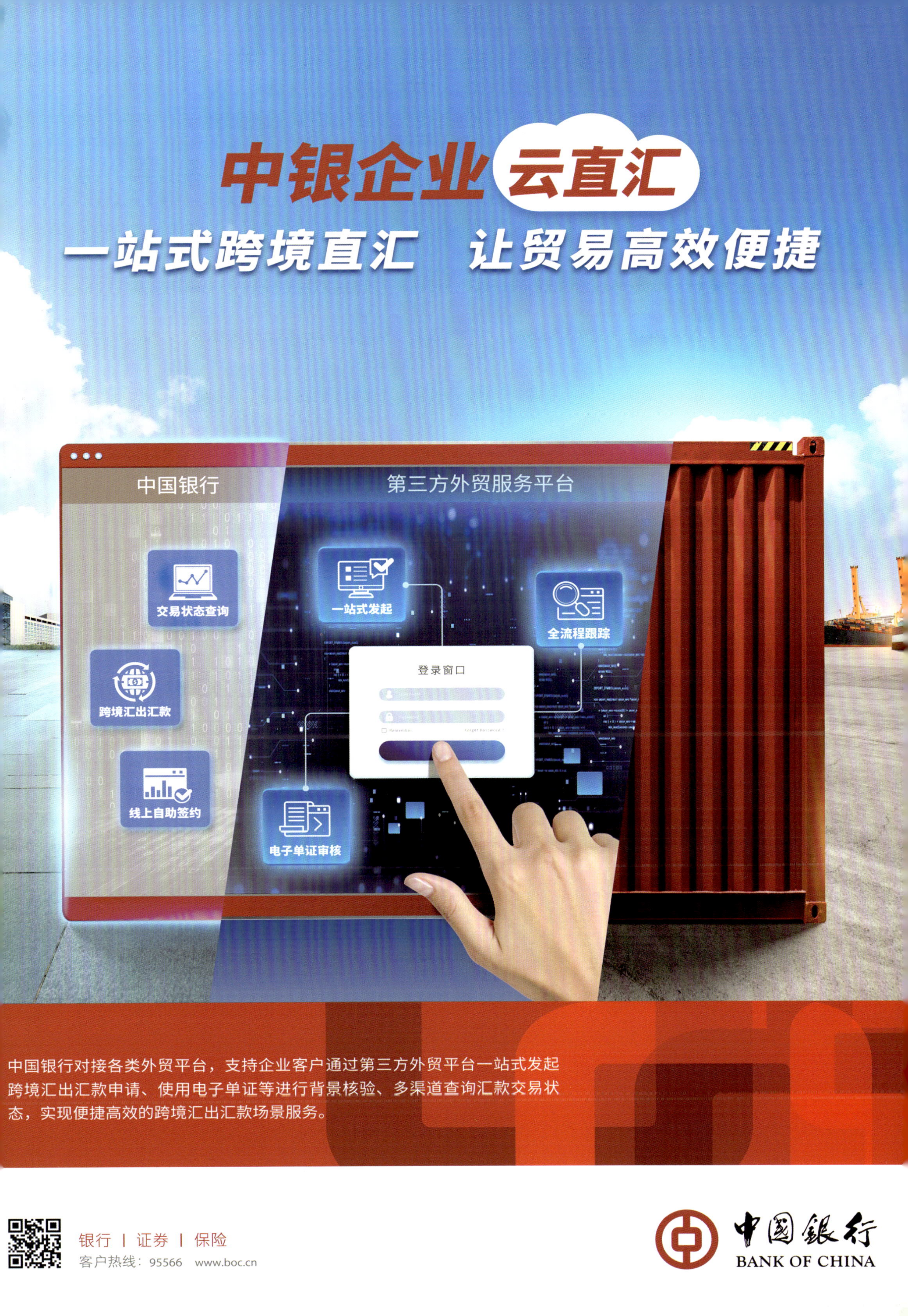
中银企业云直汇
一站式跨境直汇 让贸易高效便捷
中国银行
第三方外贸服务平台
交易状态查询
跨境汇出汇款
线上自助签约
一站式发起
全流程跟踪
登录窗口
电子单证审核
中国银行对接各类外贸平台，支持企业客户通过第三方外贸平台一站式发起跨境汇出汇款申请、使用电子单证等进行背景核验、多渠道查询汇款交易状态，实现便捷高效的跨境汇出汇款场景服务。
银行 | 证券 | 保险
客户热线：95566 www.boc.cn
中国银行
BANK OF CHINA

交通银行
BANK OF COMMUNICATIONS

Contents

目　录

标准版发展篇

地方发展篇

法规文件篇

中国国际贸易
单一窗口
年鉴

标准版[①]发展篇

BIAOZHUN BAN FAZHAN PIAN

2023

① 标准版为国际贸易“单一窗口”标准版的简称。

综　述

2022年是党的二十大召开之年，也是实施“十四五”规划承上启下的关键之年，在全国口岸和各相关部门的共同努力下，国际贸易“单一窗口”千方百计助企纾困、多措并举促进外贸保稳提质，在持续优化服务功能、不断延伸服务链条、积极服务国家重大发展战略、稳步推进跨境互联互通等方面取得了长足进步。

一、持续深化“单一窗口”基本功能建设

（一）推进属地查检系统建设及“云签发”模式推广应用

一是完成“单一窗口”系统与属地查检系统对接改造，对货物申报系统、海关事务联系单系统进行升级开发，增加属地查检电子底账申请、预约查检等功能服务。二是依托“单一窗口”建设应用“云签发”功能模块，为企业提供出境检验检疫电子证书申请、查询及自助打印等便捷服务，实现将传统的现场领证模式转为线上自主办理新模式。其中，属地查检电子底账申请、出口预约查检服务及“云签发”功能于2022年12月28日至2023年3月31日在满洲里、大连、宁波、武汉、长沙、黄埔6个关区开展试点；进口预约查检服务可在全国关区应用。

（二）上线技术贸易措施服务企业点对点直通车系统

依托“单一窗口”建设技术贸易措施服务企业点对点直通车系统，该系统于2022年11月8日作为第五届中国国际进口博览会“非关税贸易措施高质量发展论坛”四项创新措施之一正式发布，为出口企业提供技术性贸易措施查询、风险预警、订阅推送等服务，助力企业拓展国际市场，打造国际竞争新优势。

（三）完成棉花、粮食进口关税配额管理系统建设

会同国家发展改革委依托“单一窗口”建设上线棉花进口关税配额管理系统、粮食进口关税配额管理系统，实现棉花、粮食进口关税配额申请、审批、下达全程在线办理。

（四）不断推出更多便企服务

优化升级进口食品境外生产企业注册系统、“掌上单一窗口”、“单一窗口”新版门户网站等，开发上线进出口商品检验采信、边民互市贸易、边角料网上拍卖等服务，不断提升企业办事便

利度。

二、进一步增强口岸跨部门信息共享和业务协同

（一）全面实施进口关税配额联网核查

会同国家发展改革委、商务部完成进口关税配额联网核查系统建设，发布联合公告，自 2023 年 1 月 1 日起全面实施进口关税配额联网核查、无纸化通关，企业凭电子配额证即可线上办理通关手续，发证部门可通过海关反馈数据实时掌握配额证使用情况。

（二）进一步优化出口退税服务

根据《税务总局等十部门关于进一步加大出口退税支持力度　促进外贸平稳发展的通知》（税总货劳发〔2022〕36 号），会同国家税务总局相关部门完成"单一窗口"出口退税功能适应性改造并上线运行，实现对简化出口退（免）税办理流程、精简出口退（免）税报送资料、推广出口退（免）税证明电子化开具和使用、完善出口退（免）税收汇管理等一系列便利化措施的系统功能支持，更好地服务市场主体。

三、有序推进"单一窗口"功能向跨境贸易全链条延伸覆盖

（一）与银行、保险机构合作对接，稳步推进金融保险服务扩大试点

"单一窗口"金融服务对接大型金融机构增至 20 家，为企业提供跨境结算、授信融资贷款、出口信用保险等各类普惠金融服务，为中小微企业纾困解难，支持外贸实体经济发展，累计办理国际结算 579 亿美元、国际融资 465 亿元人民币、出口信用保单 34 万份，惠及进出口企业 30 余万家。

（二）积极依托"单一窗口"推进航空物流公共信息平台建设

新增跨境贸易便利化专项行动部署城市浙江杭州，指导福建、广东、海南、陕西、浙江等地试点建设，推进航空口岸各市场主体之间标准融合、信息共享、业务协同和流程优化，有效提升了航空物流便利化水平。据测算，航空口岸进出港物流作业效率最高提升 90%。厦门、海南、深圳、陕西试点平台已陆续上线运行。

（三）在全国海运口岸持续推广通关物流全程评估系统

天津、上海、浙江、广西、广东、山东、福建等地已实现系统对接，促进海运口岸物流作业环节数据采集和信息交换。与各试点地区建立"一对一"联系沟通机制，共同分析排查系统推广有关数据指标和数据传输质量，进一步提高数据质量。

四、积极支持指导各地方及区域性“单一窗口”建设

（一）支持“单一窗口”西部陆海新通道平台建设

在“单一窗口”门户网站开设“单一窗口”西部陆海新通道服务专区，上线智能通关、业务协同、数据应用、国际合作 4 大板块 11 项服务功能，支持企业便捷查询沿线地区班列计划、实时在线订舱和享受智能制单服务，有效提升通关物流业务协同和便利化水平。

（二）支持海南自由贸易港建设

上线“一线放开、二线管住”加工增值扩区试点等特色服务功能，推动海南自由贸易港特色服务功能整合集成，便利企业“一站式”办理海南特色业务。“单一窗口”门户网站海南自由贸易港服务专区已于 2022 年 12 月 28 日正式上线。

（三）支持上海合作组织地方经贸合作示范区建设

支持指导中国—上海合作组织地方经贸合作综合服务平台建设，平台（一期）于 2022 年 11 月 25 日正式上线，并在“单一窗口”门户网站开设服务专区，为企业提供集通关便利、智慧物流、贸易撮合、金融服务于一体的全流程综合服务，促进中国与上海合作组织国家间经贸合作高质量发展。

（四）推动粤港澳大湾区“单一窗口”互联互通

开展与香港、澳门地区“单一窗口”互联互通先行先试，上线粤澳货物“一单两报”和“澳车北上”服务功能，推动建设“港车北上”信息管理服务系统，实现港澳两地货物申报和车辆北上手续全程线上办理。

五、稳步推进与境外“单一窗口”互联互通合作

推进与“一带一路”共建国家（地区）开展互联互通合作，2022 年，先后与东盟、巴基斯坦、哈萨克斯坦、泰国、古巴、伊朗、柬埔寨、印度尼西亚、白俄罗斯、蒙古国、俄罗斯等开展常态化合作磋商并推动协议签署；将“单一窗口”合作纳入《中华人民共和国海关总署与越南社会主义共和国财政部海关总局关于确定优先合作领域的谅解备忘录》。与新加坡深化“单一窗口”合作，推进“单一窗口”互联互通联盟链及通关物流全程状态信息共享功能建设上线，打造国际合作示范工程。指导青岛与韩国、大连与日本、厦门与南非等金砖国家、深圳与港澳地区依托“单一窗口”开展跨境信息交流与合作。积极参加联合国有关机构、世界贸易组织（WTO）、世界海关组织（WCO）、国际航空运输协会（IATA）等国际组织活动，参与《经修订的京都公约》及其指南、《海关与港口合作指南》等国际标准规则制修订，提升中国“单一窗口”影响力。

六、 持续强化制度建设和运维服务

（一）加强应用项目建设和管理统筹

制定《“十四五”期间国际贸易“单一窗口”深化建设方案》《国际贸易“单一窗口”应用项目管理办法》，配套上线应用项目管理系统，建立应用项目基础库，统筹全国“单一窗口”建设与管理。

（二）完成年度安全检查工作

在全国范围部署开展2022年度“单一窗口”安全检查，包括安全自查和渗透性测试等工作，发现涉及26个地区共计77个漏洞。其中，高危漏洞8个、中危漏洞27个、低危漏洞42个；江苏未发现漏洞，北京、辽宁、厦门、江西、甘肃、青海6个地区未发现高、中危漏洞。各地方根据测试结果及整改建议，及时修复系统安全漏洞，加固有关系统设施，全面完成整改工作。相比2021年，漏洞总数量减少34.7%，高危漏洞数量减少86.4%，整体安全情况较2021年有较大提升。

（三）开展参数服务开放试点

通过服务接口方式对外开放企业规范申报所迫切需要的部分参数，增加货物一体化申报服务接口，目前在浙江开展试点应用。

（四）做好培训宣传工作

持续开展“单一窗口”企业使用情况问卷调查，建立完善企业反馈问题台账和问题跟踪解决闭环机制。按期发布“单一窗口”季度和年度通报、服务月报、运行周报等。通过微信公众号、新浪微博等发布220篇“单一窗口”宣传文章，举办19场系统功能操作线上培训。

2022年，“单一窗口”基本功能由19大类781项扩大到22大类819项，累计注册用户由502万家增加到646万家，服务覆盖全国所有口岸和各类特殊区域，基本满足企业“一站式”业务办理需求，核心系统可用性达99.9%。

大事记

1月1日

“单一窗口”经核准出口商管理系统上线，提供经核准出口商认定、变更、续展、注销以及货物信息管理、原产地声明开具、核查互动等服务。

1月25日

中国（深圳）国际贸易单一窗口航空物流公共信息平台上线运行。

2月24日

中国—东盟第二次“单一窗口”技术磋商会在线上召开。

3月4日

“单一窗口”金融服务上线南京银行预约开户、签约管理、国际结算等功能。

3月10日

中国（广东）国际贸易单一窗口粤澳货物“一单两报”服务功能上线，在横琴粤澳深度合作区应用。

3月24日

“单一窗口”金融服务上线招商银行预约开户、签约管理、国际结算等功能。

3月30日

中国—哈萨克斯坦首次“单一窗口”合作磋商会在线上召开。

“单一窗口”金融服务上线工商银行出口托收、进口代收及其项下押汇功能，并成功办理首票业务。

4月6日

“单一窗口”西部陆海新通道服务专区上线，提供智能制单、通关物流业务协同、铁路订舱与物流追踪、新加坡港物流动态共享等服务。

4月12日

中国（海南）国际贸易单一窗口航空物流公共信息平台正式上线运行。

4月19日

中国—泰国首次“单一窗口”合作磋商会在线上召开。

4月21日

中国—东盟第二次“单一窗口”合作磋商会在线上召开。

4月28日

国家口岸管理办公室副主任党晓红出席国务院政策例行吹风会，就优化“单一窗口”出口退税功能进一步助企纾困等答记者问。

中国—古巴首次“单一窗口”合作磋商会在线上召开。

“单一窗口”应用项目管理系统上线运行。

5 月 17 日

中国—伊朗首次“单一窗口”合作磋商会在线上召开。

5 月 24 日

“单一窗口”舱单和货物运抵状态查询功能上线，支持通过提单号一键查询舱单和运抵状态信息。

5 月 28 日

“单一窗口”边民互市贸易服务功能上线，提供边民互市申报主体备案、进出境（口）单据申报查询等服务。

6 月 6 日

“单一窗口”邮政联网缴税功能上线，提供线上汇总邮政缴款书、线上代缴行邮税等功能。

6 月 13 日

“单一窗口”金融服务支持中小微企业发展调查问卷在“单一窗口”门户网站首页发布。

6 月 22 日

中国—东盟第三次“单一窗口”技术磋商会在线上召开。

7 月 1 日

“单一窗口”新版门户网站上线。新版门户网站优化了应用功能布局，增加了参数数据实时展示、应用新特性展示、专题特色展示等新功能，以多元化视角面向用户提供快捷便利的综合服务。

“单一窗口”金融服务上线兴业银行“跨境 e 贷”功能，并成功办理首票业务。

7 月 6 日

中国—印尼首次“单一窗口”合作磋商会在线上召开。

7 月 12 日

“单一窗口”海关查验通知速查功能上线，提供一键模糊查询服务。

7 月 19 日

国家口岸管理办公室与中国工商银行在北京签署《国际贸易“单一窗口”金融服务联合创新实验室合作共建协议》。

7 月 20 日

中国电子口岸数据中心与中国建设银行国际业务部在北京签署《中国电子口岸数据中心与中国建设银行股份有限公司深化合作协议》，进一步提升“单一窗口”金融服务质效。

7 月 26 日

中国—柬埔寨首次“单一窗口”合作磋商会在线上召开。

8 月 8 日

“单一窗口”棉花进口关税配额管理系统上线，实现棉花进口关税配额申请、审批、下达全流程在线办理。

8月18日

中国—东盟第四次“单一窗口”技术磋商会在线上召开。

9月6日

中国—白俄罗斯首次“单一窗口”合作磋商会在线上召开。

“单一窗口”海关通知查询功能上线，提供查验通知、重传补传通知、拟证出证通知、待办事项通知、电子底账通知、电子底账查验通知查询等服务。

9月7日

“单一窗口”进口非冷链货物高污染风险通知功能上线。

9月23日

中国—蒙古国首次“单一窗口”合作磋商会在线上召开。

9月30日

“单一窗口”粮食进口关税配额管理系统上线，实现粮食进口关税配额申请、审批、下达全流程在线办理。

10月19日

中国—东盟第三次“单一窗口”合作磋商会在线上召开。

10月31日

《中华人民共和国海关总署和巴基斯坦海关关于国际贸易“单一窗口”合作的框架协议》签署，作为习近平主席同巴基斯坦总理夏巴兹·谢里夫会晤成果之一发布。

11月1日

中国海关总署和新加坡关税局发布关于“单一窗口”互联互通联盟链及通关物流全流程状态信息共享功能上线的联合声明。

“单一窗口”边角料网上拍卖系统（统一版）上线，加工贸易企业可通过该系统以网络公开竞价的形式，将可内销的加工贸易边角废料转让。

“单一窗口”金融服务上线中国银行国际信用证功能。

11月8日

“单一窗口”技术贸易措施服务企业点对点直通车系统上线，作为海关总署主办的“非关税贸易措施高质量发展论坛”四项创新措施之一发布。

11月15日

“单一窗口”金融服务上线中信银行“信保贷”功能。

11月16日

中俄海关“单一窗口”建设机制和运行情况研讨会在线上召开。

11月25日

“单一窗口”中国—上海合作组织地方经贸合作综合服务平台（专区）上线，提供集通关便利、智慧物流、贸易撮合、金融服务于一体的全流程综合服务。

11月28日

《中华人民共和国海关总署和蒙古国海关总局关于国际贸易“单一窗口”合作的框架协议》签署，作为习近平主席同蒙古国总统呼日勒苏赫会晤成果之一发布。

11 月 29 日

中国—东盟第五次“单一窗口”技术磋商会在线上召开。

11 月 30 日

中国—巴基斯坦第二次“单一窗口”合作磋商会在线上召开。

12 月 1 日

“单一窗口”进出口商品检验采信管理系统上线，提供采信机构资质申请、上传检验报告、信息公示等服务。

12 月 26 日

海关总署、国家发展改革委、商务部发布联合公告，于 2023 年 1 月 1 日起，依托“单一窗口”全面实施进口关税配额联网核查、无纸化通关。

中国（陕西）国际贸易单一窗口航空物流公共信息平台上线运行。

12 月 28 日

“单一窗口”海南自由贸易港服务专区上线，便利企业“一站式”办理海南自由贸易港特色业务。

中新（加坡）通关物流全流程状态信息分享服务功能正式上线运行，该功能基于中新“单一窗口”互联互通联盟链打造。

“单一窗口”属地查检及检验检疫证书“云签发”系统上线，提供电子底账申请、检验检疫电子证书申请和自助打印等服务。

标准版功能推广应用情况

一、2022 年标准版主要功能申报业务量统计

表 1　2022 年标准版主要功能申报业务量统计表

应用类别	序号	应用项目	业务部门	全年（票）				应用率
				一季度	二季度	三季度	四季度	
一、货物申报	1	货物申报	海关总署	17900498	19336519	20558912	19014238	100%
	2	其他		1827950	2592025	2751123	2950294	/
二、舱单申报	3	舱单（水运）	海关总署	58891100	62370513	62692373	56492837	100%
	4	舱单（空运）		18240688	18681254	20026963	18844405	100%
	5	舱单（公路）		1443898	1779812	2521236	2647558	100%
	6	舱单（铁路）		403834	455669	480080	467977	100%
三、运输工具	7	运输工具（水运）	海关总署	612159	708788	757979	749214	100%
			交通运输部海事局	161901	193673	191608	181763	100%
			移民管理局	101362	118985	138835	137105	100%
	8	运输工具（空运）	海关总署	448903	416567	429600	449039	100%
	9	运输工具（公路）	海关总署	146038	153894	162432	182613	100%
四、企业资质	10	企业资质办理	海关总署 商务部	393863	413114	384414	334781	/
五、原产地证	11	海关原产地证	海关总署	1558904	1753974	1919943	1726198	/
	12	贸促会原产地证	贸促会	71474	88009	91255	82325	6.05%
六、许可证件	13	民用爆炸物品进口审批单	工信部	262	209	252	186	100%
	14	民用爆炸物品出口审批单	工信部	198	121	182	175	100%
	15	有毒化学品进出口环境管理放行通知单	生态环境部	1	3	3	7	100%
	16	农药进出口放行通知单	农业农村部	42188	53232	44805	40900	100%
	17	合法捕捞产品通关证明	农业农村部	2046	2673	2523	2818	100%

续表

应用类别	序号	应用项目	业务部门	全年（票）				应用率
				一季度	二季度	三季度	四季度	
六、许可证件	18	自动进口（机电）	商务部	339	301	384	431	1.99%
	19	自动进口（非机电）	商务部	7234	6443	8993	8521	6.77%
	20	出口许可证	商务部	778	1007	866	880	0.78%
	21	援外项目任务通知单	商务部	385	521	613	387	100%
	22	黄金及黄金制品进出口准许证	人民银行	173	0	0	0	/
	23	银行调运人民币现钞进出境证明	人民银行	24	14	25	32	100%
	24	进口广播电影电视带（片）提取单	广电总局	5	9	82	77	100%
	25	音像制品（成品）进口批准单	新闻出版署	5	6	7	7	100%
	26	野生动植物允许进出口证明书	林草局（濒管办）	5059	6160	6080	152	100%
	27	《濒危野生动植物国际贸易公约》允许进出口证明	林草局（濒管办）	7931	6981	9875	9197	100%
	28	非《进出口野生动植物种商品目录》物种证明	林草局（濒管办）	75	106	402	249	100%
	29	药品进出口准许证	药监局	385	343	461	318	/
	30	进口药品通关单	药监局	8552	9247	10757	10337	100%
七、税费支付	31	税费支付	海关总署 人民银行	4498697	4515546	4684594	4904855	100%
八、出口退税	32	出口退税	税务总局	0	0	0	0	/
九、加贸保税	33	加工贸易	海关总署	5200892	5789487	5941324	5437636	/
十、物品通关	34	展览品	海关总署	62	36	36	36	100%
	35	快件		25724146	25005297	29193941	28126020	100%
	36	公自用物品申报		20684	21554	26226	23005	100%
十一、跨境电商	37	跨境电商	/	843993266	1187702388	1222480656	1273806705	100%
合计				981715959	1332184480	1375519840	1332184480	

说明：

（1）每日业务量的统计区间为前一日 17 时至当日 17 时；应用率=12 月日均业务量/业务量基数，应用率“/”表示不纳入本年度达标考核。

（2）业务量基数：许可证件以当日全口径数据为基数。

二、2022 年各地方业务量统计

（一）2022 年新增业务量分地区统计

表 2 2022 年新增业务量分地区统计表

单位：票

地区	货物申报（报关）	舱单申报	运输工具	企业资质	原产地证		税费支付	加贸保税	物品通关	跨境电商	合计
					海关	贸促会					
北京	1783431	8654195	130612	56796	40898	307	114138	449837	3892016	—	15122230
上海	20074226	106204160	900030	113231	492037	2369	194875	1155938	14792518	—	143929384
天津	2308222	10650678	216099	28641	83174	6092	30663	680251	8336502	—	22340322
重庆	854881	1180950	43102	11130	28775	0	27128	323171	2265785	—	4734922
河北	143083	210029	100767	43685	112039	556	24593	249721	376	—	884849
山西	57816	2536	711	11076	15273	72	3577	136656	361	—	228078
内蒙古	278779	1949110	71644	12500	21376	30	23120	68171	598474	—	3023204
辽宁	1351841	5081654	195282	33916	152516	856	62739	426841	9212357	—	16518002
吉林	85275	59494	2996	6785	12468	0	7615	127142	488	—	302263
黑龙江	200297	298614	40083	8413	14978	18	1055	62014	602932	—	1228404
江苏	5266912	4232114	397223	252503	757453	1269	618735	1023210	10009	—	12559428
浙江	2025991	3724389	367246	105976	1150057	290364	88099	1290900	53730	—	9096752
安徽	382383	78189	4810	25651	112822	889	42000	104772	11307	—	762823
福建	442870	1109355	131456	16762	90719	2431	20605	311372	6601	—	2132171
江西	167103	22884	1680	19832	52340	496	14320	266475	204	—	545334
山东	5863476	30394870	596111	153436	907697	1647	383111	2429507	7611867	—	48341722
河南	470082	2575033	90813	86673	90462	678	18490	530018	902614	—	4764863
湖北	580596	541781	28756	36841	66456	95	52688	448492	1791479	—	3547184
湖南	237452	114396	12001	26977	45115	597	34068	90906	1024999	—	1586511
广东	8983516	29972639	1236033	147702	1143853	3651	373286	3768518	25323917	—	70953115
广西	538437	2043267	179995	30096	146982	0	271	159280	197	—	3098525
海南	129450	340703	39866	52819	11094	4	8044	262984	103	—	845067
四川	1139183	1768273	60539	27752	24516	249	40755	1221016	62332	—	4344615
贵州	16220	5	94	5352	6430	5	1657	52163	74	—	82000
云南	353567	1270086	229648	18714	93475	164	1710	78430	216037	—	2261831
西藏	7418	6190	0	621	10	0	688	53	4	—	14984
陕西	466252	357538	16232	14997	19475	53	1409	502391	4466457	—	5844804

续表

地区	货物申报（报关）	舱单申报	运输工具	企业资质	原产地证		税费支付	加贸保税	物品通关	跨境电商	合计
					海关	贸促会					
甘肃	5986	10	192	2411	4752	584	1508	29619	101	—	45163
青海	232	1	0	991	535	0	85	339	17	—	2200
宁夏	17492	0	17	2989	5646	58	959	29504	59	—	56724
新疆	409257	1434181	38909	19161	16054	11	14635	215508	40	—	2147756
宁波	5977798	50909737	160267	34440	411984	13169	48723	1078185	3658972	—	62293275
厦门	2666882	14587397	173320	39339	252513	234	56370	466260	2273080	—	20515395
深圳	13495065	42626083	870877	115572	571065	11304	1281818	4329695	20867933	—	84169412
合计	76781471	322400541	6337411	1563780	6955039	338252	3593537	22369339	107983942	—	548323312

（二）2022 年业务量分地区统计（监管证件）

表 3　2022 年业务量分地区统计表（监管证件）

单位：票

地区	民用爆炸物（进口）	民用爆炸物（出口）	有毒化学品进出口	农药进出口	合法捕捞通关证明	自动进口（机电）	自动进口（非机电）	出口许可证	援外任务通知单	黄金及制品进出口	银行调运现钞进出境	进口广播电影电视节目	音像制成品进口	野生动植物	一般公约证书	非公约证书	药品进出口	进口药品通关单	合计
北京	131	148	0	2100	179	0	542	0	1005	320	0	165	25	684	776	51	154	7173	13453
上海	0	0	0	22944	131	7	14	0	13	169	0	2	0	5813	13214	1	0	7147	49455
天津	0	12	0	1533	40	556	11	0	4	26	0	0	0	268	70	12	997	1313	4842
重庆	3	3	0	299	0	1	148	0	0	2	0	0	0	59	82	1	0	790	1388
河北	0	0	0	6099	0	1	0	0	60	0	0	0	0	144	64	0	0	605	6973
山西	0	113	0	48	0	1	0	0	48	0	0	0	0	0	5	0	2	52	269
内蒙古	0	5	0	452	0	0	906	0	0	0	0	0	0	1	10	0	0	16	1390
辽宁	0	4	0	1788	1667	3	26	0	27	0	0	0	0	342	70	0	52	458	4437
吉林	0	0	0	2	4130	0	43	0	0	0	0	0	0	162	283	55	49	57	4781
黑龙江	0	0	0	37	100	0	240	0	13	0	10	0	0	84	6648	0	0	141	7273
江苏	329	0	0	58094	27	12	8	0	240	41	0	0	0	506	797	0	0	4546	64600
浙江	274	0	0	19268	341	0	342	0	4	12	0	0	0	1346	1211	0	36	2279	25113
安徽	0	0	0	6352	0	4	18	0	0	0	0	0	0	176	229	0	26	877	7682
福建	0	0	0	3070	140	9	1	0	0	2	0	0	0	488	767	0	0	106	4583
江西	0	0	0	1822	0	17	133	0	18	0	0	0	0	45	92	0	0	149	2276

续表

地区	民用爆炸物(进口)	民用爆炸物(出口)	有毒化学品进出口	农药进出口	合法捕捞通关证明	自动进口(机电)	自动进口(非机电)	出口许可证	援外任务通知单	黄金及制品进出口	银行调运现钞进出境	进口广播电影电视节目	音像制成品进口	野生动植物	一般公约证书	非公约证书	药品进出口	进口药品通关单	合计
山东	22	37	0	28075	2408	55	1610	0	116	133	0	0	0	1456	187	44	155	918	35216
河南	0	0	0	745	1	1	378	0	23	0	0	0	0	410	36	0	0	133	1727
湖北	0	2	0	1748	0	1	2	0	15	2	0	0	0	129	123	0	0	235	2257
湖南	0	19	0	1594	298	0	0	0	46	0	0	0	0	483	143	0	0	174	2757
广东	0	0	0	2260	2	89	68	0	58	21	78	0	0	1494	3336	0	0	5962	13368
广西	0	0	0	156	0	3	0	0	0	0	0	0	0	162	302	4	0	551	1178
海南	0	0	0	29	0	0	0	0	0	0	0	0	0	339	517	0	0	821	1706
四川	0	1	0	4270	0	0	129	0	20	0	0	0	0	84	328	211	0	466	5509
贵州	0	31	0	19	0	0	0	0	0	0	0	0	0	32	244	0	0	21	347
云南	0	237	0	756	0	8	985	0	98	3	6	0	0	170	590	371	0	1474	4698
西藏	0	0	0	0	0	0	0	0	0	0	0	0	0	0	7	3	0	35	45
陕西	150	47	0	439	0	0	3	0	41	3	0	0	0	510	175	2	0	479	1849
甘肃	0	0	0	34	0	0	1	0	38	0	0	0	0	78	156	1	0	3	311
青海	0	0	0	0	0	0	0	0	0	0	0	0	0	0	2	68	0	5	75
宁夏	0	0	0	1102	0	0	11	0	0	0	0	0	0	0	1	0	0	9	1123
新疆	0	2	0	7	0	0	6	0	15	0	0	0	0	4	0	0	0	346	380
宁波	0	6	0	7970	14	0	56	0	0	8	0	0	0	1137	290	0	12	76	9569
厦门	0	0	0	519	313	0	0	0	1	0	7	0	0	248	571	0	0	27	1686
深圳	0	0	0	6714	267	696	25473	0	3	8	0	0	0	521	2264	0	0	1449	37395
合计	909	667	0	180345	10058	1464	31154	0	1906	750	101	167	25	17375	33590	824	1483	38893	319711

（三）2022 年业务量分地区统计（出口退税）

表 4　2022 年业务量分地区统计表（出口退税）

地区	外贸版				生产版			
	申报退税（笔）	退税金额（万元）	涉及报关单（张）	企业数（家）	申报退税（笔）	退税金额（万元）	涉及报关单（张）	企业数（家）
北京	33904	841885. 729398	141750	2327	4580	533791. 046	96304	665
上海	747	12566. 175792	2454	208	208	6253. 41376	2436	56
天津	113	6132. 334777	701	20	50	5584531. 19	916	12

续表

地区	外贸版				生产版			
	申报退税（笔）	退税金额（万元）	涉及报关单（张）	企业数（家）	申报退税（笔）	退税金额（万元）	涉及报关单（张）	企业数（家）
重庆	49	303. 982938	548	6	2	1069. 40409	33	1
河北	704	17257. 747327	4688	129	127	4248. 27416	876	31
山西	5	37. 67983	4	2	0	0	0	0
内蒙古	4	1. 363872	4	2	3	1. 231539	1	1
辽宁	93	456. 641664	186	10	28	308. 073313	166	7
吉林	5	0. 221368	1	1	3	290. 110362	63	2
黑龙江	797	15298. 177729	3137	129	0	0	0	0
江苏	9396	130991. 157106	52487	1489	4233	356281. 418	93077	650
浙江	553	1393. 166209	776	65	870	17980. 1254	4958	346
安徽	45	224. 161043	58	14	27	1168. 32035	79	11
福建	0	0	0	0	12	275. 202073	130	3
江西	8921	276402. 367517	63552	944	5239	300682. 734	47719	773
山东	433	6331. 277441	1672	67	150	11631. 6609	2837	43
河南	36	262. 38333	48	11	41	627. 076328	410	10
湖北	296	3985. 366832	773	55	284	12683. 9184	2932	68
湖南	210	9080. 347626	2840	27	46	1314. 24021	326	17
广东	377	3048. 84227	1159	68	511	24660. 1656	6837	91
广西	105	1223. 03856	545	15	48	325. 709142	276	10
海南	286	14071. 15702	939	30	73	12621. 0524	2276	9
四川	113	674. 974876	252	27	119	287572. 4	104405	25
贵州	57	1146. 806772	227	9	18	187. 611279	45	5
云南	29	194. 148997	54	10	4	1	1	
西藏	0	0	0	0	0	0	0	0
陕西	582	18680. 132512	6312	29	9	6. 054972	6	3
甘肃	33	329. 629404	87	6	24	917. 595962	44	3
青海	10	832. 797209	103	1	0	0	0	0
宁夏	17	44. 234185	14	6	36	6178. 28084	784	8
新疆	6	23. 068391	5	1	0	0	0	0
宁波	126	19471. 035836	432	13	53	5586281. 59	3731	10
厦门	263	4543. 447637	3534	42	24	467. 621258	137	5
深圳	868	11860. 449655	10720	190	109	12496. 2498	1875	20
大连	13	34. 638261	33	2	0	0	0	0
青岛	166	798. 969739	321	34	9	51. 80583	16	5
合计	59362	1399590	300416	5989	16940	12764900	373696	2890

中国国际贸易
单一窗口
年鉴

地方发展篇

DIFANG FAZHAN PIAN

2023

北京市

一、综述

2022年，北京市积极优化口岸营商环境，持续提升跨境贸易便利化水平，推动中国（北京）国际贸易单一窗口（以下简称北京“单一窗口”）建设，积极拓展地方特色功能应用，上线冬奥无纸化通关管理系统、数据资产保管箱和中介服务评价系统。北京“单一窗口”不断提升服务质量，一是新冠疫情期间，通过服务热线、微信群、即时远程、免费上门等多种服务方式，为进出口企业提供更多便利；二是加强宣传推广工作，促进“贸易科技联盟”成立，开展高质量宣传培训，进一步提升北京“单一窗口”社会影响力。

二、运行情况

（一）运行数据

截至2022年年底，北京“单一窗口”本地累计注册企业9887家。全年货物申报178.34万票，舱单申报865.42万票，运输工具申报13.06万票，企业资质办理5.68万票，原产地证申领4.12万票，税费支付11.41万票，加贸保税44.98万票，物品通关389.20万票，监管证件1.35万票，出口退税3.85万笔。北京“单一窗口”空港电子货运平台在北京大兴机场累计完成车辆备案5315次，交货预约100次，提货预约516次，货运卡口放行车辆493次，查验21票。

（二）运行维护

2022年，北京“单一窗口”运维团队共完成46次硬件和软件例行巡检、69次应用版本更新部署工作。

1. 日常运维

对应用系统进行日常巡检、监控及维护操作，对企业提供数据对接、应用系统常见问题咨询解答、系统需求反馈及统计服务。具体包括：主动制定运维监控巡检脚本，监控部署在政务云机房相关服务器的操作系统、CPU、内存、磁盘空间、网络设备以及应用服务运行情况，每周定期执行运维脚本形成运维巡检记录。根据《中国（北京）国际贸易单一窗口安全自查表》完成相关安全检查工作，并提交安全自查报告。

2. 基础环境运维

从网络安全、主机及存储、数据库、中间件等维度开展基础性保障和维护工作，确保北京“单一窗口”系统安全稳定运行。具体包括：定期对东方通 Rabbit MQ 软件日志文件进行清理备份，保障中间件服务正常运行；定期对神通数据库进行维护，定期备份数据库文件，定期归档数据库文件到火星舱虚拟磁带库；制定网络监控脚本，实时监控网站访问情况，及时处理网络故障；建立长效沟通响应机制，及时解封企业 IP，保障企业正常开展北京“单一窗口”业务。

3. 应急处理

制订系统应急预案，确立应急处理机制，提供“7×24 小时”应急处理服务。具体包括“7×24 小时”电话技术支持服务、节假日运维支持服务、系统应急演练服务、工程师驻场服务、应用系统运维服务、日志检查服务、应急突发事件处置服务等。

4. 重点保障工作

做好北京冬奥会、冬残奥会，疫情防控，全国两会，“双 11”购物节等特殊时期运维保障工作，运维团队 24 小时值班，确保北京“单一窗口”相关业务正常运行。

（三）宣传推广

2022 年，北京“单一窗口”专家热线累计服务 4. 3 万人次；按照企业类型构建 12 个微信服务群，在线受理问题上万条；热线邮箱受理邮件 360 封；在线客服受理问题 711 条；通过预约业务专家“一对一”远程或上门服务 27 次。北京“单一窗口”微信公众号发布文章 170 篇，门户网站发布资讯 290 条。

1. 建立多渠道服务方式

一是在 95198 统一热线服务基础上，开通北京“单一窗口”专家热线，为本地企业提供专业、快捷的问题解决通道。二是在线服务方面，向企业提供“7×24 小时”在线服务。三是在远程服务方面，提供即时远程技术支持服务，通过 VPN 远程、Windows 远程、腾讯远程等方式，解决企业各类疑难问题。四是在上门服务方面，组织专业技术骨干，根据企业需求，免费为企业提供上门服务，及时排除企业遇到的各类问题。

2. 推动“贸易科技联盟”成立

2022 年 9 月 2 日，“贸易科技联盟”在 2022 年服贸会高峰论坛之 2022 中国电子商务大会上正式成立。“贸易科技联盟”由北京“单一窗口”联合中国电子口岸数据中心北京分中心、北京微芯区块链与边缘计算研究院、电子商务交易技术国家工程实验室、普华永道、富士康、中外运等机构发起。“贸易科技联盟”将加快研究可信贸易协作网络的数据标准、共识机制和应用架构，推动构建安全、高效的贸易数据共享技术体系。

3. 开展高质量推广培训工作

2022 年，北京“单一窗口”共组织线上培训会 13 场，参训企业 986 家、1436 人。同时，增加线上直播形式培训，惠及企业近万家。

三、特色应用

（一）冬奥无纸化通关管理系统

北京“单一窗口”联合冬奥组委、北京海关开发上线冬奥无纸化通关管理系统。该系统基于区块链技术，实现了企业、冬奥组委、海关之间的数据共享，提高了北京冬奥会、冬残奥会暂时进境物资通关效率。北京冬奥会、冬残奥会期间，该系统在线签发316份《北京2022年冬奥会和冬残奥会进境物资证明函》，涉及来自31个国家（地区）的约968.4吨物资，为涉奥暂时进境物资高效通关提供了便利。

（二）数据资产保管箱

截至2022年12月，北京“单一窗口”数据资产保管箱已有近600家企业使用，共计上链存证管理近20类800多万条业务单据信息；帮助10余家企业获得了AEO高级认证；帮助100余家企业进行跨境电商资金扶持项目申报、档案借阅和数据共享授权，实现资金申请与审核工作线上化，保障审计数据的公正性。完成15家跨境电商产业园区的申报材料线上共享提交，为跨境电商产业园区评审提供了更便捷的途径。

（三）中介服务评价系统

为推进中介机构服务信息公开，提高中介服务业务水平，北京“单一窗口”中介服务评价系统于2022年6月上线试运行，并邀请试点企业开展中介机构服务情况评价。该系统面向跨境贸易中介服务领域，通过建立对中介服务企业多维度的评价体系，展示中介服务企业的运营情况及服务质量，为广大货主企业和中介服务企业搭建一个更全面、客观、便捷的中介机构服务评价平台。

四、大事记

2月4日—20日

北京“单一窗口”上线冬奥无纸化通关管理系统，为来自世界各地的涉奥物资提供一站式通关便利服务。

6月24日

举办北京“单一窗口”数据资产保管箱应用实践宣讲会，共计近40家企业、100余人次参会。

6月26日

北京海关保障914件故宫文物通过北京“单一窗口”申报赴港展览，其中七成文物为首次赴港参展，展品覆盖书法作品、青铜器、陶瓷、图书典籍等类别。

7月1日

即日起，北京市的蛋白同化制剂和肽类激素进出口准许证业务使用北京“单一窗口”申报和办理。

9月2日

在2022年服贸会高峰论坛之2022中国电子商务大会上，“贸易科技联盟”正式成立。“贸易科技联盟”将加快研究可信贸易协作网络的数据标准、共识机制和应用架构，推动构建安全高效的贸易数据共享技术体系。

12月29日

京津冀通关物流数据共享平台成功入选国家服务业扩大开放综合示范区最佳实践案例。

五、政策文件

北京市人民政府关于印发《北京市营商环境创新试点工作实施方案》的通知

京政发〔2022〕6号

各区人民政府，市政府各委、办、局，各市属机构：

现将《北京市营商环境创新试点工作实施方案》印发给你们，请结合实际，认真贯彻落实。

北京市人民政府

2022年1月23日

北京市营商环境创新试点工作实施方案

为深入贯彻党中央、国务院关于优化营商环境的决策部署，认真落实《国务院关于开展营商环境创新试点工作的意见》（国发〔2021〕24号），进一步加大营商环境改革力度，持续打造市场化法治化国际化营商环境，着力培育和激发市场主体活力，推动首都高质量发展，制定本实施方案。

一、总体要求

（一）指导思想。以习近平新时代中国特色社会主义思想为指导，全面贯彻党的十九大和十九届历次全会精神，立足首都城市战略定位，紧抓建设国家营商环境创新试点城市的重大机遇，坚持首善标准，对标国际一流，以推动高质量发展为主题，以制度创新为核心，一体推进简政放权、放管结合、优化服务改革，促进有效市场和有为政府更好结合，着力营造国际一流营商环境，切实增强企业群众获得感、幸福感、安全感，更大激发市场活力和社会创造力，为加快融入新发展格局、推进治理体系和治理能力现代化、实现首都高质量发展提供有力支撑。

（二）主要目标。重点聚焦制约企业群众办事创业的体制机制障碍，加大改革创新力度，形成一批可复制可推广的“北京经验”，推动本市营商环境改革继续走在全国前列。力争经过3-5年创新试点工作，政府治理效能得到大幅提升，集聚和配置国内外各类资源要素的能力大幅增强，营商环境国际竞争力进入全球前列，建成与首都城市战略定位相匹配的国际一流营商环境。

二、主要任务

（一）进一步破除妨碍市场资源配置的不合理限制。一是着力推进“一证多址”改革。在不直接涉及公共安全和人民群众生命健康的领域，对超市（便利店）、医疗器械批发等行业高频办理的经营许可证，允许企业在设立经营项目相同的分支机构时，作出相应承诺后，可以不再办理相同的行政许可，便利企业扩大经营规模。二是进一步清除招投标和政府采购领域的隐性门槛和壁垒，完善北京市公共资源交易平台和北京市政府采购一体化平台，推广使用招标、采购标准化文件，各行业监管部门依托北京市公共资源交易监管平台和北京市政府采购管理系统对有关招投标、政府采购活动开展在线监管，保障各类市场主体公平参与竞争。三是深化招投标领域数字证书兼容互认，制定实施统一的数据规范和技术接口规范，实现企业在本市范围内参与招投标仅用一套CA证书，同时配合推动六个创新试点城市间CA证书互认。四是推进道路运输人员从业资格证、道路运输经营许可证、道路运输证等7类电子证照在北京与其他5个创新试点城市以及天津、河北地区互认并开展在线核验，便利运输企业跨区域经营。五是优化常用低风险植物和植物产品跨区域流通检疫申请流程，明确本市低风险植物和植物产品种类及检疫要求，并在“全国植物检疫信息化管理系统”和“林业植物检疫管理信息系统”公示，无需调出地企业向本市提出检疫申请。

（二）建立健全更加开放透明、规范高效的市场主体准入和退出机制。一是在海淀区开展企业住所（经营场所）登记便利化改革试点，建立企业标准化住所（经营场所）数据库和住所负面清单，实行网上登记自动匹配生成标准化住所（经营场所）地址，自动校验地址是否符合负面清单规定；对应用标准地址申报为企业住所（经营场所）的，不再需要提交住所产权证明材料，申请人承诺住所（经营场所）真实、合法，即可办理企业开办和变更登记。二是推进企业年报“多报合一”改革，梳理年报内容，精简年报事项，压减年报次数，加强信息共享，企业相同信息只需填报一次，实现涉及市场监管、社保、税务、海关等事项年度报告“多报合一”。三是建立市场准入效能评估制度，围绕落实市场准入负面清单、提高审批服务效能、破除隐性壁垒等方面，建立本市市场准入效能评估指标体系和信息化平台，对市场准入政策执行情况开展常态化监测和评估，及时清除不合理准入条件。四是优化律师事务所核名程序，对接全国律师综合管理信息系统律师事务所名称数据库，申请人可在全国范围内检索，对申请人申请的律师事务所名称，由本市司法行政部门作出名称预核准决定并报司法部备案，缩短律师事务所核名时间。五是探索建立市场主体除名制度。对被列入经营异常名录或者被标记为经营异常状态满两年，且近两年未申报纳税的市场主体，商事登记机关可对其作出除名决定，被除名的市场主体应当依法完成清算并办理注销登记，不得从事与清算和注销无关的活动。六是优化破产企业土地、房产处置程序，对于按规定能够补办工程竣工验收备案等手续的，依法依规补办相关手续；对因债务人资料缺失或第三方机构（如设计、勘察、监理等单位）不配合竣工验收等情形导致无法办理竣工验收的，经委托具备相应资质的检测鉴定机构对整栋房屋进行质量安全鉴定合格后，可办理不动产登记，加快盘活破产企业房产和土地资源。七是健全企业重整期间信用修复机制，对法院裁定批准重整计划的企业，在“信用中国（北京）”网站、国家企业信用信息公示系统（北京）、金融信用信息基础数据库中添加批准重整计划等相关信息，及时反映企业重整情况。制定重整企业信用修复办法，对法院裁定批准重整计划的企业，依法依规调整相关信用限制和惩戒措施，允许符合条件的破产企业在重整计划执行期间开展招投标、融资、开具保函等业务，帮助重整企业恢复正常经营。

（三）持续提升投资和建设便利度。在有效防范违规建设和确保质量安全的前提下，深化工程建设项目审批制度改革。一是深化社会投资项目“用地清单制”改革，制定区域地震安全性评价、水影响评价、交通评价实施细则，将区域地震安全性评价、水影响评价、交通评价与地质灾害、压覆矿产、考古调查等评估结果一并纳入土地供应招拍挂文件，供地后原则上不再要求区域内的建设项目进行上述评估，避免企业拿地后重复论证。二是深化“多测合一”改革，继续实施竣工验收和不动产登记阶段竣工测量、不动产测量合并测绘，进一步将勘测定界测绘、地籍测量合并为一个测绘事项，实现同一阶段一次委托、成果共享。三是完善建筑师负责制，推动建筑师个人执业事务所有序发展，重点在中小规模商业文化服务、教育、医疗、康养设施建筑项目和低风险工业等建筑项目中推进建筑师负责制，鼓励提供全过程工程咨询服务，与国际工程建设模式接轨。简化合并建筑师负责制项目的审批流程，对规划许可阶段的设计图纸技术性审查实行告知承诺制，仅作程序合法性审查。四是率先在北京经济技术开发区试点施工许可告知承诺制，对需办理施工许可证的房屋建筑和市政基础设施工程，允许以告知承诺制方式办理施工许可手续，进一步压缩审批时限。五是试行单位工程单独验收，对同一建设工程规划许可涉及多个单位工程的工业厂房、仓库，在符合项目整体质量安全要求、达到安全使用条件的前提下，对已满足使用功能的单位工程，可单独开展竣工联合验收，验收合格的即可开展下一步工序或者生产运营，提高项目投产使用效率。六是推动产业园区规划环评与项目环评联动，对园区内建设项目按环境风险进行分类管理。对环境风险低的项目免于环评审批，对中等风险的项目采取告知承诺方式办理环评审批，对高风险的项目优化评价内容，避免重复评价。七是简化市政接入工程行政审批手续，扩大“非禁免批”适用范围，对符合条件的项目免于行政审批，对其余项目审批手续实行并联办理，进一步提高市政设施接入效率。

（四）更好地支持市场主体创新发展。一是加快培育数据要素市场，推动出台数字经济促进条例，尽快形成涵盖数据交易规则、数据交易主体多级认证规则、数据分级保护规则、数据跨境交易规则等内容的数据交易制度体系。开展数据确权探索，在数据流通和数据安全等方面形成开放环境下的新型监管体系。以金融、征信、医疗等场景为突破口，推动高价值核心数据通过本市数据交易场所实现进场交易，不断扩大数据交易规模。二是升级改造公共数据开放平台，制定本市年度公共数据开放清单和计划，根据企业发展需要，安全有序开放企业登记、卫生、气象、金融、交通等公共数据，赋能新产业新业态发展。引导科研院所、社会团体及面向群众提供公共服务的国有企事业单位，依法依规开放有价值数据，促进民生服务、社会治理和产业发展。三是深化科技成果使用权、处置权和收益权改革，落实以增加知识价值为导向的分配政策，强化科技成果转化全过程管理和服务，推动更多高等院校、科研机构开展科技成果赋权试点，充分调动科研人员开展技术创新和转化的积极性。四是进一步完善知识产权市场化定价和交易机制，在北京知识产权交易中心建立跨区域知识产权交易信息联合发布机制，为知识产权交易提供信息挂牌、交易撮合、资产评估等服务，助力科技企业快速质押融资。五是健全知识产权质押融资风险分担机制和质物处置机制，完善知识产权质押融资政策体系，建立知识产权质押融资风险补偿资金池，探索担保机构等通过质权转股权、反向许可、拍卖等形式快速进行质物处置，探索发行知识产权证券化产品，拓宽科技型企业融资渠道，降低企业融资成本。六是优化科技企业孵化器及众创空间信息变更管理模式，对国家备案的科技企业孵化器、众创空间，可实时提出名称、场地面积、经营场所等变更申请，由本市科技主管部门审批同意后即可变更，不再需要报国家科技主管部门进行批准。七是促进自动制售新业态发展，在保障食品安全和符合相关法律法规规定前提下，以自动制售咖啡、橙汁等作为先行试点，发放食品经营许可，规范自动制售经营活动。

（五）持续提升跨境贸易便利化水平。一是深化京津冀通关监管一体化改革，推进京津冀陆海“一港通”快速通关模式，扩大“监管产装、抵港直装”试点范围，便利本市出口企业在津冀港口快速通关。二是完善“单一窗口”查验通知推送等功能，进一步加大首都机场信息化改造力度，实现货物查验提前通知货主和场站，通关和物流操作快速衔接，提高进出口货物查验速度。三是推进多式联运深度融合发展，完善铁路、公路、航空等领域货运信息系统平台，打通信息壁垒，探索多式联运条件下电子运单共享，实现运力信息可查、货物全程实时追踪。四是加速免CCC认证产品通关，制定CCC免办自我承诺便捷通道企业白名单，对白名单企业进口免CCC认证产品，不再进行免办证书申请和审核，实现白名单企业自我承诺、自主填报、自动获证，进一步提高产品通关效率。五是开展科研物资跨境自由流动试点，制定跨境科研物资正面清单，对清单内设备、样本、试剂、耗材等物资，由企业及研发主体事先承诺申报，海关实行便利化通关，简化报关单申报、检疫审批、监管证件管理等环节，提高科研物资通关效率。

（六）优化外商投资和国际人才服务管理。一是持续提升“首都之窗”国际版服务水平，优化“投资在北京”内容，聚焦外商投资市场准入、人才服务、科技创新等领域优化办事指引，实现投资、工作、生活等更多涉外审批服务事项“一网通办”。加强“两区”政策解读，实现政策信息“一站式”获取。二是提升国际商事纠纷化解能力，积极引入专业化组织，建立涉外商事案件诉讼、调解、仲裁共同调处模式。三是鼓励调解组织、仲裁机构引入外籍调解员、仲裁员，完善引入外籍人员的相关工作规范。允许将境内仲裁机构出具的开庭通知作为境外市场主体进入本市参与仲裁活动的签证证明材料，无需其他邀请函，便利国际商事仲裁活动在京开展。

（七）维护公平竞争秩序。一是推进招投标全领域、全流程、全要素电子化改革，在房建、市政、交通、水务、园林、勘察设计等领域推行合同签订和变更“一网通办”，推动电子招投标交易系统与国库支付系统对接，推动政府投资建设项目工程款网上支付和网上查询，实现投标、开标、评标、中标、履约、支付等全程网办，提高招投标效率。二是建立招标计划提前发布制度，对本市国有资金占主导或控股地位企业依法必须招标的项目，招标计划发布时间为招标公告发布之日前至少30日，提高招投标活动透明度。三是简化对政府采购供应商资格条件的形式审查，出台简化审查政策文件，不再要求供应商提供相关财务状况、缴纳税收和社会保障资金等证明资料，降低政府采购供应商交易成本。四是加强和改进反垄断与反不正当竞争执法，建立全市统一的平台经济综合监管平台，对平台企业加强监测分析、协同监管，引导平台企业规范、健康、可持续发展。五是规范收费罚款行为，建立健全涉企检查、罚款事项清单制度，定期清理因法律法规变动导致权力清单变更的事项，持续开展涉企违法收费、罚款、摊派等行为监督检查，减轻企业负担。

（八）进一步创新监管方式，加大监管力度。一是探索建立综合监管机制。在单用途商业预付卡、农产品、成品油等领域建立综合监管机制，明确各环节监管部门职责，制定统一的行业监管标准，互通质量安全监测和执法信息，加强协同监管、联合执法、案件移送，加大质量安全监督执法力度。落实《北京市单用途预付卡管理条例》，规范预付式消费市场秩序。二是建立事前事中事后全流程监管机制，在消防安全、食品药品、环境保护、水土保持、医疗卫生等重点领域，分别确定重点监管事项、程序、对象，制定行业及其从业人员的监管标准和信用监管规范，构建全链条、全流程监管体系，提高监管效能。三是完善风险分级分类管理模式，运用市场监管部门企业信用风险分类监管指标评分模型，对全市企业全量赋分，评分结果连同社会信用分级分类结果一并归集到主体名下，并集成至“双随机、一公开”监管工作平台，开展差异化监管。四是实行包容审慎监管，对智能网联汽车、人工智能、氢能等新产业新业态制定适度超前的管理政策，明确质量与安全底线，为新产业新业态留足发展空间。五是实行惩罚性赔偿和内部举报人制度，在食品、药品、疫苗、环保、安全生产等领域，依法制定实施惩罚性赔偿的有关办法，完善内部举报人管理办法，提高企业违法成本，维护消费者合法权益。

（九）依法保护各类市场主体合法权益。一是出台政府失信补偿救济和责任追究办法，对因政策变化、规划调整、不履行合同约定造成企业在债务融资、政府采购、招投标、招商引资等领域合法利益受损的给予补偿。建立政府承诺合法性审查制度，对各级政府及其部门制定的行政规范性文件或者对外签订的协议、合同等政府承诺，全部纳入并开展合法性审查。建立政府失信违约记录，完善政府失信投诉举报机制，对失信问题采取督导、通报、约谈等措施进行治理，维护企业合法权益。二是强化知识产权保护快速联动，畅通国家与本市商标侵权判断、专利侵权判定及商标专利法律状态等信息交换渠道，加强对商标恶意注册和专利非正常申请的执法和处理，配合国家知识产权局开展专利巡回评审和远程评审，提高知识产权保护及解纷效率。三是加强海外知识产权纠纷维权援助服务，完善重大涉外知识产权纠纷快速响应和通报研判机制，出台跨境合作研发、人才引进领域的海外知识产权风险防范指引，健全本市海外知识产权公共服务信息库，重点完善“一带一路”沿线国家及 RCEP 成员国等海外知识产权信息，推进京津冀三地海外维权服务资源共享，提高企业海外知识产权纠纷应对能力。四是推行司法文书电子化管理，完善电子文书材料归档制度，明确电子文书材料直接归档的业务流程和效力。持续拓展电子档案应用场景，在依法保护当事人隐私的前提下，建立与不动产登记机构等政府职能部门生效文书信息在线核验渠道，便利当事人依据法院生效裁判文书办理政务服务事项。

（十）优化经常性涉企服务。一是实行动产和权利担保登记信息统一查询，完善以担保人名称为索引的机动车担保登记电子数据库，将机动车、船舶、知识产权等动产和权利担保登记信息接入中国人民银行征信中心动产融资统一登记公示系统，企业可实时掌握担保品登记状态，便利其开展融资。二是简化不动产非公证继承手续，优化本市继承（受遗赠）不动产登记相关程序，第一顺序继承人出具申请材料真实有效的书面承诺，无需第二顺序继承人到场和提交材料，仅需第一顺序继承人到场参加查验即可办理，提高不动产继承登记效率。三是推进全业务类型“互联网+不动产登记”，对个人存量房交易开放代开增值税电子普通发票功能，推行网上税费同缴，减少支付次数，提升办事体验。四是推行办理不动产登记信息共享，推动全国户籍人口信息、死亡证明信息、法律文书及律师身份信息在线核验，减少申请人办事材料和跑动次数，进一步提高不动产登记便利度。五是建立不动产登记信息可视化检索和查询机制，实现任何人经身份验证后可在电子地图上依法查询不动产自然状况、权利限制状况、地籍图等信息，通过“以图查房”有效预防不动产交易纠纷。六是推行企业办事“一照通办”，加快推进电子证照应用及政府部门间数据共享，探索实行企业仅凭营业执照即可办理经营许可、纳税、社保、医疗、民政等领域高频政务服务事项，精简政务服务事项申请材料，避免企业重复报送。七是扩大电子证照、电子签章应用范围，率先在货物报关、银行贷款、项目申报、招投标、政府采购等业务领域中应用，完成市政务服务网上大厅等系统与公共服务签章系统对接，实现电子表单在线加盖企业电子印章功能，减少企业群众办事跑动。八是优化惠企政策申请服务，依托“京通”App汇聚国家、市、区三级全量政策，探索政策兑现智能核验应用，充分运用大数据技术进行企业画像，建立企业和政策匹配模型，率先实现政策精准推送、“免申即享”。

三、组织保障

（一）加强组织领导。建立由市政府分管负责同志分领域牵头，各区各部门全程参与的营商环境创新试点工作协调推进机制，下设商事制度改革、建设项目审批、政务服务、监管执法、司法保障、融资信贷、市政设施接入、不动产登记等16个专项小组。市优化营商环境专班要加强总体协调，坚持每月调度，协调解决关键问题，确保试点工作整体进度。各专项小组牵头单位要统筹推进本领域改革任务，就重点难点问题及时提请市政府分管负责同志协调调度。各项具体任务牵头单位要切实履行职责，倒排工期，组织相关责任单位高标准、高质量推进试点任务，形成一批在全国领先的改革经验。各责任单位要积极主动配合，及时与国家对口部门请示汇报，形成上下联动、部门协同的工作格局。

（二）强化配套改革。坚持以规则制度创新为核心，各具体任务牵头单位要组织相关责任单位，对每一项改革任务制定对应工作方案、提出一批应用场景，完成一项、评估一项，确保形成可复制可推广的改革经验。各部门结合实际可出台落实本领域改革任务的工作方案和配套政策，并根据国家授权改革事项，对本领域涉及的政策文件进行相应调整，建立与试点要求相适应的法规政策体系。

（三）加强创新应用。各部门要加快与国家有关系统联通和数据共享，做到联得通、用得好、有实效；深化政务数据、电子证照、电子印章、电子档案应用，积极创新应用场景，推动跨部门、跨领域、跨层级的互通、互认、互用，最大限度发挥数据共享效应，大力推动减环节、减材料、减时间，让数据多跑路、群众少跑腿。

（四）狠抓政策落地。选取基础较好的区作为创新示范区，推动各项改革任务率先落地、形成整体效应，集中出案例、出形象、出经验。各部门要加强对示范区的指导和协调，以重点区域率先改革带动营商环境整体提升。大力做好宣传培训工作，广泛解读营商环境创新试点各项改革政策措施，及时总结推广创新试点中的好经验好做法，扩大企业群众知晓度。加强窗口等一线工作人员培训，持续打通政策落地“最后一公里”，最大程度扩大改革试点的受益范围。开展创新试点任务落实情况评估，对改革实施情况及时跟踪问效，让企业群众切实享受到改革红利。

（五）坚持稳步实施。各部门要统筹好发展和安全，在风险总体可控前提下，科学把握改革时序、节奏和步骤，做好事中事后监管。各部门要及时对营商环境改革中出现的新情况、新问题进行研究，对改革中出现的问题和风险要及时向市政府请示报告，确保本市创新试点工作平稳有序推进。

天津市

一、综述

2022年，天津市委、市政府高度重视中国（天津）国际贸易单一窗口（以下简称天津“单一窗口”）建设工作，将完善天津“单一窗口”服务功能作为实施《天津市国民经济和社会发展第十四个五年规划和二〇三五年远景目标纲要》的重要举措，分管市领导督办，天津市商务局主要负责同志具体负责，持续推动天津“单一窗口”向智慧化、区域化、国际化方向发展，为服务跨境贸易便利化提供了“天津方案”。

天津市商务局以落实《国家“十四五”口岸发展规划》为主线，凝聚天津口岸各部门合力，高标准建设天津“单一窗口”，拓展完善了 RCEP 服务专区、金融服务、服务承诺、京津协同、港口物流等多项地方特色服务功能，推动建设了京津国际贸易“单一窗口”物流协同服务平台和国际贸易通关数据服务中新示范平台2个平台应用，实现了中新（加坡）“一次录入，双方共享”一单两报通关模式创新，为更好地服务京津冀协同发展、优化口岸营商环境、服务中国（天津）自由贸易试验区和北方国际航运核心枢纽建设提供平台支撑。

二、运行情况

（一）运行数据

截至2022年年底，天津“单一窗口”全年货物申报230.82万票，舱单申报1065.07万票，运输工具申报21.61万票，企业资质办理2.86万票，原产地证申领8.93万票，税费支付3.07万票，加贸保税68.03万票，物品通关833.65万票，监管证件4842票，出口退税163笔。

（二）运行维护

2022年，天津市商务局按照《国家口岸管理办公室关于印发国际贸易“单一窗口”运维和服务请求两项管理规程的通知》要求，组织天津“单一窗口”运维及客服团队做好系统维护、故障处置、通知发布、热线服务等工作，圆满完成重大会议、重要活动期间的系统运行保障，共计受理解决企业服务请求1.25万次，累计上报优化完善意见91个，发布通知公告62条，开展企业电话调研回访近700次，为广大企业提供及时有效的应用咨询和操作指引。

（三）宣传推广

2022年，天津市商务局会同天津海关、天津港集团、天津报关协会等口岸相关单位，通过线上、线下等多种方式，以现场答疑和体验互动的方式，组织召开天津“单一窗口”宣介会10次，向1000余家进出口企业的3000余人介绍“单一窗口”建设整体情况，演示标准版监管证件、金融服务、出口退税、口岸收费及服务信息公示等功能应用，宣传推介RCEP关税政策查询、通关物流等天津地方特色服务。

全年，天津“单一窗口”共计服务企业申请监管证件4800余票，有效提升企业通关申报准备效率，为巩固压缩进出口货物整体通关时间成效提供了平台保障；累计为160余家企业提供融资金额超过1.5亿元，助力提高国际贸易金融服务效率，为提高企业经营效率、降低企业融资成本提供了优质资源；累计公示口岸经营主体各类收费服务信息3000余条，为提高口岸收费公开透明水平、进一步优化口岸营商环境提供了平台支持；完成海关查验通知信息推送国家试点应用，实现查验指令信息与12家港口企业作业信息的双向交互，有效促进进出口货物提离效率提升，为深化关键环节改革、降低企业物流成本提供了功能支撑；助力企业退税申报由“线下申报、逐步核对、手工录入”向“线上办理、自动提取、一键申报”转变，为减轻企业人力物力负担，服务进出口企业跨境贸易办税便利化、高效化提供了应用服务。

三、 特色应用

2022年，天津“单一窗口”以企业通关需求为导向，结合天津口岸发展实际，规划建设了多项地方特色服务功能，进一步构筑天津“单一窗口”服务体系。

（一）优化政务服务功能

建设RCEP服务专区，为企业提供协定文本、协定税率、降税安排及原产地判定规则等20余项信息的实时查询功能，服务企业享受RCEP关税政策红利。建设价格公示功能，实现口岸各环节收费及服务信息集中发布和公开查询，提高口岸收费公开透明度，推动优化口岸营商环境。建设服务承诺公示功能，面向社会公示天津口岸海运进出口集装箱及天津航空口岸国际货运通关物流作业时限及流程，进出口企业可直观地对船舶（航空器）进境/港、登临检查、申报与缴税、码头（机坪）作业、货物提离等货物进出口主要环节的业务内容、完成时限等进行了解，便利企业提前做好生产经营安排；同时，公示天津市商务局、天津海关、天津海事局、天津边检总站、天津市港航管理局等行业主管部门服务热线和服务承诺，畅通企业反馈渠道，自觉接受社会常态化监督，助力营造口岸良好服务生态。

（二）深化区域共享应用

建设京津国际贸易“单一窗口”通关物流协同服务平台，实现京津两地“单一窗口”用户体系互认、特色功能互用和物流信息共享。京津两地“单一窗口”用户企业可共享应用天津“单一窗口”通关状态、标准品查询、港口物流、集装箱管理、查验指令，以及北京“单一窗口”空港电子货运平台、区块链应用、跨境电商、特色金融、外贸数据10类40余项特色服务，创新实现京津两地“单一窗口”用户相关业务的“一窗”办理，打造京津两地“单一窗口”“跨省通办”

服务品牌。

（三）拓展贸易金融服务

建设航运指数功能，动态分析展示航运市场运力、运量、运价，分析航运市场发展趋势，为企业提供参考依据。拓展完善金融服务功能，一方面实现与市金融局“津心融”平台对接，为金融机构和企业提供双向沟通渠道，实现金融产品供给与企业融资需求的高效对接，助力企业用足用好金融资源；另一方面与中国建设银行、中国交通银行、中国农业银行、兴业银行、天津滨海农商银行等金融机构对接，为企业提供融资便利服务。建设信保服务专区，会同中国出口信用保险公司天津分公司在天津“单一窗口”搭建信用保险专区，为企业防范海外交易风险提供风险咨询、风险信息、信保融资等应用服务。

（四）完善产业信息服务

集成平行进口汽车服务和管理平台以及二手车出口服务和监管信息化平台服务，实现对车辆信息、许可证申领、出口指标配置、交易登记、报关清关等进行全流程信息化管理，在便利企业快速查询维护车辆信息及业务状态的同时，满足行业管理部门全面、可视化的管理需求，实现平行进口汽车和出口二手车来源可溯、去向可查、责任可究。

（五）探索创新国际合作

在国家口岸管理办公室和天津海关的指导支持下，在试点应用标准版中新（加坡）合作项目货物申报数据交换功能的基础上，会同天津海关规划建设国际贸易通关数据服务中新示范平台，服务便利中新（加坡）货物申报“最后一公里”，进一步减少进口企业报关录入内容，提高企业通关申报效率和申报信息准确性，促进跨境贸易便利化。

四、大事记

3 月 3 日

天津市副市长王旭和天津市商务局局长、天津市政府口岸办主任沈蕾专题推动天津“单一窗口”建设。

5 月 31 日

天津市副市长王旭专题听取天津“单一窗口”有关建设情况汇报。

7 月 28 日

天津市商务局领导会见新加坡企业发展局一行，双方表示将在新加坡—天津经济贸易理事会框架下，进一步整合优势资源，在双方“单一窗口”协同创新、合作应用等方面加强工作交流，为智慧口岸建设提供支撑保障。

10 月 13 日

天津市商务局与天津海关共同研究依托天津“单一窗口”推动外贸新业态新模式发展，优化通关服务、创新作业模式、探索功能应用。

11 月 23 日

京津国际贸易“单一窗口”通关物流协同服务平台上线试运行。

11 月 25 日

天津“单一窗口”上线天津市 RCEP 关税政策查询公共服务平台，实现了 RCEP 关税税率查询、原产地累积规则适用查询、原产地判定、政策法规查询等多项功能，为企业提供 RCEP“一站式”查询服务。

五、政策文件

天津市商务局关于印发《天津口岸 2022 年促进跨境贸易便利化专项行动实施方案》的通知

津商岸服〔2022〕1 号

各相关单位：

为贯彻党中央、国务院关于深化“放管服”改革、优化营商环境决策部署和市委市政府部署要求，按照海关总署 2022 年促进跨境贸易便利化专项行动部署会安排，天津口岸开展 2022 年促进跨境贸易便利化专项行动。市商务局会同天津海关等部门研究制定了《天津口岸 2022 年促进跨境贸易便利化专项行动实施方案》，经市政府分管领导同意，现印发给你们，望遵照执行。

2022 年 2 月 22 日

（联系人：市商务局口岸服务处　吕宏伟；联系电话：022-58665831）

（此件主动公开）

天津口岸 2022 年促进跨境贸易便利化专项行动实施方案

为贯彻党中央、国务院关于深化“放管服”改革、优化营商环境决策部署和市委市政府部署要求，按照海关总署 2022 年促进跨境贸易便利化专项行动部署会安排，结合落实《海关总署、发展改革委、财政部、交通运输部、商务部、卫生健康委、税务总局、市场监管总局、铁路局、民航局关于进一步深化跨境贸易便利化改革优化口岸营商环境的通知》和我市优化营商环境三年行动计划相关工作任务，天津口岸开展 2022 年促进跨境贸易便利化专项行动，进一步提升跨境贸易便利化水平，持续优化口岸营商环境，不断增强广大进出口企业的获得感和满意度，制定并实施本方案。

一、工作目标

按照海关总署统一部署，于 2022 年 1 月至 5 月开展专项行动。参照世行营商环境评价标准和国家营商环境评价指标体系，对标韩国、新加坡等先进海运经济体和国内营商环境创新试点先进城市，结合我市优化营商环境三年行动计划 2022 年责任清单跨境贸易任务落实，制定实施一批便利化措施，持续优化口岸营商环境，不断提升企业群众获得感、满意度。

二、主要任务

（一）深化国际贸易“单一窗口”建设。一是按照海关总署统一部署，积极参与推动报关单申报要素整合优化，构建更加高效便捷的申报体系。二是推广国际贸易“单一窗口”服务功能，除特殊情况外，进出口监管证件统一纳入“单一窗口”受理，最大程度实现通关物流环节单证无纸化。三是调研天津空港口岸各经营主体现有物流信息系统现状，对开展航空物流公共信息平台试点基础条件进行研判。四是推广通关物流全程评估系统，加强本地对接系统的性能优化和运维监控，保证数据传输通畅及时。五是研究推动天津港第二集装箱码头相关作业系统与通关物流全程评估系统对接。六是优化中国（天津）国际贸易“单一窗口”金融服务功能，提升“外贸+金融”服务水平。七是拓展“单一窗口”天津特色服务功能，推动京津国际贸易“单一窗口”通关物流协同服务平台系统开发项目建设。

（二）推动与主要贸易伙伴口岸相关单证信息共享合作。一是持续深化双边“三智”（“智慧海关、智能边境、智享联通”）合作，在开展关际合作磋商时，纳入“三智”内容，完善合作机制，提升合作效能。二是在新津经贸理事会合作框架下，建设“中新贸易企业通关数据服务平台”，为中新贸易企业提供报关申报、数据交换及企业特色应用服务，服务 RCEP 政策落地，促进中新（加坡）贸易发展，提高对外开放水平。三是按照海关总署统一部署，做好与其他经济体实施检验检疫电子证书联网核查工作。

（三）推进跨境电商 B2B 出口监管试点。引导企业使用跨境电商 B2B 出口服务平台，降低企业申报成本；鼓励传统外贸企业参与海外仓建设，支持跨境电商发展。

（四）完善跨境电商出口退货政策措施。一是优化跨境电商零售进口商品退货监管流程，制定操作规程，做好跨境电商零售进口商品退货监管有关工作。二是跟进海关总署要求，积极研判，支持出口商品与退货复出口商品“合包”运输到境外。

（五）继续推进海运相关单证电子化。一是持续推进集装箱设备交接单、装箱单、提货单等单证电子化应用。二是按照交通运输部等国家部委统一部署推动船公司统一海运电子提单标准，提升海运电子提单运用率，落实无纸化放单相关工作。三是推动港口与船公司对接，扩大基于区块链的集装箱电子放货平台应用范围。四是稳步推进进口货物“船边直提”和出口货物“抵港直装”试点工作，根据企业需求，支持符合条件的进口货物车船直取；提升天津港环渤海内支线“天天班”服务举措，发挥“水上巴士”作用，推进环渤海内支线运输发展；发挥新港北铁路集装箱中心站作用，畅通海铁联运物流通道，支持海铁联运发展。五是按照海关总署统一部署，在确保生物安全、生态安全有效管控的前提下，扩大两段准入模式的推广和应用范围。六是海关对拟转作市场的进口储备粮食的流向变更申请提供便利。

（六）持续落实《清理规范海运口岸收费行动方案》。继续落实国家清理规范海运口岸收费工作任务。加强对实行政府定价和政府指导价口岸收费的管理，督促指导港口经营人及相关企业严格执行政府定价管理规定，及时调整对外公示的收费项目名称和收费标准。持续完善收费目录清单，切实做到动态调整、更新及时，清单外无收费。

（七）引导企业通过“单一窗口”口岸收费及服务信息发布系统公示海运口岸各环节收费及服务信息。各行业管理部门，按照《天津港口岸进出口环节收费目录（2021 版）》要求，组织口岸收费主体通过中国（天津）国际贸易“单一窗口”公示、动态更新海运口岸各环节收费及服务信息，指导服务企业功能应用。

（八）依法查处进出口环节存在的违规收费行为。一是加大对口岸经营活动中涉嫌垄断行为的调查处理力度，发现问题线索依法查处。二是加大对港口收费检查力度，重点查处进出口中介环节不按规定明码标价等价格违法行为。

（九）率先建设稳定透明的口岸服务环境。一是在已公布天津港集装箱作业生产时限标准（3.0版）和天津口岸海运进出口集装箱作业流程及时限（试行）的基础上，抓好相关时限标准及流程的落实，为进出口企业提供稳定的通关预期。二是在天津滨海国际机场官网和中国（天津）国际贸易“单一窗口”公布国际货物地面操作流程及时限。

（十）加大涉企政策措施宣传，完善企业意见反馈和协调解决机制，积极保障各项措施落地见效，增强企业获得感。一是成立宣传工作专班，线上线下联动，联合开展政策宣讲和对企培训，深入我市重点企业及经济腹地进行服务对接，送政策上门、送服务到家。综合利用新闻媒体、自媒体等各种宣传渠道加强涉企政策措施的宣传；通过制作一图读懂、政策解读视频等方式，加强政策措施解读，让企业能够听得懂、运用好各项政策措施，享受到改革红利，为广大企业减负增效。二是建立天津口岸通关疑难问题协调解决联系机制，统筹做好改革问题收集、通关疑难问题协调解决等“问题清零”工作。充分发挥海关业务窗口、天津港集装箱业务受理中心、海关12360热线、国际贸易“单一窗口”95198客服热线、天津港集团“四千行动”统一服务电话（4000220000）、天津报关协会热线电话（4000099830）、天津港电子商务网服务微信公众号（TJG-ZHXG）、天津滨海国际机场货站服务热线等服务功能，线下线上相结合，及时推动解决企业反馈的问题。三是建立完善跨境贸易工作专班，各单位分管领导及相关业务处室主要负责人和业务骨干参加，保持人员相对固定，定期研究推动重点工作任务落实，增强优化口岸营商环境合力。

三、工作要求

（一）密切协作配合，强化组织保障。各单位要牢固树立系统观念，强化一盘棋意识。要按照职责分工各司其职，主动加强协作配合，齐抓共管、协同推进，形成整体合力，打好专项行动攻坚战，共同营造优化口岸营商环境的良好氛围。

（二）主动改革创新，抓好措施落实。各单位要大胆探索、先行先试，既要抓好国家层面的规定动作，又要大胆探索符合天津口岸实际的自选动作。要按照工作目标和任务分工，细化分解任务，建立工作台账，实施挂图作战，逐级压实责任，按时间节点全力抓好重点任务改革，推动各项措施落实。

（三）紧盯关键环节，加强宣传培训。抓住国家层面优化口岸营商环境重大政策先行试点落地的契机，及时向社会公布新出台的便利化措施。加强政策解读、信息公开和宣传培训，线上线下联动，重点对我市外贸企业及经济腹地企业广泛开展宣传，做好企业对接服务，把改革成果全面展现出来，引导企业运用好政策措施，享受改革红利，促进减负增效，努力在提升企业和群众获得感上见到更大成效。

附件：天津口岸2022年促进跨境贸易便利化专项行动重点任务措施分工表

附件

天津口岸 2022 年促进跨境贸易便利化专项行动重点任务措施分工表

序号	海关总署部署的主要措施		天津市细化落实措施	责任单位	完成时限
	重点任务	具体举措			
一	深化国际贸易“单一窗口”建设。	1. 持续优化完善“单一窗口”服务功能，推动报关单申报要素整合优化，构建更加高效便捷的申报体系。	1. 按照海关总署统一部署，积极参与推动报关单申报要素整合优化，构建更加高效便捷的申报体系。 2. 推广国际贸易“单一窗口”服务功能，除特殊情况外，进出口监管证件统一纳入“单一窗口”受理，最大程度实现通关物流环节单证无纸化。	市商务局、天津海关	按照海关总署统一部署推动实施
		2. 在具备条件的专项行动城市开展航空物流公共信息平台试点，促进航空物流作业协同和通关效率提升。	调研天津空港口岸各经营主体现有物流信息系统现状，对开展航空物流公共信息平台试点基础条件进行研判。	市商务局、天津海关、空港经济区管委会、天津滨海国际机场	5 月底前
		3. 全面推广通关物流全程评估系统，加强口岸物流作业各环节数据采集和交换，实现通关物流全流程查询、分析和展示。	1. 推广通关物流全程评估系统，加强本地对接系统的性能优化和运维监控，保证数据传输通畅及时。 2. 研究推动天津港第二集装箱码头相关作业系统与通关物流全程评估系统对接。	市商务局、天津海关、天津港集团、天津滨海国际机场	5 月底前
		4. 推进跨境贸易大数据平台建设，进一步扩大“单一窗口”金融服务试点，支持深圳在前海深港现代服务业合作区先行先试。	优化中国（天津）国际贸易“单一窗口”金融服务功能，提升“外贸+金融”服务水平。	市商务局、市金融工作局	5 月底前
二	推动与主要贸易伙伴口岸相关单证信息共享合作。	5. 支持专项行动城市率先做好与《区域全面经济伙伴关系协定》贸易便利化措施衔接和落地实施，推进“智慧海关、智能边境、智享联通”建设合作。	持续深化双边“三智”合作，在开展关际合作磋商时，纳入“三智”内容，完善合作机制，提升合作效能。	天津海关、市商务局	5 月底前取得阶段性进展，持续推动

续表1

序号	海关总署部署的主要措施		天津市细化落实措施	责任单位	完成时限
	重点任务	具体举措			
二	推动与主要贸易伙伴口岸相关单证信息共享合作。	6. 在确保数据安全前提下，重点支持青岛与韩国日本、深圳与香港、厦门与金砖国家，率先探索开展跨境贸易相关单证互联互通、信息共享和联网核查。	在新津经贸理事会合作框架下，建设“中新贸易企业通关数据服务平台”，为中新贸易企业提供报关申报、数据交换及企业特色应用服务，服务RCEP政策落地，促进中新（加坡）贸易发展，提高对外开放水平。	市商务局、市外办、自贸区管委会、天津海关、天津港集团	5月底前
		7. 推动我国与其他经济体实施检验检疫电子证书联网核查。	按照海关总署统一部署，做好与其他经济体实施检验检疫电子证书联网核查工作。	天津海关	按照海关总署统一部署推动实施
三	推进跨境电商B2B出口监管试点。	8. 围绕“跨境电商+海外仓”模式，支持有需求的传统外贸企业转型跨境电商，支持跨境电商海外仓建设和发展。	引导企业使用跨境电商B2B出口服务平台，降低企业申报成本；鼓励传统外贸企业参与海外仓建设，支持跨境电商发展。	市商务局、天津海关	5月底前取得阶段性进展，持续推动
四	完善跨境电商出口退货政策措施。	9. 优化跨境电商零售进口商品退货监管流程，减少退货环节。	优化跨境电商零售进口商品退货监管流程，制定操作规程，做好跨境电商零售进口商品退货监管有关工作。	天津海关、市商务局	5月底前
		10. 支持出口商品与退货复出口商品“合包”运输到境外，确保出口跨境电商“出得去、退得回、通得快”。	跟进海关总署要求，积极研判，研究、支持出口商品与退货复出口商品“合包”运输到境外。	市商务局、天津海关按照职责分工负责	按照海关总署统一部署推动实施
五	继续在全国主要海运口岸推进集装箱设备交接单、装箱单、提货单等单证电子化。	11. 继续在全国主要海运口岸推进集装箱设备交接单、装箱单、提货单等单证电子化。	持续推进集装箱设备交接单、装箱单、提货单等单证电子化应用。	市交通运输委、市商务局、天津港集团	5月底前取得阶段性进展，持续推动
		12. 推动船公司统一海运电子提单标准，提升海运电子提单运用率，实现无纸化放单。	按照交通运输部等国家部委统一部署推动船公司统一海运电子提单标准，提升海运电子提单运用率，落实无纸化放单相关工作。	市交通运输委、市商务局	按照交通运输部等国家部委统一部署推动实施

续表2

序号	海关总署部署的主要措施		天津市细化落实措施	责任单位	完成时限
	重点任务	具体举措			
五	继续在全国主要海运口岸推进集装箱设备交接单、装箱单、提货单等单证电子化。	13. 在集装箱干线港推进基于区块链的集装箱电子放货平台应用，海关提供上链放行信息予以支持。	推动港口与船公司对接，扩大基于区块链的集装箱电子放货平台应用范围。	市交通运输委、市商务局、天津海关、天津港集团	5 月底前
		14. 稳步推进进口货物“船边直提”和出口货物“抵港直装”试点工作。探索推进符合条件的进口货物车船直取、水水中转、铁水联运发展。	1. 稳步推进进口货物“船边直提”和出口货物“抵港直装”试点工作，根据企业需求，支持符合条件的进口货物车船直取。 2. 提升天津港环渤海内支线“天天班”服务举措，发挥“水上巴士”作用，推进环渤海内支线运输发展。 3. 发挥新港北铁路集装箱中心站作用，畅通海铁联运物流通道，支持海铁联运发展。	市商务局、天津海关、天津海事局、中铁北京局天津办事处、天津港集团	5 月底前
		15. 在确保生物安全、生态安全有效管控的前提下，扩大两段准入模式的推广和应用范围。	按照海关总署统一部署，在确保生物安全、生态安全有效管控的前提下，扩大两段准入模式的推广和应用范围。	天津海关	按照海关总署统一部署推动实施
		16. 海关对拟转作市场的进口储备粮食的流向变更申请提供便利。	天津海关对拟转作市场的进口储备粮食的流向变更申请提供便利	天津海关	5 月底前
六	持续落实《清理规范海运口岸收费行动方案》。	17. 制定出台港口设施保安费并入港口作业包干费、定向降低沿海港口引航费标准等政策措施。引导船公司规范调整海运收费结构，严格执行运价及附加费等备案制度。	继续落实国家清理规范海运口岸收费工作任务。加强对实行政府定价和政府指导价口岸收费的管理，督促指导港口经营人及相关企业严格执行政府定价管理规定，及时调整对外公示的收费项目名称和收费标准。持续完善收费目录清单，切实做到动态调整、更新及时，清单外无收费。	市发展改革委、市交通运输委、市商务局、天津海关、天津海事局、市市场监管委按职责分工负责	5 月底前取得阶段性进展，持续推动

续表3

序号	海关总署部署的主要措施		天津市细化落实措施	责任单位	完成时限
	重点任务	具体举措			
七	引导企业通过“单一窗口”口岸收费及服务信息发布系统公示海运口岸各环节收费及服务信息。	18. 专项行动城市要着力完善机制，加大工作力度，引导企业通过“单一窗口”口岸收费及服务信息发布系统，及时公示、动态更新海运口岸各环节收费及服务信息，便于货主进行比较选择和社会监督。	各行业管理部门，按照《天津港口岸进出口环节收费目录（2021版）》要求，组织口岸收费主体通过中国（天津）国际贸易“单一窗口”公示、动态更新海运口岸各环节收费及服务信息，指导服务企业功能应用。	市商务局、市发展改革委、市交通运输委、天津海关、天津海事局	5月底前
八	依法查处进出口环节存在的违规收费行为。	19. 依法调查处理口岸经营活动中的涉嫌垄断行为。	加大对口岸经营活动中涉嫌垄断行为的调查处理力度，发现问题线索依法查处。	市市场监管委	5月底前取得阶段性进展，持续推动
		20. 加大对进出口中介环节治理力度。	加大港口收费检查力度，重点查处进出口中介环节不按规定明码标价等价格违法行为。	市市场监管委、市交通运输委、市商务局、天津海关	5月底前取得阶段性进展，持续推动
九	专项行动城市要率先建设稳定透明的口岸服务环境。	21. 明确并向社会公开港口、机场、陆港、铁路场站调货、移位、装卸等物流作业时限及流程，为市场主体提供稳定通关预期。	1. 在已公布天津港集装箱作业生产时限标准（3.0版）和天津口岸海运进出口集装箱作业流程及时限（试行）的基础上，抓好相关时限标准及流程的落实，为进出口企业提供稳定的通关预期。 2. 在天津滨海国际机场官网和中国（天津）国际贸易“单一窗口”公布国际货物地面操作流程及时限。	市商务局、市交通运输委、天津海关、天津港集团、天津滨海国际机场	5月底前
十	加大涉企政策措施宣传，完善企业意见反馈和协调解决机制。	22. 加大涉企政策措施宣传。	1. 成立宣传工作专班，线上线下联动，联合开展政策宣讲和对企培训，深入我市重点企业及经济腹地进行服务对接，送政策上门、送服务到家。 2. 综合利用新闻媒体、自媒体等各种宣传渠道加强涉企政策措施的宣传；通过制作一图读懂、政策解读视频等方式，加强政策措施解读，让企业能够听得懂、运用好各项政策措施，享受到改革红利，为广大企业减负增效。	市商务局、天津海关、天津港集团	5月底前

续表4

序号	海关总署部署的主要措施		天津市细化落实措施	责任单位	完成时限
	重点任务	具体举措			
十	加大涉企政策措施宣传，完善企业意见反馈和协调解决机制。	23. 完善企业意见反馈和协调解决机制	1. 建立天津口岸通关疑难问题协调解决联系机制，统筹做好改革问题收集、通关疑难问题协调解决等“问题清零”工作。 2. 充分发挥海关业务窗口、天津港集装箱业务受理中心、海关12360热线、国际贸易“单一窗口”95198客服热线、天津港集团“四千行动”统一服务电话（4000220000）、天津报关协会热线电话（4000099830）、天津港电子商务网服务微信公众号（TJG-ZHXG）、天津滨海国际机场货站服务热线等服务功能，线下线上相结合，及时推动解决企业反馈的问题。	市商务局、市发展改革委、市交通运输委、天津海关、天津海事局、天津港集团、天津滨海国际机场	5月底前
		24. 持续加强改善营商环境财力、物力和人力投入，保障各项措施落地见效，增强企业获得感。	建立完善跨境贸易工作专班，各单位分管领导及相关业务处室主要负责人和业务骨干参加，保持人员相对固定，定期研究推动重点工作任务落实，增强优化口岸营商环境合力。	市商务局、市财政局、市发展改革委、市交通运输委、市市场监管委、天津海关、天津海事局、天津港集团、天津滨海国际机场	5月底前
十一	25. 天津市2022年优化营商环境责任清单涉及提升跨境贸易便利度任务		拓展“单一窗口”天津特色服务功能，推动京津国际贸易“单一窗口”通关物流协同服务平台系统开发项目建设。	市商务局、天津海关、天津港集团、天津滨海国际机场	5月底前取得阶段性进展，持续推动

河北省

一、综述

2022年，为贯彻落实国务院关于优化营商环境促进贸易便利化工作部署，中国（河北）国际贸易单一窗口（以下简称河北“单一窗口”）从提升贸易便利化水平、精准帮扶进出口企业、创新平台功能应用等方面，多措并举促进进出口业务再上新台阶。

二、运行情况

（一）运行数据

截至2022年年底，河北“单一窗口”货物申报14.31万票，舱单申报21.00万票，运输工具申报10.08万票，企业资质办理4.37万票，原产地证申领11.26万票，税费支付2.46万票，加贸保税24.97万票，物品通关376票，监管证件6973票，出口退税831笔。

（二）运行维护

一是提供“7×24小时”客服保障，解决企业问题3.66万个，客户满意度达到99.18%。二是用足用好“单一窗口”运维服务管理平台，流转工单422份，问题解决率100%。三是执行“7×24小时”常态化运维值守，完成云平台网络通信及安全管理、虚机增删、数据备份、监控、资源调度及维护等日常工作225次，修复硬件故障等维护工作47次，实现平台全年无宕机、无故障。四是开展网络安全自查工作，整改8台服务器，修复9类高危漏洞、5个中危漏洞，阻挡攻击6.14万次，封禁IP地址3027个，成功阻断远程渗透性攻击测试，完成地方网络安全防护任务。五是疫情管控期间，第一时间成立运维保障小组，主动开展线上直播培训，深入重点企业一线，设立抗疫服务微信群，专人盯办系统运行通知，为企业抗击疫情提供高效服务支持。

（三）宣传推广

1. 宣传培训

针对系统更新和操作疑难问题，组织开展RCEP相关业务、监管证件系统等18场线上培训会，惠及全省250家进出口企业，全面助力提升企业申报效率。同时，继续发挥培训中心版块功能优势，收录涵盖80%“单一窗口”功能应用的培训资料，累计下载观看量达3.04万次，采取“线上培训+现场直播+线下自学+咨询服务”模式，推进河北“单一窗口”系统功能全面应用。

2. 资讯发布

为发挥微信公众号与资讯中心信息宣传作用，全年发布国际贸易商情、国际风险预警等资讯4100条，平台累计点击量达155.84万次，帮助企业了解最新行业动态，建立风险防范机制。

三、特色应用

（一）关税保证保险服务系统

自主研发地方版关税保证保险服务系统，率先与7家保险服务商实现系统直连，创新推出首款无抵押、无担保、全流程线上办理的保险类金融产品。通过先通关后缴税的业务模式，企业足不出户即可完成关税保证保险全流程无纸化办理，累计为企业提供保额破亿元，为全省进出口保险业务发展注入了新活力。

（二）中国（河北）跨境电子商务公共服务平台

推进跨境公共服务平台向跨境综合服务平台转型升级，掌握自主知识产权及源代码，自主研发建设跨境综合服务平台门户系统、通关管理系统、跨境数据交换系统、辅助申报系统、金关二期申报系统、海关物流监控系统和跨境大数据系统七大系统。同时，圆满完成“6·18”“双11”及“双12”购物节期间的保障工作，累计货值达45.21亿元。

（三）RCEP专区功能应用

为帮助进出口企业抢抓RCEP机遇，上线RCEP专区协定税率查询功能。通过该功能，企业可查询商品的协定税率和降税趋势，还可以比较协定税率和基础税率，有利于进出口企业更直观、更便利地查询和利用自贸协定提供的优惠关税，助力企业降低成本。

（四）口岸金融服务功能

持续完善口岸数字化金融服务，累计签约合作银行6家，涵盖国际结算、融资信贷、线上预约开户等金融服务应用场景。同时，创新企业通关授信模式，推出“口岸E贷”外贸通关纯信用无抵押融资产品，累计为企业成功发放信用融资贷款超3000万元。

（五）通关物流全程评估系统对接

按照《国家口岸管理办公室关于在海运口岸推广通关物流全程评估系统的通知》（国岸函〔2021〕87号）要求，省口岸办组织各地方口岸管理部门，指导省电子口岸公司在全省海运口岸开展通关物流全程评估系统对接工作，已于2022年有序完成唐山港通关物流全程评估系统对接，为通关物流全程评估系统覆盖全省奠定基础，进一步提升口岸综合治理能力。

四、大事记

1月5日

中国电子口岸数据中心石家庄分中心一行调研河北“单一窗口”。

3月21日—4月1日

河北“单一窗口”完成掌上App测试试点工作。

8月20日—9月30日

河北“单一窗口”完成安全自查工作。

8月23日—29日

配合中国电子口岸数据中心完成增加中国电信互联网专线接入河北“单一窗口”工作，实现两条专线同时提供服务，进一步提升系统运行稳定性。

9月5日—14日

河北“单一窗口”通过中国电子口岸数据中心对地方门户网站进行渗透性测试。

山西省

一、综述

2022 年，山西省持续推广标准版应用，在政策宣讲、业务培训、功能拓展、企业对接、深化服务等方面加大力度，为山西省进出口企业提供服务保障和技术支持，充分发挥“单一窗口”平台作用和“一站式”“零接触”服务优势，为山西省外贸发展保驾护航。省委、省政府高度重视中国（山西）国际贸易单一窗口（以下简称山西“单一窗口”）地方特色功能建设工作，山西省副省长汤志平在主持召开 2022 年全省口岸工作会议暨省口岸工作领导小组会议时提出，“要深入开展企业调研，深挖用户需求，去先进省份调研学习借鉴，建立工作推进机制，加快建设进度，力争 2023 年底初步建成并试运行”。为此，山西省口岸办牵头起草了山西“单一窗口”建设工作方案，完成了山西“单一窗口”地方特色功能项目申报和评审工作。

二、运行情况

（一）运行数据

截至 2022 年年底，山西“单一窗口”注册用户 1752 家，累计业务申报超 80 万票。全年货物申报 5.78 万票，舱单申报 2536 票，运输工具申报 711 票，企业资质办理 1.11 万票，原产地证申领 1.53 万票，税费支付 3577 票，加贸保税 13.67 万票，物品通关 361 票，监管证件 269 票，出口退税 5 笔。

（二）运行维护

2022 年，山西“单一窗口”热线接通率 98.3%，答复准确率 97.5%。热线电话解决企业问题 1928 个，录入单证 192 份。

一是根据中国电子口岸数据中心要求，于 2022 年上半年对跨境 MQ 数据传输系统做出修改，为太原、大同、运城等地 43 家企业配置跨境传输 ID，并为企业端提供热线技术支持 826 次。二是在武宿综合保税区省级跨境电商通关服务系统和通关管理系统运维方面，为 8 家区内企业解决“1210”业务客户端故障 38 个，并对 3 家入区企业进行业务培训。三是与省商务厅外贸处、中国电子口岸数据中心太原分中心、东方物通科技有限公司等单位上线试运行跨境电商“9710”“9810”模块。

（三）宣传推广

一是定期梳理解答问题。山西省口岸办会同中国电子口岸数据中心太原分中心，每月对“单一窗口”应用及常见问题进行梳理汇总，并集中进行线上解答。

二是加强宣传力度。及时通过培训会、微信公众号及微信群发布标准版新功能应用操作指南及培训资料。建立健全推广机制，借助办事大厅窗口、电视、微信群、微信公众号及企业座谈会等形式，全方位加大宣传推广力度。

三是深入走访调研。山西省口岸办会同相关单位，采取网上问卷调查、实地走访调研、组织专家恳谈会等形式，深挖进出口企业需求，并赴山东、上海、郑州和兰州等地就“单一窗口”建设及运维工作进行专题调研，为拓展山西“单一窗口”特色功能应用提供技术支撑。

三、大事记

1 月 13 日

山西省副省长汤志平在营商环境创新试点工作座谈会上提出，“力争 2023 年底建成国际贸易‘单一窗口’地方版并试运营”。

1 月 18 日

山西省商务厅厅长王宏晋在《关于营商环境创新试点工作座谈会情况的报告》上批示，“尽快与省行政审批局对接，开展建设国际贸易‘单一窗口’地方版项目建设工作”。

9 月 2 日

山西省副省长汤志平在全省口岸工作会议暨省口岸工作领导小组会议上强调“2023 年底初步建成山西‘单一窗口’地方特色应用项目的工作目标”。

12 月 16 日

山西“单一窗口”地方特色应用建设项目纳入山西省商务厅智慧商务平台并完成专家评审工作。

内蒙古自治区

一、综述

2022 年，内蒙古自治区口岸办根据国家和自治区相关要求，协调内蒙古自治区大数据中心积极推广中国（内蒙古）国际贸易单一窗口（以下简称内蒙古“单一窗口”）应用，做好系统运维服务，加强宣传推广工作，不断提升跨境贸易便利化水平。

二、运行情况

（一）运行数据

截至 2022 年年底，内蒙古“单一窗口”货物申报 27.88 万票，舱单申报 194.91 万票，运输工具申报 7.16 万票，企业资质办理 1.25 万票，原产地证申领 2.14 万票，税费支付 2.31 万票，加贸保税 6.82 万票，物品通关 59.85 万票，监管证件 1390 票，出口退税 7 笔。

（二）运行维护

2022 年，内蒙古“单一窗口”由内蒙古自治区大数据中心进行维护，内容包括机房基础环境运维服务、硬件运维服务、软件运维服务、运行管理服务、网络安全运维服务及口岸办驻场运维服务、人工支持服务及备品备件采购服务。机房基础环境运维服务主要包括机房环境运维服务。硬件运维服务主要包括网络运维服务、主机运维服务、存储运维服务。软件运维服务主要包括基础软件（操作系统/数据库/中间件/私有云平台软件）运维服务、应用软件运维服务。网络安全运维服务主要包括每日例行巡检网络安全设备运行状态、查看网络安全设备日志记录、对非正常业务流量进行人工处置、保障网络安全及业务系统安全运行。

（三）宣传推广

2022 年，内蒙古“单一窗口”采用线上线下相结合的方式，邀请专家就标准版功能应用为企业进行业务培训，全年共培训口岸管理业务人员以及综合保税区、国际陆港、进出口企业、代理报关公司等人员 282 人次，印制推广应用手册 4200 册。

辽宁省

一、综述

2022年，辽宁省委、省政府高度重视中国（辽宁）国际贸易单一窗口（以下简称辽宁“单一窗口”）建设推广，始终将其作为服务外贸保稳提质、促进跨境贸易便利化和优化口岸营商环境的重要举措，连续多次在省政府会议和省口岸工作领导小组会议中将“单一窗口”建设推广作为重要任务进行部署。

（一）推动“单一窗口”建设和应用情况

2022年，完成标准版和地方特色版涉及24个业务领域129项功能的开发建设，其中涵盖海关检验检疫证书系统等18项地方特色功能。

1. 拓展“单一窗口”服务功能

辽宁省口岸办聚焦“数字辽宁”建设，会同相关部门不断深化拓展辽宁“单一窗口”建设应用，为全省进出口企业提供集约化、“一站式”的服务功能。一是筹备中欧班列铁路口岸功能建设工作。积极围绕铁路、运营企业、进出口企业等节点部门开展工作调研，全面了解企业实际需求，不断强化“通关+物流”的建设目标，高效完成工作方案，联合沈阳海关向国家口岸管理办公室报送《关于开展铁路智能口岸试点建设的请示》，积极争取试点支持。二是联合中国信保辽宁分公司在辽宁“单一窗口”门户网站开通2022年出口信用保险普惠政策申领通道，服务小微进出口企业申领保单3072张。三是认真做好辽宁“单一窗口”安全自查工作，着重从制度落实、等级保护、数据安全、统一认证等方面开展自查，确保辽宁“单一窗口”安全稳定运行。四是强化“单一窗口”运维和95198热线服务运行管理，赴大连海关、沈阳海关、辽宁海事局、大连口岸物流网股份有限公司、辽宁电子口岸有限责任公司深入开展“单一窗口”运维和95198热线服务专项调研，认真了解平台运行情况和问题，明确重点工作任务，不断优化服务举措。五是全面开展口岸通关流程及作业时限标准化工作，进一步优化辽宁省各口岸进出口通关流程和作业时限，并在辽宁“单一窗口”进行公示。

2. 有序推进地方特色功能建设

辽宁省口岸办不断深化辽宁“单一窗口”地方特色功能建设，稳步提升服务企业水平。一是联合大连海关、沈阳海关完成海关查验信息推送系统项目立项，并积极推进项目建设，力争早日实现系统覆盖至辽宁省水运集装箱口岸。二是在地方特色应用专区增设税优选功能，为企业提供进口贸易商品的关税税率（含最惠国税率、各优惠协定税率及消费税、增值税等税率）查询。三是推动大连关区问题清零系统上线，为进出口企业与大连海关之间进行业务问题交流搭建线上平台，及时、方便、快捷地解决企业在通关时遇到的海关监管方面的问题。四是加挂 RCEP 综合服务平台，帮助全省进出口企业充分理解和运用 RCEP 项下的优惠贸易政策，更好地开拓国际市场。

（二）新功能试点应用情况

一是高效做好企业跨境贸易档案系统试点工作。为落实好相关工作，辽宁省口岸办对辽宁省试点工作进行了详细部署，明确锦州市、盘锦市为试点口岸城市，建立工作机制和阶段工作报告制度，组织开展系统培训，协调辽宁电子口岸有限责任公司提供技术支持，强化试点宣传力度，通过微信群解答企业问题，较好地完成国家口岸管理办公室交办的试点任务，助力企业实现跨境贸易档案分析展示。二是认真落实国际贸易“单一窗口”与国家物流大数据平台互联互通地方试点验证工作。根据《国家口岸管理办公室关于做好国际贸易“单一窗口”与国家物流大数据平台互联互通地方试点验证工作的通知》，辽宁省口岸办会同大连市口岸办、大连海关、辽宁电子口岸有限责任公司、大连口岸物流网股份有限公司开展国际贸易“单一窗口”与国家物流大数据平台互联互通试点验证工作。以“通关+物流”舱单一次录入为验证场景，推动船公司、船代、监管场所等物流企业通过国家物流大数据平台大连试点验证平台向海关、港口等部门进行舱单一次录入，并接收海关回执，有效保障试点验证工作顺利完成。

（三）保障系统稳定、高效运行

依据《国际贸易“单一窗口”运行管理办法（暂行）》《中国（辽宁）国际贸易单一窗口运行管理实施细则（暂行）》，着重从制度建设、等级保护、平台设施、系统运行、数据使用、应急响应、安全教育培训等方面进行严格管理。加强对辽宁“单一窗口”运行日常监测，制订应急预案，明确应急联络人，根据需要及时开展应急处置工作，并适时组织演练。运行中遇重大问题，及时向中国电子口岸数据中心报告。

二、运行情况

（一）运行数据

截至 2022 年年底，辽宁“单一窗口”注册用户 1.60 万个，注册企业 6756 家。其中，辽宁省内企业 5880 家，占比 87.03%；省外企业 876 家，占比 12.97%。全年货物申报 135.18 万票，舱单申报 508.17 万票，运输工具申报 19.53 万票，企业资质办理 3.39 万票，原产地证申领 15.34 万票，税费支付 6.27 万票，加贸保税 42.68 万票，物品通关 921.24 万票，监管证件 4437 票，出口退税 121 笔。

地方特色功能应用方面，危险货物申报系统 6.43 万票，查验预约 3.30 万票，海运中转 17.50 万票，危险货物联网核查 12.31 万票，涉税保函金额 8.56 亿元，归类导航数据 169 万条（详见表 1 至表 3）。

表 1　2022 年 1—12 月辽宁“单一窗口”地方特色申报情况统计表

序号	产品名称	试点以来累计业务量（票）	2022 年业务量（票）
1	平行进口车	5853	0
2	国际邮轮申报	71924	0
3	危险货物申报系统	653460	64389
4	查验预约	170816	33015
5	海运中转	710943	175067
6	空运快件	110692	0
7	危险货物联网核查	725131	123137
8	问题清零	13	13
9	税优选	15	15

表 2　2022 年 1—12 月辽宁“单一窗口”地方特色申报情况统计表（涉税保函）

序号	产品名称	对接银行	备案企业	登记保函	保函金额（亿元）
1	涉税保函	9	365	28	8.56

表 3　2022 年 1—12 月辽宁“单一窗口”地方特色申报情况统计表（归类智能导航）

序号	产品名称	备案企业	归类导航数据（万条）
1	归类智能导航	28	169

（二）运行维护

1. 安全管理

建立健全信息系统安全管理责任制和有关规章制度，严格落实国家有关信息安全管理政策和制度，采取多种措施保障辽宁“单一窗口”安全稳定健康运行。辽宁“单一窗口”网络安全工作严格按照网络安全等级保护三级标准进行，同时委托第三方安全管理机构对系统进行日常安全监测，并定期进行系统漏洞扫描。截至 2022 年年底，辽宁“单一窗口”未发生安全责任事故。

2. 运行监测

建立监控预警机制，对机房、数据库、主机系统、软件运行实施系统自动和人工巡检双重监控。在预估业务高峰期即时调配资源，实现故障主动预警、技术人员秒级响应。

3. 客户服务

充分发挥“单一窗口”服务热线和服务窗口作用，精准对接企业需求，现场解答企业问题。

2022 年，热线电话接通率 98.91%，服务企业 3559 家。截至 2022 年年底，累计受理企业各类咨询 29.30 万次。

4. 应急处理

联合口岸监管单位共同建立多部门联动的应急保障制度，制订安全应急预案，根据工作需要不断完善预案，并定期根据预案开展应急演练，提高保障信息安全和处置突发事件的能力，预防和减少网络与信息安全事件对系统运行造成的损失和危害。

（三）宣传推广

1. 拓宽宣传推广渠道

充分发挥门户网站和微信公众号载体作用，加快线上线下融合发展，不断拓展信息宣传的广度和深度，满足客户的个性化需求。截至 2022 年年底，门户网站日均浏览量近 2000 次，日均访客数 600 余人、访问次数逾 1500 次，访客覆盖 70 多个国家和国内省市；微信公众号关注用户共计 1602 人，较改版前的 351 人净增加 1251 人。

2. 加强专题实操培训

组织全省进出口企业开展辽宁“单一窗口”RCEP 原产地证书申领培训，为企业讲解原产地证书申领程序和 RCEP 相关知识，帮助企业了解 RCEP 规则，支持企业用好用足政策红利，全省相关企业 2000 余人参加培训。

根据国家口岸管理办公室有关要求，面向全省进出口企业及报关行积极开展应用指导及在线宣讲等工作，共计培训企业 79 家。

三、 特色应用

（一）问题清零系统

1. 项目建设背景

协同大连海关在辽宁“单一窗口”增设大连关区问题清零系统，该系统是大连海关深化改革创新的重要举措。坚持问题导向，重点发力推进问题解决与政策改革一体化，将“问题清单”转化为“成效清单”，不断提升口岸营商环境。

2. 功能介绍

问题清零功能模块主要分为企业端和海关端，企业在遇到影响业务开展、需要海关协助解决的复杂疑难问题时，通过企业端向海关提交问题，海关进行受理并反馈办理意见，实现全流程可视化。企业可对大连海关办理情况进行评价和追问，确保问题得到有效解答，真正做到问题清零。

3. 创新点

该系统搭建起关企沟通的电子桥梁，实现企业诉求事事有回音、件件有落实。形成“线上+线下”相互促进、相互融合的沟通渠道。

4. 应用成效

一是全流程透明化，进一步畅通海关与企业的沟通渠道，增强企业用户的获得感。二是实现企业问题的快速、高效收集和反馈，共性问题可实现公开发布，供参考借鉴，避免重复提问。

（二）税优选系统

1. 项目建设背景

服务于进出口企业、报关代理企业以及个人用户，主要为用户提供进口贸易商品的关税税率（含最惠国税率、各优惠协定税率及消费税、增值税等税率）查询，同时系统可以自动判断并标识出最优的关税税率，以及该商品来源于其他原产国（地区）的最优协定税率。

2. 功能介绍

该功能查询范围包括与中国签订自由贸易协定及中国给予不发达国家特别优惠待遇的国家及地区（共计 67 个）的商品普通税率、最惠国税率、暂定税率、25 种 FTA 优惠协定税率（包含中国—东盟协定、亚太协定、RCEP 等协定关税税率和特惠关税税率）以及商品增值税、消费税等其他税率。

3. 创新点

系统通过对关税税率进行横向对比，自动判断并标识出最优关税税率，方便企业在多种税率中直观、快捷地选择最优税率。同时，系统可智能提供该商品在其他有自贸协定的国家或地区所适用的最低优惠协定税率，供企业参考。

4. 应用成效

助力企业充分享受政策红利，最大限度降低企业贸易成本，有利于优化整体营商环境和跨境贸易环境。

四、大事记

3 月 3 日
辽宁省政府组织召开全省口岸工作会议。
4 月 26 日
辽宁省口岸办召开全省口岸通关便利化视频工作会议。

4 月 29 日

辽宁省口岸办出台《关于印发辽宁省口岸发展三年行动方案的通知》（辽口工办〔2022〕1 号）。

5 月 24 日

辽宁省被国家口岸管理办公室确定为国际贸易“单一窗口”企业跨境贸易档案系统试点省份。

7 月 6 日

辽宁省商务厅副厅长张卫东线上调研辽宁“单一窗口”。

8 月 15 日

辽宁“单一窗口”上线 RCEP 综合服务平台功能。

9 月 30 日

辽宁“单一窗口”上线大连关区问题清零系统和税优选功能。

10 月 26 日

辽宁省口岸办召开全省口岸通关便利化视频工作会议。

12 月 20 日

辽宁省各水运、空运、铁路口岸在辽宁“单一窗口”集中公示通关流程和作业时限。

吉林省

一、综述

2022 年，在国家口岸管理办公室的指导下和各联检部门的支持配合下，吉林省口岸办积极落实党中央、国务院有关工作部署，推动中国（吉林）国际贸易单一窗口（以下简称吉林“单一窗口”）的建设与推广工作。一是逐步完善吉林“单一窗口”各项功能，服务范围覆盖国际贸易链条各主要环节。二是优化吉林“单一窗口”业务流程，开放预约通关，推进无纸化业务，提高使用效率。三是建立完善吉林“单一窗口”运维保障机制，加强信息安全防护，保障系统全年安全稳定运行。四是采用多种方式开展客户服务，通过 95198 客服热线、QQ 群、微信群等方式，组织运维团队对企业实际操作中遇到的问题进行在线答疑。五是发挥吉林“单一窗口”信息发布功能，及时向社会推介“单一窗口”新增功能，公布口岸收费清单，助力改善营商环境，促进贸易便利化。

二、运行情况

（一）运行数据

截至 2022 年年底，吉林“单一窗口”货物申报 8.53 万票，舱单申报 5.95 万票，运输工具申报 2996 票，企业资质办理 6785 票，原产地证申领 1.25 万票，税费支付 7615 票，加贸保税 12.71 万票，物品通关 488 票，监管证件 4781 票，出口退税 8 笔。

（二）运行维护

一是开通 95198 客服热线，及时为企业解答具体操作中遇到的问题。二是组建客服团队，通过 QQ 群、微信群、电话等多种在线方式为用户提供技术支持。三是组建运维团队，对网络设备、服务器操作系统、数据库、中间件、存储设施等实行“7×24 小时”运维保障，同时根据业务需求和硬件变更等完成系统升级和保障工作。四是建立备用光纤网络，保障主网络出现故障时系统正常运行。

三、特色应用

（一）物流协同平台

吉林“单一窗口”加强与民航、铁路、港口等相关行业机构合作对接，结合吉林省口岸实际，以“单一窗口”通关信息为基础，充分发挥“单一窗口”跨境贸易数据汇聚的优势，打通物流信息节点，建立铁路、空运、公路物流协同平台，拓展本地口岸政务服务、口岸物流服务、口岸数据服务和口岸特色应用。

主要做法如下：

1. 铁路口岸物流协同系统主要实现单证一次申报，以及各联检单位之间的信息互换、监管互认、执法互助。主要设置铁路作业申报、物流管理、备案信息、口岸业务、拆箱业务、拼箱业务、布控管理、审核管理、统计查询等功能。

2. 空运物流协同系统主要实现贸易环节参与主体如收发货人、航空公司、地面代理、运输车队、报关行等相关角色的单证传递，联检单位作业执行状态的及时共享，并对货物的进出库及库存情况进行实时统计。主要设置国际货站进/出口、入/出库、报关业务核放单、运单业务核放单、特殊业务核放单、车辆备案、布控管理、审核管理、统计查询等功能。

3. 公路口岸物流协同系统主要实现货物的一次申报，各监管单位的联合执法，以及贸易环节参与主体如收发货人、代理、运输车队、报关行等相关角色的单证传递、作业执行状态的及时共享。主要设置报关业务核放单、运单业务核放单、特殊业务核放单、车辆备案、布控管理、审核管理、统计查询等功能。

（二）大数据决策分析系统

大数据决策分析系统以“单一窗口”大数据为基础，以口岸物流数据为依托，通过分析、采集、校验、清理转化对公共可开放的口岸数据，满足进出口企业了解进出口贸易现状及趋势的需求，便于管理单位及时做出决策、调配资源，提供口岸行业指导指数体系，提供评价、优化、拓展各类服务的数据支持。一方面，与政府其他机构大数据系统互联共享，为吉林省建设成内陆开放高地的发展战略提供监测、预测、决策依据；另一方面，加快促进贸易服务行业的丰富与模式创新，最终建设形成国际贸易互联网专题大数据。

（三）口岸全景数据展示系统

口岸全景数据展示系统是依托“单一窗口”落地的实时业务数据展示系统，通过收集、展示口岸业务数据，建立一个实时、便利、全面的展示窗口，便于口岸管理相关部门及时有效掌握最新的口岸通关作业数据。目前，系统可实时展示当日最新的货物申报量和货值，累计的货物申报量和货值，排名前十的货物、国家和企业，吉林省内各关区贸易额、边检旅游人数、备案车辆数量等。

四、 大事记

1 月 19 日

铁路口岸预约通关及指令推送模块在吉林市综合保税区（B 区）推广使用。

黑龙江省

一、 综述

2022 年，黑龙江省积极落实党中央、国务院关于优化营商环境、促进跨境贸易便利化有关决策部署，推动中国（黑龙江）国际贸易单一窗口（以下简称黑龙江“单一窗口”）的建设与推广工作。建立健全运维保障机制，完善协作配合机制，加快建设地方特色应用，不断提升贸易便利化水平，推进外向型经济高水平开放、高质量持续发展。2022 年 6 月，黑龙江省政府办公厅印发《黑龙江省支持对外贸易发展的若干措施》（黑政办规〔2022〕6 号），文件指出进一步简化通关作业流程，精简单证及证明材料；进一步完善国际贸易“单一窗口”功能，推进全流程作业无纸化。

二、 运行情况

（一）运行数据

截至 2022 年年底，黑龙江“单一窗口”货物申报 20.03 万票，舱单申报 29.86 万票，运输工具申报 4.01 万票，企业资质办理 8413 票，原产地证申领 1.50 万票，税费支付 1055 票，加贸保税 6.20 万票，物品通关 60.29 万票，监管证件 7273 票，出口退税 797 笔。

（二）运行维护

黑龙江“单一窗口”自推广应用以来，不断吸取各方意见和建议，组建专业运维团队，完善工作机制，持续为企业提供服务。2022 年，共提供服务 5912 次，其中热线电话服务 1525 次、微信群解答 1711 次、QQ 群解答 2676 次。根据日常工作整理本地用户常见操作问题知识库，通过微信群和 QQ 群推送给企业学习参考，并及时对知识库的内容更新完善。

（三）宣传推广

2022 年，黑龙江“单一窗口”采取线上线下相结合的方式进行培训与推广。疫情严重期间，组织企业线上学习，对具体操作流程进行讲解；疫情平稳期间，主动走入企业调研走访、收集问题、解决问题。

三、特色应用

哈尔滨新区（自贸片区）专区

为进一步优化营商环境，推进通关便利化，提升通关效率、降低通关成本，提高哈尔滨新区和自贸试验区哈尔滨片区对外开放合作的便利化水平，于2022年3月启动哈尔滨新区（自贸片区）专区地方特色应用研究工作，并于2022年10月上线试运行。

该应用包含金融服务、跨境电商、运输服务、RCEP专区、对俄特色服务、外贸大数据、信息查询、政务服务等模块，企业登录后可实现保险、运输、通关、结汇、退税等“一站式”服务，解决通关“最后一公里”的难题。

四、大事记

10月27日

黑龙江“单一窗口”哈尔滨新区（自贸片区）专区上线。

五、政策文件

黑龙江省人民政府办公厅关于印发黑龙江省支持对外贸易发展若干措施的通知

黑政办规〔2022〕6号

各市（地）人民政府（行署），省政府各直属单位：

《黑龙江省支持对外贸易发展的若干措施》已经省政府同意，现印发给你们，请认真贯彻执行。

黑龙江省人民政府办公厅

2022年3月2日

（此件公开发布）

黑龙江省支持对外贸易发展的若干措施

为深入贯彻习近平总书记关于保持经济运行在合理区间的重要指示精神，落实《国务院办公厅关于做好跨周期调节进一步稳外贸的意见》（国办发〔2021〕57号）精神，激发外贸主体发展活力，扶持中小微外贸企业，努力保订单、稳预期，做好跨周期调节，推进我省外贸高质量发展，特制定如下措施。

一、积极培育引入大型外贸主体。进一步在通关、税收、金融保险等方面提升服务质量，鼓励现有外贸企业加大产业投入，扩大本地海关纳统比例。积极引入大型外贸企业，对年度新增进出口额 1 亿元（含）以上的，增量部分每 1000 万元给予 3 万元奖励，现有企业最高奖励 300 万元，当年新引入企业最高奖励 500 万元。[省商务厅、省财政厅，各市（地）政府（行署）按职责分工负责]

二、加强外贸促进平台建设。发挥各类国家级外贸促进平台示范引领和辐射带动作用，培育认定一批省级外贸转型升级基地、进口贸易创新示范区、高水平出口消费品加工区等外贸促进平台。鼓励做大做强主导产业链，完善配套支撑产业链，切实保障外贸产业链供应链稳定畅通。给予国家级贸易促进平台一次性 200 万元奖励，给予省级贸易促进平台一次性 100 万元奖励。[省商务厅、省财政厅，各市（地）政府（行署）按职责分工负责]

三、培育外贸新业态新模式发展。鼓励企业运用跨境电商方式扩大外贸规模。对企业以跨境电商模式从事进出口业务，年进出口额达到 1000 万元（含）以上的，每 100 万元奖励 1 万元，单个企业最高奖励 100 万元。对年进出口额 1000 万元（含）以上的跨境电商独立站，给予当年建设投入费用 30%补贴，最高补贴 50 万元。对在第三方跨境电商平台开设店铺的企业，所属市（地）政府（行署）可给予入驻平台费和宣传推广费不超过 50%补贴。培育认定一批省级海外仓，给予省级海外仓一次性 100 万元奖励。鼓励外贸综合服务企业为中小微企业提供一站式服务，给予服务企业 15 家（含）以上且进出口额 3 亿元（含）以上的外贸综合服务企业年度 50 万元奖励。[省商务厅、省财政厅，各市（地）政府（行署）按职责分工负责]

四、支持资源类产品进口和地产品出口。鼓励煤炭、铁矿砂、铜矿砂、木材、化肥等资源类产品进口落地使用加工，对年进口额 1 亿元（含）以上且商品落地率超 50%的企业，给予企业用于开展进口业务所发生的银行手续费和融资贷款利息不超过 50%的补贴，最高补贴 200 万元。鼓励我省地产品出口，对年地产品出口额 5000 万元（含）以上的企业，给予企业用于开展出口业务所发生的银行手续费和融资贷款利息不超过 50%的补贴，最高补贴 200 万元。（补贴利率以贷款发放日最后一次公布的 1 年期 LPR 为准）[省商务厅、省财政厅，各市（地）政府（行署）按职责分工负责]

五、支持多渠道拓展国际市场。支持外贸企业参加线下境外展会和线上涉外展会。给予企业参加线下境外展会所产生的展位费、展品运输费、国际间交通费、住宿费 70%补贴；给予企业委托第三方参加境外展会所产生的展位费、展品运输费 70%补贴；给予企业参加线上涉外展会参展费 50%补贴。企业年度最高补贴 30 万元。企业用于海外资信调查和线上展会宣传所产生费用，所属市（地）政府（行署）可给予不超过 50%的补贴。企业用于境外品牌创建、境外商标注册和产品认证等方面费用，所属市（地）政府（行署）可给予不超过 70%的补贴。[省商务厅、省财政厅，各市（地）政府（行署）按职责分工负责]

六、培育贸易双循环企业。支持贸易双循环企业加强关键技术和商业模式创新。推动解决企业在发展内外贸同线同标同质产品、拓展贸易渠道、完善供应链网络等方面遇到的问题。对入选国家级双循环名单的企业给予一次性 20 万元奖励。[省商务厅、省财政厅、省市场监管局，各市（地）政府（行署）按职责分工负责]

七、增强出口信用保险作用。在依法合规、风险可控前提下，进一步优化出口信保承保和理赔条件，继续扩大对中小微外贸企业承保覆盖面和规模。对年度出口额 1000 万美元以下的企业投保平台类短期出口信用保险给予全额保费补贴。对企业自主缴费投保非平台类短期出口信用保险给予 50%保费补贴，其中，涉及 RCEP 成员国等重点市场、跨境电商等新模式、省级以上贸易促进平台内企业补贴比例分别上调10%并可叠加计算，对农产品出口企业继续保持90%的定额保费补贴，单个企业年度最高补贴150万元。对上年度出口额50万美元（含）以上的企业，投保国内贸易信用保险的保费给予50%补贴，单个企业年度最高补贴50万元。[省商务厅、省财政厅、中国出口信用保险公司黑龙江分公司，各市（地）政府（行署）按职责分工负责]

八、支持开展外贸集疏运服务体系建设。鼓励企业到“一带一路”沿线国家和地区设立境外物流网点。鼓励物流企业到省外设立分支机构或经营网点，加强跨区域物流网建设。支持哈欧、哈俄、哈绥俄亚等国际班列（车）优化集疏运服务体系，积极组织货源，有效扩大运量，推动班列的健康发展。[省发改委、省交通运输厅、省商务厅、中国铁路哈尔滨局集团有限公司，各市（地）政府（行署）按职责分工负责]

九、加强外贸金融服务。在依法合规、风险可控前提下，鼓励金融机构按照市场化原则进一步加大对外贸企业特别是中小微外贸企业的信贷支持力度。充分发挥政策性出口信用保险和政府性融资担保机构作用，在“银行+信保+担保”融资模式下，加大对中小微外贸企业的信贷投放，提供多品类外贸金融产品服务，缓解融资难、融资贵问题。[省地方金融监管局、人民银行哈尔滨中心支行、黑龙江银保监局、省商务厅、中国出口信用保险公司黑龙江分公司，各市（地）政府（行署）按职责分工负责]

十、提升外贸企业汇率避险能力。加大宣传培训力度，引导外经贸企业树立汇率风险中性理念。积极探索有效途径降低外贸企业套保成本，提升外贸企业汇率风险管理能力。支持中小微企业开展远期结售汇业务。支持外贸企业开展人民币跨境结算，进一步简化跨境人民币结算流程，优化跨境人民币业务办理。（省外汇管理局、省商务厅按职责分工负责）

十一、不断提升贸易便利化水平。进一步简化通关作业流程，精简单证及证明材料。进一步完善国际贸易“单一窗口”功能，推进全流程作业无纸化。将办理正常出口退税的平均时间压缩至6个工作日以内，将自贸区内办理正常出口退税平均时间压缩至5个工作日内。（哈尔滨海关、省商务厅、省税务局按职责分工负责）

十二、加强工作协同。建立由商务、海关、税务、外汇、财政、金融等部门组成的黑龙江省贸易高质量发展联席会议机制，加大政策研究、信息共享水平，协调解决政策落实过程中的堵点、难点问题。进一步加大招商引资、平台经济等现有专项资金的统筹力度，优化支出结构，统筹推动各项措施有效实施，支持企业纾困发展。[省商务厅、省发改委、省财政厅、省交通运输厅、省市场监管局、省税务局、省地方金融监督管理局、人民银行哈尔滨中心支行、黑龙江银保监局、省外汇管理局、中国铁路哈尔滨局集团有限公司、哈尔滨海关、中国出口信用保险公司黑龙江分公司、各市（地）政府（行署）按职责分工负责]

本《措施》自发布之日起施行。

（本措施所涉及进出口额为海关纳统数据，金额“元”为人民币。企业可同时享受本措施多项补贴奖励，总额度不超过最高单项补贴上限。本措施与本省其他政策有重复的，按照“从优、就高、不重复”的原则予以支持。）

上海市

一、综述

2022年，中国（上海）国际贸易单一窗口（以下简称上海“单一窗口”）在全面保障核心功能应用的基础上，持续对标国际先进水平，不断打通国际贸易业务环节，先后推出人员旅客、出口退税、金融收付汇、跨境贸易保险、跨境贸易融资、自贸专区、进博会专区、服贸版块、长三角专区、中欧班列专区、数字口岸监测等地方特色功能服务，积极支持疫情防控，为上海口岸平稳运行发挥了积极作用。

二、运行情况

（一）运行数据

截至2022年年底，上海“单一窗口”货物申报2007.42万票，舱单申报10620.42万票，运输工具申报90.00万票，企业资质办理11.32万票，原产地证申领49.44万票，税费支付19.49万票，加贸保税115.59万票，物品通关1479.25万票，监管证件4.95万票，出口退税955笔。

全年办理出口退税1180.5亿元；国际结算业务服务外贸企业6000余家，处理国际结算交易3.03万笔，交易总额623亿元；外贸普惠金融授信总额超4.4亿元；信保WE平台为8277家小微企业提供出口信保服务，保额总计95.6亿美元。注册账户数16.5万个，服务企业59.3万家。

（二）运行维护

圆满完成第五届进博会各项服务保障工作。聚焦展会保障、主场宣传、窗口服务三个重点，成立进博会现场保障专班，为参展商、交易商、指定物流商提供现场政策咨询、技术保障、宣传推介等服务。选派专业骨干人员全程驻点支持现场工作，提供“6×8小时”现场展台保障服务，集中呈现近两年来最新的建设成果和金融产品，同时安排“7×24小时”全程运维值守，切实全面保障进博会期间上海“单一窗口”稳定运行。

（三）宣传推广、企业服务

1. “单一窗口小助手”微信小程序和 App

试点“单一窗口小助手”微信小程序和安卓版 App，覆盖金融咨询、行业动态、货物跟踪、税率查询等功能，方便企业随时办、随身查，上线课程中心、沙龙预约等线上线下相结合的综合性服务与宣介服务。

2. 新闻媒体宣传

《解放日报》、上观新闻、新浪财经、《国际市场》等多家媒体对上海“单一窗口”特色功能建设、进博会保障等内容进行了专题报道。

三、特色应用

（一）全力支持疫情防控，保障口岸通畅

一是上线“单一窗口小助手”微信小程序和在线海运公共换单服务系统。新增 RCEP 最优关税查询、收费公示、通关物流查询等功能。积极落实上海“单一窗口”助力进出口企业复工复产 9 条服务举措。

二是“单一窗口”金融服务助企纾困。上海“单一窗口”联合多家金融机构设置绿色通道，为进出口企业推出“云柜台”“值班岗”“保卫岗”“加油站”等专项举措和普惠金融产品，为抗击疫情、支持市场经济稳定发展、优化口岸营商环境发挥积极作用。

三是冷链与非冷链疫情防控。利用数据融合技术，实现风险货物全自动识别、全口径预约登记，形成全链条跟踪追溯、全方位智能预警，筑牢口岸疫情防控线。冷链与非冷链疫情防控相关系统为上海市进口货物疫情防控闭环式管理提供了有力的技术支撑，充分发挥上海“单一窗口”在疫情防控工作中的作用。冷链预约系统自 2021 年 1 月 12 日正式上线以来，截至 2022 年年底共计预约登记 50.7 万箱。非冷链登记系统自 2021 年 1 月 28 日正式上线以来，截至 2022 年年底共计消杀登记 2345 箱。

（二）落实口岸数字化转型工作

一是启动上海“单一窗口”4.0 版建设。面向国际国内市场，以全面落实口岸数字化转型、打造新一代国际贸易“单一窗口”为主要目标，启动上海“单一窗口”4.0 版建设。

二是口岸集疏运数字平台。该平台一期通过归集上海相关堆场及第三方平台的集装箱信息，实现上海水运口岸企业对集装箱提还箱的移动式预约、堆场费用公示查询等功能，促进了口岸集疏运资源的优化。

三是中欧班列“一站式”服务。实现贸易企业、代理企业、物流企业在线协同作业；上线中欧班列资讯专窗，及时发布班列动态信息；为中欧班列提供专属金融服务。

四是数字口岸监测系统。上线口岸通关时效分析和口岸统计分析等功能，初步构建口岸数字空间，为政府部门科学决策提供辅助支持。

（三）完善金融特色服务

一是成功举办“单一窗口”金融服务季活动。举办金融服务季活动，集中上线金融新产品、“单一窗口”专项福利方案和2022年开门红产品方案等。

二是“单一窗口+信保紧急助企行动”。联合中信保研究开展“单一窗口+信保紧急助企行动”，快速上线“信保绿色通道”，累计理赔45笔出口业务，赔付金额93.3万美元。

（四）深入推进区域化与国际化

一是落实沪滇协作，赋能云南“单一窗口”。将上海“单一窗口”RCEP最优关税查询系统与云南“单一窗口”实现嵌入式对接，为云南进出口企业赋能。

二是落实长三角“单一窗口”合作共建。与安徽“单一窗口”签订数据安全共享协议，为安徽“单一窗口”提供数据清洗、分析和展现等技术服务，为沪皖“单一窗口”联合运营中心建设打好基础。与浙江“单一窗口”、江苏“单一窗口”试点基于工单的互转，探索长三角“单一窗口”运维一体化新模式。

三是碳足迹和碳排放测算。对从上海港出发到APEC区域内有关港口的海运运输的碳排放进行计算，构建国际贸易“端到端”的碳足迹数据管理平台，为碳排放调节机制提供数据支持，为贸易企业碳足迹测算提供支持工具。

四是RCEP服务专区。上线RCEP最优关税查询系统，并在进出口企业口岸作业时实时推送；上线税则信息和原产地规则（东盟版块）查询等功能，为企业享受RCEP红利提供便利化服务。

四、大事记

1月4日

上海“单一窗口”专享金融服务方案在2022年中国（上海）国际贸易单一窗口金融服务季暨RCEP最优关税查询系统启动仪式上发布，同时上线RCEP最优关税查询系统。上海市商务委主任顾军出席会议并致辞，国家口岸管理办公室副主任王可视频致辞。

3月3日

上海市商务委副主任张杰出席上海“单一窗口”2022年金融服务季之“信保绿色通道”上线仪式。

3月24日

上海市商务委组织召开上海“单一窗口”疫情防控专题会。上海市商务委副主任张杰出席会议并讲话。

6月7日

上海市商务委副主任张杰专题听取《中国（上海）国际贸易单一窗口高质量发展规划设想》汇报。

9月27日

上海市城市数字化转型工作领导小组办公室召开2022年第九次会议，研究《关于全面推进口岸数字化转型实施意见》有关事宜，上海市常务副市长吴清、副市长宗明出席会议并讲话。

五、政策文件

上海市商务委员会等部门印发《关于全面推进口岸数字化转型实施意见》的通知

沪商通关〔2022〕249号

各有关单位：

经市城市数字化转型工作领导小组办公室2022年第九次会议同意，现将《关于全面推进口岸数字化转型实施意见》印发给你们，请认真贯彻落实。

特此通知。

上海市商务委员会
上海市发展和改革委员会
上海市经济和信息化委员会
上海市交通委员会
上海市科学技术委员会
上海市生态环境局
上海海关
上海海事局
上海出入境边防检查总站
2022年10月26日

关于全面推进口岸数字化转型实施意见

为全面推进本市智慧口岸建设，根据市委、市政府《关于全面推进上海城市数字化转型的意见》（沪委发〔2020〕35号）《推进上海经济数字化转型 赋能高质量发展行动方案（2021—2023年）》（沪数字化办〔2021〕1号）和《全面推进上海数字商务高质量发展实施意见》（沪商电商〔2021〕121号）等要求，特制定本实施意见。

一、指导思想和总体目标

（一）指导思想

以习近平新时代中国特色社会主义思想为指导，全面贯彻党的十九大和十九届历次全会精神，立足新发展阶段、贯彻新发展理念、服务新发展格局，认真落实市委、市政府推进城市数字化转型的战略部署，围绕“经济、生活、治理”全面数字化转型要求，坚持整体性转变、全方位赋能和革命性重塑，把数字化转型作为上海口岸“十四五”发展主攻方向之一，更好助力上海加快打造成为国内大循环的中心节点和国内国际双循环的战略链接。

（二）总体目标

坚持创新引领、全面融合，对标国际先进水平，加快口岸数字化基础设施建设，提升口岸监管与服务的数字化能级，以服务企业为目标，推进智慧口岸服务体系建设，打造口岸服务治理生态圈，为平安、效能、智慧、法治、绿色“五型”口岸建设提供有力支撑，助力提升国际贸易中心和国际航运中心能级，到 2025 年初步建成具有国际影响力的智慧口岸。

二、主要任务和举措

（一）加强口岸数字化基础设施建设

1. 打造智慧口岸数字底座

完善口岸数字化基础设施，依托上海国际贸易“单一窗口”，建设集大数据、人工智能、区块链等多种新技术为基础的智慧口岸数字底座，打造具有全球影响力的口岸大数据中心。推进数据协调、简化和标准化工作，制定统一的数据标准、接口规范、调用规则等技术标准。推进跨部门、跨系统、跨区域的数据交换共享和功能对接，拓展数据共建共用共管能力，加强数据安全保护力度，探索公共数据安全有序开放。［市商务委（市口岸办）、市交通委、市经济信息化委、上海海关、上海海事局、上海边检总站］

2. 提升多场景智能化处理能力

面向国际贸易、口岸监管、绿色供应链等应用场景，推进针对不同领域不同应用场景的智能化算法模型和算力支撑，为政府部门提供协同监管，为贸易企业提供精准服务。［市商务委（市口岸办）、市发展改革委、市经济信息化委、市交通委、上海海关、上海海事局、上海边检总站］

3. 夯实口岸智能作业基础设施

建设高品质智慧港口、航道，提升智能港口技术与系统集成能力，实现港口集疏运设施重大关键技术突破，推进码头自动化升级改造，提高港口基础设施与智能船舶装卸货协同衔接能力。建设集成物流、分拣和监管功能的航空智慧货站，推进“机场大脑”建设，打造数字孪生机场。全面提升邮轮口岸信息化服务水平，积极打造智慧邮轮港。［市交通委、市经济信息化委、市科委、市商务委（市口岸办）、上海海关、上海海事局、上海边检总站］

（二）优化口岸数字化服务能力

4. 构建一站式业务办理与服务平台

深化国际贸易“单一窗口”建设，鼓励多元参与，打通港航等各类口岸通关物流节点，构建面向货物贸易、服务贸易的数字化一站式业务办理与服务平台。［市商务委（市口岸办）、市交通委、上海海关、上海海事局、上海边检总站］

5. 提升口岸数字化作业水平

推动口岸相关运营主体的信息化、无纸化、智能化建设，加快多平台协同联动。鼓励船公司提升海运电子提单应用率，推进无纸化放单。依托集装箱设备交接单平台和上海电子口岸，推广电子化放箱、精准提箱。建设航空货运信息综合服务公共平台，推进货运信息集成，进一步推广电子运单，提升货运管理智能化水平。[市交通委、市商务委（市口岸办）、上海海关、上海海事局、上海边检总站]

6. 丰富口岸数字化服务模式

推动以数据为基础的精准服务，推动航运物流、融资、保险、支付结算等服务更加便利，拓展外贸综合服务功能，为外贸企业提供数字化支持，打造包括贸易企业、物流企业、金融机构、监管部门等在内的高可信度口岸数字化服务生态圈。为国际贸易、航运和物流企业提供碳足迹追踪和碳排放测算，提升应对“碳达峰、碳中和”的分析决策能力。[市商务委（市口岸办）、市交通委、市经济信息化委、市发展改革委、市生态环境局、上海海关、上海海事局、上海边检总站]

（三）提升口岸数字化监管水平

7. 拓展口岸监管信息化应用范围

进一步推进口岸相关部门之间业务协同的信息化、无纸化建设。根据国家部委对进出口环节监管证件开展无纸化、电子化的改革措施和具体要求，做好在上海口岸的组织落实和推进等工作。推广口岸智能审核、智慧机检、远程核查。推广船舶感知和监管信息在贸易环节的应用，扩展国际贸易“单一窗口”水运口岸数据采集。提升上海海上安全预警及应急反应能力。建设上海港开放水域预警感知管控系统。[市商务委（市口岸办）、上海海关、上海海事局、上海边检总站]

8. 构建基于数字化的协同监管体系

推进上海跨境贸易大数据平台等新一代数字化监管信息系统的建设和完善。为口岸监管模式创新、系统集成提供支撑。加快区域信用信息共享步伐，推进口岸监管单位间信用信息互认，扩大信息互认的治理层面，探索基于大数据的区域内跨部门联合信用监管。以数据透明化促进监管便利，实现口岸无感监测、智能监管，形成口岸管理一体化数字闭环运转的协同监管体系。[上海海关、上海海事局、上海边检总站、市商务委（市口岸办）]

9. 提升口岸多维度预警研判能力

依托国际贸易“单一窗口”，强化进出口货物、船舶等动态信息管理，建设上海口岸大数据可视化分析系统。推进多部门共同开展口岸运行分析与联防联控，建设数字化的口岸安全防控体系，提升口岸预警研判能力。[市商务委（市口岸办）、市交通委、市经济信息化委、上海海关、上海海事局、上海边检总站]

（四）增强口岸区域辐射能级

10. 推进长三角口岸通关一体化

深化长三角国际贸易“单一窗口”合作共建，推进口岸信息系统资源整合、特色功能推广和数字化转型，引导多方参与，探索长三角三省一市间数字化联合运营创新模式，推进长三角口岸通关一体化，支持长三角世界级港口群一体化发展。[市商务委（市口岸办）、市发展改革委、上海海关、上海海事局、上海边检总站]

11. 提升跨区域口岸辐射能级

积极对接长江经济带等国家战略，依托国际贸易“单一窗口”、集装箱江海联运公共信息平台，优化货物转运流程，推动沿江重点口岸间货物便捷流转。推进水水中转、江海直达、海铁联运、中欧班列、空空中转等业务模式的数字化转型，不断提升上海口岸区域辐射能级。[市商务委（市口岸办）、市发展改革委、市经济信息化委、市交通委、上海海关]

（五）打造国际互联互通合作新载体

12. 深化亚太示范电子口岸网络建设

以亚太示范电子口岸网络（APMEN）为基础，积极参与国际合作，不断提高国际影响力。推动海、空运端到端可视化试点，探索实施跨境物流可视化，形成“端到端”的“可视、可追溯”。[市商务委（市口岸办）]

13. 建设国际互联互通合作新载体

探索推进与 APEC、RCEP 以及“一带一路”条件成熟的经济体开展物流、船舶可视化及贸易合规等试点，形成高效率、低成本、便利化跨境网络贸易通道，为企业提供“一次申报、全球通关”服务。搭建 RCEP 等国际协议的最优关税智能查询系统，为企业提供最优税率策划和咨询，协助企业用好优惠条款。[市商务委（市口岸办）、上海海事局]

三、保障措施

14. 加强组织保障

设立上海智慧口岸数字化专班，由市商务委（市口岸办）为牵头单位，成员单位包括市商务委（市口岸办）、市发展改革委、市经济信息化委、市交通委、市科委、市生态环境局、上海海关、上海海事局、上海边检总站、上港集团、机场集团、中国铁路上海局集团、亿通公司等。工作专班日常联系工作由市商务委（市口岸办）负责，工作专班明确工作职责和工作机制，定期召开工作会议，协调解决推进中遇到的具体问题。[市商务委（市口岸办）、市发展改革委、市经济信息化委、市交通委、市科委、市生态环境局、上海海关、上海海事局、上海边检总站]

15. 加强政策引导

各有关单位按规定统筹发挥各级各部门政策引导作用，支持建设一批口岸数字化重点项目。鼓励金融机构和社会资本投入口岸数字化建设。[市商务委（市口岸办）、市发展改革委、市经济信息化委、市交通委、市科委、市生态环境局、上海海关、上海海事局、上海边检总站]

附件：全面推进口岸数字化转型工作任务书（略）

江苏省

一、综述

2022 年，按照国家口岸管理办公室和江苏省委、省政府相关要求，江苏省商务厅指导江苏省电子口岸有限公司紧扣江苏省现代化建设总目标，突出高质量发展导向，立足推进贸易便利化改革，加快推广标准版应用。同时，不断拓展中国（江苏）国际贸易单一窗口（以下简称江苏“单一窗口”）项目建设，积极参与长三角国际贸易“单一窗口”合作共建。

（一）完善江苏“单一窗口”功能

按照国家口岸管理办公室部署要求，开展海运口岸通关物流全程评估系统建设工作。2022 年已完成省级平台系统建设，并同步推进连云港、盐城、南通等地方海运口岸的数据采集工作，进一步深化完善江苏“单一窗口”重点功能。

（二）推进江苏“单一窗口+”建设

充分发挥进出口数据枢纽优势，进一步推动数据汇集，夯实数字底座，加快推进江苏“单一窗口+”建设，积极创新业务发展。2022 年，江苏“单一窗口”建成省级 FTA 智慧应用公共服务平台，实现海关查验信息推送功能，升级改造运输工具申报系统，推出跨境贸易数据服务平台，创新“通关+物流”“外贸+金融”服务模式。

二、运行情况

（一）运行数据

1. 标准版运行情况

截至 2022 年年底，江苏“单一窗口”货物申报 526.69 万票，舱单申报 423.21 万票，运输工具申报 39.72 万票，企业资质办理 25.25 万票，原产地证申领 75.87 万票，税费支付 61.87 万票，加贸保税 102.32 万票，物品通关 1.00 万票，监管证件 6.46 万票，出口退税 1.36 万笔。

2. 特色应用运行情况

2022 年，江苏特色应用共完成各类申报 97.75 万票，贸促会原产地证申领 62.04 万票，船港动态申报 35.71 万票。

（二）运行维护

2022 年，江苏“单一窗口”对外提供“7×24 小时”不间断服务，客户服务热线受理用户咨询 3.43 万人次。根据《国家口岸管理办公室关于做好国际贸易“单一窗口”网络安全管理工作的通知》要求，坚持把安全工作放在核心位置，重点加强党的二十大召开期间、“护网”和“网安”专项行动期间的运行保障。全年共处置各类网络攻击近 15 万次，杜绝重大安全事件、重大故障或人为责任事故，保障江苏“单一窗口”稳定运行。

严格落实数据安全技术规范与标准、数据安全管理工作规章制度，完成 2 套 RAC+DG 数据库环境构建、测试及调优，有效提升数据库环境稳定性，提高平台冗余性，降低平台运维成本。同时，加强资质和安全等级管理，持续更新 ISO 20000、ISO 27001 资质证书，新增获得 ISO 9001 资质证书。门户网站及系统达到网络安全等级保护三级要求，基础平台相关软硬件质量指标维护合格率和机房维护准确率均达 100%。

截至 2022 年年底，数据中心存储数据量累计超 8Tb，日均处理报文 13 万条，平台可用率达到 99.9%，为平台各系统的稳定运行提供了有力的基础支撑。

（三）宣传推广

2022 年，通过头部企业走访调研、广泛开展宣传活动、升级门户网站、积极运营微信公众号、拓宽宣传渠道等方式推广江苏“单一窗口”，共开展调研和走访超 40 次，组织开展“单一窗口”应用交流座谈会 10 余次，增设并发布线上小课堂培训 29 个。

三、 特色应用

（一）建成省级 FTA 智慧应用公共服务平台

FTA 智慧应用公共服务平台可帮助企业快速、准确、实时掌握自贸协定关税减让利好，便利企业享惠、用惠，充分发挥政策对进出口的促进作用。平台查询范围已实现全覆盖并实时更新，包含了当前我国所有已签署的、涉及 26 个国家和地区的 19 个自贸协定的最新商品进出口税率。自 2022 年 6 月正式上线至 2022 年年底，平台有效查询次数超 12 万次。其中，南京、无锡、常州等地区企业查询量较多，浙江、广西、山东、香港等地区企业也在使用该平台，覆盖面和影响力持续提升，平台效应不断放大。

（二）升级改造运输工具申报系统

运输工具申报系统升级为 2.0 版本后实现了申报及管理移动化应用。在申报模式上，结合省内企业需求，创新性地将原先的串行申报修改为并行申报，实现“一次录入、多次申报”，提高了数据复用效率。升级后的系统使用最新的技术框架，安全性得到提升，成功申请运输工具、舱单等系统的平台版导入客户端，提高了系统报文传输的稳定性。

（三）推出跨境贸易数据服务平台

通过广泛征集进出口企业的实际业务需求，针对现有集团型企业难以及时全面掌握自身贸易相关信息，小微企业缺乏数据收集、整理、分析能力的实际业务痛点，该平台实现了报关、舱单、运输工具及其回执和查验指令等数据的及时推送、支持企业历史数据批量下载和当前数据实时下载、导出、存储、统计分析等功能。平台的分析维度包含贸易额、贸易国（地区）、贸易方式、商品种类，可按月度、季度、年度统计分析企业进出口情况并形成企业贸易报告，支持提供企业定制分析服务。

四、大事记

1 月 14 日

江苏“单一窗口”上线海关查验信息推送系统微信端入口。

1 月 21 日

江苏“单一窗口”上线口岸作业时限公示系统。

3 月 10 日

江苏报关企业“单一窗口”应用交流座谈会在南京召开。

4 月 6 日

江苏省商务厅副厅长姜昕调研江苏“单一窗口”建设情况。

5 月 9 日

江苏“单一窗口”完成运输工具申报系统升级，成功申请运输工具、舱单等系统的平台版导入客户端，提高了系统报文传输的稳定性。

6 月 15 日

江苏“单一窗口”上线 FTA 智慧应用公共服务平台。

8 月 11 日

江苏省电子口岸和上海电子口岸完成客服工单系统对接，实现长三角地区客服工单一体化。

9 月 1 日

常州市口岸办与江苏省电子口岸在常州共同举办江苏“单一窗口”常州企业应用座谈会。

9 月 23 日

南京市口岸办与江苏省电子口岸在南京共同举办江苏“单一窗口”南京企业应用座谈会。

9 月 23 日

江苏“单一窗口”上线跨境贸易数据服务平台新功能。

浙江省

一、综述

2022年，中国（浙江）国际贸易单一窗口（以下简称浙江“单一窗口”）在完成标准版服务功能全覆盖的基础上，不断优化提升跨境电商线上综合服务、自贸区公共信息服务、市场采购贸易联网信息服务等地方特色应用，为构建浙江“单一窗口”生态圈、数字赋能进出口企业、优化口岸营商环境、提升跨境贸易便利化水平积极贡献力量。

二、运行情况

（一）运行数据

截至2022年年底，浙江“单一窗口”注册用户34.60万家（含宁波），较2021年增加2000家，累计申报单量超16亿票（含宁波）。全年货物申报202.60万票，舱单申报372.44万票，运输工具申报36.72万票，企业资质办理10.60万票，原产地证申领144.04万票，税费支付8.81万票，加贸保税129.09万票，物品通关5.37万票，监管证件2.51万票，出口退税1423笔。

（二）运行维护

2022年，浙江“单一窗口”接听热线电话4.9万次；维护微信群48个，为企业答疑5.2万次；持续增加运维保障投入，确保平台全年“7×24小时”高效稳定运行，可用性超过99.9%，用户满意度连续8年超过90%。

在重大活动期间，结合网络安全等级保护2.0的基本要求，全面加强浙江“单一窗口”安全管理，严格落实《国际贸易“单一窗口”数据安全管理办法》，全面梳理数据采集、保存、使用、共享、传输和清理等环节，完善对数据的闭环管理，在定期组织网络安全教育培训和自查自纠的基础上，加大网络安全应急演练力度，组织各类应急演练40余次。通过年度网络安全等级保护三级测评，完成党的二十大、北京冬奥会冬残奥会和世界互联网大会等重大活动网络安全重保任务，保障“双11”“6·18”等活动，并通过公安部和浙江省公安厅等各级网络安全主管部门组织的系列网络安全攻防演练。

（三）宣传推广

累计组织线上线下业务培训50余场，覆盖全省企业2837余家；调研走访企业100余家。

三、特色应用

2022年，浙江“单一窗口”积极落实党中央、国务院和省委、省政府部署要求，紧紧围绕提高口岸通关效率、提升贸易便利化水平、优化口岸营商环境的主题，牢牢把握全省数字化改革工作主线，坚持问题导向、需求导向、效果导向、未来导向，通过横向关联国际贸易监管单位和政府部门、纵向关联国际贸易链条上下游企业，以解决企业痛点和难点为出发点和落脚点，迭代升级特色应用，持续推进口岸领域数字化改革。

一是助力企业实现数字化转型。根据《国家口岸管理办公室关于开展国际贸易“单一窗口”部分服务试点工作的通知》要求，浙江省被选为试点省份。通过推动企业与浙江“单一窗口”的数据贯通、丰富参数查询维度、支持企业个性化需求定制等，向企业提供个性化接口服务，助力企业提升数字化水平。同时，提高申报效率，提升企业满意度，增强企业获得感。2022年3月1日至12月31日，共有10家企业参与试点工作，货物申报11.5万票，每票报关单从录入到申报平均用时由5分钟压缩至0.5分钟以内，每票业务至少节约4.5分钟，通过企业自身管理软件直接对接“单一窗口”进行货物申报，大幅降低企业报关操作时间，降低申报错误率，提高企业效能。

二是建设运维“义新欧”中欧班列数字服务平台。持续推动浙江“单一窗口”与铁路运输相关系统互联互通，打通运行主体，加强与口岸监管部门、铁路部门、班列运营平台、作业场站和重点企业的联动，实现9类数据共享交换，支持金华和义乌平台开展班列数字化应用建设，有效提升班列运行主体间的协同效率，助力班列高质量发展。2022年，有效保障了超2200列“义新欧”班列顺利开行。同时，强化系统迭代升级和经验总结，将相关建设经验推广到台州、绍兴、衢州等地。此外，平台可通过集装箱号关联浙江“单一窗口”申报数据，根据指运港、运抵国（地区）构建基于里程数据的运费校验模型，与班列平台公司申报的补贴数据进行比对验证，提升“义新欧”班列政策补贴的精准度，助力“义新欧”班列实现高质量发展。

三是拓展“外贸+金融”服务。积极推进浙江“单一窗口”与政府部门、企业和相关机构等对接，逐步培育和构建集交易、结算、通关、物流、金融、风险控制、品质管理、信息交流于一体的数字化、全链条跨境贸易生态圈。推行“外贸+金融”服务模式，提供更加便利的融资担保、保险理赔、支付结算等服务。已对接30家金融机构，累计为中小进出口企业提供融资超60亿元，实现线上结汇超1400亿美元。

四、大事记

1月26日

浙江省商务厅会同相关单位调研浙江“单一窗口”地方特色应用“外贸+金融”建设和应用情况。

2 月 21 日

浙江出入境边防检查总站对浙江“单一窗口”边检空港申报系统义乌试点建设情况进行调研。

3 月 23 日

浙江省政府办公厅组织召开浙江省 2022 年口岸工作领导小组电视电话会议。会上，省口岸工作领导小组与省发展改革委、省交通运输厅、省商务厅、省大数据局、省贸促会、杭州海关、省机场集团、省海港集团、浙江电子口岸等 17 家单位，杭州市政府、宁波市政府、温州市政府等 11 个设区市政府以及义乌市政府签署《浙江国际贸易“单一窗口”建设责任状》。

4 月 15 日

浙江省商务厅与浙江电子口岸有限公司就数字贸易“单一窗口”相关工作进行座谈。

5 月 13 日

浙江数字贸易“单一窗口”发布上线。

6 月 7 日

浙江“单一窗口”上线萧山机场航空物流跟踪功能，“通关+e 物流”航空物流跟踪功能同步上线。

8 月 11 日

浙江电子口岸有限公司同江西省口岸贸易促进中心，就依托双方在国际贸易“单一窗口”领域的建设成果以及优势资源推进重点项目的合作建设、深化数字化改革建设成果、优化营商环境，进行座谈。

10 月 11 日

浙江省政府办公厅副主任、党组成员李耀武一行调研浙江“单一窗口”建设情况。

安徽省

一、综述

中国（安徽）国际贸易单一窗口（以下简称安徽“单一窗口”）是促进安徽省开放型经济发展的重要途径，对推动安徽省外向型经济融入长三角一体化发展和保持外贸持续稳定高质量发展起到至关重要的作用。2022 年，按照省领导关于拓展提升安徽“单一窗口”功能的要求，遵循标准化、集约化、以服务为中心的原则，安徽“单一窗口”完成了平台各项建设任务和运维保障工作。

二、运行情况

（一）运行数据

截至 2022 年年底，安徽“单一窗口”货物申报 38.24 万票，舱单申报 7.82 万票，运输工具申报 4810 票，企业资质办理 2.57 万票，原产地证申领 11.37 万票，税费支付 4.20 万票，加贸保税 10.48 万票，物品通关 1.13 万票，监管证件 7682 票，出口退税 72 笔。累计组织 168 家企业发布口岸收费清单 2761 条。

（二）运行维护

2022 年，累计服务省内外企业 1.6 万家（其中代理服务类企业 562 家、进出口企业 1.1 万家）；服务企业请求 10 万次，QQ 在线回复问题 7 万次，微信在线回复问题 1 万次，接听电话 1.3 万次，远程协助企业处理问题 2968 次；向国家项目组上报工单 396 个。

1. 线上服务

安徽“单一窗口”共有 6 个 QQ 企业服务群，覆盖约 4300 家企业；4 个微信运维服务群，覆盖约 410 家企业；5 部客服热线（95198 客服电话、企业固话以及移动电话）；4 个客服 QQ 和 1 个投诉建议 QQ。

2. 线下服务

主动提供上门服务，与企业进行交流讨论，及时准确了解企业需求，快速为企业处理问题。

提供现场咨询服务，并在合肥市高新区政务服务中心和合肥市蜀山区自贸片区服务中心设立“单一窗口”服务专窗，相关企业可现场交流咨询。

3. 运行管理

2022 年全年平台运行零故障。一是在系统更新通知方面，同步标准版系统更新情况，并通过运维群、门户网站、微信公众号等渠道发布系统更新通知，便于企业提前安排各项工作。二是在系统软硬件保障方面，安徽“单一窗口”数据中心配备 UPS 不间断电源组、服务器 8 台、加密机 1 台、电线专线等标准硬软件设施，定期进行机房（硬件）巡检，每日进行服务器、路由器、交换机等运行情况巡检，定期对机房所有服务器及备件坏件检查、检修、替换和保修，建立数据中心例行检查和维护文档，每 7 日进行一次数据备份。三是在数据安全方面，针对所有服务器系统定期进行计算机病毒检查，发现病毒及时清除，定时查看服务器系统日志。开展年度安全检查，不断细化和完善信息系统的安全制度建设、安全管理机构、人员安全管理、系统建设管理、系统运维管理等方面，解决完成网络与信息安全自查存在的不足，填报《国际贸易“单一窗口”安全自查表》和自查报告。

4. 日常管理服务

组织开展内部相关人员业务能力提升培训会 5 次。整理工作中的常见问题和常用功能模块操作手册，上传至群文件，便于企业参考学习。积累并记录企业反馈的系统改善类问题，整理后发给国家项目组进行优化。根据企业需要整理《各市海关业务部门联系单》《监管部门联络一览表》《其他进出口业务相关单位联系单》等资料，便于企业咨询和业务申报。

（三）宣传推广

按照国家口岸管理办公室统一安排和要求，采用宣传培训会、部门对接交流、线下座谈走访、网络媒体等多种方式，大力宣传推广国际贸易“单一窗口”。

宣传培训会方面，2022 年累计组织培训 10 次，其中线上全省培训 2 次，在池州、黄山、淮北等 8 个城市开展线下培训 8 次，累计受益企业 8506 家。部门对接交流方面，主动与省商务厅、省药监局、省税务局、省贸促会、各市海关业务部门、各市商务局、省报关协会等相关业务部门学习交流，并与其他省市“单一窗口”部门进行业务交流，累计与不同部门对接交流涉及“单一窗口”事项 36 项，其中政策文件类 14 项、系统操作交流类 22 项。线下座谈走访方面，累计走访省内企业 6 家、省外企业 2 家。网络媒体方面，定期维护更新安徽“单一窗口”微信公众号，及时发布系统更新升级通知、公告、业务知识、常见问题等，累计发布 323 条信息，在阜阳、淮北、六安等市商务（口岸）部门官网、微信公众号发布安徽“单一窗口”宣传信息和相关文章。

三、特色应用

（一）应用查验预约反馈全流程系统

2022 年 1 月，安徽省口岸办下发《关于进一步推广海关查验信息推送工作试点的通知》。查验预约反馈全流程系统的主要功能是安徽“单一窗口”在接收海关查验数据推送后，可实时向进出口企业、代理企业、港口码头、口岸作业场站推送海关查验通知信息。通过信息化手段衔接海关查验各环节操作，进一步提高口岸物流效率，促进跨境贸易便利化。根据试点情况，下一步将扩大应用至全省水运口岸，推行免到场查验功能。增加移动端通知、统计分析、单点登录等功能。

（二）推进徽商银行金融服务

2019 年以来，徽商银行国际业务取得了长足发展，产品不断丰富，渠道和平台建设不断拓宽，国际业务服务范围已拓展到国际结算、贸易融资、跨境融资、外汇资金避险及保值增值等综合服务，业务及客户规模稳步提升。为贯彻《安徽省人民政府办公厅关于印发安徽省进一步优化营商环境更好服务市场主体工作方案的通知》（皖政办〔2020〕13 号）要求，满足徽商银行客户在税费支付、出口退税、汇总征税保函等方面的服务需求，推进“单一窗口”功能由口岸通关执法向口岸物流、贸易服务等全链条拓展，覆盖银行金融、信用保险等，截至 2022 年年底，正在积极推进徽商银行与标准版进行对接，实现标准版的税费支付、出口退税、金融服务等功能。

四、大事记

1 月 12 日

安徽“单一窗口”扩大海关查验信息推送平台试点范围。

1 月 27 日

安徽“单一窗口”上线全国口岸综合管理平台功能应用。

4 月 21 日

安徽省副省长周喜安主持召开省口岸工作领导小组第一次全体会议，研究持续推进落实标准版功能应用，深化“单一窗口”长三角区域合作事项。

5 月 23 日

安徽“单一窗口”上线舱单和货物运抵状态查询功能。

7 月 12 日

安徽“单一窗口”上线海关通知查验功能。

9 月 29 日

安徽“单一窗口”上线农产品进口关税配额证功能。

12 月 1 日

安徽“单一窗口”上线进出口商品检验采信管理系统。

12 月 27 日

安徽“单一窗口”上线属地查验功能。

五、 政策文件

安徽省人民政府关于印发安徽省口岸建设发展行动方案（2022—2025 年）的通知

皖政秘〔2022〕211 号

各市、县人民政府，省政府各部门、各直属机构：

现将《安徽省口岸建设发展行动方案（2022—2025 年）》印发给你们，请认真贯彻执行。

安徽省人民政府

2022 年 11 月 7 日

安徽省口岸建设发展行动方案（2022—2025 年）

为加快推进我省口岸建设发展，全面提升对外开放水平，更好服务构建新发展格局，根据《国家“十四五”口岸发展规划》《安徽省国民经济和社会发展第十四个五年规划和 2035 年远景目标纲要》，制定本行动方案。

一、总体要求

（一）指导思想。坚持以习近平新时代中国特色社会主义思想为指导，全面贯彻党的二十大精神，深入贯彻习近平总书记对安徽作出的系列重要讲话指示，认真落实省委、省政府有关部署要求，创新口岸建设发展理念，坚持战略引领、创新驱动、开放合作、深化改革，充分发挥市场在资源配置中的决定性作用，更好发挥政府作用，加快推进口岸建设，服务高质量发展，推动高水平开放，保障高标准安全，为促进开放型经济发展、加快建设现代化美好安徽提供坚实支撑。

（二）发展目标。全面落实新时代口岸高质量发展要求，着力实施口岸建设发展“六项行动”，到 2025 年，初步建成“口岸体系健全、功能配套完善、服务优质高效、集聚辐射力强”的现代化口岸体系。

——口岸体系健全。口岸区域布局更加合理，口岸及海关监管场所覆盖水运、航空、铁路、公路等重要枢纽和节点，力争新增 3~5 个开放（临时开放）口岸，合肥全省口岸枢纽核心、沿江口岸带、其他区域多节点口岸（场站）建设加快推进，初步形成“一核一带多节点”的水陆空口岸体系。

——功能配套完善。口岸基础设施现代化水平明显提升，国际人流、物流通道顺畅便捷高效，开通国际航点 15 个以上（不含港澳台），开通国际国内全货运航线 20 条以上。水运集装箱吞吐量达到 235 万标箱以上。合肥中欧班列年发运 1000 列以上。海关特殊监管区域、保税物流中心等能级明显提高。

——服务优质高效。通关流程显著优化，出口通关时效居长三角及中部地区前列，进口通关时效大幅改善。口岸智慧化水平大幅提升，口岸信息互联互通、互认共享，口岸数据资源综合利用水平进一步提高。跨境贸易便利化水平与沪苏浙对标看齐，处于中部前列，企业获得感显著增强。

——集聚辐射力强。海关特殊监管区域等口岸经济发展平台（园区）建设取得新进展，溢出效应加快释放，与中国（安徽）自由贸易试验区、各类产业园区联动发展。口岸经济园区主导产业竞争优势凸显，对外贸易规模、质量明显提升，口岸经济发展平台的集聚辐射效应和带动力进一步增强。

二、重点任务

（一）优化口岸布局行动。统筹规划，科学布局，构建功能完善、通畅便捷的“一核一带多节点”口岸体系。

1. 加快合肥口岸枢纽核心建设。大力推进合肥航空口岸、合肥水港、合肥国际陆港建设，打造合肥国际航空货运集散中心、合肥江淮联运中心、合肥陆港型国家物流枢纽，强化合肥区域航空枢纽和国家物流枢纽承载城市功能，加强与省内外口岸（场站）间的联动衔接，基本建成辐射全省、连接全国、面向世界的高水平、高能级开放口岸。（责任单位：合肥市人民政府，配合单位：省发展改革委、省自然资源厅、省交通运输厅、省政府口岸办、合肥海关、安徽边检总站、省港航集团、安徽民航机场集团、中国铁路上海局集团有限公司合肥铁路办事处）

2. 加快建设高水平开放的沿江口岸带。推动沿江水运口岸有效整合、优势互补、错位发展，加快推进芜湖、安庆、铜陵、池州港口岸获批港区扩大开放和马鞍山港口岸郑蒲港区建设，深化与上海、宁波、太仓等重要港口合作，协同打造长三角世界级港口群，不断拓展我省水运口岸的国际物流通道。（责任单位：马鞍山、芜湖、铜陵、池州、安庆市人民政府，配合单位：省发展改革委、省自然资源厅、省交通运输厅、省政府口岸办、合肥海关、安徽边检总站、省港航集团、芜湖海事局、安庆海事局）加快芜湖专业航空货运枢纽港建设，推进池州机场、芜宣机场申创开放（临时开放）航空口岸。（责任单位：芜湖、池州市人民政府，配合单位：省发展改革委、省自然资源厅、省交通运输厅、省政府口岸办、合肥海关、安徽边检总站、安徽民航机场集团）

3. 加快推进多节点口岸（场站）建设。完善拓展黄山机场航空口岸功能，推进阜阳机场申创开放（临时开放）航空口岸。（责任单位：阜阳、黄山市人民政府，配合单位：省发展改革委、省自然资源厅、省交通运输厅、省政府口岸办、合肥海关、安徽边检总站、安徽民航机场集团）有序推进蚌埠、阜阳、淮南、宣城等铁路场站、水运港口加快建设。（责任单位：蚌埠、阜阳、淮南、宣城市人民政府，配合单位：省发展改革委、省自然资源厅、省交通运输厅、省政府口岸办、合肥海关、省港航集团、中国铁路上海局集团有限公司合肥铁路办事处）

（二）口岸基础设施现代化行动。对标先进，多元投入，高起点、高质量推进口岸重大基础设施项目建设，改造升级口岸存量基础设施，有效提升口岸基础设施现代化水平。

4. 口岸重大基础设施项目建设工程。合肥口岸枢纽核心重点推进合肥新桥国际机场扩建工程、合肥国际陆港项目、合肥派河国际综合物流园港区项目、合裕线裕溪一线船闸扩容改造、合肥电子化学品检测实验室等重大项目建设。（责任单位：合肥市人民政府，配合单位：省发展改革委、省自然资源厅、省交通运输厅、省政府口岸办、合肥海关、安徽边检总站、省港航集团、安徽民航机场集团、中国铁路上海局集团有限公司合肥铁路办事处）沿江口岸带重点推进安庆港口岸长风港区和皖河农场港区、铜陵港口岸江北港区、池州港口岸江口港区和牛头山港区等扩大开放项目建设，加快推进芜湖港朱家桥外贸综合物流园区一期码头、芜湖长江 LNG 内河接收（转运）站项目码头、马鞍山港郑蒲港二期、郑蒲港新区水铁公联运物流枢纽中心、铜陵港江北港区铁水联运枢纽一期、池州机场改扩建、芜宣机场改扩建等重大项目建设（责任单位：马鞍山、芜湖、宣城、铜陵、池州、安庆市人民政府，配合单位：省发展改革委、省自然资源厅、省交通运输厅、省政府口岸办、合肥海关、安徽边检总站、省港航集团、安徽民航机场集团）。其他区域重点推进阜阳机场、阜阳港、蚌埠新港扩建工程和阜阳铁路国际物流港、淮南江淮枢纽港、淮南国际内陆港、宁波舟山港宣城国际内陆港、宣州港综合码头二期工程等重大项目建设。（责任单位：蚌埠、阜阳、淮南、宣城市人民政府，配合单位：省发展改革委、省自然资源厅、省交通运输厅、省政府口岸办、合肥海关、安徽边检总站、省港航集团、中国铁路上海局集团有限公司合肥铁路办事处）

5. 口岸设施设备改造升级工程。加快口岸（场站）检验检疫设施设备、快筛查验室、医学排查室、隔离留验室、快速检测室以及其他功能用房的改造升级，满足应对新冠肺炎疫情等突发公共卫生事件应急处置要求，提升口岸公共卫生核心能力。航空口岸重点建设完善国际货运基础设施、边防检查、查验场地及相关设备，优化改造国际出发流程，推动实现安检前置；水运口岸、铁路场站重点加强国际集装箱场站、查验场地、海关监管仓库、检疫处理区和智能化围网、卡口、集装箱检查系统等配套设施设备建设。加快推进水运口岸码头配套锚地、岸上接受处置、污水管网连接等配套设施建设。（责任单位：合肥、马鞍山、芜湖、铜陵、池州、安庆、黄山市人民政府，配合单位：省发展改革委、省交通运输厅、省卫生健康委、合肥海关、安徽边检总站、省港航集团、安徽民航机场集团、中国铁路上海局集团有限公司合肥铁路办事处）

（三）口岸大通道建设提升行动。以合肥口岸枢纽核心、沿江口岸带为重点，兼顾其他口岸（场站）需求，加强与沪苏浙口岸战略合作，巩固提升现有通道功能，着力开拓新通道，形成全省口岸互联互通、连接全国、通达全球主要口岸的通道体系。

6. 水运口岸大通道建设工程。巩固完善“一核两翼”集装箱运输体系，统筹沿江港口集装箱航线资源，加密芜湖—上海直达航线，拓展合肥—芜湖、安庆—池州—铜陵—芜湖支线。加强与长江中上游港口航线合作，提升集装箱集疏运能力，将芜湖港打造成为长江下游集装箱转运中心。支持蚌埠建设淮河流域集装箱航运中心，开通蚌埠—宁波集装箱航线，常态化运营蚌埠—上海/太仓/连云港、周口/漯河—阜阳—蚌埠等集装箱精品航线。开通江淮运河集装箱航线，丰富“港航巴士”航线网络。谋划开通我省沿江水运口岸直达周边国家或地区的国际海运航线。（责任单位：合肥、蚌埠、阜阳、马鞍山、芜湖、铜陵、池州、安庆市人民政府，配合单位：省交通运输厅、省政府口岸办、合肥海关、省港航集团）

7. 空运口岸大通道建设工程。以合肥新桥国际机场、芜宣机场为主，其他支线机场为辅，与国际枢纽机场建立货运联盟，积极参与长三角世界级机场群协同发展，构建高效通达的国际国内货运航线网络体系。打造合肥国际航空货运集散中心，力争每年新增 3 条以上国际及地区全货机航线；到 2025 年，开通国际及地区客运航线 20 条以上，力争国际及地区旅客吞吐量达到 140 万人次，国际航空货邮吞吐量达到 14 万吨。加快推进芜湖专业航空货运枢纽港建设，到 2025 年，完成枢纽港机场改扩建一期工程和京东二期转运中心建设，力争开通 5 条以上国际全货机航线、国际航空货邮吞吐量达到 12 万吨。推动航空口岸与相关邮政企业、快递企业总部深化合作，加快发展国际邮政快递业务。（责任单位：合肥、芜湖、宣城市人民政府，配合单位：省发展改革委、省

交通运输厅、省政府口岸办、合肥海关、安徽边检总站、省邮政管理局、安徽民航机场集团）

8. 陆运铁路场站大通道建设工程。加快推进合肥陆港型国家物流枢纽建设，大力实施“合肥中欧班列+”战略，优化整合全省资源，科学规划班列路线，将合肥中欧班列延伸至省内有需求的城市，着力拓展合肥中欧班列的线路、站点和覆盖面。深化我省与新疆、内蒙古自治区口岸（场站）间交流合作，稳定开行经霍尔果斯、阿拉山口班列，进一步开拓经二连浩特、满洲里等班列。积极融入西部陆海新通道，依托中老铁路，开行合肥—老挝万象、越南河内等班列，大力拓展提升我省与东盟经济区的国际物流通道。（责任单位：合肥市人民政府，配合单位：省发展改革委、省交通运输厅、省商务厅、省政府口岸办、合肥海关、中国铁路上海局集团有限公司合肥铁路办事处）

9. 多式联运建设提升工程。深入实施国家多式联运示范工程。到2025年，创建省级多式联运示范工程30家左右。加强铁海联运，大力拓展安徽东向上海、宁波港出口美洲通道，南向广西钦州港出口东南亚、非洲通道，北向青岛、连云港出口日、韩通道。鼓励大型工矿企业与铁路物流基地、港口等密切合作，推动煤炭、矿石、粮食等大宗物资中长距离运输“公转水”“公转铁”。力争我省集装箱铁水联运量每年增长15%左右。推动沿江水运口岸与上海、宁波、太仓港加强合作，提升水水联运效率。（责任单位：省交通运输厅，配合单位：省发展改革委、省经济和信息化厅、省港航集团、安徽民航机场集团、中国铁路上海局集团公司合肥铁路办事处）

（四）口岸智慧化建设提升行动。坚持需求牵引、应用至上，落实国家口岸信息化建设规范，对照沪苏浙，全面推进智慧口岸建设，到2025年，口岸智慧化水平基本达到沪苏浙口岸水平。

10. 口岸信息化改造升级工程。充分利用云计算、大数据、人工智能、区块链、物联网、北斗、智能审图、第五代移动通信（5G）等先进新技术，加快口岸（场站）查验设施、装卸设备、物流仓储等智能化改造升级，全面推进口岸相关单位信息化、无纸化、智能化建设。整合优化口岸查验监管信息系统，加快建设“智慧海关”“智慧边检”，推进各口岸（场站）间信息互通共享，促进多式联运、口岸（场站）联动和区域合作。在集装箱干线港推进基于区块链的集装箱电子放货平台应用。探索实施跨境全程物流可视化，促进实体口岸与数字口岸有机融合。（责任单位：合肥、马鞍山、芜湖、铜陵、池州、安庆、黄山市人民政府，配合单位：省发展改革委、省交通运输厅、省数据资源局、合肥海关、安徽边检总站、省港航集团、安徽民航机场集团、中国铁路上海局集团公司合肥铁路办事处）

11. 深化中国（安徽）国际贸易“单一窗口”建设。推动口岸和国际贸易相关业务通过“单一窗口”办理，除保密等特殊情况外，进出口环节监管证件及检验检疫证书等原则上通过“单一窗口”一口受理、一窗通办。对接银行、保险、征信、支付等机构，推行“外贸+金融”服务模式，提供更加便利的融资担保、保险理赔、支付结算等服务。依托“单一窗口”打通航空、铁路、港航、公路、邮政等各类口岸通关物流节点，实现多种交通工具相互衔接、转运，多个口岸业务联动，各相关主体之间信息互通和协同作业，为企业提供全程“一站式”通关物流信息服务。推动落实长三角国际贸易“单一窗口”合作共建工作方案、技术方案，实现部门间、区域间通关数据互换、口岸物流信息对接、企业信用信息互认、监管执法信息共享。（责任单位：省政府口岸办，配合单位：省发展改革委、省交通运输厅、省商务厅、省地方金融监管局、省数据资源局、国家外汇管理局安徽省分局、合肥海关、安徽边检总站、省邮政管理局、省港航集团、安徽民航机场集团、中国铁路上海局集团公司合肥铁路办事处）

（五）口岸经济培育提升行动。统筹规划建设海关特殊监管区域等各类口岸经济开放平台，培育壮大口岸经济主导产业，构建“口岸+通道+产业”点、线、面三位一体发展模式，为开放型经济增添新动能。

12. 推动海关特殊监管区域扩能增效。推动各综合保税区在全国综合保税区发展绩效评估中争先进位，在当地外贸中贡献度逐年提升。合肥经开区综合保税区重点打造加工制造、研发设计、检测维修中心，合肥、马鞍山综合保税区重点打造加工制造中心，芜湖综合保税区重点打造物流分拨、检测维修中心，安庆综合保税区重点打造物流分拨中心。推动各综合保税区与中国（安徽）自由贸易试验区建设联动创新区，实现政策协同共享。（责任单位：合肥、马鞍山、芜湖、安庆市人民政府，配合单位：省发展改革委、省财政厅、省自然资源厅、省商务厅、省市场监管局、省税务局、省政府口岸办、合肥海关、国家外汇管理局安徽省分局）力争蚌埠、合肥空港、铜陵、宣城综合保税区和合肥陆港、芜湖空港、淮北、阜阳、滁州（皖东）、舒城保税物流中心（B型）等获批建设。推动皖江江南保税物流中心（B型）建成验收。充分发挥现有进境指定监管场地（口岸）平台作用，加快打造物流、货物集散枢纽，推动安庆汽车整车进口口岸做大整车进口规模，推动合肥空港药品进口口岸等一批进境指定监管场地（口岸）获批建设。（责任单位：合肥、淮北、蚌埠、阜阳、滁州、六安、芜湖、铜陵、池州、安庆市人民政府，配合单位：省发展改革委、省财政厅、省自然资源厅、省商务厅、省市场监管局、省税务局、省药监局、省政府口岸办、合肥海关、国家外汇管理局安徽省分局）

13. 加快临港临空临铁产业发展。加强口岸（场站）配套产业园区建设，推动形成“口岸（场站）+园区+产业+特色服务”的多元发展格局。引导生产资料和生活资料商贸市场向口岸（场站）及周边布局，完善区域分拨及配送、国际物流服务、国际快件集散、供应链服务等物流产业体系，促进电子信息、装备、药品、农副食品、纺织服装、国际商贸等外贸主体向口岸（场站）聚集。提升口岸（场站）经营主体发展能级，支持水运、航空口岸和铁路场站经营主体拓展经营服务范围，打造形成集“口岸（场站）运营+通道运营+市场运营+服务管理”综合性口岸（场站）运营主体。（责任单位：合肥、马鞍山、芜湖、铜陵、池州、安庆、黄山市人民政府，配合单位：省发展改革委、省自然资源厅、省交通运输厅、省商务厅、省港航集团、安徽民航机场集团、中国铁路上海局集团有限公司合肥铁路办事处）

14. 大力开展口岸经济“双招双引”。依据区域产业定位和特色，持续推进临港临空临铁区域和各综合保税区、保税物流中心等开展专业招商、精准招商和产业链招商，重点招引体量大、质量高、产业带动强、绿色环保的项目入区落地，加快培育主导产业和优势企业，促进口岸经济特色发展、集聚发展。加强口岸物流主体培育，强化与基地货运企业深度合作，加大对知名国际船代、货代和主营国际水运、航空及铁运物流企业的招引力度，将临港临空临铁区域和各综合保税区、保税物流中心等打造成为发展新产业、培育新业态、释放新动能的重要载体。（责任单位：合肥、马鞍山、芜湖、铜陵、池州、安庆、黄山市人民政府，配合单位：省发展改革委、省自然资源厅、省交通运输厅、省商务厅、省港航集团、安徽民航机场集团、中国铁路上海局集团有限公司合肥铁路办事处）

15. 加快提升口岸综合服务能力。强化外贸综合服务能力建设，引入和培育第三方中介服务平台，提供口岸货代、报关、物流、金融等领域的个性化监管和定制化服务。创新物流组织模式，通过开行定制班列，完善拼箱、包舱等方式，提供针对性强的供应链物流方案，延伸邮包、冷链、商品预包装、运贸一体化等增值业务功能，加强在商品交割、贸易结算、融资担保、运输保险等方面的服务创新。提升金融服务口岸经济能力，引导金融机构积极开展押汇等融资模式创新，降低企业成本。（责任单位：合肥、马鞍山、芜湖、铜陵、池州、安庆、黄山市人民政府，配合单位：省发展改革委、省交通运输厅、省商务厅、省地方金融监管局、省港航集团、安徽民航机场集团、中国铁路上海局集团有限公司合肥铁路办事处）

（六）口岸营商环境优化提升行动。以营商环境评价为抓手，深化机制改革、流程再造、运行模式创新，打造一流口岸营商环境。

16. 优化口岸通关作业流程。向社会公开港口、机场、铁路场站调货、移位、装卸等物流作业时限及流程，为市场主体提供相对合理稳定的通关预期。对抵达海关监管作业场所且完整提交相关信息的 RCEP 原产易腐货物和快件，在满足必要条件下实行 6 小时内放行的便利措施。实施“主动披露”制度，实施报关差错容错机制；提升“提前申报”“两步申报”比例，推广芜湖—上海“江海一港通联动接卸”监管模式至省内符合条件的水运口岸。推进进口货物“离港确认”“船边直提”和出口货物“抵港直装”试点工作，推广关税保证保险、一保多用、自报自缴、汇总征税和电子支付，不断提升企业通关便利化水平。优化旅客出入境通关流程，推行“海关+安检、边检+安检、一次过检”监管模式改革。（责任单位：合肥、马鞍山、芜湖、铜陵、池州、安庆、黄山市人民政府，配合单位：省交通运输厅、省商务厅、合肥海关、安徽边检总站、安徽民航机场集团、省港航集团、中国铁路上海局集团公司合肥铁路办事处）

17. 降低进出口环节合规成本。认真落实国家及省各项助企纾困优惠政策，降低企业成本。落实口岸收费目录清单公示制度，公开口岸经营服务主体收费目录清单并动态更新，提升口岸收费透明度。建立市场监管、发展改革、商务、交通运输等部门参加的收费监督机制，依法查处进出口环节存在的违法违规收费行为，依法调查处理口岸经营活动中的涉嫌垄断行为，加大对进出口中介环节治理力度，降低跨境贸易合规成本。（责任单位：合肥、马鞍山、芜湖、铜陵、池州、安庆、黄山市人民政府，配合单位：省发展改革委、省交通运输厅、省商务厅、省市场监管局、合肥海关、安徽边检总站、省港航集团、安徽民航机场集团、中国铁路上海局集团公司合肥铁路办事处）

18. 开展口岸（场站）营商环境评价。深化口岸领域“放管服”改革，深入实施提升跨境贸易便利化专项行动，借鉴国内外先进经验，完善口岸营商环境评价办法，完善口岸城市、非口岸城市优化跨境贸易营商环境分析评议指标体系，对各市组织开展口岸（场站）营商环境评价，广泛征求航空公司、航运企业、外贸公司、旅行社和群众意见建议，强化评价结果运用，推动各市不断优化口岸（场站）营商环境。（责任单位：省政府口岸办，配合单位：省发展改革委、省交通运输厅、省商务厅、合肥海关、安徽边检总站、省港航集团、安徽民航机场集团、中国铁路上海局集团公司合肥铁路办事处）

三、保障措施

（一）强化组织领导。在省委、省政府领导下，省口岸工作领导小组统筹协调全省口岸工作，每季度研究推进口岸领域重点任务、重大项目、重要事项。（责任单位：省政府口岸办，配合单位：省口岸工作领导小组成员单位）省有关单位要明确分管负责同志和责任处室，压实工作责任，对照重点任务扎实推进相关工作落实。各市人民政府要建立完善口岸管理体制和工作协调推进机制，定期研究、协调推进，形成职责分工明确、上下整体联动、左右协调顺畅、运转快捷高效的口岸工作格局，确保口岸建设发展各项重点任务保质保量如期完成。（责任单位：各市人民政府，省口岸工作领导小组相关成员单位）

（二）动态调度推进。各市人民政府和省有关单位要分年度制定落实“六项行动”工作方案，细化任务措施，分解落实责任，列出时间表、路线图，做到月调度、季评估、年通报，有力有序推进“六项行动”按计划实施。（责任单位：各市人民政府，省口岸领导小组相关成员单位）省政府口岸办要强化督促检查、评估进展，协调解决“六项行动”实施中存在的问题，及时报告重大情况，确保行动方案落到实处。（责任单位：省政府口岸办，配合单位：省口岸工作领导小组成员单位）

（三）完善政策支持。研究制定促进口岸建设发展若干政策措施，支持口岸基础设施、通关、智慧化口岸、海关特殊监管区域（场所）和口岸经济、营商环境等方面建设。（责任单位：省政府口岸办，配合单位：省发展改革委、省财政厅、省交通运输厅）支持符合发行使用政府专项债券条件的口岸重大项目申报入库和发行专项债券。（责任单位：省财政厅）组织推介口岸重大项目与银行、基金等进行对接。（责任单位：省地方金融监管局）强化口岸相关重大项目建设用地保障。（责任单位：省自然资源厅）按照《全省重大项目建设能耗要素保障工作承诺事项》，保障口岸相关重大项目用能需求。（责任单位：省能源局）建立健全口岸人才引进培育机制，积极引进高层次、复合型口岸人才，组织开展口岸管理人才专题培训。（责任单位：省人力资源社会保障厅，配合单位：省政府口岸办）

（四）优化建设运行模式。坚持以开放和市场化方式，优化资源配置，加快推进省内口岸（场站）间建设运行合作，提高整体运营效率和水平。通过资本、经营、人才、管理等多种方式，深化与沪苏浙等地重点口岸、国际物流头部企业合作共建、联动发展。推动有条件的市组建口岸和国际物流建设运营平台企业。（责任单位：各市人民政府，配合单位：省发展改革委、省交通运输厅、省商务厅、合肥海关、省港航集团、安徽民航机场集团、省政府口岸办）

（五）实施综合绩效评估。围绕平安、效能、智慧、法治、绿色“五型”口岸建设，落实国家口岸综合绩效评估工作要求，研究制定符合我省实际的口岸综合绩效评估管理办法，按照清单化、闭环式要求，按年度全面评价口岸基础设施建设、运转成效、服务水平等方面绩效，对评估结果进行分析研判、跟踪问效和综合运用，推动引导全省口岸（场站）和海关特殊监管区域（场所）等高质量发展。（责任单位：省政府口岸办，配合单位：省口岸工作领导小组成员单位）

福建省

一、综述

福建省委、省政府高度重视优化口岸营商环境工作，连续5年将中国（福建）国际贸易单一窗口（以下简称福建“单一窗口”）工作列入省政府工作报告。福建“单一窗口”在优化口岸营商环境、促进贸易便利化方面发挥了重要作用，是福建省企业面对口岸管理部门的主要接入服务平台，是口岸治理改革集成创新品牌，也是“数字福建”跨境贸易和“数字丝路”等领域的一个亮眼成果。

福建“单一窗口”作为落实“数字福建”建设的成果之一，已连通海关、海事、边检等40多个相关部门，通过大数据等技术的集成和应用，实现进出口贸易“一口接入、一口对企、一口受理、一窗通办”、跨境电商业务“一次登记、一点对接”，不断提升关港贸税金“一站式”服务水平。

二、运行情况

（一）运行数据

截至2022年年底，福建“单一窗口”企业用户2.02万家、个人用户9.4万个，新增企业注册用户1501家、个人注册用户1.73万个。全年货物申报44.29万票，舱单申报110.94万票，运输工具申报13.15万票，企业资质办理1.68万票，原产地证申领9.32万票，税费支付2.06万票，加贸保税31.14万票，物品通关6601票，监管证件4583票，出口退税12笔。

（二）运行维护

1. 强化平台安全运行

福建“单一窗口”安全工作小组采取“7×24小时”实时监控系统运行情况和人工定期巡检相结合的方式保障平台日常安全。其中，通过流量监控分析以及日常巡检、季度巡检、漏洞扫描等手段保障福建“单一窗口”服务器以及业务系统安全。

2. 完善运维制度保障

建立有效的运维沟通机制，定期召开周例会，整合力量拓展思路，汇报、研究、解决阶段性问题；建立故障处理机制，详细说明服务时间、行为规范、问题记录规范等，形成闭环式处理流程；“6·18”“双11”“双12”电商大促、重大节假日（五一、中秋、国庆）及两会期间，集中客服、技术及业务人员24小时保障值守，实时监控系统运行，做好应急处置工作。

3. 精细数据治理

梳理福建“单一窗口”数据资产，对资产的安全状态进行审计评估；进一步完善数据管理规程，督促各相关单位和个人签订安全保密协议；参照安全等级保护标准建立数据安全管理考核指标体系，明确数据安全管理的边界和范围，有针对性地开展数据安全审计。

4. 优化客户服务机制

设立96114客服热线，“7×24小时”响应企业需求，并与95198客服热线无缝对接，同时设有QQ群、微信群、传真、邮件等沟通方式，及时高效为企业提供优质的咨询服务。对于口岸监管单位、用户等各方提出的不同类型咨询，及时做出答复，通过有效沟通交流，实现有问必答，并提供操作手册规范用户操作，为福建“单一窗口”平台面向通关贸易企业提供咨询、投诉受理、呼叫服务等“一站式”服务。

（三）宣传推广

1. 多措并举，积极开展功能推广工作

深化与口岸相关单位合作共建，不断创新功能推广模式，通过举办首届报关技能竞赛、开展1场功能推介会、组织7场业务培训、走访调研40家企业等系列推广工作，进一步提升知名度和影响力。

2. 稳步推进，全力构建立体宣传矩阵

创新工作措施，通过上线图文专题、原创精品栏目、策划线上活动等形式，构建多样化、立体式宣传矩阵。通过新媒体平台编辑发布信息1553篇，其中网站发布223篇，微信公众号发布349篇（原创60篇），微博发布981条；微信公众号关注人数由原来的1.98万个上涨至2.68万个，微博账号关注人数由原来的2.04万个上涨至2.64万个。

3. 有力有效，加强媒体渠道系列报道

在《福建日报》等多家媒体平台开展最新成果动态报道。《福建日报》于2022年5月18日头版刊发《小微统保，助力外贸企业拓市场》；《福建日报》于2022年7月4日第3版“经济”刊发《保畅出实招　口岸通关再提速》；《福建日报》于2022年11月1日第3版“经济”刊发《“单一窗口+出口信保”政策覆盖面进一步扩大》。

三、 特色应用

RCEP 货物贸易数据建设与智能服务系统

2022 年起，福建省商务厅（口岸办）联合福州海关打造 RCEP 货物贸易数据建设与智能服务系统。通过对 RCEP 货物贸易关税政策规则的数字化，将传统的关税与原产地规则领域的专家培训咨询，转化为 RCEP 关税政策的智能计算、决策和指引，将关税享惠的专业分析过程交给平台系统，将稀缺的专家资源普惠化，依托科技帮助企业实现进出口享惠最大化、成本最低化、生产布局最优化。

1. 主要做法

（1）最优关税方案推荐

通过该系统可以一键查询各类自贸协定税率、最惠国税率、暂定税率等全部税率信息，并通过智能算法为企业“一对一”指引最优惠关税方案，助力企业最大化享惠。

（2）RCEP 原产地规则智能判定和优化指引

RCEP 原产地标准有 WO、PE、CTC、RVC、CR、ACU、DMI 等多种标准，企业只需录入商品原料、工序等信息，系统后台智能运算是否符合 RCEP 原产地规则和附加规则。对于不符合原产资格的，为企业“一对一”提供优化合规建议。

（3）企业贸易享惠智能分析与提醒

为企业“一对一”指引进出口贸易成本和享惠机会，企业如果使用福建“单一窗口”进行报关申报，系统会自动分析，向可享惠企业推送享惠提醒。

各种自贸协定存在原产地主规则及补充规则，每个商品编码对应的税率、原产地标准不尽相同。该系统可以帮助企业分析出商品最优税率和原产地，并能够最大限度运用规则为企业抓住每一个可以实现优惠贸易的机会。

2. 创新点

对于进出口企业来说，以前依靠税则书查询相关税率信息，税率信息更新不及时，且无法做到最优税率比较；原产地规则更是复杂难懂，企业应用困难。该系统提供最新税率和原产地规则查询工具，并可推荐最优税率及相关准入信息，还提供原产地预判断模块和“一键”判定原产地功能。

3. 实践成效

（1）最优关税在原材料进口环节的应用。福建某企业自韩国进口石油沥青，企业通过该系统查询得知进口最惠国税率是 8%，还可同时享受 RCEP、亚太贸易协定和中韩自贸协定税率，且中韩自贸协定税率最低（3.2%）。如果企业进口 300 万元的石油沥青，不利用自贸协定预计需缴纳关税 24 万元。通过该系统，企业可以看到，利用 RCEP 可以节省关税，但利用中韩自贸协定更为优惠，比 RCEP 进一步节省关税 9.6 万元，总计可节省关税 14.4 万元。

（2）原产地规则用好用足对企业的影响。福建某服装企业通过培训了解到，其羽绒服要满足

RCEP 原产地规则需满足“税则归类改变—章改变”要求。企业分析自身产品原材料结构，发现无法满足进口原料发生了“章改变”的原产地标准。企业使用该系统后，系统分析企业产品成本信息，指引企业应用 RCEP 原产地标准中的“微小含量”补充规则，帮助企业合理合规享受优惠。

（3）企业享惠分析“单一窗口”精准提醒。企业如果通过福建“单一窗口”进行报关申报，该系统会根据企业贸易情况自动分析，向可享惠企业推送享惠提醒，RCEP 可享惠分析报告包含企业进出口业务中可享惠商品和贸易额信息，帮助企业应享尽享政策红利。

四、大事记

1 月 22 日

福建省代省长赵龙在《2022 年福建省政府工作报告》中指出，福建省将全面深化改革扩大开放，积极服务和深度融入新发展格局，其中包括拓展提升福建“单一窗口”等内容。

3 月 10 日

福建省商务厅（口岸办）副厅长、一级巡视员黄娜恩一行与福州海关就推进福建“单一窗口”建设等事项进行座谈。

3 月 18 日

福建省商务厅（口岸办）和福州海关联合举办首届中国（福建）国际贸易单一窗口报关技能竞赛。

3 月 21 日

福建“单一窗口”上线地方特色应用海丝信用平台。

3 月 30 日

福建省第十三届人民代表大会常务委员会第三十二次会议通过《福建省优化营商环境条例》，其中提到“优化提升中国（福建）国际贸易单一窗口服务，完善跨境贸易便利化措施，优化口岸作业和物流组织模式，推进口岸物流单证无纸化，提升全流程电子化程度，压缩口岸整体通关时间”等内容。

4 月 13 日

福建省商务厅（口岸办）联合中国信保福建分公司印发《关于加大出口信用保险支持促进外贸平稳发展的通知》，强调要继续发挥出口信用保险作用，对通过“单一窗口”投保的小微企业案件实行高效理赔，推广“小微出口护航行动”等措施。

5 月 25 日

福建省商务厅（口岸办）组织召开福建“单一窗口”跨境电商综合服务系统“6·18”保障协调会。

6 月 14 日

福建省商务厅（口岸办）副厅长、一级巡视员黄娜恩出席跨境电商综合服务系统二期项目专家研讨会，研究推进福建“单一窗口”建设发展相关事项。

6 月 18 日

福建“单一窗口”特色应用“单一窗口+出口信保”服务获评福建省金融创新项目。

“6·18”期间，福建“单一窗口”跨境电商综合服务系统完成进出口业务量 570 万票，同比增长 12.75%；货值超 13 亿元，同比增长 37.58%。

6 月 22 日

福建省政府发布《福建省营商环境创新改革行动计划》，纳入完善“单一窗口”服务功能，进一步拓展“单一窗口+”，推进跨境贸易业务“一站式”办理；深化进出口货物“提前申报”“两步申报”等改革，推进进口货物“船边直提”和出口货物“抵港直装”试点，允许企业自由选择等内容。

6 月 24 日

福建“单一窗口”新增厦门国际银行“外贸 E 贷”应用。

7 月 23 日

第五届数字中国建设峰会在福州开幕，福建省商务厅（口岸办）组织福建“单一窗口”第四次参与数字峰会成果展示。

10 月 26 日

福建省商务厅（口岸办）组织召开“双 11”大促保障协调会，研究部署“双 11”大促期间福建“单一窗口”跨境电商综合服务系统服务保障工作。

11 月 10 日

福建省商务厅（口岸办）等 9 部门印发《加快推进预制菜产业高质量发展的措施》，其中提到，对预制菜小微出口企业通过福建“单一窗口”投保出口信用保险保费给予支持，提供专业化信用风险管理和信息服务。

11 月 11 日

福建“单一窗口”在“双 11”跨境电商大促活动期间，进出口业务总量突破 335 万票，同比增长 5.45%；货值超 9.5 亿元，同比增长 62.74%。

五、 政策文件

福建省人民政府办公厅
关于印发 2022 年数字福建工作要点的通知

闽政办〔2022〕16 号

各市、县（区）人民政府，平潭综合实验区管委会，省人民政府各部门、各直属机构，各大企业，各高等院校：

《2022 年数字福建工作要点》已经省委、省政府同意，现印发给你们，请认真组织实施。

福建省人民政府办公厅

2022 年 3 月 17 日

2022 年数字福建工作要点

2022 年数字福建工作，要以习近平新时代中国特色社会主义思想为指导，全面贯彻落实党的十九大和十九届历次全会精神以及全国“两会”精神，深入学习贯彻习近平总书记在福建考察时的重要讲话精神，全面落实省第十一次党代会、省委经济工作会议、省“两会”部署，立足新发展阶段、贯彻新发展理念、服务和融入新发展格局，围绕新时代数字福建建设，着力构建“数据+服务+治理+协同+决策”的政府运行新模式，加快国家数字经济创新发展试验区建设，强化营商环境建设信息化支撑，打造能办事、快办事、办成事的“便利福建”，为全方位推进高质量发展超越提供有力支撑。

一、打造协同高效的数字政府

（一）构建智能协同的业务应用体系

1. 打造一体化政务公共服务平台体系。制定实施数字政府改革建设总体方案，部署推进基础设施、数据资源、应用支撑、流程再造等建设任务。支持莆田推进“全市一张图、全域数字化”试点工作。（责任单位：省发改委、数字办，省大数据公司，莆田市人民政府）

2. 提升经济治理能力。实施经济治理能力提升工程，建立宏观经济治理、投资项目、商品价格等主题数据库，加强宏观经济运行、数字经济治理、要素市场构建、人口发展和应对老龄化、双碳等领域的监测预测预警分析。推进“数字发改”建设。（责任单位：省发改委、数字办，省经济信息中心）

3. 提升市场监管能力。升级建设全省一体化在线监管平台，加强与省公共信用平台、重点行业监管系统的对接应用。建设省市场监管智慧应用一体化平台。建设省药品智慧监管平台，打造全链路疫苗（药品）追溯监管体系。（责任单位：省审改办、数字办、市场监管局、药监局，省大数据公司）

4. 提升社会管理能力。深化政法智能化建设，深入推进“雪亮工程”、智慧公安、智慧检务、智慧司法建设。建设政法跨部门大数据办案平台，逐步实现案件电子信息的网上流转和办案协同、政法信息的共享交换和工作协同、司法便民的数据支持和服务协同。（责任单位：省委政法委，省公安厅、司法厅，省法院、检察院，省大数据公司）

5. 提升公共服务能力。推进“中国福建”等在线政务服务平台整合优化，实现政务服务“一网通办”、“一网好办”，加快政务服务线上线下融合建设。推进“跨省通办”、“一件事”套餐服务。推进惠民利企政策精准推送、“免申即享”服务。加快建设“数字第一家园”一体化服务平台。推进工程建设项目审批领域数据共享及系统优化。（责任单位：省审改办、数字办、台港澳办，省直有关单位，省大数据公司）

6. 提升数字生态管理能力。迭代升级省生态环境大数据平台，建设省自然资源监测监管系统。构建海洋渔业数据资源中心，推进海洋数据资源采集、共享和开放。（责任单位：省生态环境厅、自然资源厅、海洋渔业局，省大数据公司）

7. 提升政务运转效能。整合党委、人大、政府、政协、法院、检察院、纪委监委、群团等部门办公系统，打造公务人员工作统一平台，形成跨层级、跨部门协同高效的内部办公总平台。建设全省统一移动协同办公平台，推行“掌上办公”。（责任单位：省数字办，省直有关单位，省大数据公司）

8. 加强应急管理能力建设。建设省应急管理综合应用平台、省应急指挥中心，完善应急通信网络和感知网络体系。（责任单位：省应急厅，省直有关单位，省大数据公司）

（二）构建集约高效的基础平台体系

扩容升级福建省政务信息网，统筹整合省电子政务外网、无线政务专网、省直部门和设区市专网，并与国家电子政务外网上下贯通。深化省市两级政务云平台业务协同，构建一个“物理分散、逻辑集中、资源共享”的数字福建政务云计算体系。开展省政务网络中心机房迁移，构建同城双活平台。建设一体化应用支撑平台，构建公共应用组件，支持政务服务应用系统标准快速开发部署。（责任单位：省数字办，省经济信息中心，省大数据公司）

（三）构建科学完备的制度规则体系

建立信息系统整合标准，构建源代码、算法与数据结构管理规范标准，健全政务数据采集、治理、共享与服务及安全保障技术规范。制定政务服务相关业务规范和制度。修订《福建省数字福建电子政务项目管理办法》，统筹全省电子政务资金投入。出台《福建省疫情防控管理平台运行管理实施细则（试行）》。（责任单位：省数字办、审改办，省大数据公司）

二、做大做强做优数字经济

（一）全力办好第五届数字中国建设峰会

持续办好峰会开幕式、主论坛、分论坛、成果展等各项活动。举办第二届中国国际数字产品博览会。同期举办福建数字经济创新发展大会、数据要素与数字生态大会、数字经济国际合作交流会，推动更多领军企业、优质项目、高端人才在我省对接落地。（责任单位：省发改委、数字办、网信办，福州市人民政府，省贸促会，省直有关部门，省大数据公司）

（二）实施数字化转型支撑服务生态培育工程

培育引进一批面向中小微企业的数字化解决方案供应商。探索建立公共数字化转型促进中心和专业化数字化转型促进中心。完善提升全省数字化应用场景开放创新平台，搭建“政府搭台、社会出题、企业答题”的场景挖掘和转型供需对接平台。（责任单位：省发改委、数字办、科技厅、工信厅，各设区市人民政府、平潭综合实验区管委会）

（三）深入推进制造业数字化转型

实施中小企业数字化赋能行动。推行普惠性“上云用数赋智”服务。实施工业互联网创新发展工程，建设数字化公共服务平台，培育 60 家以上新一代信息技术与制造业融合发展新模式新业态标杆企业、20 个以上工业互联网 APP 优秀解决方案。推进厦门金砖国家新工业革命伙伴关系创新基地建设。（责任单位：省工信厅、发改委、数字办、通信管理局，厦门市人民政府）

（四）大力提升农业数字化水平

加快推动种植业、畜牧业、渔业等领域数字化转型，实施“数字农业”“智慧林业”“智慧海洋”“智慧供销”工程，创建 10 个省级数字农业创新应用基地。深入实施“互联网+”农产品出村进城工程、信息进村入户工程。加快发展农村电商和农产品冷链物流骨干网，力争全省农产品

网络零售额突破375亿元。(责任单位：省农业农村厅、商务厅、林业局、海洋渔业局、发改委、数字办，省供销社)

(五)纵深推进服务业数字化转型

建设安踏一体化产业园、九牧王智慧物流园2个跨行业、跨区域物流信息服务平台。健全电子商务公共服务体系，引导传统优势产业与电子商务深度融合。加快推动数字服务出口基地建设。稳妥有序推进福州(含平潭综合实验区)、厦门数字人民币应用试点。(责任单位：省商务厅、发改委、数字办、工信厅、金融监管局，人行福州中心支行，有关设区市人民政府、平潭综合实验区管委会)

(六)实施数字技术创新突破工程

优化和创新“揭榜挂帅”等组织方式，集中突破集成电路、工业软件、云计算、区块链、人工智能、物联网等领域关键核心技术。建立产学研协同创新平台，突破智能制造、数字孪生、城市大脑、边缘计算等集成技术。实施自主知识产权竞争力提升“领航计划”，力争全省数字经济领域有效发明专利拥有量超5万件。(责任单位：省科技厅、工信厅、知识产权局)

(七)实施优质数字经济龙头企业培优扶强工程

开展全省数字经济核心产业领域“独角兽”、“未来独角兽”、“瞪羚”企业征集遴选，争取更多企业列入国家“专精特新”中小企业和制造业单项冠军企业名录。开展2022年数字技术集成应用场景征集、遴选和发布，加大数字技术应用场景开发力度，支持省内数字经济创新企业参与建设智慧教育、智慧交通、智慧能源、数字生态、智慧医疗、智慧海洋等示范应用工程。(责任单位：省发改委、数字办、科技厅、工信厅、教育厅、交通运输厅、生态环境厅、卫健委、海洋渔业局)

(八)培育壮大新兴数字产业

发布数字经济产业图谱、重点数字经济产业招商目录。做大做强5G、大数据、卫星应用等特色优势产业，培育发展人工智能、区块链、超高清视频及电竞等未来产业。支持福州推进国家区块链创新应用综合性试点，培育鸿蒙生态产业集群。加快培育壮大省重点平台。实施数字经济园区提升行动，打造若干具有国内外竞争力、影响力的数字产业集群。(责任单位：省发改委、数字办、工信厅、科技厅、商务厅、体育局，省广播影视集团、福建广电网络集团，福州市人民政府)

(九)打造数字经济开放合作核心区

加快建设海峡两岸集成电路产业合作试验区，推动集成电路上下游产业集聚发展。提升跨境电商综合试验区建设水平，打造跨境电商海外仓大数据服务平台、海上丝绸之路产业互联网创新合作平台。(责任单位：省发改委、数字办、工信厅、商务厅、台港澳办，各设区市人民政府、平潭综合实验区管委会)

三、建设共治共享的数字社会

（一）全面建设新型智慧城市

建设“数字孪生城市”，统筹推进城市管理网格，构建“一网统管”的城市管理系统。支持福州、厦门、泉州、漳州建设城市大脑，启动省、市级城市信息模型（CIM）基础平台和城市运行管理服务平台建设，推动福州、厦门等城市率先开展“CIM+”应用。（责任单位：省发改委、数字办、住建厅，省直有关单位，各设区市人民政府、平潭综合实验区管委会）

（二）加快数字乡村建设

开展国家数字乡村试点及数字乡村聚力行动。推进农村宽带通信网、移动互联网、数字广播电视网发展和智慧广电乡村工程建设。构建省级乡村“数字大脑”，提升乡村治理精细化水平。推进基层“互联网+法律服务”、应急广播通信体系建设。（责任单位：省网信办、农业农村厅、司法厅、广电局、数字办，福建广电网络集团）

（三）加强数字文旅建设

引导建设一批文旅与科技深度融合示范主体，推动博物馆等公共文化机构和景区数字化建设。推进数字文旅系统融合提升工程建设，提升文旅公共数据和数字资源的汇聚应用能力。建设国家文化大数据体系（福建），加强数字文化创意产品开发、推广。加快红色数字资源建设，推进红色资源数字化管理应用。（责任单位：省委宣传部、党史方志办，省文旅厅、文物局、数字办，福建广电网络集团）

（四）提升智慧健康水平

加快“三医一张网”整合，建立“三医”信息共享交换平台。基于福建码，建立以公民身份号码为主索引的实名身份认证体系，推动医疗就诊“一卡（码）就医”应用。改造提升全民健康信息平台，加快推进检查检验结果互认和影像共享调阅。（责任单位：省卫健委、医保局、药监局、公安厅、数字办、通信管理局，省大数据公司）

（五）实施智慧教育工程

实施智慧教育创新示范工程，遴选一批省级智慧教育示范区、智慧校园示范校。推进福州市国家智慧教育示范区建设。谋划部署省级教育专网建设。（责任单位：省教育厅，福州市人民政府）

（六）加强智慧民政建设

建设智慧民政综合应用平台，升级省养老服务、婚姻登记、社会组织管理等业务平台。推进“互联网+社会救助”服务改革，建设低收入人口动态监测平台。推进国家区块链创新应用综合试点（区块链+民政）建设。建设福建省退役军人事务一体化平台。（责任单位：省民政厅、退役军人厅）

四、构建赋智赋能的数据资源体系

（一）健全数据资源管理制度

落实《福建省大数据发展条例》，制定《全省一体化公共大数据体系建设方案》《福建省公共数据资源开放开发管理办法（试行）》。加强全省公共数据资源汇聚共享应用通报评估工作。（责任单位：省发改委、数字办，省直有关单位，各设区市人民政府、平潭综合实验区管委会）

（二）加强公共数据汇聚共享应用

坚决打破信息孤岛、数据壁垒，6月底前全省各级部门信息系统全面接入全省公共数据汇聚共享服务体系，省公共数据汇聚共享平台有效数据达500亿条以上。梳理事项数据共享需求清单，强化数据纠错、质量管控。建设全省跨部门数据综合分析应用平台，持续推进“全省办事免提交证照”清单生成应用。完善提升空间地理基础数据库，建设金融、健康医疗、生态、交通等主题数据库。（责任单位：省发改委、数字办、自然资源厅、生态环境厅、交通运输厅、卫健委、金融监管局，省直有关单位，各设区市人民政府、平潭综合实验区管委会）

（三）加快数据资源开发利用

加快公共数据资源有序开放和场景式开发利用，推动各地市、企业的特色应用场景挖掘。推进泉州纺织鞋服等特色产业大数据中心建设，打造服务政府、服务社会、服务企业的成熟应用场景。峰会期间挂牌成立福建大数据交易中心，探索建立数据资产评估、登记结算、交易撮合、流通服务等市场运营体系，培育数据交易流通服务市场主体。（责任单位：省发改委、数字办，省直有关单位，各设区市人民政府、平潭综合实验区管委会，省大数据公司）

五、打造坚强有力的数字新基建

（一）全面升级信息网络基础设施

协同推进5G和千兆光网建设，部署一批5G行业虚拟专网，新建5G基站2万个、10G-PON及以上端口5万个，支持福州、厦门、泉州、平潭等建设“千兆城市”。实施中小城市云网强基行动。优化基站资源共享。深化电信普遍服务，持续完善老区苏区、海岛地区、偏远农村宽带网络覆盖。支持厦门建设国际互联网专用通道。加快物联网在工业制造、农业生产、公共服务、应急管理等领域覆盖。建设新型有线电视网络基础设施。实施IPv6流量提升三年专项行动计划。（责任单位：省通信管理局、工信厅、发改委、数字办、广电局，厦门市人民政府）

（二）推进云网协同和算网融合发展

引导数据中心节能降碳改造。推动中国电信（长乐）东南信息园数据中心、中国移动（厦门）数据中心、数字福建（安溪）产业园数据中心、中国土楼云谷等，以及国企云、教育云、医疗云、海洋云、能源云等建设。建设数据中心直连网络。稳步推进云资源池、边缘云节点、内容分发网络等应用基础设施向中小城市下沉部署。推进福建智能视觉AI开放平台、厦门鲲鹏超算中心、泉州先进计算中心等建设，推进综合性人工智能基础设施建设。（责任单位：省发改委、数字办、通信管理局，省直有关单位，有关设区市人民政府，有关通信运营商）

（三）加快发展融合基础设施

加快市政、交通运输、水利、物流、环保等领域基础设施智能化改造。推动工业互联网高质量外网延伸覆盖至区县，支持制造业龙头企业利用新技术开展企业内网改造。实施工业（产业）园区标准化建设“新型基建专项行动”。培育一批综合型、特色型、专业型等多层次工业互联网服务平台。面向重点行业、领域新建若干个标识解析二级节点，工业互联网标识注册量达 4200 万条。（责任单位：省发改委、数字办、教育厅、工信厅、住建厅、生态环境厅、交通运输厅、水利厅、通信管理局）

六、慎终如始抓好常态化疫情防控

（一）建设全省统一大规模核酸检测系统

实现核酸检测系统功能覆盖采、送、检、报全流程，对接各辖区内的检测机构实时获取核酸检测结果，支撑健康码准确全面、快速及时转码。（责任单位：省卫健委、数字办，省大数据公司）

（二）优化完善省疫情防控管理平台

重构福建健康码，建设同城双活平台。结合“三公（工）一大”融合协同机制，提升省疫情防控管理平台。建立全省统一的流调溯源追溯信息系统及传染病多点触发预警监测系统，完善全省发热门诊患者监测预警分析和远程会诊指导视频系统。推进全省疾控机构信息化管理体系建设。加强基层网格和综治网格信息系统一体化建设，全面推广重点人群信息管理系统。（责任单位：省卫健委、公安厅、交通运输厅、数字办、通信管理局，省委政法委，省经济信息中心，省大数据公司）

（三）整合优化疫情防控客服热线

依托 12345 热线，归并各地各部门福建健康码咨询热线、闽政通咨询热线、12320 卫生健康热线的疫情咨询服务职能，形成统一客服入口。（责任单位：省效能办、数字办，省直有关单位，各设区市人民政府、平潭综合实验区管委会，省大数据公司）

七、保障措施

（一）推动省大数据公司全面运作

加快相关信息化资产划转，组织省大数据公司承接省级重大公共平台和各类政务系统建设，推进省公共数据资源开发服务平台常态化运营。〔责任单位：省发改委、数字办，省经济信息中心、数字中国研究院（福建），省大数据公司〕

（二）强化监测评价

研究制定《福建省数字经济核心产业增加值核算方法》，开展全省数字经济统计监测。建立数字福建评价指标体系，发布数字福建发展指数，纳入设区市政府绩效考核内容。省直有关行业主管部门要制定本行业本领域数字化应用工作方案以及数字化评价指标体系。提升数字福建项目评估科学化精准化水平。（责任单位：省发改委、数字办，省直有关单位，省经济信息中心，各设区市人民政府、平潭综合实验区管委会）

（三）营造良好发展生态

推广使用线上经济贷产品，鼓励银行业金融机构面向平台经济等数字经济企业对接推广“快服贷”服务。发挥数字经济领军企业的引领带动作用，推动线上线下相结合的创新协同、产能共享、供应链互通。实施提升全民数字素养与技能行动，举办全民数字素养与技能提升活动月。加强数字福建宣传，凝聚社会力量，共同推动数字福建深入发展。（责任单位：省发改委、数字办、网信办、金融监管局，各设区市人民政府、平潭综合实验区管委会）

（四）确保网络和信息安全

完善信息基础设施网络安全防护能力建设，推进数据安全、个人信息保护等领域基础制度建设。建设关键信息基础设施安全保护平台，加强关键信息基础设施保护，强化数据资源全生命周期安全保护。（责任单位：省网信办、公安厅、发改委、数字办、通信管理局）

江西省

一、综述

2022 年，江西省口岸办认真贯彻党的二十大精神，按照国家口岸管理办公室和省委、省政府有关部署要求，建立健全中国（江西）国际贸易单一窗口（以下简称江西“单一窗口”）工作机制，扎实抓好标准版新上线业务功能推广应用，积极做好日常运维和服务工作，为江西外贸保稳提质增效提供了重要支撑。

（一）建立保障机制

认真落实国际贸易“单一窗口”数据安全管理有关规定，全面规范“单一窗口”数据采集、保存、使用、共享、传输和清理等工作。成立专门的技术研发和运维团队，通过 95198 服务热线和微信工作群，向企业提供“7×24 小时”服务，在线为企业解决遇到的问题和困难。全年业务申报 1448 万余票，同比增长 295. 5%。

（二）加强推广培训

认真落实国家口岸管理办公室统一部署和要求，结合实际制订年度培训计划，采取省市县（区）联动、线上线下结合的方式，扎实做好标准版新上线业务功能宣传推广和业务培训。全年累计开展培训 23 场（次），培训企业 2756 家，培训人员 3864 人（次）。

（三）积极完善功能

积极会同铁路部门推动铁路数据与江西“单一窗口”数据交换，实现与国际陆港信息平台互联互通，提升场站作业信息化、智能化水平，更好地为进出口企业提供铁路物流数据服务。积极推进金融保险机构在江西“单一窗口”上线金融、保险业务，拓展进出口企业融资渠道，进一步缓解企业融资难问题。

二、运行情况

（一）运行数据

截至 2022 年年底，江西“单一窗口”货物申报 16. 71 万票，舱单申报 2. 29 万票，运输工具申报 1680 票，企业资质办理 1.98 万票，原产地证申领 5.28 万票，税费支付 1.43 万票，加贸保税 26.65 万票，物品通关 204 票，监管证件 2276 票，出口退税 1.42 万笔。

（二）运行维护

1. 进一步完善客户服务机制

2022 年，江西“单一窗口”95198 服务热线采取 24 小时服务制，共接听电话 4851 次，通过微信解决问题 6362 个，远程指导企业 55 次，电话接听率 100%、问题解决率 100%。

全省各地市均建立“单一窗口”微信交流群，服务企业 3600 余家，编制《精简版操作流程》《热门疑点问题汇总》，供企业参考学习。

2. 严密组织数据安全自查

一是认真落实国家口岸管理办公室通知要求，按照国际贸易“单一窗口”数据安全管理有关规定，会同江西省信息中心、中国电子口岸数据中心南昌分中心等相关单位，制订实施计划，着力强化安全防护、防范化解风险。二是认真组织学习《中华人民共和国网络安全法》《国际贸易“单一窗口”数据安全管理办法》等相关法规。三是对相关办法执行落实情况、安全管理制度和等级保护建设情况、电子口岸平台设施安全、“单一窗口”门户网站安全、“单一窗口”系统运行安全、“单一窗口”数据使用安全、统一用户管理和数据认证、安全教育培训及应急演练等进行检查，对发现的问题同步开展安全整改及防护加固工作。

（三）宣传推广

采取在线网络培训、重点企业上门指导等方式为进出口企业提供服务，全年累计开展培训 23 场（次），培训企业 2756 家，培训人员 3864 人（次）（见表 1）。

表 1　2022 年标准版宣讲会参训情况统计表

时间	培训地点	培训对象	培训企业数（家）	培训人员数（人）
6 月 24 日	宜春	企业	358	448
6 月 28 日	鹰潭	企业	122	162
6 月 29 日	鹰潭	企业	390	453
7 月 5 日	吉安	企业	344	420
7 月 6 日	吉安	企业	127	163
7 月 7 日	吉安	企业	251	281
7 月 8 日	吉安	企业	156	196
7 月 8 日	宜春	企业	251	341
10 月 9 日	南昌	企业	757	1400
总计			2756	3864

三、特色应用

（一）省级电子口岸展示平台

1. 应用目标

直观展示全省口岸总体运行情况，通过动态展示进出口企业申报、航空物流、跨境电商等数据，多维度进行统计分析，为全省进出口预警分析、国际物流通道建设提供支撑。

2. 主要内容

平台主要建设内容包括申报业务动态展示、航空物流动态展示、跨境电商数据动态展示。

（1）申报业务动态展示：包括累计申报单量、本年申报单量、本月申报单量、本日申报单量、货物报关申报、货物报检申报、货物报关报检实时数据、近 12 个月货物进出口岸（城市）前十位排名、近 12 个月各设区市申报概览、近 12 个月进出口经营单位前五排名、近 12 个月全省集装箱数申报概览、近 12 个月进出口国家（地区）前五排名、近 12 个月进出口国家（RCEP）前五排名、近 12 个月进出口货物重量统计图、近 12 个月主要进出口货物种类统计图。

（2）航空物流动态展示：包括当前已开通的国际货运航线、当日进出港航班情况、国际国内货邮占比情况、年度国际国内货邮吞吐量、国际全货运航班进出港日报（包括航班号、运单号、货代、重量、始发站和目的地）。

（3）跨境电商数据动态展示：包括跨境大数据、近 12 个月跨境电商综合试验区运行情况、近 12 个月热门进出口电商排名前五排名、近 12 个月热门进出口商品前五排名、近 12 个月热门进出口国家（地区）排行、近 12 个月累计申报量月度趋势、跨境电商同比 2021 年增长情况。

3. 取得成效

实现口岸各监管、服务单位数据共享，帮助口岸部门全面掌握最新进出口贸易情况。通过分析口岸进出口单量变化趋势，帮助分析一定区域的贸易形势变化，为政府制定政策提供数据支撑。

（二）“关企 e 联通”平台

1. 应用目标

建设“关企 e 联通”平台是优化口岸营商环境专项行动的重要内容，也是促进外贸保稳提质的重要措施，运用“问题清零”机制解决企业急难愁盼问题。

2. 主要内容

平台主要有 6 个功能栏目，包括“我要问”“我要答”“我要查”“常见问题列表”“政策法规检索”“国外通报参阅”。

（1）“我要问”栏目：由企业人员使用，填写相关信息和问题后提交，完成提问。

（2）“我要答”栏目：由海关工作人员使用，由南昌海关系统管理员将问题分派给相关职能部门或隶属海关进行答复。

（3）“我要查”栏目：由企业人员和海关工作人员使用，可查阅相关提问的流程状态、答复情况等。

（4）“常见问题列表”栏目：由企业人员和海关工作人员使用，将一些企业经常出错和咨询热点问题列出，方便企业人员查阅相关答复内容，起到普及业务知识的作用。

（5）“政策法规检索”栏目：由企业人员和海关工作人员使用，可通过该栏目检索相关海关政策法规内容。

（6）“国外通报参阅”栏目：由企业人员和海关工作人员使用，可通过该栏目查阅相关技贸措施通报内容。

3. 取得成效

较线下的现场咨询，答复更及时、更便捷、更清晰；较传统线上的微信群、电话提问，答复更权威、更全面。平台可以利用后台进行统计分析，可按提问企业的名称、企业注册地、产业类型、问题类型、涉及业务系统等进行分类统计，进而有侧重地对有关企业、有关产业、有关地区、有关业务进行政策宣讲和培训指导。

（三）通关查询服务平台

1. 应用目标

依托江西“单一窗口”，给企业和海关提供报关单物流、综合数据查询及统计服务，方便企业实时了解本企业物流信息状态，海关也能通过平台统计相关单量信息。

2. 主要内容

平台分为5个模块，包括物流链查询、申报地海关统计、监管场所统计、综合查询、通关查询。

（1）物流链查询：企业通过通关提单号和报关单号查询所属企业卡口信息、运抵信息、报关信息、海关处理环节、场站作业环节、海关查验放行指令环节的状态及时间。

（2）申报地海关统计：在通关时间范围内（默认本月）查询各申报地海关统计信息、进出口报关单量统计及同比。

（3）监管场所统计：查询各监管场所的提单量统计信息。

（4）综合查询：企业查询进出口报关单的申报地海关、申报企业、收发货人、监管场所、报关时间。

（5）通关查询：海关通过后台管理系统实现全量数据的物流链查询、申报地海关统计、监管场所及综合查询。

3. 取得成效

通过该平台，实现了企业和海关对报关数据的查询和统计。

四、大事记

2 月 18 日

组织专班对江西“单一窗口”服务器进行梳理排查，消除潜在风险隐患，制定应对措施，对服务器进行升级优化。

5 月 5 日

江西省口岸办印发《江西省“十四五”口岸发展规划》。

6 月 1 日

江西省优化营商环境工作领导小组办公室主持召开跨境贸易指标中“单一窗口”与铁路部门对接工作推进会。

6 月 30 日—7 月底

江西省口岸办在全省深入开展“百场”口岸惠企政策宣讲，推广 2022 年口岸“三同”试点政策及国际贸易“单一窗口”功能应用。

7 月 22 日

江西“单一窗口”“关企 e 联通”平台和通关可视化平台上线。

8 月 18 日

在江西水运口岸推广海关查验通知信息推送工作，编写《江西水运口岸推广海关查验信息推送工作方案》。

9 月 20 日

组织开展江西“单一窗口”安全自查和渗透测试工作。

山东省

一、 综述

2022年，中国（山东）国际贸易单一窗口（以下简称山东“单一窗口”）坚持以习近平新时代中国特色社会主义思想为指导，认真学习贯彻党的二十大、二十届一中全会精神，在国家口岸管理办公室的指导下，按照省委、省政府部署要求，以建设更高水平“单一窗口”为目标，以企业需求为导向，加强关港税金协同，以数据赋能提升口岸智能化水平。

（一）推进标准版建设推广，拓展地方特色服务功能

2022年，为进一步提升整体通关效率，促进外贸高质量发展，提升跨境贸易自由化、便利化水平，山东“单一窗口”继续以进出口企业需求为导向，紧密结合跨境贸易新趋势，充分发挥平台功能，积极采取有效措施助企纾困。一是积极主动配合标准版建设推广，上线棉花进口配额、粮食进口关税配额、经核准出口商管理信息化系统、企业跨境贸易数据档案系统；二是建设了市场采购出口信用综合服务平台、“鲁贸贷”平台、二手车出口综合服务平台、日照跨境电商综合服务平台、淄博跨境电商综合服务平台、金融超市、信保专区等地方特色应用。截至2022年年底，累计上线18大类116个标准版子系统800余项服务功能、11大类40个地方特色应用系统300余项服务功能，业务涵盖通关服务、金融服务、物流服务、税费服务、证书服务、资质服务等跨境贸易全流程服务，注册企业达5.3万家，服务外贸企业达28万家，累计完成进出口业务2.3亿票。

（二）勇挑重担，认真落实国家及标准版试点任务

1. 企业跨境贸易档案系统试点

为持续深化“单一窗口”建设，更好地服务外贸企业，促进外贸保稳提质，国家口岸管理办公室在前期充分开展企业调研的基础上组织开发企业跨境贸易档案系统，汇聚业务单证数据，经过深度分析，形成丰富的业务报表，为收发货人、报关企业建立跨境贸易档案信息库。根据《国家口岸管理办公室关于做好国际贸易“单一窗口”企业跨境贸易档案系统试点推广培训工作的通知》（国家口岸办便函〔2022〕76号）要求，于2022年5月24日至8月24日，在山东省开展为期三个月的试点工作。为确保高质量完成试点工作任务，山东“单一窗口”积极组织开展线上宣传培训会，省内进出口企业与报关行企业共计159人参会。山东省内近20家企业参与“单一窗

口”企业跨境贸易档案系统试点，为畅通与企业的沟通渠道，建立“跨境贸易档案系统试点交流微信群”，做好试点企业走访调研、意见收集等工作，及时总结企业应用情况、主要做法，协调解决企业应用存在的问题，保障试点工作顺利推进。该系统已于 2022 年 11 月 3 日在标准版正式上线运行。

2. 危险货物申报试点

根据《国家口岸管理办公室关于开展“单一窗口”危险货物申报功能试点工作的通知》要求，山东“单一窗口”在山东省口岸办指导下，会同青岛海关、山东省海事局，积极配合做好危险货物申报在全省应用试点推广，截至 2022 年年底，共有 4 家企业参与试点，试点企业通过“单一窗口”申报危险货物近 87 票，申报内容包括包装货物安全适运报告、散装液体货物安全适运报告和船舶载运包装货物进出港口审批等。试点运行期间，企业共反馈问题 26 条，其中“单一窗口”项目组处理问题 21 条，反馈至海事局处理问题 5 条；试点企业提出有效系统优化建议 16 条，其中 6 条优化建议已被“单一窗口”项目组采纳，并依据优化建议对系统进行优化完善。

二、运行情况

（一）运行数据

1. 山东“单一窗口”用户情况（见图 1 至图 4）

截至 2022 年年底，山东“单一窗口”注册用户 5.30 万家，较 2021 年增加 6865 家；服务企业数量达 28.33 万家，较 2021 年增加 5.29 万家。除港澳台地区外，实现全国其他省份全覆盖，惠及生产、贸易、仓储、物流、电商、金融等进出口全产业链企业。

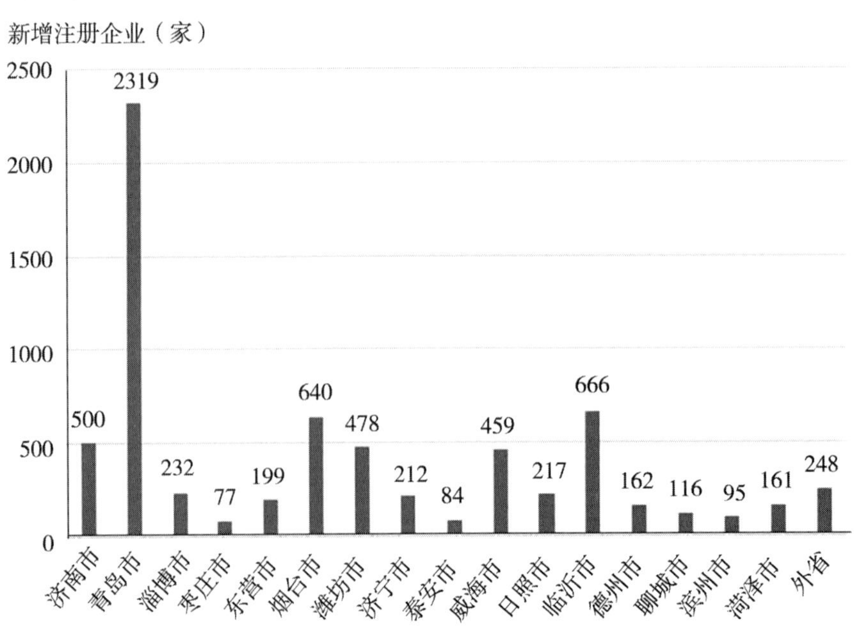

图 1　2022 年山东“单一窗口”新增注册企业情况

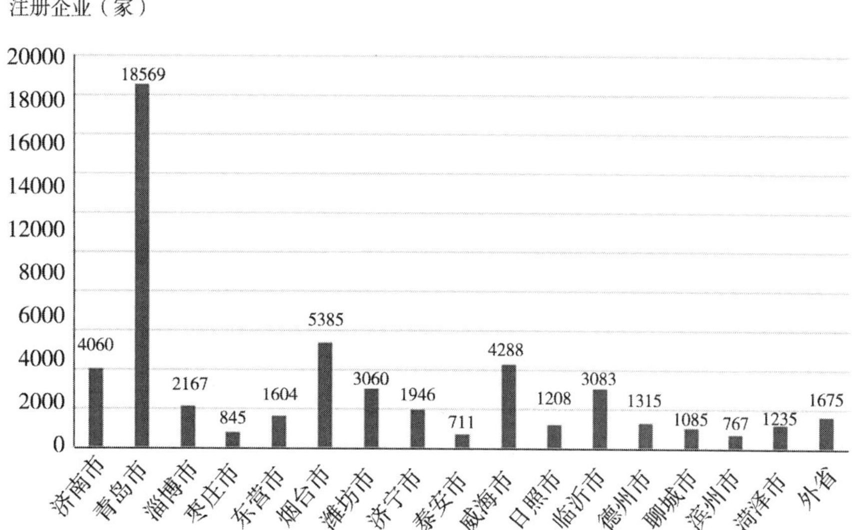

图 2　山东“单一窗口”省内各地市及外省注册企业累计情况（截至 2022 年 12 月 31 日）

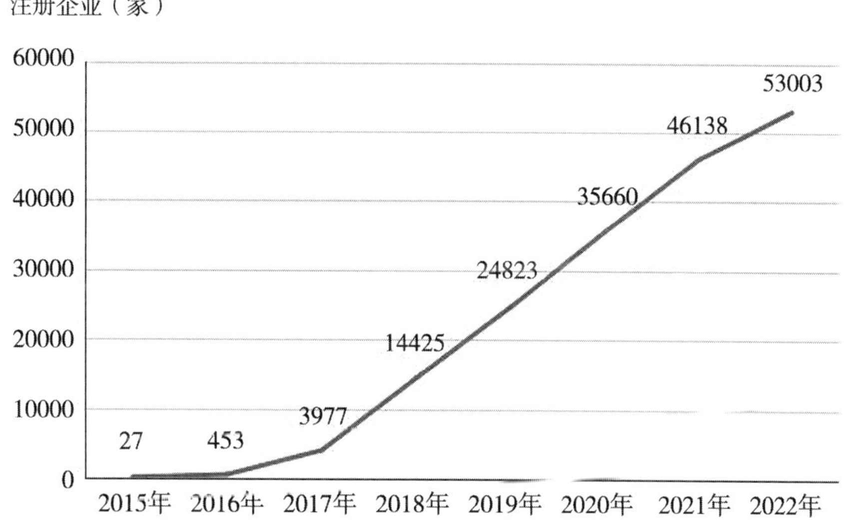

图 3　2015—2022 年山东“单一窗口”注册企业数增长情况

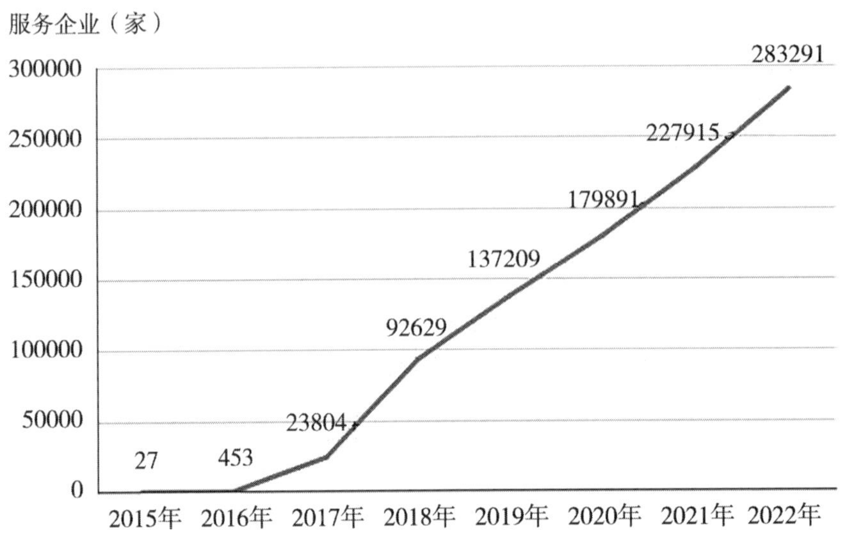

图 4　2015—2022 年山东“单一窗口”服务企业数增长情况

2. 标准版业务数据

截至 2022 年年底，山东“单一窗口”货物申报 586.35 万票，舱单申报 3039.49 万票，运输工具申报 59.61 万票，企业资质办理 15.34 万票，原产地证申领 90.93 万票，税费支付 38.31 万票，加贸保税 242.95 万票，物品通关 761.19 万票，监管证件 3.52 万票，出口退税 583 笔。

3. 地方特色应用数据

截至 2022 年年底，跨境电商系统业务 6961 万票；口岸物流协同平台 147.9 万票；国际结算 3025 笔（其中，人民币业务 306 笔，金额达 11.08 亿元；美元业务 2669 笔，金额达 3.43 亿美元；欧元业务 29 笔，金额达 74.94 万欧元；日元业务 21 笔，金额达 4891.47 万日元）；小微信保投保企业 491 家；金融服务新增签约企业 15 家，办理融资业务 69 笔；口岸收费公示信息 7948 条。

（1）口岸物流协同平台运行情况

2022 年，共有 2400 余家企业通过口岸物流协同平台办理换单押箱等业务，业务量达 147.9 万票，其中整箱业务 144.5 万票、拼箱业务 3.4 万票，青岛港进口集装箱线上换单押箱业务覆盖率达 90%以上，口岸物流协同平台的上线运行显著提高了通关时效，降低了通关成本（见表 1）。

表 1　2022 年口岸物流协同平台业务量

单位：票

月份	电子提货单	电子设备交接单	电子分拨提货单
1 月	24983	114450	2496
2 月	19111	82772	2320
3 月	25419	108454	2535
4 月	24865	100777	2869

续表

月份	电子提货单	电子设备交接单	电子分拨提货单
5月	26988	104401	3567
6月	24147	96706	3439
7月	23993	94912	3259
8月	24476	93999	3156
9月	22602	90879	2724
10月	21570	81593	2657
11月	24296	92227	2722
12月	23832	97061	2658
合计	286282	1158231	34402

（2）金融服务情况

在做好标准版金融服务推广基础上，积极拓展地方特色金融服务功能，于2022年11月上线“鲁贸贷”平台，切实缓解中小微外贸企业融资难、融资贵问题。对国际结算、融资、信保等地方特色业务进行梳理，于2022年12月上线金融超市，创新打造银行专属网上营业厅，为企业提供全流程、“一站式”、全线上的贸易金融服务。

外贸金融服务平台，2022年新增签约企业15家，融资69笔，融资金额4586万元。

国际结算平台，2022年办理国际结算3025笔（其中人民币业务306笔，金额达11.08亿元；美元业务2669笔，金额达3.43亿美元；欧元业务29笔，金额达74.94万欧元；日元业务21笔，金额达4891.47万日元）（见表2）。

表2　国际结算平台业务量情况

业务名称	币种	笔数	金额（万）
购付汇	人民币	38	104961.05
	美元	1230	24118.88
	欧元	15	11.34
	日元	21	4891.47
收汇	人民币	268	5806.21
	美元	847	6176.72
	欧元	14	63.59
结汇	美元	592	4005.97

小微信保统保平台，2022年共有491家小微进出口企业通过平台进行投保。

（3）市场采购业务情况

2022年，通过山东“单一窗口”办理市场采购贸易出口企业906家，出口额139.33亿美元。其中，临沂市场采购贸易方式出口企业621家，出口额100.37亿美元；青岛市场采购贸易方式出口企业172家，出口额22.28亿美元；烟台市场采购贸易方式出口企业113家，出口额16.26亿美元。为促进山东省外贸转型升级、外贸新业态新模式创新发展，与20家银行进行系统对接，实现市场采购贸易模式下快速、便捷的全流程线上收结汇服务。

（4）口岸收费公示情况

2022年，共有109家企业通过山东“单一窗口”更新发布近8000条收费信息。全年口岸收费公示系统累计共有900余家口岸经营单位发布2.2万条收费信息。

（二）运行维护

1. 值守巡检

安排专人“7×24小时”值守巡检，全面监控、实时跟踪、安全运维。2022年，共巡检300余次，未出现本地服务器、关键设备、网络安全、运维、业务系统、安全等方面的故障。

2. 服务客户

运维95198客服呼叫中心，根据系统业务建立客户服务QQ群，规范服务标准，提供“7×24小时”热线咨询和故障即时解决服务，保证用户随时提问、随时答疑。2022年，95198客服呼叫中心通话数3.5万个，通话率达97.1%，客户满意度100%；30个系统服务QQ群服务企业人数达3.2万人，为企业解决问题24.5万个。同时，客服呼叫中心转变思维，在接听客服热线的基础上，主动电话联系客户，提供帮扶指导，询问客户在系统使用过程中遇到的问题，回访前期问题的解决进度，跟踪前期系统培训的效果。尤其对于受疫情影响严重的地区，针对客户不能到现场办理业务等情况，积极引导使用山东“单一窗口”办理业务，在线自助打印各类证件、备案回执等，减少线下接触、降低疫情传播风险。

3. 系统更新升级

认真落实系统升级运维任务，系统全年平均每周4~5次升级，升级前均通过网站、微信平台发布公告通知企业。发现系统缺陷及时研究梳理，并汇总企业反馈问题。涉及标准版系统问题，及时上报国家项目组，并跟进测试系统完善情况。2022年，提交国家项目组缺陷类、优化类、需求类问题共计24项。

4. 信息安全保障

建立信息安全应急响应机制，保障与口岸有关部门的信息共享与数据交换，提升网络数据安全管理、态势感知和风险防范能力，确保山东电子口岸业务数据安全可靠。积极组织开展安全自查，严格排查安全隐患，加强全员安全意识和培训，全员签订数据安全保密协议，确保山东“单一窗口”数据安全。

（三）宣传推广

为进一步提高“单一窗口”应用覆盖面和影响，同时在严格落实疫情防控措施的情况下更好地服务省内外企业，推出线上培训服务。2022年，联合青岛口岸办、烟台口岸办、淄博口岸办和商务相关部门及中国电子口岸数据中心济南分中心等部门，围绕“单一窗口”业务、地方专区等主题，多次举办培训会，充分利用网站和微信公众号等途径进行宣传推广（见表3）。

1. 媒体报道

表3　2022年山东“单一窗口”宣传情况统计表

日期	新闻内容	发布媒体
1月17日	青岛在全国率先实现船舶进境信息“一次申报”	《大众日报》《山东新闻联播》
5月21日	品牌新动能：山东省电子口岸有限公司成立	《山东新闻联播》
8月23日	大河上下丨岳智飞：实现与25个中央部委的对接 日审批量是100多万单	齐鲁网·闪电新闻

2. 培训宣讲

2022年，山东“单一窗口”联合青岛海关、济南海关及各市口岸办等单位，围绕“单一窗口”应用、口岸收费公示、出口退税等主题举办25场培训会，参会企业5542家，参会人次达7622人次（见表4）。

表4　2022年山东“单一窗口”培训情况统计表

时间	地点	培训主题	培训人数（人）	培训企业数（家）
2月24日	龙口口岸办	龙口专区培训	40	30
3月1日	山东省电子口岸	利贸通关务平台培训	100	7
5月25日	中国电子口岸数据中心济南分中心	国际贸易“单一窗口”业务培训（线上培训）	131	100
6月14日	山东省电子口岸	山东“单一窗口”线上业务培训会—企业跨境贸易档案	109	80
6月16日	淄博市物流协会	淄博专区及关务平台培训	30	20
6月28日	山东省电子口岸	淄博进出口企业线上培训会	81	60
6月29日	中国电子口岸数据中心济南分中心	山东“单一窗口”线上业务培训会—出口退税外贸版	106	80
7月13日	山东省电子口岸	山东“单一窗口”线上业务培训会—关务平台	135	100
7月20日	山东省电子口岸	山东“单一窗口”出口退税（外贸版）线上业务培训会	137	100
7月27日	山东省电子口岸	山东“单一窗口”出口退税（生产版）线上业务培训会	92	70
7月29日	滨州市口岸管理服务中心	山东“单一窗口”业务培训会	50	40
8月10日	青岛市口岸办	青岛市“助企促贸”口岸政策宣讲培训班—出口退税	1000	500

续表

时间	地点	培训主题	培训人数（人）	培训企业数（家）
8月12日	山东省电子口岸	山东“单一窗口”线上业务培训会—跨境电商	153	130
8月17日	山东省电子口岸	山东“单一窗口”线上业务培训会—加工贸易手账册	153	130
8月23日	山东省电子口岸	山东“单一窗口”加贸特殊监管区域系统线上培训	121	100
8月29日	山东省口岸办	“助企促贸”优化口岸营商环境政策宣讲培训（线上培训+线下150个分会场）	4000	3000
9月7日	济南市市中区商务局	山东“单一窗口”统计分析系统	11	6
9月14日	济南市章丘区商务局	山东“单一窗口”统计分析系统	11	6
9月21日	济南市历城区商务局	山东“单一窗口”统计分析系统	13	11
9月21日	山东省电子口岸	烟台市跨境贸易营商环境大讲堂—山东“单一窗口”关务平台和口岸收费公示系统	260	200
10月14日	济南市历下区商务局	山东“单一窗口”统计分析系统	20	15
10月27日	山东省电子口岸	“抓机遇防风险拓市场稳增长”“澳大利亚新西兰专场”	410	335
11月10日	中国电子口岸数据中心济南分中心	山东“单一窗口”税费支付系统培训	94	85
11月23日	山东省电子口岸	烟台市跨境贸易营商环境大讲堂—用户注册流程及货物申报常见问题	100	89
11月29日	山东省电子口岸	山东“单一窗口”关务平台和RCEP证书讲解	265	248
合计（25场次）			7622	5542

3. 宣传推广

2022年，山东“单一窗口”门户网站发布文章700余篇，累计发布6000余篇，点击量达80万余次；“山东电子口岸”微信公众号分享文章350余篇。

4. 深入调研

2022年，山东“单一窗口”通过调研学习，广泛、深入了解企业的实际业务情况，以调研结果作为系统建设业务支撑，为系统优化升级提供了参考和依据。其中包括：调研青岛地区船代发生日韩贸易时船舶所需单证信息；调研进出口企业和报关行关务信息化和云平台使用情况；调研跨境电商进出口前20企业的申报情况及企业需求；调研进出口韩国申报所需数据信息等内容；调研船舶申报航次命名规则、申报信息涉密情况等内容；调研收发货人关于单证管理的需求；调研使用跨境电商传输客户端传输大报文企业在使用中遇到的问题。

5. 走访企业

根据国家和省政府关于优化口岸营商环境的工作部署，山东“单一窗口”聚焦企业需求，着眼于建设公开、透明、可预期的口岸营商环境，在山东“单一窗口”平台基础功能上推进开辟地方特色应用相关功能，优化系统操作，减少企业录入工作量，为企业减轻负担。对于新上线的功能应用，山东“单一窗口”工作人员赴企业实地辅导培训，指导企业系统操作，为企业解决系统操作过程中遇到的问题和难题。2022 年，累计走访省内报关行和进出口企业 200 余家，对企业在“单一窗口”申报过程中遇到的问题，逐一进行答疑解惑，能当场解决的，现场提出指导建议，不能当场解决的，整理问题后反馈至“单一窗口”项目组解决处理。

三、特色应用

2022 年，山东“单一窗口”全面贯彻落实党中央和山东省有关工作部署，深入调研企业需求，精准优化系统功能，在运维和保障好各项通关执法服务功能的同时，将平台功能向金融服务、市场采购、二手车出口等领域拓展，创新业务模式，结合省内实际和企业需求开发建设地方特色应用，不断优化系统功能，逐步满足企业“一站式”作业要求。2022 年，山东“单一窗口”新增市场采购贸易出口信用综合服务平台、二手车出口综合服务平台、中国（日照）跨境电子商务公共服务平台、淄博市跨境电商综合服务平台、“鲁贸贷”平台、金融超市、信保专区、引航站申报功能等特色应用。

（一）市场采购信保投保平台

1. 项目建设背景

根据省商务厅、省财政厅、山东银保监局出台的《山东省市场采购贸易出口信用保险管理办法》，为贯彻落实山东省委关于深化改革创新打造对外开放新高地有关文件精神，助力外贸新业态高质量发展，发挥出口信用保险对市场采购贸易的保障作用，提振市场采购贸易经营主体信心，山东“单一窗口”联合省商务厅、中国人保有限公司建设上线市场采购信保投保平台。

2. 功能介绍

在市场采购信保投保平台上，中国人保有限公司可以接收并受理企业提交的理赔申请，基于理赔信息查询对应的报关单信息、证明材料信息、商户备案信息、采购商备案信息、代理商备案信息、交易登记信息、组货装箱信息、免税申报信息等，同时可对代理商信息、市场采购出口金额等进行统计，接收并受理企业提交的资信申请并上传资信报告等。

在市场采购信保投保平台政府端，政府用户可进行主体备案情况统计、贸易出口统计、报关情况统计、理赔信息统计、资信申请统计等，全面掌握市场采购出口情况。

3. 应用成效

中国人保有限公司在线受理理赔申请时，可通过平台对出口全流程进行追溯，平台关联调取出口项下备案信息、交易信息、组货装箱信息等订单流数据，报关申报信息、预配舱单信息、装载舱单信息、理货报告信息等信息流数据，以及出口运抵信息、集装箱装船信息、船舶离港信息等物流数据，保障出口贸易的真实性，为决定是否受理企业的理赔申请提供外贸数据支撑。

政府用户可通过平台随时统计市场采购贸易出口情况，包括主体备案情况、贸易出口、报关情况、理赔信息、资信申请等信息，了解市场采购贸易情况，分析近几年市场采购贸易推广情况，全面掌握保单涉及出口贸易金额的增长趋势，有利于及时调整政策，帮助中小微企业提能力、控风险、保订单、稳出口，让广大进出口主体既能够放心出货、安心出货，又能规范出口、合规收款。

（二）二手车出口综合服务平台

1. 建设背景

2019 年以来，国家及省内相关部门就二手车出口业务出台多项政策，山东“单一窗口”根据商务部、公安部、海关总署《关于支持在条件成熟地区开展二手车出口业务的通知》（商贸函〔2019〕165 号）要求，建立车辆信息共享机制，于 2022 年 10 月上线二手车出口综合服务平台，涵盖企业资质、主体备案、交易登记、车辆过户、车辆检验、许可证管理、报关申报、车辆注销、收结汇、退税申报、流程追溯、统计分析、融资贷款等功能，为二手车出口企业、试点企业及相关监管单位办理业务提供“一站式”综合服务。

2. 功能介绍

在二手车出口业务流程中，商务部门统筹、协调二手车出口业务，承担设定企业市场准入标准、评审及考核退出机制，向商务部报备并负责审核发放二手车出口许可证等工作；公安交管部门按有关规定办理二手车交易登记、转移过户、车辆注销等手续，加强出口车辆监管；海关负责出口二手车的查验、放行等便利化通关工作。山东“单一窗口”基于各监管单位的职责分工，分别与各监管单位审核系统开展对接工作，发送企业申报数据，接收审核系统返回的回执等内容，实现各项业务线上全程自动化、无纸化处理，简化单据和流程。

3. 应用成效

二手车出口综合服务平台的上线，串联起二手车出口整体业务流程，实现了二手车出口的全流程监管、服务、展示和交易的线上化、智能化，提升了服务效率。同时，为监管单位对二手车出口业务的市场情况及经济效益分析提供了数据支持。二手车出口综合服务平台投入使用后，二手车出口业务占比稳步提升，也将对国内汽车产业的健康发展起到重要的支撑作用。

（三）中国（日照）跨境电子商务公共服务平台

1. 建设背景

2022 年 2 月 8 日，《国务院关于同意在鄂尔多斯等 27 个城市和地区设立跨境电子商务综合试验区的批复》（国函〔2022〕8 号）发布，日照市位列其中，这标志着日照市跨境电商综合试验区正式获批。

5 月 24 日，山东省政府发布 2022 年第 82 号公告《关于印发中国（淄博）跨境电子商务综合试验区实施方案和中国（日照）跨境电子商务试验区实施方案的通知》，要求依托山东“单一窗口”，建设跨境电商公共服务平台，实现海关、税务、外汇、商务等部门数据共享、业务协同，提供线上备案登记、通关、退免税、外汇、融资、仓储物流等“一站式”集成服务。

为贯彻落实省政府 2022 年第 82 号公告，山东“单一窗口”积极探索跨境电商发展新模式，于 2022 年 12 月 20 日上线中国（日照）跨境电子商务公共服务平台，助推日照贸易高质量发展。

2. 功能介绍

中国（日照）跨境电子商务公共服务平台项目主要分两期建设。一期已上线门户网站、入驻信息管理系统、通关服务系统、税务服务系统、通关与物流状态查询系统、大数据可视化系统、数据统计监测系统、EDI 数据交换中心 8 个功能模块。其中，通关服务系统包括跨境进口申报（“1210”“9610”）、跨境出口申报（“1210”“9610”“9710”“9810”）、跨境出口报关单申报、金关二期申报、智能归类、正面清单查询等功能；税务服务系统支持跨境电商企业进行出口退税申报，并供企业在线查询进口税单的基本信息；通关与物流状态查询系统可供跨境电商企业进行业务状态查询，实现关键业务节点可视化。二期建设内容包括完善公共服务平台和围绕线下园区平台开展园区配套基础设施建设及信息化扩展。

3. 应用成效

中国（日照）跨境电子商务公共服务平台针对日照市跨境电商在基础信息管理、通关、货物查验、退税、跨境物流等方面存在的问题，设计创新型“一站式”解决方案，建立全市统一、规范、权威的全过程电子商务交易基础信息库和相关的数据标准规范，实现电商领域信息资源共享和动态更新，保证所有数据的可用性、机密性，以及授权的安全性和交易的不可否认性，规范了跨境电商市场秩序，优化了跨境电商发展环境。结合日照市地理优势以及产业特征，最终助力日照市跨境电商综合试验区建设完整的跨境电商产业链和生态链。

（四）淄博市跨境电商综合服务平台

1. 建设背景

2022 年 2 月 8 日，《国务院关于同意在鄂尔多斯等 27 个城市和地区设立跨境电子商务综合试验区的批复》（国函〔2022〕8 号）发布，淄博市位列其中，这标志着淄博市跨境电商综合试验区正式获批。

5 月 24 日，山东省政府发布 2022 年第 82 号公告《关于印发中国（淄博）跨境电子商务综合试验区实施方案和中国（日照）跨境电子商务试验区实施方案的通知》，要求依托山东“单一窗口”，建设跨境电商线上服务平台，完善通关报检、数据统计、物流跟踪、金融支付等功能，实现海关、税务、外汇、商务、金融等部门单位间“信息互换、监管互认、执法互助”。

为贯彻落实省政府 2022 年第 82 号公告，山东“单一窗口”积极探索跨境电商发展新模式，于 2022 年 12 月 20 日上线淄博市跨境电商综合服务平台，助推淄博贸易高质量发展。

2. 功能介绍

淄博市跨境电商综合服务平台主要分两期建设。一期已上线门户网站、入驻信息管理系统、通关服务系统、税务服务系统、跨境结算系统、统计查询系统、通关与物流状态查询系统、大数据可视化系统、数据统计监测系统、综合服务中心、EDI 数据交换中心 11 个功能模块。其中，通关服务系统包括跨境进口申报（“1210”“9610”）、跨境出口申报（“1210”“9610”“9710”

“9810”）、跨境出口报关单申报、金关二期申报、智能归类、正面清单查询等功能；税务服务系统支持跨境电商企业进行出口退税申报及免税申报，并供企业在线查询进口税单的基本信息；跨境结算系统为外贸企业提供一般贸易的在线购付汇、收结汇等快捷操作，助力企业外贸资金流转。二期建设内容包括完善综合服务平台和围绕线下园区平台开展园区配套基础设施建设及信息化扩展。

3. 应用成效

淄博市跨境电商综合服务平台着力在跨境电子商务 B2B 方式相关环节的技术标准、业务流程、监管模式和信息化建设等方面先行先试，利用数据分析、区块链等信息化手段解决跨境电商业务信息流、物流和资金流等关键性问题，通过构建涵盖信息共享体系、金融服务体系、智能物流体系、电商诚信体系、统计监测体系和风险防控体系的“一站式”平台，实现跨境电子商务自由化、便利化、规范化发展。

（五）“鲁贸贷”平台

1. 建设背景

2020 年 3 月，省商务厅、省财政厅联合出台《山东省“鲁贸贷”融资业务实施办法（试行）》（鲁商字〔2020〕28 号），旨在帮助中小微外贸企业拓宽融资渠道，降低融资成本，有效缓解中小微企业流动性压力。随着银行数量及融资业务的增多，为了方便企业操作，助力银行风控，协助政府监管，山东“单一窗口”于 2022 年 11 月上线“鲁贸贷”金融综合服务平台，实现了系统化、线上化落地“鲁贸贷”政策。

2. 功能介绍

“鲁贸贷”平台通过全线上化操作，打通政府与银行间的数据壁垒，将所有涉及银行的数据进行收集、校验、筛选、汇总、展示。通过系统对接，调取中小微企业信息、投保信息等权威数据，帮助银行对企业信息进行合法性、准确性校验，帮助银行过滤、筛选企业，精准定位企业信息，降低银行风险，同时将全省数据进行汇总分析，向政府展示统计结果，帮助政府多维度了解政策开展情况、发展趋势等关键信息，协助政府针对性制定后续政策。

3. 应用成效

山东“单一窗口”通过“鲁贸贷”平台建立“政府+银行+信保+单一窗口”合作机制，将平台定位于企业线上融资业务平台、政府资金补偿监管平台、银行贷款风控管理平台，以真实贸易背景为前提，以财政担保资金为保障，降低银行信贷风险，拓宽企业融资渠道，为进出口企业提供全线上、低利率、快速便捷的融资支持。以财政杠杆撬动金融资本，切实缓解中小微进出口企业融资难、融资贵问题。

（六）金融超市

1. 建设背景

本着“想企业之所想，急企业之所急，为您提供一站式金融服务”的宗旨，山东“单一窗口”积极与银行、保险、信保等金融机构合作，在整合融资贷款、国际结算与信保统保等功能应用基础之上，新增“鲁贸贷”功能，为省内进出口企业打造“一站式”线上金融超市，方便进出口企业及时了解相关政策及金融产品。

2. 功能介绍

金融超市除整合原有地方特色应用中的外贸金融服务平台、小微信保统保平台、国际结算平台等模块外，新增“鲁贸贷”功能，方便企业及时了解相关政策及各种金融产品。打造银行专属网上营业厅，银行可根据业务特点及需求自行上线多类产品，定期举行金融服务活动及银企对接会，为银行推荐优质平台用户，在合规前提下帮助双方实现资源共享，共同探索智慧金融方案，联合建模，共同开发特色产品，为多样化的业务场景提供更丰富的金融服务。

（七）信保专区

1. 建设背景

为贯彻落实省政府普惠金融政策，支持小微进出口企业发展，实现小微出口投保、资信政策线上化办理，提高政策执行效率，同时进一步促进企业出口，方便企业获得更加便利的投保服务和更加精准的风险信息服务，提升进出口企业风险管理能力，山东“单一窗口”联手中国信保山东分公司，建设山东“单一窗口”中国信保山东分公司专区。发挥山东“单一窗口”平台优势，为广大进出口企业提供更便捷的信保服务，在最短时间内最大限度帮助企业解决国际贸易后顾之忧，促进出口贸易便利化。

2. 功能介绍

为更好助力省内进出口企业发展，在小微企业信保统保平台的基础上，山东“单一窗口”充分利用已建成的基础设施、交换平台、数据资源、应用经验等，强化现有资源的集成，在门户网站首页增设信保专区模块，填补了之前小微信保统保平台没有中国信保公司的空白。信保专区为小微企业提供线上办理签约、投保、续保、索赔、询保申请、风险信息查询等服务。一是方便企业获得更加便利的投保服务和更加精准的风险信息服务，提升进出口企业风险管理能力；二是通过系统实现政府惠企政策的线上化，更好地将红利政策落地，提高政策执行效率，进一步扶持企业出口贸易，助力山东外贸发展；三是通过全省统一入口，逐步全面覆盖，实现对政策落实情况的及时把控，方便后续的统计及审计工作。

（八）引航站申报功能

为提升船舶进出港通行效率，进一步满足企业“一站式”业务办理需求，山东“单一窗口”

积极与青岛引航站合作对接，主动担当作为，打破航运信息壁垒，经过前期的需求调研、系统对接及试运行工作，2022 年 1 月 17 日，在山东“单一窗口”正式上线青岛港引航站申报功能，实现船舶基础数据与船舶进出港信息同步共享至青岛引航站，实现通关监管与港航服务数据联动和信息共享，实现海关、海事、边检、引航站 4 家单位申报数据的整合共享，合计减少用户录入数据 100 余项，有效降低录入差错率，减少船代企业录入成本与申报负担，提高了引航计划的安排效率。2022 年，青岛地区船代企业通过山东“单一窗口”引航站申报功能申报引航数据 10876 条，线上业务申报占比 100%。

四、大事记

2 月 16 日

山东省政府召开专题会议，研究组建山东“单一窗口”新的运营主体，形成专题会议纪要。

3 月 9 日

山东省国资委印发《〈国际贸易“单一窗口”运营主体组建方案〉的通知》（鲁国资规划字〔2022〕2 号）。

5 月 5 日

山东“单一窗口”运营主体山东省电子口岸有限公司完成工商注册登记。

5 月 20 日

山东“单一窗口”运营主体山东省电子口岸有限公司召开公司成立大会。

6 月 20 日

山东“单一窗口”联合省商务厅、中国人保有限公司建设上线市场采购信保投保平台。

8 月 13 日

山东“单一窗口”首次亮相电商博览会。

8 月 23 日

山东“单一窗口”运营主体山东电子口岸有限公司受邀参加黄河流域自贸试验区联盟启动暨对外开放高质量发展大会。

9 月 19 日

由山东省口岸办带队，先后赴浙江电子口岸公司、广东电子口岸公司、深圳电子口岸公司等单位进行调研学习，考察市场化业务开展情况。

10 月 26 日

根据商务部、公安部、海关总署《关于支持在有条件成熟地区开展二手车出口业务的通知》（商贸函〔2019〕165 号）要求，山东“单一窗口”上线二手车出口综合服务平台。

11 月 25 日

山东“单一窗口”上线“鲁贸贷”金融综合服务平台，实现了系统化、线上化落地“鲁贸贷”政策。

12 月 20 日

山东“单一窗口”上线中国（日照）跨境电子商务公共服务平台和淄博市跨境电商综合服务平台。

12月30日

山东“单一窗口”与中国信保险山东分公司，联合建设山东“单一窗口”中国信保山东分公司专区。

五、政策文件

关于深化跨境贸易便利化改革优化口岸营商环境的通知

（鲁口通字〔2022〕1号）

各市人民政府，省政府有关部门：

为深入贯彻习近平总书记关于优化营商环境、促进贸易便利化重要指示精神，落实海关总署等10部委《关于进一步深化跨境贸易便利化改革优化口岸营商环境的通知》（署岸发〔2021〕85号）要求，落实海关总署促进跨境贸易便利化专项行动有关部署，加强口岸营商环境创新，进一步提升跨境贸易便利化水平，经省政府同意，现将有关事宜通知如下。

一、深化通关全链条业务改革

1. 完善通关申报模式。进一步完善进出口货物“提前申报”“两步申报”通关模式，支持企业自主选择申报方式，鼓励引导企业“提前申报”“两步申报”。尊重企业意愿，在符合条件的港口扩大进口货物“船边直提”和出口货物“抵港直装”试点。（青岛海关、济南海关按职责分工负责）

2. 优化提升查验服务。依托“单一窗口”开展查验信息推送和调箱到位信息反馈工作，引导企业用好“单一窗口”查验预约服务，进一步推行免到场查验。在有条件的港口开展“先期机检、码头直提”模式改革，实施顺势机检查验，实现无感快速通关。（省口岸办、青岛海关、济南海关、省交通运输厅按职责分工负责）

3. 推进“主动披露”制度和容错机制实施。加大对现有“主动披露”制度和容错机制政策的宣传，便利企业用足用好政策；对经认定非主观原因造成的申报差错和企业主动披露的违规行为，不予记录报关差错或依法从轻、减轻、免予处罚；深入了解企业需求，争取海关总署支持，逐步扩大适用范围。（青岛海关、济南海关按职责分工负责）

4. 深化税收征管改革。提供多元化税收担保方式，进一步推广关税保证保险、汇总征税、自报自缴、预裁定等便利措施。深化海关税款担保改革，实施以企业为单元的税款担保，实现一份担保可以同时在全国海关用于多项税款担保业务。引导企业选择使用汇总征税，助力通关提速。（青岛海关、济南海关按职责分工负责）

5. 合理调整和精简监管证件。将进出口环节需要验核的监管证件，除涉密等特殊情况外，全部纳入“单一窗口”办理，并实现联网核查。全面取消出口货物报关单结关信息证明联（出口退税专用）打印，实现海关向税务部门传输出口报关单结关信息电子数据。实施报关单位备案（进出口货物收发货人备案、报关企业备案）全面纳入“多证合一”改革。（省口岸办、青岛海关、济南海关、省税务局、青岛市税务局按职责分工负责）

6. 推进检验检疫监管模式改革。在确保安全的基础上，稳步扩大进口巴氏杀菌乳检验监管模式改革试点，对符合条件的企业进口相关商品，在口岸实施“检查放行+风险监测”模式。在全周期国门生物安全监测及安全卫生项目监控基础上，对出口水果、种苗花卉试点“采信第三方检测报告快速放行+官方检测合格出具证书”模式。（青岛海关、济南海关、省市场监管局按职责分工负责）

7. 优化进口食品化妆品样品检验监管。对用于展览展示的预包装进口食品样品，在符合准入要求的前提下，免予抽样检测；进口用于特殊化妆品注册或普通化妆品备案用的化妆品样品、企业研发用的非试用化妆品样品、非试用或者非销售用的展览展示化妆品，可免予提供进口特殊化妆品产品注册证或进口普通化妆品备案电子信息凭证，免予进口检验。（青岛海关、济南海关按职责分工负责）

8. 支持海外仓发展。开展省级公共海外仓培育认定工作，推动海外仓优化布局、完善功能，为全省打造跨境电商发展的重要境外支点。（省商务厅、青岛海关、济南海关按职责分工负责）

二、规范口岸收费

9. 加强口岸收费公开。认真落实口岸收费目录清单公示制度并强化动态更新，目录清单之外不得收费。积极推进口岸收费主体通过“单一窗口”公开收费标准、服务项目等信息，增强口岸收费透明度、可比性。支持具备条件的口岸推广全程物流“阳光价格清单”服务模式。（省发展改革委、省交通运输厅、省商务厅、省口岸办、各市政府按职责分工负责）

10. 进一步规范口岸收费行为。加强对集装箱场站的属地监管和行业监管力度，规范收费行为。各口岸市根据各自口岸场站作业模式，结合自身实际，制定集装箱洗箱、修箱、验箱服务规则；对因洗修箱比例高而投诉集中的集装箱场站，依法开展联合执法检查；对有限竞争性经营的口岸服务，引入招标制度，鼓励市场经营主体公平竞争；对属于政府职责且适合通过市场化方式提供的服务项目，推进政府购买服务。（省发展改革委、省市场监管局、省交通运输厅、各口岸市政府按职责分工负责）

11. 开展口岸收费专项巡查检查。在全省各海运口岸开展口岸收费专项巡查检查，依法查处口岸不执行政府定价和指导价、不按规定明码标价、未落实优惠减免政策等各种违法违规收费行为，进一步规范口岸收费秩序。（省市场监管局、省发展改革委、省商务厅、省口岸办、省交通运输厅按职责分工负责）

三、提升口岸信息化水平

12. 拓展国际贸易“单一窗口”功能。在青岛海运口岸试点将引航申报纳入“单一窗口”办理，进一步精简企业申报数据，便利企业申报。依托“单一窗口”开发建设市场采购贸易出口信用保险综合服务平台，为市场采购贸易主体提供出口信用保险服务。推广应用“单一窗口”进出口危险货物申报系统，全面实现危险货物不见面和无纸化申报、审批及结果实时反馈。在“单一窗口”开设 RCEP 专区，为企业提供税费查询、RCEP 原产地规则查询、RCEP 原产国认定等服务。（省口岸办、省商务厅、省交通运输厅、山东海事局、青岛海关、济南海关、青岛市政府按职责分工负责）

13. 加大区块链技术应用。加快港航区块链电子放货平台在青岛港的应用，实现主要进口电商货物港航单证平均办理时间由 2 天缩短至 4 小时以内。（省交通运输厅负责）

14. 加快多式联运发展。优化提升多式联运公共信息平台功能，实现青岛港海铁联运“一单制”货物在途实时追踪。在国际铁路、内陆港、海铁联运、陆空联运等领域形成一批多式联运“一单制”改革案例。（省交通运输厅、国铁济南局集团按职责分工负责）

15. 深化通关流程可视化查询。口岸查验单位向进出口企业、口岸场站推送各环节通关状态信息，实现海关、海事等部门口岸通关状态查询和通关流程全程可视化。口岸场站将运抵、调箱、装载等作业信息推送给企业，实现作业系统可视化查询。（省口岸办、青岛海关、济南海关、山东海事局、省交通运输厅、各口岸市政府按职责分工负责）

16. 提升口岸智能化水平。推进传统码头自动化改造，打造 AI 技术智能识别的智能闸口，建设集装箱智能理货系统。按照海关总署统一部署，逐步扩大智能审图商品范围。（省交通运输厅、青岛海关、济南海关按职责分工负责）

17. 协调推进航空通关物流信息化。按照海关总署部署，指导具备条件的机场完善提升货运信息化系统，对接“单一窗口”航空物流公共信息平台，推动航空物流全链条信息互联互通，实现运单申报、运输鉴定报告、货物跟踪、航线网络可视化等“一站式”服务。加强沟通对接，研究航空打板前置的可行性，并进行业务探索。（省口岸办、省交通运输厅、民航山东监管局、民航青岛监管局、各航空口岸所在市政府按职责分工负责）

四、优化口岸综合服务

18. 推行船舶登记事权下放和“不停航办证”新机制。落实海事服务山东自贸试验区建设“减证便民”八项举措，推行国际航行船舶进出口岸“极简审批”新模式。优化船舶登记工作流程，将国际航行船舶登记初审权限和制证业务由直属海事局下放至自贸试验区所在地分支海事局。推行海船新建及转籍检验、登记“不停航办证”新机制，运行“先行检验、检证分离”船舶检验新模式和“容缺预审、并联办理”船舶登记新模式，提高船舶检验、登记办证效率。（山东海事局负责）

19. 试行船载液货“货港海”智能选船机制。整合货主、码头、船舶及海事监管信息，建设运行智能选船信息平台，在青岛董家口港口岸试点运行船载液货“货港海”智能选船机制，发挥海事监管信息引领作用，提升液货船舶航行安全管理水平，提高码头作业效率。（山东海事局负责）

20. 加强技术性贸易措施研究评议基地建设。着眼加强技术性贸易措施应对，结合全省贸易产业特点，优化济宁大蒜、青岛家电、潍坊食品农产品、东营轮胎等基地管理，推动济宁专用车及零部件、威海对韩基地建设运行，推进蓬莱葡萄酒基地创建，对世界贸易组织《技术性贸易壁垒协定》（TBT 协定）和《实施卫生与植物卫生措施协定》（SPS 协定），提出高质量通报评议意见和特别贸易关注议题，提升企业合规意识和技术创新能力，培育和激发市场主体活力，有效应对国外技术贸易壁垒。（青岛海关、济南海关、省商务厅按职责分工负责）

21. 公开作业时限及流程。持续规范海运口岸作业时限公开公示，在机场、铁路场站等公开公示调货、移位、装卸等物流作业时限及流程。公开集装箱存箱、用箱信息，实现预约提箱、电子化放箱和精准提箱。（省口岸办、省交通运输厅、国铁济南局集团、各口岸市政府按职责分工负责）

22. 提升口岸疫情防控和物流作业综合效率。严格落实疫苗接种、核酸检测、人员管理等各项疫情防控措施，从严做好人员安全防护，统筹做好进出口冷链商品消杀等工作，严防疫情通过商品传入。加大港口物流管理力度，简化港口提箱、码头操作等业务手续，提升口岸物流作业效率。（青岛海关、济南海关、省交通运输厅、省卫生健康委、省市场监管局、各口岸市政府按职责分工负责）

23. 加强企业信用培育和海关认证企业服务力度。加强“经认证的经营者”（AEO）制度宣传培训，帮助引导更多企业申请并成为高级认证企业，享受相关便利。优化企业协调员机制，扩大宣传受惠范围，建立更加紧密的关企合作关系。（青岛海关、济南海关、省商务厅按职责分工负责）

24. 加强知识产权海关保护。强化部门联合执法，持续开展“龙腾行动”和“蓝网行动”，加大对进出口侵权违法行为的打击和处罚力度。培塑出口知识产权优势企业，提高企业维权能力和创新水平。（青岛海关、济南海关按职责分工负责）

25. 完善企业意见反馈和协调解决机制。加强 12360 海关热线建设，完善工单办理、答复、回访机制，为企业提供更加便捷全面的服务方式。在口岸现场设立通关疑难问题处理专窗，现场及时协调解决疑难问题。用好“山东省稳外贸稳外资服务平台”，畅通企业诉求通道，向企业快捷推送政策措施，精准解决企业生产经营中遇到的问题。（青岛海关、济南海关、省商务厅按职责分工负责）

五、加强区域通关合作

26. 推进黄河流域海关一体协同机制。积极对接黄河流域生态保护和高质量发展国家战略，建立由青岛海关牵头的“11+1”关际一体协同机制，在青岛海关设立“海关服务黄河流域生态保护和高质量发展协调办公室”，负责统筹协调日常工作。（青岛海关、济南海关按职责分工负责）

27. 加强黄河流域区域通关协作。建立黄河流域“11+1”直属关农食产品技贸措施协作机制，探索建设黄河流域技贸措施研究中心。复制推广海铁直运监管模式，推动港口功能向沿黄流域延伸，打造黄河流域最佳出海口。（青岛海关、济南海关、省交通运输厅、国铁济南局集团按职责分工负责）

28. 实施山东半岛港口群通关一体化监管。加强胶东半岛区域通关一体化协作，推广优化“水水中转”模式，突出青岛港枢纽地位，强化烟台港、日照港、威海港支点作用。（青岛海关负责）

六、实施保障

（一）加强组织领导。各市、各部门要以习近平新时代中国特色社会主义思想为指导，坚决捍卫“两个确立”，增强“四个意识”，坚定“四个自信”，做到“两个维护”。坚持尊重市场、高效便利，坚持遵循法治、协同治理，坚持对标国际、改革创新，加强组织协调、完善工作机制，确保党中央、国务院和省委、省政府决策部署落实到位。

（二）严格疫情防控。各市、各部门要进一步加强新冠肺炎等境外传染病疫情的防控工作，坚持“人”“物”同防，压实四方责任，加强对口岸重点人群的疫情防控，按要求落实进口冷链食品和高风险非冷链集装箱货物的监测检测和预防性消毒措施，毫不放松抓好“外防输入、内防反弹”各项工作。

（三）落实工作责任。各市政府要落实主体责任，统筹做好优化口岸营商环境各项工作，结合本地实际制定完善配套措施，加强督促检查，强化责任落实，确保各项政策措施落地生效。青岛市要认真落实海关总署部署要求，积极开展促进跨境贸易便利化专项行动，推动专项行动各项措施落地见效。

（四）加大政策宣传。省口岸办要会同有关部门加大政策宣传力度，营造良好社会舆论氛围，引导企业用好用足各项利企便民政策措施。多渠道了解企业合理诉求，对企业反映的问题要及时回应，积极推动研究解决，更好服务市场主体，提高企业获得感和满意度。

山东省口岸办公室 山东省发展和改革委员会
山东省交通运输厅 山东省商务厅
山东省卫生健康委员会 山东省市场监督管理局
中华人民共和国青岛海关 中华人民共和国济南海关
国家税务总局山东省税务局 中华人民共和国山东海事局
中国民用航空山东安全监督管理局 中国铁路济南局集团有限公司
2022年2月10日

（此件公开发布）

河南省

一、综述

2022年，河南省认真贯彻落实党中央、国务院和省委、省政府决策部署，全面做好中国（河南）国际贸易单一窗口（以下简称河南“单一窗口”）建设和运维工作，出台《河南省“十四五”口岸发展规划》《2022年河南口岸建设发展工作要点》，指导河南“单一窗口”建设发展方向。完成河南“单一窗口”（二期）项目建设，上线特殊监管区域综合服务平台、特殊监管区域绩效监测、技术性贸易措施调查监测预警、中欧班列智慧场站管理平台、河南进口非冷链货物信息追溯系统（“进快办”）等，升级改造出口退税系统，完成安全等级保护测评，积极组织相关业务培训。河南“单一窗口”已成为河南省外贸企业通关政务服务主平台，为全省提升跨境贸易便利化水平提供了平台支撑。

二、运行情况

（一）运行数据

截至2022年年底，河南“单一窗口”累计入驻企业3.01万家，较2021年增加1.12家。全年货物申报47.01万票，舱单申报257.50万票，运输工具申报9.08万票，企业资质办理8.67万票，原产地证申领9.11万票，税费支付1.85万票，加贸保税53.00万票，物品通关90.26万票，监管证件1727票，出口退税77笔。

（二）运行维护

1. 完善安全运维机制。委托专业机构对平台运行状况做全面评估，重点聚焦平台运维、数据安全、项目建设等方面，开展安全风险问题排查、系统模拟攻击测试、潜在问题修复完善，建立日监测、周巡查、月总结、季分析的常态化、流程化安全运维机制，为企业通关申报创造更加安全的网络环境。

2. 做好重点企业保障。强化时间节点意识，为菜鸟、抖音等企业“6·18”大促、“双11”大促，富士康苹果新品出货等做好专项通关保障工作，受到企业高度评价和充分信任，菜鸟将河南“单一窗口”作为全国跨境电商通关申报的备用通道，跨境电商巨头SHEIN（希音）落地航空港区，进一步增强企业在河南扩大产能布局的信心。

3. 优化平台运营效能。截至2022年年底，河南“单一窗口”累计上线32大类142项功能，进一步覆盖口岸大通关全业态、全流程，软硬件协同高效作业，平台运行安全、稳定、高效，实现全省18个地市功能、业务、区域全覆盖，联通全省所有海关特殊监管区域和各类功能性口岸，注册企业达3万余家，服务上下游企业7万余家。

（三）宣传推广

1. 积极主动作为，深入开展企业调研培训。深入一线进出口企业，调研复杂国际形势和疫情背景下企业业务开展情况，推进外贸惠企政策落地，征求企业通关申报需求建议，召开座谈会、企业调研20余次，开展培训6次，覆盖1500余人次，为政府出台企业纾困解难政策提供依据，企业服务方向进一步明确。

2. 持续做好宣传，提升平台社会影响力。通过河南省发改委官网以及“河南省发改委”“中国河南国际贸易单一窗口”等微信公众号，及时传播河南“单一窗口”有关信息，传播对象覆盖口岸政务部门、重点进出口企业等核心人员万余人，全年在《河南日报》、河南卫视等省级权威媒体重要版面和黄金时间刊播8次新闻报道，河南卫视能力作风建设年专题节目《“十大战略”进行时》第十集《开放密码》对河南“单一窗口”服务河南对外开放进行了重点报道。

3. 强化数据治理，提升辅助政府决策能力。深入开展数据标准规范统一、底层架构搭建、数据目录梳理等工作，完成平台数据治理，汇聚数据源1239项，数据总量达100亿条、7TB，为数据综合开发和应用奠定基础；实现大数据分析报告常态化，共计发布《RCEP对河南外贸影响》等10篇大数据分析报告；辅助政府开展综合保税区绩效评估指标数据归集和上报，强化对综合保税区运行绩效的监测，辅助政府决策能力实现新提升。

三、特色应用

（一）特殊监管区域综合服务平台

旨在整合全省海关特殊监管区域信息化系统，实现监管部门和企业“一站式”监管、申报，有效减少同类型项目重复建设，该平台海关端辅助管理端立项获海关总署批复，平台已在新郑综合保税区、开封综合保税区推广应用。

（二）中欧班列智慧场站管理平台

作为中欧班列郑州集结中心示范工程的重要支撑项目，通过打通企业、场站、监管部门三方数据通道，以数据驱动实现场站业务流程优化再造，使场站内通关时间减少1~2个小时，申报人员减少一半，有效提升场站智能化、一体化和管理水平。

（三）特殊监管区域（场所）绩效监测系统

按照开放平台建设从“重申建”向“重运行”转变的要求，建设特殊监管区域（场所）绩效监测系统，旨在提供集监测、评估、分析、展示等功能于一体的特殊监管区域（场所）绩效监测智能化服务，为政府部门开展特殊监管区域绩效评估提供信息化支撑，具有提高监测效率、强化过程管理、驱动决策转型等创新特点。

（四）技术性贸易措施监测系统

为解决国外技术性贸易措施限制对进出口企业造成损失的痛点问题，重点围绕技术性贸易措施影响调查、技术性贸易措施调整发布、风险预警提示、数据统计分析 4 方面进行功能开发，面向进出口企业提供技术性贸易措施影响预警反馈服务，助力政府部门和企业实时掌握货物在出口到国外时遇到的技术性贸易措施影响情况，为跨越或打破国外技术性贸易壁垒提供技术支持。

（五）河南进口非冷链货物信息追溯系统（“进快办”）

建设进口非冷链货物信息追溯系统（“进快办”），采取“首站赋码、分级赋码、一码到底、扫码查询”管理模式，全面建立起“来源可溯、去向可追、风险可控、数据可视”的闭环追溯监管体系。

四、大事记

3 月 5 日

河南省优化营商环境工作领导小组印发《河南省营商环境优化提升行动方案（2022 版）》（豫营商〔2022〕1 号）。

3 月 15 日

河南进口非冷链货物信息追溯系统（“进快办”）上线运行。

4 月 1 日

中欧班列智慧场站管理平台上线运行。

4 月 11 日

国家跨境电商零售进口药品试点正式在郑州启动。

5 月 20 日

特殊监管区域综合服务平台上线运行。

6 月 1 日

技术性贸易措施调查监测预警系统上线运行。

6 月 18 日

特殊监管区域绩效监测系统上线运行。

8 月 21 日

河南省口岸工作部门联席会议办公室印发《河南省“十四五”口岸发展规划》。

9 月 22 日

河南卫视《“十大战略”进行时》第十集《开放密码》专题报道河南“单一窗口”服务河南对外开放成绩。

11 月 24 日

河南省政府办公厅印发《进一步优化营商环境降低市场主体制度性交易成本实施方案》（豫政办〔2022〕110 号）。

五、政策文件

河南省优化营商环境工作领导小组关于印发《河南省营商环境优化提升行动方案（2022 版）》的通知

豫营商〔2022〕1 号

各省辖市人民政府、济源示范区管委会、省直管县（市）人民政府，省直有关单位：

现将《河南省营商环境优化提升行动方案（2022 版）》印发给你们，请认真贯彻落实。

附件：河南省跨境贸易提升专项行动方案

2022 年 3 月 5 日

附件

河南省跨境贸易提升专项行动方案

为贯彻落实党中央、国务院深化“放管服”改革、优化营商环境决策部署和省委、省政府要求，持续提高河南跨境贸易便利化水平，打造市场化、法治化、国际化口岸营商环境，服务开放强省建设，特制定以下工作方案。

一、总体要求

坚持以习近平新时代中国特色社会主义思想为指导，全面贯彻落实党的十九大和十九届历次全会精神，深入学习贯彻习近平总书记视察河南重要讲话重要指示，立足新发展阶段，全面贯彻新发展理念，以实现高水平的跨境贸易便利化为目标，以创新跨境贸易监管和服务为抓手，进一步深化通关改革创新、降低通关成本、提升口岸综合服务能力、改善跨境贸易服务环境，加快营造便捷、公平、透明、可预期的跨境贸易发展环境，助推开放强省、内陆开放高地建设，为建设现代化河南提供有力支撑。

二、工作目标

对标国际国内一流水平，在 2021 年基础上全省口岸营商环境水平进一步提升，跨境贸易便利化指标居中西部地区前列。口岸通关改革取得积极成效，通关流程不断优化，持续巩固压缩整体通关时间成效，整体通关效率进一步提升；口岸运营环境明显改善，进出口环节合规成本进一步降低；中国（河南）国际贸易单一窗口（以下简称河南“单一窗口”）功能覆盖跨境贸易全流程，货物、舱单、运输工具等主要申报业务应用率达到 100%，成为全省跨境贸易通关政务服务的主平台。

三、任务举措

（一）进一步深化通关改革创新

1. 推进海关全业务领域一体化。落实海关总署海关业务一体化改革部署，由通关环节与流程的全国一体化拓展到海关全业务领域一体化，积极推动集中申报、风险布控、货物检查、纳税企业等全业务领域跨关区协同治理与发展。

责任单位：郑州海关

完成时限：持续推进

2. 进一步优化进出口货物通关模式。整合简化报关单申报项目。支持企业自主选择进出口申报模式，进一步完善进出口货物“提前申报”“两步申报”通关模式，稳步推进“两段准入”，提升企业应用率。提高出口便利化水平，优化出口环节服务。提升货运航班边检备案申报效率，探索航空安检、打板等前置物流模式，稳步推动场外货站与郑州航空口岸无缝对接，提升航空口岸分拨时效。

责任单位：郑州海关、河南出入境边防检查总站、省机场集团按职责分工负责

完成时限：2022 年 12 月

3. 深入推进“主动披露”制度和容错机制实施。及时了解企业进出口需求，加大涉企政策宣传，便利企业利用“主动披露”制度和容错机制，将主动披露政策适用范围扩大到检验检疫领域，深度融合综合保税区“四自一简”与“主动披露”制度，推行守法企业自查结果认可制度。

责任单位：郑州海关

完成时限：2022 年 12 月

4. 深化税收征管改革。提供多元化税收担保方式，进一步推广关税保证保险、汇总征税、自报自缴、预裁定等便利措施，扩大汇总征税、自报自缴范围。积极推进落实属地纳税人管理工作，切实提高税收征管效能。

责任单位：郑州海关、省税务局等相关部门按职责分工负责

完成时限：2022 年 12 月

5. 进一步提升出口退税便利度。加强跨部门信息共享，进一步提升出口退税申报便利水平，实现企业通过税务系统申报出口退税时自动调用本企业出口报关单信息，通过河南“单一窗口”申报出口退税时自动调用本企业购进的出口货物发票信息。持续加快出口退税进度，办理正常出口退税的平均时间压缩至 6 个工作日以内。

责任单位：省税务局、郑州海关、省发展改革委按职责分工负责

完成时限：2022 年 12 月

6. 进一步合理调整和精简进出口环节监管证件。落实国家调整和精简进出口环节监管证件相关工作部署，优化原产地证书自助打印功能。除涉密等特殊情况外，进出口环节监管证件统一纳入“单一窗口”一口受理，逐步实现监管证件电子签发、自助打印。

责任单位：郑州海关、省商务厅、市场监管局、发展改革委等相关部门按职责分工负责

完成时限：持续推进

7. 推进检验检疫监管模式改革。在确保安全的基础上，稳步扩大进口巴氏杀菌乳检验监管模

式改革试点，对符合条件的企业进口相关商品，在口岸实施“检查放行+风险监测”模式。积极稳妥推进商品检验第三方检验结果采信，落实取消进出口商品检验鉴定业务许可改革要求，规范第三方检验鉴定结果采信工作。扩大采信范围，针对 AEO 高级认证企业，在风险可控的情况下实施“采信+验证”的检验模式。深化进口服装第三方检验检测结果采信制度。

责任单位：郑州海关、省市场监管局按职责分工负责

完成时限：2022 年 12 月

8. 推动跨境电商海外仓建设。支持海外仓建设，完善跨境电商出口退货政策，认定 10-20 家省级跨境电商海外仓示范企业，统筹中央和省级外经贸发展专项资金予以支持。

责任单位：省商务厅、财政厅、郑州海关等相关部门按职责分工负责

完成时限：2022 年 12 月

9. 优化进口食品化妆品样品检验监管。对用于展览展示的预包装进口食品样品，在符合准入要求的前提下，免予抽样检测。进口用于特殊化妆品注册或普通化妆品备案用的化妆品样品、企业研发用的非试用化妆品样品、非试用或者非销售用的展览展示化妆品，可免予提供进口特殊化妆品产品注册证或者进口普通化妆品备案电子信息凭证，免予进口检验。

责任单位：郑州海关

完成时限：2022 年 12 月

（二）进一步降低通关成本

10. 进一步规范口岸收费。督促口岸经营、服务单位进一步清理精简收费项目，明确收费名称和服务内容。对有限竞争性经营的口岸服务，引入招标制度，鼓励市场经营主体公平竞争。对属于政府职责且适合通过市场化方式提供的服务项目，推进政府购买服务，推动免除查验没有问题企业吊装、移位、仓储、掏装箱等费用试点。

责任单位：省发展改革委、财政厅、郑州海关、省市场监管局、郑州市政府、郑州航空港实验区管委会按职责分工负责

完成时限：2022 年 12 月

11. 优化收费公示制度和收费服务模式。认真落实口岸收费目录清单公示制度并强化动态更新，目录清单之外不得收费。有序推进口岸收费主体通过河南“单一窗口”公开收费标准、服务项目等信息，增强口岸收费透明度、可比性。支持具备条件的口岸提供“一站式”收缴费服务，复制推广“一站式阳光价格”服务模式。

责任单位：省发展改革委、郑州市政府、郑州航空港实验区管委会按职责分工负责

完成时限：2022 年 12 月

12. 加大进出口环节收费监督检查力度。依法查处口岸不执行政府定价和指导价、不按规定明码标价、未落实优惠减免政策等各种违法违规收费行为，并及时向社会公布。依法依规调查处理口岸经营活动中的涉嫌垄断行为。

责任单位：省市场监管局牵头，省发展改革委、郑州市政府、郑州航空港实验区管委会等按职责分工负责

完成时限：持续推进

（三）进一步提升口岸综合服务能力。

13. 深化河南“单一窗口”建设。抓好《中国（河南）国际贸易“单一窗口”建设运行管理办法（试行）》落实，建设优化和推广河南“单一窗口”系统功能，提高平台稳定性，推动口岸和跨境贸易领域相关业务统一通过河南“单一窗口”办理。加快建设特殊监管区域综合服务、口岸运行绩效监测等系统，推动口岸信息化升级和数字化转型，完善服务企业功能，提升辅助政府决策水平。创新“外贸+金融”“通关+物流”等服务模式，深化与银行、保险、邮政、民航、铁路等对接合作，构建以通关服务为基础，口岸物流、金融交易等国际贸易相关领域服务为补充的运营体系。

责任单位：省发展改革委牵头，郑州海关、河南出入境边防检查总站、河南电子口岸公司等相关部门按职责分工负责

完成时限：2022 年 12 月

14. 推进河南“单一窗口”业务协同和流程优化。加大跨地区、跨部门信息共享和数据交换，推动空铁公水物流信息和货物通关、装卸、配送等信息对接河南“单一窗口”。加快郑州机场、国际陆港等信息平台与河南“单一窗口”互联互通，实现部门之间、不同运输方式之间标准融合、信息联通，提升口岸作业无纸化、自动化和智能化水平。

责任单位：省发展改革委、郑州海关、省交通运输厅、中国铁路郑州局集团公司、省机场集团、郑州铁路集装箱中心站、郑州国际陆港公司、河南电子口岸公司等相关部门按职责分工负责

完成时限：持续推进

15. 整合跨境贸易数据资源。充分利用大数据、区块链、5G、移动互联网等现代信息技术，依托河南“单一窗口”，建设特殊监管区域绩效监测、技术性贸易措施调查监测等系统，促进口岸信息共享共用，为企业提供便利精准的贸易数据分析及风险预警，为政府部门决策提供数据信息支撑。

责任单位：省发展改革委、商务厅、郑州海关、河南电子口岸公司等相关部门按职责分工负责

完成时限：2022 年 12 月

16. 加快多式联运发展。加强多式联运各方信息共享和协同，上线中欧班列多式联运提单信息平台。深入实施多式联运示范工程，积极申报国家级多式联运示范工程，组织实施省级多式联运示范工程 36 个以上。依托多式联运示范工程，推进我省多式联运标准体系建设，鼓励企业提升现有标准质量、等级，积极参与地方、行业标准制订。以中欧班列（郑州）为重点，推进国际陆路多式联运提单融资，开展跨境商品交易供需信息集中展示、撮合交易、提单质押融资相关业务，形成国际陆路多式联运的郑州规则。

责任单位：省交通运输厅牵头，省发展改革委、中国铁路郑州局集团公司、郑州铁路集装箱中心站、郑州国际陆港公司等相关部门按职责分工负责

完成时限：2022 年 12 月

（四）进一步改善跨境贸易服务环境

17. 公开通关流程和物流作业时限。细化通关业务相关流程，明确口岸场站货物装卸、场内

转运、吊箱移位、掏箱提箱等作业标准和时限，并及时通过河南“单一窗口”对外公布公示，方便外贸企业合理安排生产和运输。口岸查验单位通过口岸现场和河南“单一窗口”平台公布通关服务热线，及时回应和解决进出口企业所提意见建议，确保便捷高效通关。

责任单位：郑州市政府、省发展改革委、郑州海关、省机场集团、郑州国际陆港公司、郑州铁路集装箱中心站按职责分工负责

完成时限：2022 年 6 月

18. 实现通关全流程可视化查询。推动口岸查验单位通关状态信息以及口岸场站运抵、调箱、装载等作业信息与河南“单一窗口”互联互通，通过效能监测系统，实现通关状态、通关流程及场站作业流程等全程可视化查询。

责任单位：省发展改革委、郑州海关、郑州市政府、省机场集团、郑州铁路集装箱中心站等相关部门按职责分工负责

完成时限：2022 年 12 月

19. 为海关认证企业提供更多便利化措施。落实海关总署工作部署，优化完善“经认证的经营者”（AEO）制度。优化企业协调员机制，扩大宣传受惠范围，建立更紧密的关企合作关系。

责任单位：郑州海关

完成时限：2022 年 12 月

20. 加强进出口环节知识产权保护。依法加强知识产权海关保护，持续部署开展“龙腾行动”等专项执法活动，加大对进出口侵权违法行为的打击和处罚力度。加强政策和法律宣贯指导，提升企业守法经营和尊重知识产权意识。优化措施，为企业创新和维权提供便捷服务。

责任单位：郑州海关、省市场监管局、商务厅按职责分工负责

完成时限：2022 年 12 月

21. 加强技术性贸易措施企业咨询服务。充分发挥河南“单一窗口”技术性贸易措施监测系统作用，对接中华人民共和国 WTO/TBT-SPS 国家通报咨询中心，做好面向企业的技术性贸易措施咨询服务，支持重点产业技术性贸易措施研究评议基地建设。加强对世界贸易组织《技术性贸易壁垒协定》（TBT 协定）和《实施卫生与植物卫生措施协定》（SPS 协定）措施的预警和通报评议，提升合规意识和技术创新能力，助力企业“走出去”。

责任单位：郑州海关、省发展改革委、商务厅、市场监管局等相关部门按职责分工负责

完成时限：2022 年 12 月

四、保障措施

（一）加强组织领导。在省口岸工作部门联席会议制度框架下，统筹指导推进全省跨境贸易便利化提升工作。建立跨部门、跨区域协调联动机制，联席会议各相关成员单位及其他相关单位根据专项方案任务分工，建立工作责任制，按照进度要求，抓好工作落实。省发展改革委负责具体协调督促工作，协同推动专项方案各项任务顺利完成。各省辖市建立健全工作机制，负责本地区跨境贸易提升专项方案落实工作。

（二）落实工作职责。各有关部门和单位要根据各自职能落实责任分工，并加强协作配合，合理安排进度，确保各项任务有措施、能落实、可量化。各省辖市政府要强化对本地跨境贸易便利化提升工作领导和统筹协调，健全工作机制，加强政策实施和资金保障，确保各项任务落实到位。

各口岸运营企业要对照目标任务，主动作为，积极做好相关工作。

（三）强化督导检查。省发展改革委会同郑州海关、省商务厅、交通运输厅等单位负责健全跨境贸易便利化评价体系，完善督导考核机制，按照工作任务和时间节点，及时进行督促检查，确保各项政策措施落地生效。

（四）加大政策宣传。省发展改革委会同有关部门加大政策宣传力度，充分发挥政府与企业合力，聚焦市场主体关切，引导企业用好用足各项利企便民政策措施，对企业反映的问题要及时回应，积极推动研究解决，更好服务市场主体，大力营造良好社会舆论氛围。

湖北省

一、综述

2022年，中国（湖北）国际贸易单一窗口（以下简称湖北“单一窗口”）认真落实湖北省委、省政府相关要求，在湖北省商务厅领导下，湖北“单一窗口”建设、推广、应用工作取得了阶段性的积极成果。

（一）大幅提升口岸通关效率

湖北“单一窗口”的货物申报、整合申报、两步申报等功能将原报关、报检单229个申报数据项精简到105个。原报关报检单据单证整合为一套随附单证，原报关报检参数整合为一组参数代码，大幅提升进出口企业通关效率。17种原产地证书可通过湖北“单一窗口”自助打印。湖北“单一窗口”成为湖北省进出口企业“用得好、靠得住、离不开”的信息化平台。

（二）有力支撑外贸新业态发展

2018年11月，湖北“单一窗口”搭建了全省跨境电商综合服务平台。建成以来，平台为跨境电商企业提供“秒申报、秒通关”服务。2022年，全省累计申报单量7411万，总货值219.68亿元。截至2022年12月31日，已完成备案登记电商企业582家。其中，电商企业505家、物流企业31家、支付企业21家、监管场所7家。开发的快件作业无纸化平台，使企业足不出户便可将随附单证批量上传至辅助系统。企业的日申报单量从700票提升至7000票，提升了9倍。

（三）积极促进口岸营商环境改善

湖北“单一窗口”特色应用中的特殊区域辅助管理系统实现了特殊监管区域与水运、铁路、整车口岸的业务联动，综合保税区业务办理更加自由便捷。查验免收费系统自上线以来，惠及企业2965家，接收武汉海关具有查验结果的数据28214条，2022年，为水运口岸监管场所免除费用506.8万元。验放综合服务平台架起货主、货代、监管场所与口岸执法部门之间的信息桥梁，已覆盖16个监管场所，通过微信公众号第一时间向市场主体推送查验信息，压缩通关时间。

二、运行情况

（一）运行数据

截至2022年年底，湖北“单一窗口”已陆续上线161个应用子系统，注册企业累计超过2.7万家。全年货物申报58.06万票，舱单申报54.19万票，运输工具申报2.88万票，企业资质办理3.68万票，原产地证申领6.66万票，税费支付5.27万票，加贸保税44.85万票，物品通关179.15万票，监管证件2257票，出口退税580笔。

（二）运行维护

1. 安全运行

一是部署云防护服务，采用安全技术厂商的云防护服务，对网站整体漏洞和可用性进行实时监控和分析，拦截异常流量，并阻断频繁的攻击流量，有效降低被攻击的风险，并可实时查看网站的运行状态。二是规范运作和操作，操作人员必须熟悉操作规程，严格按规程操作，严禁擅自操作；对机房内设备进行重要操作，必须经过信息主管批准；机房出现异常情况，要严格按照现场处置方案进行处理、报告和记录，坚决避免因操作不规范而导致系统故障、数据偏差等问题。三是强化安全管理，定期检查信息设备，针对内网部署主机安全管理系统，在互联网出口进行冗余边界保护，调整内网结构，做好防火墙和防篡改设备策略，严格控制系统内外数据访问，保障区域系统网络安全。四是加强担保管理，贯彻国家网络安全的有关法律，制定安全管理制度，完成安全保障建设；根据《中华人民共和国网络安全法》和“单一窗口”相关管理办法的要求，为确保门户网站的信息安全，结合自身情况，制定计算机安全保密制度、网站安全管理制度、数据安全管理规范、数据安全应急预案、系统监控预案、系统运行应急响应预案等，并定期更新管理制度。五是保障平台设施安全，管理人员定期对各种设备进行检查和维护，确保不存在隐患，做好安全检查工作记录，确保工作落实，每周定期检查网站栏目功能，确保无木马病毒攻击，并定期备份设备配置信息和参数。

2. 优化服务

开通95198服务热线，统一接入全省范围内“单一窗口”用户呼叫请求，“7×24小时”响应企业需求，并通过QQ、微信等即时服务手段帮助企业处理各类问题。主动搜集记录企业普遍存在的问题，针对问题编写相关文档供其参考，并且结合网络直播进行培训、答疑，联合相关单位组织多次现场培训，及时解决应用中的各类问题。

3. 数据安全

充分利用湖北电子口岸的信息资源，设立数据安全管理机构，制定数据安全管理制度，定期对全体工作人员进行系统培训。部署运维审计和日志审计系统，可以对运维人员的访问过程进行精细授权、全过程的运行记录和控制、全方位的运行审计，并支持事后运行过程回放功能，实现运维过程的“事前预防、事中控制、事后审计”，提高安全运维管理水平。建立数据备份和恢复机制，通过部署备份一体化设备，可以在数据库上执行集中的数据保护、备份和恢复管理，可以指定任何历史时间点进行数据恢复，还可以进行日常灾难恢复演练。及时对系统和软件进行更新，及时对网站重要文件、信息资源进行备份。建立网站安全事件应急报告制度，遇到攻击后，立即保存相关网络日志，断开事故信息点的网络连接，制止有害信息的再传播扩散。

（三）宣传推广

2022 年，采取线上和线下培训方式为进出口企业提供服务。全年开展 7 场培训，培训人员 930 人（见表 1）。

表 1　2022 年“单一窗口”标准版宣讲会参训情况统计表

时间	举办单位	培训方式	人数
3 月 10 日	湖北电子口岸	线上培训	220
3 月 17 日	湖北电子口岸	线上培训	180
4 月 7 日	湖北电子口岸	线上培训	200
6 月 15 日	鄂州商务局	线下培训	70
6 月 23 日	黄冈商务局	线下培训	50
9 月 23 日	十堰商务局	线下培训	110
9 月 29 日	十堰商务局	线下培训	100
合计			930

三、特色应用

（一）“三关合一”综合服务平台

整合邮递物品、国际快件、跨境电商业务通关模式，可完成企业的事前备案登记、物流监控、跨境电商通关数据管理、快件通关数据管理、风险监控、综合业务统计等操作。

（二）保证金单证电子化平台

可供进出口企业在线办理保证金收退转业务，实现了海关、企业和银行之间保证金业务的全流程无纸化。通过数据自动推送、审批痕迹自动提取、业务单证自动生成等功能，提高保证金业务办理效率，打通内外部数据壁垒，实现数据线上传输和自动匹配，有效解决企业人工异地传递纸质单证成本高、效率低、风险大等问题。

（三）“数智通”

全省大中小规模出口企业可在试点银行等实施主体申请办理退税款项“提前垫付”，实现“离境即退”“零资金成本”，提升企业资金周转速度。此系统推行数字化单证备案，为出口企业提供智能化服务，压缩企业单证准备时间，为企业单证备案减负，加快退税业务办理进度。

（四）境外飞机保税维修辅助管理系统

根据海关总署2018年第203号公告（关于保税维修业务监管有关问题的公告）建设境外飞机保税维修辅助管理系统，该系统采用企业的维修工单数据作为计算耗用的依据，海关凭此完成核销。

四、大事记

1月24日

湖北“单一窗口”上线地方特色应用RCEP优惠协定税率智能查询系统。

5月18日

湖北“单一窗口”与湖北省税务局、武汉市税务局开展“数智通”出口退税综合服务试点工作。

7月16日

湖北“单一窗口”上线地方特色应用保证金单证电子化系统。

11月11日

推动鄂、赣、湘三地电子口岸加强协作，统一三地“单一窗口”身份认证，实现用户一次注册三省通用。

湖南省

一、综述

2022 年，中国（湖南）国际贸易单一窗口（以下简称湖南“单一窗口”）在湖南省委省政府领导、国家口岸管理办公室指导和相关部门的大力支持下，持续优化口岸营商环境，提升跨境贸易便利化水平，积极推广标准版新功能应用，有序开发升级地方特色应用，落地实施原产地功能子功能、查询统计、“掌上单一窗口”子功能等 6 项功能。西部陆海新通道服务功能在怀化市推广应用。湖南“单一窗口”不断提高服务水平，已成为省内最重要的跨境贸易信息化平台之一，为进出口企业提供优质的“一站式”服务。

二、运行情况

（一）运行数据

截至 2022 年年底，湖南“单一窗口”货物申报 23.75 万票，舱单申报 11.44 万票，运输工具申报 1.20 万票，企业资质办理 2.70 万票，原产地证申领 4.57 万票，税费支付 3.41 万票，加贸保税 9.09 万票，物品通关 102.50 万票，监管证件 2757 票，出口退税 256 笔。

（二）运行维护

1. 完善联合办公机制。湖南电子口岸与长沙海关相关业务处室建立湖南“单一窗口”联合办公机制，共享政策措施、工作动态，及时处理监管查验、企业诉求等相关问题。同时，“单一窗口”企业服务团队与中国电子口岸数据中心长沙分中心服务团队建立合作关系，更好地为企业服务。机制建立后，累计解决企业相关问题 426 个。

2. 运维能力持续增强。按照省电子口岸机房运维管理办法，2022 年共完成周巡检 52 次、月度巡检 12 次，数据定期备份及日志检查 12 次，每季度对基础设施、软硬件、系统网络及消防设备进行全面排查。更换了远程监控设备、精密空调等设施设备，升级了远程实时监控系统，确保电池房恒温安全。实行网络数据安全运维，定期开展渗透测试、漏洞扫描排查安全隐患，重要工作期间实施 24 小时不间断值守。全年累计处理 6 次硬件故障，2 次服务器故障，2 次网络故障，1 次加密机故障，1 次存储故障，2 次空调故障及 2304 次软件问题。

3. 服务水平显著提升。根据功能开发进度和使用情况不断更新操作手册，第一时间在门户网站公示。95198 服务热线 24 小时接受企业咨询，7 个企业 QQ 和微信群第一时间响应企业诉求，2022 年共解答企业咨询 5472 次，并远程为企业解决问题。强化企业调研，赴岳阳综合保税区和相关企业走访调研，听取企业的意见和建议。

（三）宣传推广

2022 年，开展线上培训推广 15 次，内容涵盖货物申报、金融服务、原产地证申领、税费支付等功能应用，累计参加人数 4350 人次。围绕标准版服务功能，制作 16 个专题培训小视频（见表 1）。随着功能的开发和企业的反馈，制作完善“单一窗口”业务操作指南 19 份（见表 2）。

表 1　2022 年湖南“单一窗口”宣传小视频详情统计表

序号	模块	功能名称	视频内容简介	时长
1	原产地证	RCEP 原产地管理信息化应用项目操作指引	通过该项目，海关可受理出口原产地企业备案、经核准出口商备案、原产地证书签发等业务	0：04：08
2		原产地证申报操作指引	目前原产地证模块可提供 27 种原产地证书申领，19 种证书可通过“单一窗口”自助打印。企业自备彩色打印机即可打印带电子签章的海关原产地证，省去了跑现场领纸、签章的时间。从点击打印按钮至打印完成不超过 1 分钟，相较于原来的领证流程，极大程度为企业节约人力、时间成本	0：05：42
3	税费办理	货物贸易税费支付操作指引	通过该功能，可实现随时随地高效在线支付关税、增值税、消费税、船舶吨税、保证金、滞报金、滞纳金。还可自助在线打印税单，无须前往现场，也无须前往银行柜台排队缴税。正常情况下，从发出付款指令至付款完成不超过 2 分钟	0：03：42
4	企业资质	海关通用资质备案操作指引	通过该功能，企业可“7×24 小时”“一站式”进行对外贸易经营者备案、海关通用资质申请和变更、报关员备案、进出境动植物检疫等相关资质的申请。企业通过“单一窗口”申报后，可登录平台自主查看申报进展	0：03：10
5	门户网站	技术贸易措施服务企业点对点直通车专区操作指引	为积极服务外贸发展，探索促进企业对外贸易的有效措施和办法，“技术贸易措施服务企业点对点直通车”功能于 2022 年 11 月 8 日正式启用。该功能旨在帮助中国进出口企业跨越国外技术壁垒、避免因为国外技术贸易措施影响造成严重损失，帮助企业开拓国际市场，促进外贸保稳提质	0：04：19
6	金融服务	国际结算业务操作指引	湖南“单一窗口”金融服务—国际结算模块，提供企业用户在线进行汇出/汇入汇款、业务进度查询、账号订阅、模板管理与实时外汇牌价对比查看等功能，减少企业向银行提交纸质单据的数量及环节，为进出口企业提供更方便的金融服务	0：09：12

续表

序号	模块	功能名称	视频内容简介	时长
7	减免税	减免税快捷查询功能操作指引	企业可通过中心统一编号/项目编号/征免税编号查询单据及修撤情况；此外，减免税数据查询功能优化升级，取消了编号查询必须选择单证类别的限制	0：02：19
8		减免税申请人种类代码操作指引	同步更新减免税申请人种类代码参数表，方便减免税申请人快速准确填报，提升通过效率	0：02：46
9	货物申报	海关查验通知速查功能操作指引	该功能进一步优化海关查验通知功能，不受查询时间范围、进出口标志和企业类别的限制。有效降低查询加载时长，方便企业及时了解查验单	0：01：58
10		海关通知查询操作指引	货物申报系统新增海关通知查询功能，新增重传补传通知查询、拟证出证通知查询、待办事项通知查询、高污染风险通知查询功能。	0：03：35
11		进口非冷链货物高污染风险通知查询操作指引	对于海关综合研判为存在被新冠病毒污染高风险的进口非冷链货物，“单一窗口”通过货物申报系统的首页通知、高污染风险通知查询、状态查询、订阅推送等功能及时告知企业。	0：02：42
12		货物申报综合查询操作指引	可实现“7×24 小时”货物报关、报检、包装报检等功能，企业通过“单一窗口”申报后，可登录平台自主查询货物申报情况，还可自助打印报关单、放行通知书等纸质材料。平台可复用企业基本信息、复制已申报报关单，提升录入效率，提升通关时效	0：05：21
13	出口退税	外贸企业出口退税操作指引	外贸企业和生产企业均可至“单一窗口”办理出口退税，自金三版上线后，企业无须插入税控盘便可操作退税。使用“单一窗口”退税，系统可复用报关单数据，为企业减少 90%的录入量，减少录入报关数据的时间，降低差错率	0：05：13
14	常见问题	中国（湖南）“单一窗口”常见问题解答	共计 10 个常见问题及处理方法解答，包含用户登录、税费支付、出口退税、货物申报等功能	0：06：21
15	查询订阅	订阅推送功能操作指引	全面优化升级订阅推送功能，丰富业务范围，优化人机交互、功能细分，为企业提供更加方便快捷的获取通关物流信息服务的通道	0：04：14
16	舱单申报	公路舱单申报导入功能操作指引	为提高企业操作效率，湖南“单一窗口”在公路舱单申报模块中的进口理货申报、出口理货申报、出口运抵申报三个功能界面新增导入功能，支持企业 Excel 导入提运单和集装箱信息	0：01：25
总计时长				1：06：07

表 2　2022 年湖南“单一窗口”业务指导手册详情统计表

序号	模块	操作手册名称	内容简介
1	自动导入客户端	自动导入客户端使用手册	总结梳理湖南“单一窗口”自动导入客户端申请、安装、使用全流程操作及注意事项
2	原产地证	海关原产地证自助打印常见问题	总结并解答湖南“单一窗口”原产地证自助打印常见问题
3		海关原产地证申请常见问题	总结并解答湖南“单一窗口”原产地证申请常见问题
4		原产地证模块用户使用手册	总结梳理湖南“单一窗口”原产地证模块用户使用指引及注意事项
5		原产地证综合服务平台企业备案操作指引	总结梳理湖南“单一窗口”原产地证模块中原产地证综合服务平台办理企业备案流程指引及注意事项
6		海关一般原产地证申报操作指引	总结梳理湖南“单一窗口”原产地证模块中原产地证功能的一般原产地证申报业务流程、填报指南及注意事项
7	用户管理	电子口岸 IC 卡办理流程	总结梳理湖南地区电子口岸 IC 卡办理流程及注意事项
8		电子口岸 IC 卡解锁流程	总结梳理湖南地区电子口岸 IC 卡解锁流程及注意事项
9		电子营业执照快速注册操作指引	总结梳理湖南“单一窗口”用户注册，电子营业执照快速注册操作流程及注意事项
10	税费支付	税费支付三方协议签署流程指引	总结梳理税费支付模块中三方协议签署流程
11	税费办理	税费支付操作手册	总结梳理湖南“单一窗口”税费支付模块用户使用指引及注意事项
12		个人物品税款支付操作手册	总结梳理湖南“单一窗口”税费办理模块个人物品税款支付操作流程及注意事项
13	企业资质	外贸企业资质办理流程指引	总结梳理外贸企业资质办理全流程，包含商务部资质、外汇局资质注册、海关资质注册、电子口岸 IC 卡办理等流程
14	其他	进口食品注册系统操作指引	总结梳理进口食品注册系统的政策背景、各种企业类别的操作流程指引及注意事项
15	货物申报	货物申报模块使用手册	总结梳理湖南“单一窗口”货物申报模块用户使用指引及注意事项
16		货物申报综合查询	总结梳理湖南“单一窗口”货物申报模块中综合查询功能使用技巧及注意事项
17	查询统计	查询统计使用手册	总结梳理湖南“单一窗口”查询统计模块用户使用指引及注意事项
18	操作基础	平台操作基础指引	总结并解答湖南“单一窗口”基础操作问题
19		常见问题解决方法	总结并解答湖南“单一窗口”常见问题

三、特色应用

（一）水运物流服务平台

水运物流服务平台主要为省内水运口岸及海关作业场所进出口货物的进境到货、出境运抵以及入境提货等提供“一站式”便利服务。2022 年，平台完成到货通知 0.56 万票，运抵报告 1.86 万票，使用企业 56 家。

（二）湖南保税业务综合服务平台

湖南保税业务综合服务平台实现了长沙黄花综合保税区、岳阳城陵矶综合保税区、湘潭综合保税区、衡阳综合保税区、郴州综合保税区 5 个综合保税区及长沙金霞保税物流中心、株洲铜锣湾保税物流中心 2 个 B 保中心智能卡口验放、货物分类管理等业务的全覆盖。

（三）湖南出口烟花爆竹监管信息平台

湖南出口烟花爆竹监管信息平台在海关通关业务系统基础上进行升级改造，进一步提升烟花爆竹出口安全监管信息化水平，实现烟花爆竹出口全链条的信息化管理。

（四）湖南保税航油系统

湖南保税航油系统即油气液体化工品物流监控系统，该系统保证了油气液体化工品物流监控“管得住、通得快”，提高企业办理业务效率，减少油气液体化工品的库存周期，加快企业储罐周转，从而减少企业的资金占压，提高资金周转效率，使企业获利。

（五）企业使用情况展示平台

企业使用情况展示平台是湖南“单一窗口”客服团队处理企业问题的录入通道及数据展示平台。2022 年，平台共完成 3016 个问题的录入，解决并处理 2862 家企业提出的问题。

（六）市州平台系统

依托湖南“单一窗口”上线跨境电商公共服务平台、水运口岸物流协同服务、铁路口岸物流协同服务、航空口岸物流协同服务、国际快件申报、大数据分析等应用服务。

四、大事记

9 月 6 日

湖南电子口岸与长沙海关建立湖南“单一窗口”联合办公机制。

11 月

湖南保税业务综合服务平台、湖南出口烟花爆竹监管信息平台升级项目进入试运行阶段。

广东省

一、综述

2022年，在国家口岸管理办公室的指导及广东省直相关部门、中央驻粤口岸查验单位的支持下，中国（广东）国际贸易单一窗口（以下简称广东“单一窗口”）紧紧围绕国家和广东省有关决策部署，累计上线标准版18大类116项应用功能、地方特色应用12大类34项功能，累计申报单量超70亿票，注册用户数超22万个。

（一）“单一窗口”建设推广持续深化，服务全国通关一体化

一是多措并举，全力引导企业通过广东“单一窗口”申报业务，货物申报覆盖率提升到91.1%。二是强化宣传，持续开展标准版应用推广，2022年各地市组织召开37场宣讲培训会，广东“单一窗口”门户网站发布资讯类文章353篇，微信公众号发布推文362篇，原创推文单篇阅读量最高达2358次，公众号关注用户新增6139人，有效提升广东“单一窗口”影响力。

（二）粤港澳大湾区通关便利化项目稳步推进，助力粤港澳大湾区加速互联互通

一是粤港澳大湾区跨界车辆信息管理综合服务平台实现两地车牌手续“网上办”“协同办”，“创新粤港澳大湾区跨境车辆备案模式”入选粤港澳大湾区规则衔接机制对接典型案例（第一批）。二是“澳车北上”信息管理服务系统正式上线运行，首创粤澳通关便利化合作新模式，注册用户超3万，日均通关车辆超2000辆次；“港车北上”系统也完成了第一次跨境实战演练。三是粤澳货物“单一窗口”综合服务平台“一单两报”服务正式上线，并落地横琴粤澳深度合作区。四是粤港“驳船捷运”项目取得突破性进展，粤港双方已实现粤港集装箱动态信息、舱单信息、两地船舶动态信息共享。五是粤港澳大湾区船舶安全检查协同机制信息系统已上线试运行，减少三地船只的重复检验，提升粤港澳大湾区水上通行效率，创新“信息互换、监管互认、执法互助”通关模式。六是中新（新加坡）船舶电子证书合作项目在实现船舶、船员电子证书交换、互认的基础上，持续探索推进海事清关数据的交换和互认。

二、运行情况

（一）运行数据

截至 2022 年年底，广东“单一窗口”货物申报 898.35 万票，舱单申报 2997.26 万票，运输工具申报 123.60 万票，企业资质办理 14.77 万票，原产地证申领 114.75 万票，税费支付 37.33 万票，加贸保税 376.85 万票，物品通关 2532.39 万票，监管证件 1.34 万票，出口退税 888 笔。

（二）运行维护

持续做好标准版应用和地方特色应用的运行维护、安全保障工作。一是印发广东“单一窗口”运行服务保障实施细则（暂行），做好日常监控巡检、服务请求处理、故障应急处置、安全检查加固、功能性能优化、系统对接和数据交换等运维保障工作，利用智能监控和监测预警及时处理应用故障，全年故障处理率 100%。二是按照国际贸易“单一窗口”数据安全管理要求，完成 2022 年度安全检查工作，定期开展季度网络安全风险自查，全面排查风险隐患，提高全员网络安全意识，做好日常安全基线检查、漏洞扫描、渗透测试、源代码审查等工作，对发现的安全漏洞及风险隐患及时整改修复，全年完成 4 次安全巡检和 2 次信息安全培训，修订完善广东“单一窗口”信息安全和数据安全应急预案，完成 3 次安全应急预案培训及演练工作，优化应急响应处置流程。三是认真做好 2022 年春节、北京冬奥会冬残奥会、国际贸易“单一窗口”攻防演习、国庆节、“粤盾-2022”广东省数字政府网络安全攻防演练、党的二十大等重保期间网络安全保障及值班巡检工作。四是组织开展广东电子口岸平台网络安全实战攻防演习，演习取得了预期效果，全面检测了平台安全防护水平及存在的短板，全员网络安全意识得到增强。五是落实网络安全等级保护制度，完成 2022 年度广东“单一窗口”网络安全等级保护（第三级）测评工作。六是落实商用密码应用要求，完成 2022 年度广东“单一窗口”商用密码应用改造和商用密码应用安全性评估工作。全年广东电子口岸平台和广东“单一窗口”未发生信息安全事故，较好地保障了广东“单一窗口”安全、稳定、高效运行。

继续完善省、市两级运维服务体系，组建客服运维团队，派员驻点业务量大的地市，通过广东电子口岸云客服平台，为广东省企业用户提供“7×24 小时”客服保障，为用户提供系统应用的操作指导、问题处理、需求收集、意见反馈等服务，响应用户提出的业务服务请求，并对用户反馈问题进行统计分析等。全年接听 95198 服务热线电话 6071 次（呼入接通率 99.88%），及时响应云客服系统在线咨询接入会话 1.60 万个、回复消息 14.19 万条，远程协助 184 次。开展线上调研问卷，每月走访调研各地市进出口企业，收集企业对于“单一窗口”功能应用、运维保障、服务质量等方面的意见建议，及时解决和反馈，提升企业获得感。全年累计受理企业反馈问题 14.43 万个，问题解决率达 99.47%。

（三）宣传推广

2022 年，为提升广东“单一窗口”货物申报覆盖率，及时建立微信群做好各项功能应用推广工作。会同各地市“单一窗口”业务主管部门，通过集中培训、深入企业“一对一”培训、远程培训等方式，指导企业熟悉相关业务操作规程。结合疫情防控形势，引入在线培训大讲堂、腾讯课堂、腾讯会议等远程培训方式，全年共组织线上培训 24 场，累计培训 1517 人次；线下培训 15 场，累计培训 537 人次。

三、特色应用

（一）粤港澳大湾区跨界车辆信息管理综合服务平台（见图 1）

在数据安全传输和严格管控的前提下，通过创新跨部门数据交换共享方式，实现粤港澳车辆通行大湾区“网上办”“协同办”，方便粤港、粤澳两地牌车主在线“一站式”申办车辆审批备案业务。2022 年 4 月 1 日，新增直通港澳道路运输车辆申请相关应用功能，方便跨境运输车辆“一站式”申办相关业务。平台上线后，大多数备案业务全程线上办理，确需现场验车的仅需跑 1 次窗口，减少车主办事成本，提升监管单位管理效能，为“港车北上”“澳车北上”信息管理服务系统建设提供实践经验。

该平台的“创新粤港澳大湾区跨境车辆备案模式”入选粤港澳大湾区规则衔接机制对接典型案例（第一批），主要创新亮点有：一是实现全流程无纸化业务办理，方便企业办事；二是实现跨部门电子化数据传输，让信息多跑路、群众少跑腿，有效降低疫情防控期间人群聚集风险；三是实现直通港澳道路运输“一站式”业务申办，降低企业办事成本；四是建设标准高，提供全方位“单一窗口”运维服务保障。截至 2022 年年底，来往港澳车辆企业和车主累计向主管海关（含深圳、拱北海关）成功申报海关业务超 11 万票，惠及近 3000 家跨境运输企业、10 万余辆跨境运输车辆。

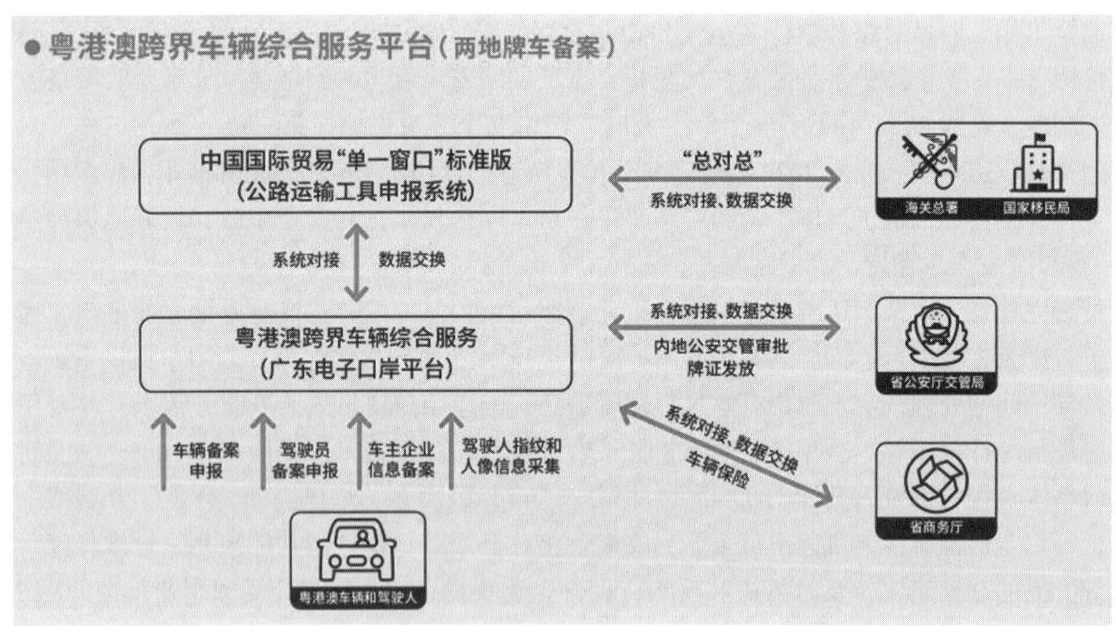

图 1　粤港澳跨界车辆综合服务平台（两地牌车备案）

（二）“澳车北上”信息管理服务系统（见图 2）

按照国家和广东省政府有关“澳车北上”政策实施的部署要求，配合《广东省关于澳门机动车经港珠澳大桥珠海公路口岸入出内地的管理办法》落地实施，“澳车北上”信息管理服务系统于 2022 年 12 月 20 日正式上线运行，接受澳门机动车申请人的业务申办，2023 年 1 月 1 日 0 时起，成功预约的澳门私家车即可经港珠澳大桥珠海公路口岸驶入广东。该系统的特点是：一是粤澳联合共建，首创粤澳通关便利化合作新模式；二是便利澳门居民往来粤澳，促进大湾区通关融合；三是以便利申报和服务监管为导向，实现“一站式”线上业务申办；四是建设标准高，提供全方位服务保障。“澳车北上”信息管理服务系统的上线运行，促进了粤澳两地人员、车辆及相关信息的有序流动，方便澳门居民不出澳门即可“一站式”申请办理所有手续。

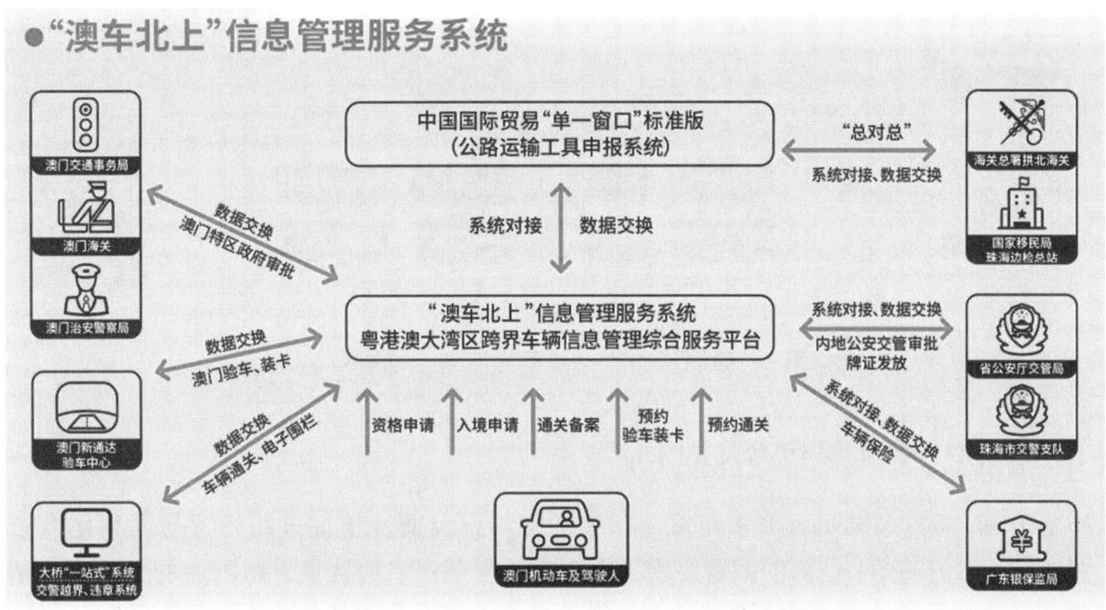

图 2　“澳车北上”信息管理服务系统

（三）粤澳货物“一单两报”综合服务平台（见图 3）

在海关总署、国家口岸管理办公室支持指导下，广东省商务厅（口岸办）及澳门特区政府经济及科技发展局牵头会同相关单位共同推进粤澳货物“单一窗口”综合服务平台“一单两报”服务。该服务作为跨区域创新合作项目，依托标准版货物申报系统和广东电子口岸平台现有资源，通过电子化、信息化手段为内地和澳门企业货物通关提供“一单两报”服务，以“单一窗口”下发的内地报关单数据为数据源自动转译生成澳门申报单证数据，并经企业授权后将内地出口报关单数据推送至澳门电子报关服务平台，暂存生成澳门进口申报单，从而实现由“串联”变“并联”，有效避免企业重复录入，提高通关效率，降低通关成本。2022 年 3 月 10 日，粤澳货物“单一窗口”综合服务平台“一单两报”服务应用正式上线，并在横琴粤澳深度合作区落地应用。该系统的特点是：一是梳理形成粤澳货物通关申报要素转译对照规则，实现系统自动转译；二是实现粤澳货物申报信息互换，有效避免企业重复申报，提高货物通关效率。截至 2022 年年底，共计 17 家试点企业累计完成 268 票实单申报。经核验，内地平台推送至澳门平台供澳门企业申报引用的进口申报数据准确率接近 100%，澳门进口申报单必填项由原来的 24 项减少至仅需补充 3 项即可，多数试点企业对该功能上线后有效降低企业在澳申报量、减少手工录入差错率等方面给予了积极评价。

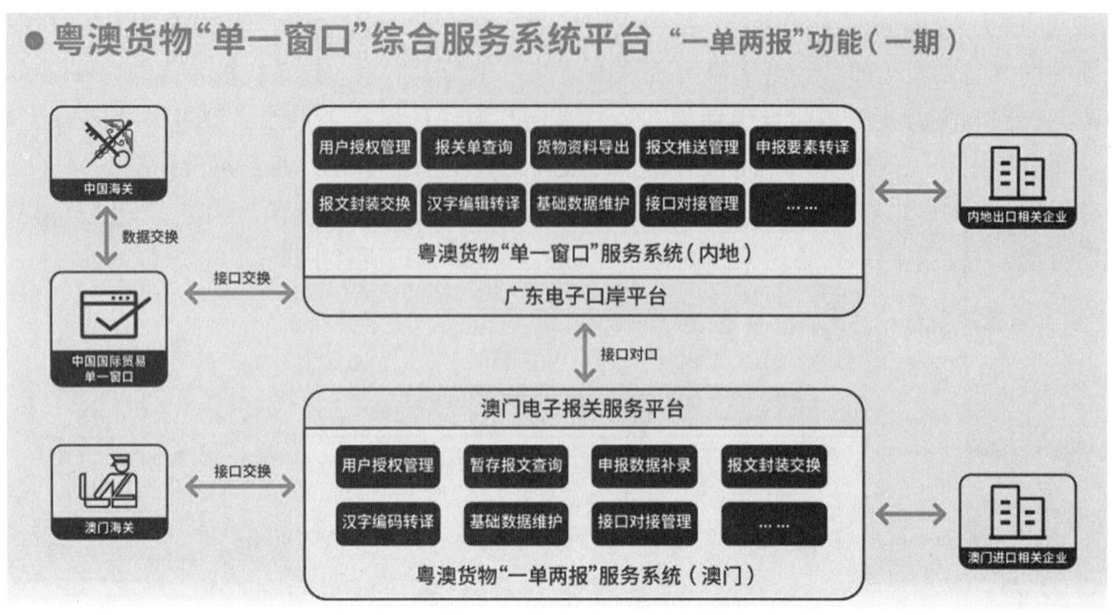

图3　粤澳货物“一单两报”综合服务平台

（四）广东口岸物流协同平台（见图4）

为落实《广东省人民政府关于印发广东省优化口岸营商环境促进跨境贸易便利化措施的通知》（粤府函〔2019〕31号）的部署要求，围绕打造跨部门、跨区域、跨行业的赋能跨境贸易生态圈的公共服务平台，实现口岸通关物流环节政企间协同、政府部门间协同、企业间协同、港口间协同等服务目标，搭建广东口岸物流协同平台，逐步上线政企互动、港企联动、港澳船舶进境信息互通、换单中心、通关时效分析、物流管理、车辆资源共享等功能模块，分别在汕头、湛江、中山、江门、肇庆、茂名等地市推广应用，逐步实现口岸监管部门、口岸经营单位及外贸相关企业之间的数据共享、协同处理、单证电子化流转以及通关物流“一站式”办理，为广东优化口岸营商环境、提升跨境贸易便利化水平提供抓手。

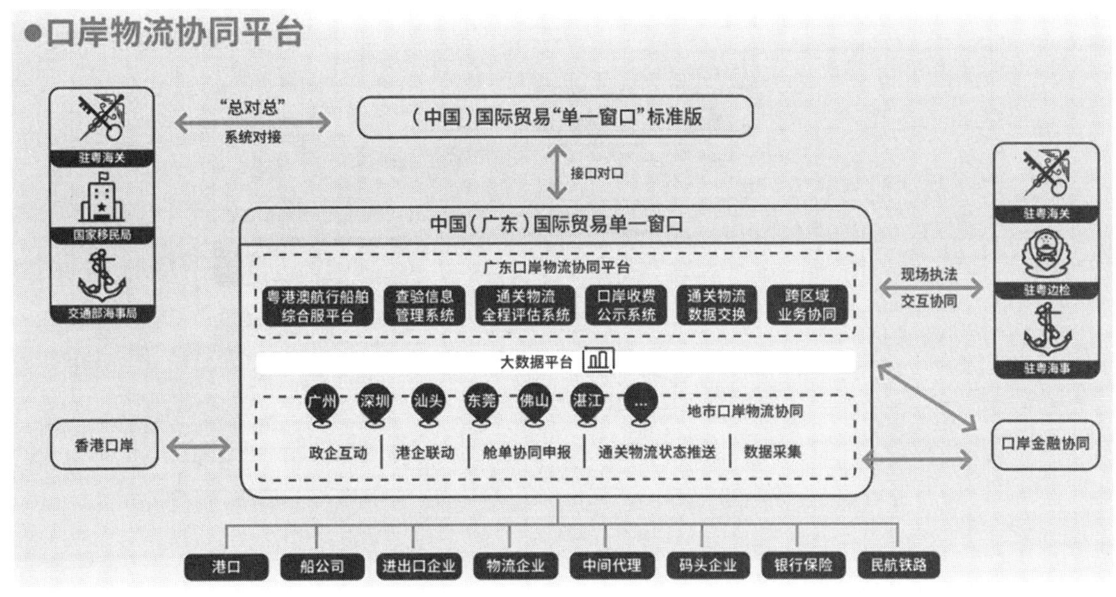

图 4　广东口岸物流协同平台

（五）中新船舶电子证书先导合作项目（见图 5）

按照《国务院关于印发优化口岸营商环境促进跨境贸易便利化工作方案的通知》（国发〔2018〕37 号）的统一部署，广东省在中央相关部委的支持下，积极推动口岸通关和运输国际合作，探索与相关国家和地区在技术标准、单证规则、数据交换等方面开展试点合作。从 2019 年开始，配合广东海事局会同新加坡海事及港务管理局、中国船级社等单位，共同开展中新船舶电子证书先导合作项目。2020 年 10 月，由广东海事局、广东省口岸办、广东省电子口岸管理有限公司、中国船级社和新加坡海事及港务管理局共同组成的“中新海事电子证书联合工作组”克服新冠疫情影响，在广州南沙港和新加坡港成功通过广东“单一窗口”与新加坡海事数码枢纽港系统（新加坡海事“单一窗口”）对接，对抵靠广东南沙港的新加坡籍船舶“协城”轮、抵靠新加坡港的中国籍船舶“新厦门”“新威海”轮，进行电子证书数据实船交换测试，并以电子证书数据交换替代传统纸质证书查验完成海运口岸通关查验手续，实现了中国和新加坡国家级海事“单一窗口”对接，成为全球首个跨国海事电子证书应用案例。2021 年 12 月 29 日，中国—新加坡海事电子证书跨境应用合作作为中新双边合作机制会议成果宣布，标志着中新船舶电子证书先导合作项目取得阶段性成果。2022 年以来，中新双方持续推进完善中新船舶电子证书交换先导项目，研究开展海事清关数据的交换、应用。

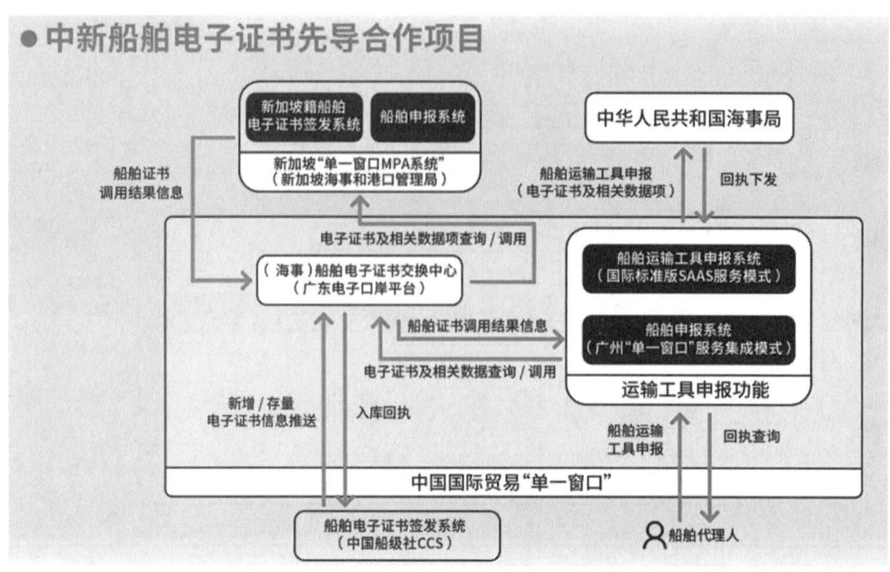

图 5　中新船舶电子证书先导合作项目

（六）粤港澳航行船舶综合服务平台（见图 6）

针对来往港澳小型船舶行程短、航次密、船员信息相对固定等业务特点，搭建粤港澳航行船舶综合服务平台，并于 2021 年 12 月 31 日正式上线运行。截至 2022 年 12 月底，累计 132 家企业在粤港澳航行船舶综合服务平台申报 12.2 万票。为提升用户体验，持续拓展系统功能，平台陆续上线了舱单打印、舱单共享、粤港舱单“一单两报”、粤港船舶进境信息互通、船舶证书管理、运输工具动态电子围栏自动提醒和移动端申报、中新船舶电子证书管理、海事来往港澳小型船舶单证申报“即报即批”、企业 API 对接等一系列粤港澳大湾区特色功能，为来往港澳小型船舶相关企业提供“一站式”便捷申报服务，进一步满足相关口岸查验单位、码头、船公司、船代、理货公司等主体的个性化需求，促进企业间数据共享与业务协同，便利企业通关申报，降低企业通关成本。

图 6　粤港澳航行船舶综合服务平台

（七）广东电子口岸大数据分析平台（见图 7）

随着广东电子口岸和广东“单一窗口”平台业务推广工作的不断深入，累积了大量业务数据，现有数据逾 21 亿条，其中货物申报、舱单、集装箱数据量约占 5 成，外贸通关物流节点数据逾 6000 万条。为充分释放数据效能，运用大数据、云计算、人工智能等新一代信息技术搭建广东电子口岸大数据分析平台。通过全面采集、汇聚、清洗、整合进出口货物通关各环节数据，实现对货物贸易各业务环节更直观、高效、生动的监测分析和深度挖掘，为广东外贸运行监测预测提供数据参考，服务贸易高质量发展。一是加强数据治理，构建面向多数据源的数据集市，为分析挖掘提供有价值的画像数据；二是实现数据分析挖掘结果的可视化展示，平台共建设有 17 大业务分析主题、47 个二级分析主题、超 90 个可视化报表，通过丰富多样、灵活、直观的交互式仪表盘，为各类数据可视化关联分析、趋势分析、数据穿透、数据查询等提供支撑；三是做好广东外贸运行监测分析，通过对外贸运行情况的各类指标数据进行统计分析，提供监测报告，内容包括区域地市监测、市场监测、重点行业出口监测、贸易方式监测、贸易主体监测、重点进出口商品监测、全球经贸环境监测等。

图 7　广东电子口岸大数据分析平台

四、大事记

3 月 10 日

粤澳货物“单一窗口”综合服务平台“一单两报”服务正式上线，并在横琴粤澳深度合作区落地推广应用。

3 月 30 日

广东“单一窗口”推出企业数字化服务专窗。

4 月 1 日

广东“单一窗口”粤港澳大湾区跨界车辆信息管理综合服务平台推出直通港澳运输车辆业务办理功能，推动直通港澳道路运输企业流程简化。

9 月 8 日

广东“单一窗口”企业数字化服务专窗上线新功能，包括业务动态展示和“收发货人”“申报单位”专属的业务统计查询页面，为企业提供更优质高效的本地化服务，提升企业获得感。

10 月 20 日

国家口岸管理办公室副主任王可调研广东电子口岸。

11 月 14 日

广东“单一窗口”上线在线预约通关服务。

12 月 8 日

广东“单一窗口”上线 RCEP 在线服务平台。

12 月 12 日

广东电子口岸与香港海港联盟、香港一路通国际物流有限公司联合召开“粤港澳大湾区驳船捷运”项目发布会，为推动粤港“单一窗口”互联互通做了积极探索并夯实了基础。

12 月 20 日

广东“单一窗口”上线“澳车北上”信息管理服务系统。

12 月 21 日

香港特区政府商务及经济发展局会同广东省口岸办召开 2022 年度粤港“单一窗口”通关模式可行性研究专家小组视频会议。

五、政策文件

广东省商务厅、发展改革委、财政厅、交通运输厅、卫生健康委、市场监督管理局、海关总署广东分署关于印发广东省进一步深化跨境贸易便利化改革优化口岸营商环境的若干措施的通知

（粤商务港字〔2022〕2 号）

各地级以上市人民政府：

《广东省进一步深化跨境贸易便利化改革优化口岸营商环境的若干措施》已经省人民政府同意，现印发你们，请结合实际组织实施。

广东省商务厅
广东省发展和改革委员会
广东省财政厅
广东省交通运输厅
广东省卫生健康委
广东省市场监管局
海关总署广东分署
2022 年 2 月 11 日

广东省进一步深化跨境贸易便利化改革优化口岸营商环境的若干措施

为贯彻落实《海关总署、发展改革委、财政部、交通运输部、商务部、卫生健康委、税务总局、市场监管总局、铁路局、民航局关于进一步深化跨境贸易便利化改革优化口岸营商环境的通知》（署岸发〔2021〕85号），全面提升通关便利化水平，持续打造市场化法治化国际化营商环境，实现更高水平对外开放，服务促进国内国际双循环新发展格局下我省外贸高质量发展，提出如下措施。

一、进一步优化通关全链条全流程

（一）推进海关全业务领域一体化。争取海关总署支持，推进粤港澳大湾区海关全业务领域一体化改革与协同发展。（海关总署广东分署、各直属海关负责）

（二）简化进出口环节随附单证。全面推广电子报关委托，明确在申报环节不再要求企业提交纸质版报关委托书。进一步简化进出口环节随附单证，实行企业提交单证一次性告知。落实海关总署统一部署，在确保信息安全的前提下，推动广州、深圳与东亚地区主要贸易伙伴口岸间相关单证联网核查。（海关总署广东分署、各直属海关，广东、深圳海事局，广州、深圳、珠海边检总站按职责分工负责）

（三）优化货物进出口中报模式。支持企业自主选择进出口申报模式，进一步完善进出口货物“提前申报”“两步申报”通关模式。在符合条件的港口扩大进口货物“船边直提”和出口货物“抵港直装”试点，支持深圳港口建设完善“直提直装”信息化系统，便利企业在线办理业务。（海关总署广东分署、各直属海关，各地级以上市人民政府按职责分工负责）

（四）创新跨境电商监管模式。鼓励企业建设海外仓，引导更多企业选用跨境电商出口海外仓监管模式。全面推广跨境电商零售进口退货中心仓模式，不断完善跨境电商出口退货政策。推广广东省跨境电商公共服务平台，为全省跨境电商综试区提供共性应用服务。（海关总署广东分署、各直属海关，省商务厅、财政厅，省税务局，各地级以上市人民政府按职责分工负责）

（五）推进检验检疫监管模式改革。落实海关总署统一部署，在确保安全的基础上，继续推进进口巴氏杀菌乳检验监管模式改革试点。优化进口食品化妆品样品检验监管。稳步推进商品检验第三方检验结果采信，及时有效落实相关管理制度。（海关总署广东分署、各直属海关，省市场监管局按职责分工负责）

（六）进一步提升出口退税便利度。加快国际贸易“单一窗口”与税务退税系统数据交互，进一步提升口岸退税申报便利水平，2022年底前税务部门办理正常出口退税的平均时间压缩至5个工作日以内。（省税务局，省商务厅，各地级以上市人民政府按职责分工负责）

二、进一步清理和规范口岸收费

（七）落实港口降费措施。按照国家部署，进一步完善港口收费政策，严格执行停征港口建设费、减并港口收费项目等国家降费措施，归并精简收费项目。（省交通运输厅、发展改革委、财政厅、商务厅，广东海事局，各地级以上市人民政府按职责分工负责）

（八）进一步规范口岸收费。引导船公司规范调整海运收费结构，严格执行运价及附加费等备案制度。规范港外堆场收费行为，制定集装箱洗箱、修箱、验箱服务规则。督促口岸经营单位进一步清理精简收费项目，明确收费名称和服务内容。对有限竞争性经营的口岸服务，引入招标制度，鼓励市场经营主体公平竞争。对属于政府职责且适合通过市场化方式提供的服务项目，推进政府购买服务。（省交通运输厅、发展改革委、商务厅、财政厅、市场监管局，各地级以上市人民政府按职责分工负责）

（九）优化口岸收费公示。认真落实口岸收费目录清单公示制度并强化动态更新，目录清单之外不得收费。有序推进口岸收费主体通过“单一窗口”公开收费标准、服务项目等信息，增强口岸收费透明度、可比性。（省商务厅，各地级以上市人民政府按职责分工负责）

（十）加大口岸收费监督检查力度。持续加强口岸收费监督，通过“双随机、一公开”方式，开展进出口环节收费专项检查，重点查处不按规定明码标价、价外加价或收取未标价费用等价格违法行为，依法依规调查处理口岸经营活动中涉嫌垄断行为。（省市场监管局、发展改革委、商务厅、交通运输厅，各地级以上市人民政府按职责分工负责）

三、进一步深化国际贸易“单一窗口”建设

（十一）提升国际贸易“单一窗口”标准版应用率。推广国际贸易“单一窗口”标准版新上线应用功能，逐步推动口岸和跨境贸易领域相关业务统一通过国际贸易“单一窗口”办理。（省商务厅，海关总署广东分署、各直属海关，广东、深圳海事局，广州、深圳、珠海边检总站，各地级以上市人民政府按职责分工负责）

（十二）推进海运口岸物流单证无纸化。鼓励有条件的码头进行信息化智能化升级改造，推广智能卡口、智能理货等应用，实现与海关系统数据对接。引导经营企业在全省主要海运口岸继续推进集装箱设备交接单、装箱单、提货单等单证电子化。推进船公司统一海运电子提单标准，实现无纸化放单。在集装箱干线港推进基于区块链的集装箱电子放货平台应用。依托国际贸易“单一窗口”，继续支持汕头、湛江市深化口岸物流协同平台建设，并逐步推广至全省主要水运口岸。（省交通运输厅、商务厅，海关总署广东分署、各直属海关，各地级以上市人民政府按职责分工负责）

（十三）推进航空口岸物流通关便利化。全面推广使用空运电子运单，推进空运提货单无纸化。依托国际贸易“单一窗口”，在广州、深圳市试点建设航空物流公共信息平台，逐步实现运单申报等“一站式”服务。支持广州、深圳市探索航空集货、分拨、安检、打板等前置物流模式，推动符合条件的场外货站与机场无缝对接。支持重点航空口岸建设自动化分拣设施设备。（省商务厅，海关总署广东分署，广州、深圳海关，民航中南管理局，广州、深圳市人民政府按职责分工负责）

（十四）推进中欧班列物流数据互联互通，依托国际贸易“单一窗口”建设中欧班列公共服务平台，推动物流数据共享与合作，实现企业一次录入、多次使用。（省商务厅，广铁集团公司，广州、东莞市人民政府按职责分工负责）

（十五）推进通关全流程可视化查询。完善国际贸易“单一窗口”信息查询功能，支持口岸查验单位通过“单一窗口”向进出口企业、口岸场站推送海关通关状态信息，实现海关、海事等部门口岸通关状态查询和通关流程全程可视化。探索通过“单一窗口”提供覆盖贸易全流程的实时查询服务。（省商务厅、交通运输厅，海关总署广东分署、各直属海关，广东、深圳海事局，各地级以上市人民政府按职责分工负责）

四、进一步提升口岸整体通关服务水平

（十六）推进政务服务事项一体化办理。推进口岸环节政务服务网上办理。加强行政审批业务系统整合和优化，实现进出口环节行政审批线上办理和窗口递交纸本、后台流转作实体验核的一体“通办”。（海关总署广东分署、各直属海关，省交通运输厅、发展改革委、财政厅、商务厅、市场监管局、政务服务数据管理局，各地级以上市人民政府按职责分工负责）

（十七）公开口岸物流和通关流程。推动全面公开港口、机场、铁路场站调货、移位、装卸等物流作业时限及流程。口岸查验单位全面公开通关、业务办事流程、环节及所需单证。（省交通运输厅，海关总署广东分署、各直属海关，广东、深圳海事局，广州、深圳、珠海边检总站，民航中南管理局，广铁集团公司，各地级以上市人民政府按职责分工负责）

（十八）完善企业意见反馈和协调解决机制。综合运用海关服务热线等渠道，定期收集、回应和推动解决企业反映问题。支持海关在口岸现场设立通关疑难问题处理专窗，协调解决企业通关疑难问题。提升国际贸易“单一窗口”平台稳定性，实现应用系统整体可用性99.9%以上，故障及时处理率95%以上。（海关总署广东分署、各直属海关，省商务厅，各地级以上市人民政府按职责分工负责）

（十九）提升口岸物流作业综合效率。坚持“人物同防”，精准科学抓好口岸疫情防控。加强口岸卫生监督，合力调配口岸查验单位一线作业人员，严格落实疫苗接种、核酸检测、人员管理等各项疫情防控措施。加大港口物流管理力度，简化港口提箱、码头操作等业务手续，提升物流作业效率。（省交通运输厅、卫生健康委、商务厅，海关总署广东分署、各直属海关，广东、深圳海事局，广州、深圳、珠海边检总站，各地级以上市人民政府按职责分工负责）

（二十）深化海关监管装备智能化应用。探索使用海关查验辅助机器人、移动查验作业终端等非侵入式大型检查设备，加大人工智能等科学技术在现场监管的应用，完善卡口智能控制与放行，实现主要口岸智能验放。持续推进智能审图创新应用，扩大智能审图商品范围。在场所巡查、审核单证等业务领域，研究通过机器辅助人工等方式实现顺势监管、智慧监管，不断提升海关监管智能化水平。（海关总署广东分署、各直属海关负责）

（二十一）推进多式联运业务发展。支持推进水陆、水铁、水空、空陆等多式联运，强化多式联运业务发展。落实国家部署，推广使用全国多式联运公共信息系统。对水运转铁路运输货物，探索实行“车船直取”模式。（省交通运输厅、发展改革委，海关总署广东分署、各直属海关，民航中南管理局，广铁集团公司，各地级以上市人民政府按职责分工负责）

（二十二）提升国际物流供给能力。按照交通运输部统一部署，引导班轮公司（船公司）根据航运市场需求变化，优化增加中国港口航线航班供给和船舶运力投放，加快跨境运输船舶周转率，提升国际物流集装箱供给能力和周转效率。推动枢纽集装箱港开展国际集装箱中转集拼业务。支持基于《国家公路运输公约》（TIR公约）的国际道路运输业务发展，推动运输便利化水平不断提升。（省交通运输厅、商务厅，海关总署广东分署、各直属海关，各地级以上市人民政府按职责分工负责）

五、进一步推动粤港澳大湾区口岸通关便利化

（二十三）推进粤港澳大湾区通关便利化重点项目建设。加强与香港、澳门国际贸易“单一

窗口”合作对接，推进“澳车北上”“港车北上”信息管理服务系统、粤港澳大湾区跨界车辆信息管理综合服务平台等重点项目建设推广. 率先在横琴粤澳深度合作区应用粤澳货物“单一窗口”综合服务平台，实现粤澳货物“一单两报”。(省商务厅、公安厅、交通运输厅，海关总署广东分署、深圳、拱北海关，深圳、珠海边检总站，深圳、珠海市人民政府按职责分工负责，省政府横琴办协调落实)

(二十四) 深化粤港粤澳口岸查验模式创新。深化深港、珠澳合作，在有条件的横琴口岸二期车辆查验通道等陆路口岸研究复制推广“合作查验、一次放行”通关新模式，进一步优化粤港澳出入境人员查验手续。(省商务厅，深圳、珠海边检总站，深圳、珠海市人民政府按职责分工负责，省政府横琴办协调落实)

(二十五) 建立粤港澳大湾区内航行船舶安全检查合作机制。争取国家政策支持，优化大湾区内地航行港澳船舶安全管理，推动在粤港澳大湾区内进出港并航行于粤港澳之间的港澳籍船舶、内地运输船舶、大湾区船籍港内地非运输船舶，进出内地港口时按照国内船舶实施水上交通安全管理。探索建立健全来往港澳航行的非公约船舶安全检查合作机制。依托中国（广东）国际贸易“单一窗口”，建设粤港澳大湾区运输船舶安全检查协同检查监管系统。(广东、深圳海事局负责)

(二十六) 深化区域物流一体化监管。深化粤港澳大湾区“组合港”改革，支持拓展“湾区一港通”“湾区组合港”项目覆盖范围，并探索延伸至粤东和粤西港口，推动外贸货物可在支线港口完成通关手续。(海关总署广东分署，广州、深圳、拱北、油头、湛江海关，相关地级以上市人民政府按职责分工负责)

六、加强组织实施

(二十七) 强化工作责任。各地、各有关部门要切实落实责任，加强协同配合，形成工作合力，推动各项措施扎实有序落地实施、取得实效；要全力支持配合国家有关部门、中央驻粤口岸查验单位管理落实有关改革任务。各地要落实主体责任，统筹做好优化口岸营商环境工作。

(二十八) 加大宣传力度。各地、各有关部门要加大宣传力度，引导企业用足用好相关政策措施。要充分发挥政府与企业合力，聚焦市场主体关切，及时回应企业反映问题，积极推动研究和解决，大力营造良好口岸营商环境。

广西壮族自治区

一、综述

2022年，在国家口岸管理办公室指导下，广西壮族自治区积极推进中国（广西）国际贸易单一窗口（以下简称广西“单一窗口”）2.0版一期、二期项目建设，新增11个地方版应用功能，钦州港列入中新（新加坡）通关物流全程状态跟踪功能试点港口，对接使用标准版边民互市贸易系统并获得国内多家权威媒体宣传报道。

二、运行情况

（一）运行数据

2022年，广西“单一窗口”服务1.29万家企业。全年货物申报53.84万票，舱单申报204.33万票，运输工具申报18.00万票，企业资质办理3.01万票，原产地证申领14.70万票，税费支付271笔，加贸保税15.93万票，物品通关197票，监管证件1178票，出口退税153笔。

广西“单一窗口”地方特色应用完成海运预配舱单5.43万票，原始舱单2.28万票，运抵报告13.64万票，理货报告7.32万票。跨境电商公共服务平台办理出口44亿元，出口单量为6276.80万票。边民互市贸易系统累计进出口申报3.94万单，申报货重约73.99万吨，申报货值约125.80亿元。

（二）运行维护

1. 运维机制

广西“单一窗口”采取“电子口岸公司统一运维管理+共建成员单位协作”的“1+N”运维模式。电子口岸公司负责广西电子口岸及广西“单一窗口”公共信息平台的统一运维管理；同时，电子口岸公司与各查验单位业务系统的服务商、建设单位建立联系机制，明确运维职责，共同保障广西“单一窗口”安全稳定运行。

2. 日常运维

组建专业运维团队，由专人负责协调工作，配置运维工程师、技术支持工程师等专业技术人员。制订运维方案，按照计划完成周巡查、重大节假日巡检等日常运维工作，服务期间未发生安全事故、未出现因系统异常导致服务中断的事故，及时响应用户需求。

3. 客户服务

2022 年，受理企业电话咨询 3643 次，接通 3596 次，接通率 98.7%，电话解决问题 3483 次，解决率 96.9%；受理微信及 QQ 服务群咨询 1812 次（其中微信群咨询 734 次、QQ 群咨询 1078 次）；远程服务 435 次，QQ 邮箱服务 344 次；受理运维服务管理平台工单 128 个，解决率 100%。

（三）宣传推广

1. 宣传情况

广西“单一窗口”微信公众号开设业务查询、业务系统介绍、文章资讯接收、系统更新及培训通告、网站介绍等功能，2022 年，公众号关注用户数 2195 人，累计推送推文 170 篇。通过门户网站发布通关信息、外贸新闻等方面资讯 246 篇。

广西“单一窗口”边民互市贸易系统上线应用获得新华社、《人民日报》、中国政府网等国内权威媒体报道宣传。

2. 培训情况

2022 年，完成 17 次线上线下培训，累计培训企业超 1000 家，培训人员 2000 人次（见表 1）。

表 1　2022 年广西“单一窗口”培训情况统计表

培训内容	培训次数	时间和地点
广西“单一窗口”边民互市贸易系统	6	9 月 20 日、10 月 18 日，龙邦线下业务培训 11 月 3 日、9 日，水口线下培训 11 月 17 日、23 日，爱店线下培训
公路舱单协同系统	6	5 月 30 日，东兴、峒中口岸线上培训 6 月 2 日，凭祥、水口线上培训 11 月 11 日，凭祥、水口线下培训 11 月 14 日，东兴线下培训 11 月 16 日，百色线下培训 11 月 26 日，爱店、水口线上培训
海运舱单协同系统	1	8 月 18 日，钦州线下培训，防城、北海线上参与
公路查验协同系统	3	11 月 11 日，凭祥、水口等线下培训 11 月 14 日，东兴线下培训 11 月 16 日，百色线下培训
船舶申报服务系统	1	8 月 18 日，钦州线下培训，防城、北海线上参与

三、特色应用

（一）公路口岸通关协同系统

该系统通过报关、查验、场站作业、跨境运输等各环节信息共享、协同联动，实现舱单申报、查验作业无纸化，减少 3 份纸质（电子）单证，减少 7 个人工环节，节约企业作业时间约 3 小时，有效解决企业、口岸监管场所、口岸查验部门间数据交换共享不足，口岸作业流程烦琐、通关时效明显偏低等问题。

（二）边民互市贸易系统

该系统实现了边民互市贸易申报业务与结算业务、园区业务的数据共享协同，减少人工环节 4 个，减少纸质单证 6 份，减少作业时间约 3 小时。广西“单一窗口”是国内首个实现与标准版边民互市贸易系统对接的地方平台。

（三）北部湾综合调度系统

该系统通过对船舶信息、船期信息、放行指令的协同共享，实现船舶进出港“一站式”引航申报、船舶统一调度，为企业减少纸质单证 2 份、人工环节 1 个，节省申报时间约 0.5 小时。

（四）药食同源商品进口备案系统

通过该系统，企业可以在线申请进口备案，市场监管部门可以在线审批并出具《不予受理进口备案申请告知书》，向企业反馈和同步共享至商务、海关、药监等部门，实现企业进口备案申请、政府部门审批管理等主要业务无纸化、电子化。

系统上线后，企业无须现场向有关部门提交纸质单证，减少产地证、提运单、发票、购货合同、《不予受理进口备案申请告知书》等 8 份纸质单证流转，可为企业节约业务办理时间 1~2 个工作日。

（五）口岸智能物流服务

建设“e 岸通”App，提供“单一窗口”掌上通关物流信息查询、业务办理、消息通知等功能，解决企业在通关过程中办理业务、获取业务信息渠道单一、只能电脑端操作的问题，向移动服务拓展。通过整合“单一窗口”各类数据，提供“一站式”口岸通关、场站物流、贸易信息等领域信息和状态跟踪查询。支持用户掌上办理引航申请、查询通关状态、贸易统计、查验通知以及口岸、边境贸易、跨境口岸通关等方面业务。

（六）区域“单一窗口”合作

1. 中国—新加坡“单一窗口”国际合作。中新“单一窗口”互联互通联盟链及通关物流全程状态信息共享功能上线，并在新加坡港和中国广西钦州港等率先试点。

2. 广西—重庆“单一窗口”合作。开展海港、公路口岸通关与物流信息合作，共同打造西部陆海新通道物流信息共享平台。2022 年，两地围绕报关数据、舱单数据、运输工具、查验信息、物流信息 5 大类 17 项开展数据共享交换。

3. 广西—广东“单一窗口”合作。在报关统计数据、内河舱单、船舶信息共享等方面开展合作，减少企业沟通船舶证书、舱单信息 2 个环节，为企业节省作业时间约 1 小时。

（七）RCEP 货物贸易智能综合服务平台

该平台可实现进出口税率、监管证件及 RCEP 相关信息的“一站式”查询，同时提供最优税率智能推荐服务，帮助企业便捷、精准获取 RCEP 税率税则信息。

（八）AEO 认证培育及企业服务平台

通过该平台，企业线上提交 AEO 认证培育申请，海关线上审核，减少企业跑腿环节和海关现场考察频次。2022 年，共有 25 家企业注册使用，完成 13 家企业培育工作。

四、大事记

5 月 20 日

广西“单一窗口”2.0 版一期项目建设完成。

6 月 8 日

广西“单一窗口”上线药食同源商品进口备案系统。

9 月 6 日

广西“单一窗口”上线 RCEP 货物贸易智能综合服务平台。

10 月 28 日

广西“单一窗口”与标准版边民互市贸易系统完成对接，百色市龙邦口岸边民互市贸易区完成广西边民互市贸易“单一窗口”平台首单申报。

11 月 2 日

广西“单一窗口”2.0 版二期项目启动建设。

五、政策文件

广西壮族自治区人民政府办公厅关于印发促进广西内外贸一体化发展实施方案的通知

桂政办发〔2022〕38 号

各市、县人民政府，自治区人民政府各组成部门、各直属机构：

《促进广西内外贸一体化发展实施方案》已经自治区人民政府同意，现印发给你们，请认真组织实施。

2022 年 6 月 7 日

（此件公开发布）

促进广西内外贸一体化发展实施方案

推进内外贸一体化有利于形成强大国内市场，有利于畅通国内国际双循环。为贯彻落实《国务院办公厅关于促进内外贸一体化发展的意见》（国办发〔2021〕59号）精神，促进广西内外贸一体化加快发展，结合广西实际，制定本实施方案。

一、总体要求

以习近平新时代中国特色社会主义思想为指导，全面贯彻党的十九大和十九届历次全会精神，深入贯彻习近平总书记视察广西“4·27”重要讲话精神和对广西工作系列重要指示要求，立足新发展阶段，完整准确全面贯彻新发展理念，完善内外贸一体化调控体系，统筹利用国内国际两个市场、两种资源，推动对外开放和扩大内需进一步结合，促进内外贸融合发展，服务和融入新发展格局，推动广西实现更高水平开放和更高质量发展。

二、发展目标

全面落实有利于内外贸一体化发展的政策，全区内外贸一体化调控体系更加健全，市场主体内外贸一体化发展水平显著提升，内外联通网络更加完善，政府管理服务持续优化，打破大宗商品内外贸分割的经营管理体制，构建高标准市场体系，实现内外贸高效运行、融合发展。以2021年数据为基数，力争到2025年底，市场采购贸易出口额年均增长25%以上，培育内外贸一体化的优质企业10家以上。

三、提升内外贸一体化服务水平

（一）完善监管服务体制

1. 促进内外贸监管规则衔接。推进内外贸监管部门信息互换、监管互认、执法互助，对内外贸逐步实行一体化监管措施。（自治区有关部门按职责分工负责）

2. 加强反垄断和反不正当竞争执法。依法查处地方保护、行业垄断、市场分割等破坏全国统一大市场的行为，坚决打破各类隐性壁垒以及导致内外贸市场长期分割的障碍，促进内外贸资源要素顺畅流动、优化配置，加快内外贸融合发展。（自治区市场监管局牵头，自治区有关部门按职责分工负责）

3. 强化知识产权保护。实行严格的知识产权保护，为知识产权优势企业和示范企业、高新技术企业、“瞪羚”企业、“专精特新”企业等重点企业提供知识产权保护“直通车”服务。严厉查处商标侵权违法行为，加强驰名商标保护，大力整治侵权多发的交易市场、批发市场、农贸市场及旅游景点等重点场所。探索建立知识产权信息公共服务国际交流合作机制，推动建设中国—东盟知识产权大数据综合服务平台。加大对外贸企业知识产权的保护力度，统筹推进知识产权司法保护、行政保护、协同保护和源头保护。落实故意侵害知识产权的惩罚性赔偿制度。对源头侵权、重复侵权、恶意侵权、规模侵权及其他严重侵权行为，依法适用惩罚性赔偿，加大对侵权行为的打击力度，促进形成不敢侵权、不能侵权、不愿侵权的良好法治氛围。（自治区高级法院，自治区司法厅、农业农村厅、文化和旅游厅、市场监管局、林业局等单位按职责分工负责）

4. 提高贸易便利化水平。深化以东盟国家为重点的海关国际合作，进一步完善与越南、泰国共建的南宁海关东盟国家官方证书核查系统，持续扩大证书核查范围，推进其他产品相关检验检疫证书核查机制建设。创新广西国际贸易“单一窗口”服务模式，提升通关物流服务能力。有序推进广西贸易外汇收支便利化试点提质扩容，促进跨境贸易资金结算便利化，助推企业拓展内外贸业务。（自治区商务厅牵头；人民银行南宁中心支行，南宁海关按职责分工负责）

四、增强市场主体内外贸一体化发展能力

（二）培育发展内外贸一体化的市场主体

5. 培育内外贸一体化并重的优质企业。鼓励广西大型商贸、物流企业“走出去”，积极参与和构建跨境产业链供应链，支持企业用好境外尤其是东盟、非洲等地区农业渔业资源，支持承包工程企业带动广西技术、标准和服务“走出去”。推进实施“千企开拓”外贸强基础工程，推动广西企业在内外贸产品开发、渠道拓展、品牌建设等方面整合资源，优化内外贸一体化发展模式。支持广西外贸企业加强关键核心技术攻关，提升企业自主研发能力，支持符合条件的贸易企业申请认定为高新技术企业，培育一批国内国际市场协同互促、有较强创新能力和竞争实力的优质贸易企业。（自治区商务厅牵头；自治区发展改革委、科技厅、工业和信息化厅、财政厅、市场监管局，南宁海关按职责分工负责）

6. 培育一批内外贸一体化的现代农业企业。推进广西特色农产品优势区建设，提升农产品精深加工能力和特色产业发展水平，扩大高附加值农产品出口。推动出口食品生产企业和原料种植、养殖场建立质量安全管理体系，确保产品“源头达标”。建设一批优质农产品种植和生产基地，培育一批产供销、内外贸一体化的现代农业龙头企业。（自治区农业农村厅牵头；自治区商务厅、市场监管局，南宁海关按职责分工负责）

7. 支持企业加强自有品牌建设。鼓励广西外贸企业增强品牌意识，提升品牌建设能力，加强商标品牌的保护和推广，研发适销对路的内销产品，推动外贸企业从贴牌生产向研发设计、自有品牌培育等多元化经营战略转化，提高自主品牌产品出口比重。推动企业健全知识产权管理体系、提升企业知识产权管理能力。支持打造一批区域公用品牌，培育一批“桂字号”品牌。培育“广西好嘢”农业品牌，建设一批农业产业化品牌联合体。加大对香港优质“正”印认证等高端品质认证的宣传推广力度，助力广西特色产品行销海外。（自治区市场监管局牵头；自治区工业和信息化厅、农业农村厅、商务厅按职责分工负责）

8. 培育优质的供应链企业。支持发展一批为上下游企业提供贸易、物流、仓储、金融、信息等“一站式”服务的供应链企业，实现产供销协同发展。推动重点大宗商品进口企业拓展供应链服务，支持供应链龙头企业与出口制造企业加强协作，将优质外贸产品引入国内市场。（自治区商务厅牵头，自治区发展改革委、工业和信息化厅、国资委、地方金融监管局，南宁海关按职责分工负责）

（三）创新内外贸融合发展模式

9. 推动外贸创新发展。依托汽车及零部件、电子信息、生态铝、陶瓷等国家外贸转型升级基地，通过主导产品带动产业链配套产品出口，重点支持柳州、南宁、贵港等地汽车整车和新能源

汽车出口。支持建设边民互市贸易进口商品二级市场和边境贸易特色商品市场，进一步完善边民互市贸易进口商品交易服务体系。开展“桂品出边”行动，加强边贸产业联动，扩大广西自产优质产品出口规模。引导外贸企业补链固链强链，推动产业链协同创新和产业结构调整，支持有条件的市申报国家进口贸易促进创新示范区。(自治区商务厅牵头；自治区发展改革委、工业和信息化厅、市场监管局，南宁海关，广西税务局，南宁、柳州、防城港、贵港、百色、崇左市人民政府按职责分工负责)

10. 扎实推进跨境电子商务综合试验区建设。加快推进南宁、崇左跨境电子商务综合试验区建设，支持企业在越南、泰国、马来西亚等与广西贸易关系密切的国家布局海外仓，支持符合条件的跨境电商企业办理海外仓备案手续，支持防城港市申请跨境电商零售进口药品试点，引进紧缺药品和在东盟注册上市的药品。支持跨境电商企业将境外费用与出口货款轧差结算，允许境内国际寄递企业、跨境电商企业为客户代垫跨境电商相关境外费用，简化小微跨境电商企业开办手续，便利个人通过外汇账户办理跨境电商外汇结算，提升跨境电商外汇收支便利化水平。落实跨境电子商务综合试验区零售出口增值税“无票免税”、零售出口企业所得税核定征收等出口税收政策。支持广西电商企业探索利用中越（南宁—河内）班列开展跨境电商业务，进一步拓宽出口通道。(自治区商务厅牵头；自治区地方金融监管局、大数据发展局，人民银行南宁中心支行，南宁海关，广西税务局，广西邮政管理局，南宁、崇左市人民政府按职责分工负责)

11. 大力发展电商新模式新业态。鼓励外贸企业对接头部电商平台，设置外贸产品专区。开展广西优质产品线上线下融合促消费活动，发展壮大本土电商企业。依托外贸转型升级基地发展电商，创建一批内外贸融合的电商示范基地，促进产业集聚发展。(自治区商务厅牵头，自治区大数据发展局按职责分工负责)

（四）加强内外贸一体化专业人才队伍建设

12. 加大内外贸一体化人才培养力度。建设中国—东盟职业教育云平台，面向国内及东盟国家提供线上培训课程。加强产教融合、校企合作，推动“订单式”人才培养，推进相关专业升级和数字化改造。培养和引进熟悉国内外法律、国际经贸规则和市场环境的专业人才。加强内外贸营销队伍建设，开展职业技能培训，为企业提高内外贸一体化经营能力提供人才和技能支撑。(自治区教育厅牵头；自治区党委组织部，自治区人力资源社会保障厅、商务厅、大数据发展局按职责分工负责)

五、强化内外贸融合发展平台支撑

（五）充分发挥重点开放平台作用

13. 打造内外贸融合发展高能级平台。充分发挥中国（广西）自由贸易试验区引领作用，对标高标准国际经贸规则，推动高水平制度型开放，深度融入《区域全面经济伙伴关系协定》(RCEP）国际合作。推广综合保税区增值税一般纳税人资格试点成果应用。充分发挥经济技术开发区、综合保税区、边境经济合作区等开放平台和产业集聚区“扩外贸、引外资”作用，支持企业开拓国内国际两个市场，促进内外贸一体化发展。(自治区商务厅牵头；南宁海关，广西税务局按职责分工负责)

14. 高质量对接实施 RCEP。持续推进“RCEP 进千企”活动，做好 RCEP 项下进出口货物原产地管理、经核准出口商培育、扩大原产地自主声明应用等工作。积极参与海关总署与东盟国家的原产地证书电子数据联网建设。发挥 RCEP 项下广西货物贸易潜力商品清单和服务贸易优势领域清单引导作用，推广使用广西企业 RCEP 货物贸易智能服务系统，进一步扩大与 RCEP 其他成员国经贸往来。加大对日本、韩国和新加坡等 RCEP 成员国在汽车、信息技术、新材料等领域的招商引资力度，学习和引进日本、韩国等国家先进标准，推动电子信息、汽车、化工新材料等优势产业的制造标准升级。（自治区商务厅牵头；自治区工业和信息化厅，广西贸促会，南宁海关按职责分工负责）

15. 推动商品市场升级发展。开展“商品市场提能级”行动，引导区内商品市场与特色产业集聚区、物流园区、配送中心对接合作，鼓励市场主体拓展外贸业务，打造特色鲜明的国际商品集散中心。推动崇左市加快市场采购贸易方式试点市场（广西凭祥出口商品采购中心）和凭祥出口货物集拼中心建设，提升市场采购贸易方式便利化水平。（自治区商务厅牵头；自治区市场监管局，南宁海关，广西税务局，崇左市人民政府按职责分工负责）

16. 挖掘扩大内需潜力。鼓励外贸企业在商业综合体、步行街、商场、超市等开设内销产品直营店、销售专区，开展集中展销活动，鼓励广西外贸企业与大型商贸流通企业精准对接，建立长期直采供货合作关系。支持广西企业积极参加中国国际进口博览会、中国进出口商品交易会、中国国际服务贸易交易会、中国国际消费品博览会、中国—东盟博览会等具有国际影响力的展会，积极引进国内外品牌展会和会展龙头企业落户广西，搭建内外贸一体化合作平台，多渠道融入国内市场供应链体系。（自治区商务厅牵头；广西博览局，南宁海关按职责分工负责）

（六）构建内畅外联现代物流网络

17. 推动大能力运输网络建设。全面提升南宁国际航空货运枢纽功能，提升航空货运能力，加快推进南宁吴圩国际机场国内公共货站二期工程，巩固南宁至越南、泰国、菲律宾、马来西亚、新加坡等东盟国家的国际货运航线，加大国际货运航线培育力度，争取国际货运航线基本覆盖东盟国家首都及重点经济城市。加快推进广西北部湾港重大项目建设，完善港口集疏运体系，积极培育集装箱航线，发展现代航运服务，打造智慧绿色安全港口，提升国际海运竞争力。扩大渝桂、川桂、滇桂、黔桂等铁海联运班列规模，推动实现班列对西部省份全覆盖并延伸至中部地区，推动区内外货物向广西北部湾港集聚。持续推进南宁陆港型、钦州—北海—防城港港口型、柳州生产服务型国家物流枢纽建设，创建国家物流枢纽和国家骨干冷链物流基地。加快平陆运河建设。（自治区发展改革委牵头；自治区交通运输厅、北部湾办，中国铁路南宁局集团有限公司，广西机场管理集团有限责任公司，广西北部湾国际港务集团有限公司，南宁、柳州、北海、钦州、防城港市人民政府按职责分工负责）

18. 优化商贸流通体系。引进和培育商贸物流市场主体，促进区域商贸物流一体化。推进县域商业体系建设，支持和鼓励大型商贸流通企业下沉乡村，改善县域商贸物流基础设施。推动农村客货邮融合发展，构建“一站多用、一网多用、深度融合”的农村寄递物流体系，畅通“农产品进城、工业品下乡”双向渠道，降低内外贸商品流通成本。（自治区商务厅牵头；自治区农业农村厅，广西邮政管理局按职责分工负责）

六、完善保障措施

19. 强化企业信贷支持。综合运用各类专项资金，统筹运用贸易、产业、财政、信贷、科技等政策，用好用活“桂惠贷”财政贴息资金，推动落实“汇链贷”优惠政策。细化落实关于对企业办理人民币外汇衍生品的奖励政策，并向涉外中小微企业及“首办户”倾斜，探索通过政府性融资担保体系支持中小微企业汇率避险，不断降低内外贸企业融资成本和套期保值成本，充分发挥财政性资金的引导带动作用。（自治区商务厅牵头；自治区发展改革委、科技厅、财政厅、地方金融监管局，人民银行南宁中心支行，广西银保监局按职责分工负责）

20. 推动供应链融资创新发展。依托中征应收账款融资服务平台和跨境金融区块链服务平台等，盘活内外贸企业的应收账款、存货、仓单、订单、保单等存量资产，创新金融产品和服务方式，丰富供应链融资的运用场景，构建核心供应链上下游内外贸企业互信互惠、协同发展的生态环境，缓解内外贸企业融资难、融资贵、融资慢的难题。（自治区商务厅、地方金融监管局牵头；人民银行南宁中心支行，广西银保监局，中国出口信用保险公司广西分公司按职责分工负责）

21. 提升出口信用保险和国内贸易信用保险对内外贸企业的保障水平。鼓励外贸企业投保国内贸易信用保险，鼓励保险机构加大国内贸易信用保险和出口信用保险承保力度，提高保险覆盖面和限额满足率，对同时经营国内外市场的企业加强各险种协同支持，推动银保联动，畅通企业资金链。保持出口信用保险保费扶持政策和小微出口企业统保平台政策的连续性和稳定性，提升企业贸易融资便利化水平，进一步扩大出口信用保险保单融资规模。（自治区商务厅牵头；自治区地方金融监管局，广西银保监局，中国出口信用保险公司广西分公司按职责分工负责）

22. 发挥行业组织作用。鼓励和指导广西行业协会、商会制定内外贸一体化产品标准和服务标准，参与国家标准、行业标准及有关政策的制定。积极发挥第三方服务机构和市场中介组织作用，提升市场化专业化服务能力，拓展国内国际营销网络。（自治区市场监管局、工业和信息化厅、农业农村厅、商务厅按职责分工负责）

23. 强化组织领导。各市各有关部门要充分认识促进内外贸一体化发展的重要性，加强组织领导，完善工作机制，落实工作职责，密切协调配合。

海南省

一、综述

2022年，按照国家口岸管理办公室的统一部署和海南省委、省政府的有关要求，海南省商务厅（口岸办）积极推动中国（海南）国际贸易单一窗口（以下简称海南“单一窗口”）建设，不断丰富海南地方特色应用，优化口岸营商环境，促进跨境贸易便利化，有力支撑海南自由贸易港早期政策的落地实施。

（一）标准版17项应用落地

截至2022年年底，海南“单一窗口”已上线标准版运输工具申报、舱单申报、货物申报、加工贸易等17项功能应用，累计实现货物申报40.03万票、舱单申报132.18万票、运输工具申报23.46万票，且三大主要申报业务应用率保持100%。

（二）海南特色应用不断拓展

按照《海南自由贸易港建设总体方案》“建设高标准国际贸易‘单一窗口’”工作要求，海南省商务厅（口岸办）不断丰富海南“单一窗口”地方特色应用，以信息化促进跨境贸易便利化。先后在海南“单一窗口”上线并推广海南自贸港公共服务管理平台（一期为洋浦公共信息服务平台）、进口“零关税”原辅料申报、进口“零关税”交通工具及游艇企业资格申报、进口“零关税”自用生产设备企业资格申报、离岛免税等18项海南特色应用。其中，海南自贸港公共服务管理平台（一期为洋浦公共信息服务平台）的上线运行，有力地支撑了《中华人民共和国海关对洋浦保税港区监管办法》的落地实施，在洋浦保税港区先行先试“一线放开、二线管住”进出口贸易便利政策。

（三）持续以信息化促进通关便利化

一是积极参与国家航空物流公共信息平台第一批（广东、福建、海南、陕西4个省份）试点工作，高标准完成空港口岸物流服务系统试点项目建设，实现航空口岸通关作业全流程单证电子化改造，有力支撑海口美兰国际机场和三亚凤凰国际机场国际货运复航工作。二是提出国际贸易“单一窗口”海南自由贸易港标准和规范，2022年12月28日在标准版上线海南自由贸易港服务专区，积极构建海南自由贸易港开展贸易便利化制度集成创新的支撑平台，为企业提供“一站式”海南自由贸易港特色服务。三是不断完善公共服务功能，按照“全省一盘棋，全岛同城化”的信息化建设理念，海南省商务厅（口岸办）坚持把海南“单一窗口”打造成为地方政府与海关监管系统统一的数据传输通道，并结合自由贸易港早期政策落地需要，通过公共服务建设模式，不断完善全岛“一线放开、二线管住”公共服务管理基础应用建设。

依托海南“单一窗口”，先后实现了“一线”进出境径予放行、“二线”进出区单侧申报、“提前申报”、“两步申报”、“两段准入”、“船边直提”、“抵港直装”“7×24 小时”预约通关保障等通关便利化举措，夯实了可推广、可复制、可拓展的海南自由贸易港公共服务管理信息化应用基础。

二、运行情况

（一）运行数据

1. 标准版应用

截至 2022 年年底，海南“单一窗口”货物申报 12.95 万票，舱单申报 34.07 万票，运输工具申报 3.99 万票，企业资质办理 5.28 万票，原产地证申领 1.11 万票，税费支付 8044 票，加贸保税 26.30 万票，物品通关 103 票，监管证件 1706 票，出口退税 359 笔。

2. 地方特色应用

2022 年，海南“单一窗口”继续深化水运口岸电子化功能运用，智能舱单功能共受理企业申报 2.53 万票，其中原始舱单 8698 票、预配舱单 1.51 万票、理货出口 568 票、理货进口 500 票、运抵进口 491 票。码头无纸化应用共完成申报 1.10 万票，其中进口提货单 4747 票、出口提货单 3205 票、空箱查验 2956 票（相加少 100）。

截至 2022 年年底，海南“单一窗口”“零关税”清单特色应用支撑海南自由贸易港“零关税”政策落地实施，已累计完成“零关税”交通工具及企业资质备案 2485 家、“零关税”自用生产设备企业资质备案 207 家。根据海口海关统计数据，自三张“零关税”清单发布以来，共完成“零关税”货物申报约 149.32 亿元，其中“零关税”原辅料 74.54 亿元、“零关税”交通工具及游艇 50.35 亿元、“零关税”自用生产设备 24.43 亿元，共计减免税费约 26.32 亿元。海南自贸港公共服务管理平台支撑海南自由贸易港“一线放开、二线管住”进出口管理制度深化实施，截至 2022 年年底，累计完成“径予放行”申报 18 票，涉及金额 1.47 亿元；完成“二线”出区发货 370 票，涉及金额 28.76 亿元，其中加工增值出区申报 336 票，涉及金额 28.4 亿元。物码溯源管理系统有效支撑离岛免税套代购风险防控工作的开展，累计分配离岛免税商品溯源码 10102.46 万个，累计激活 9661.97 万个。

（二）运行维护

海南“单一窗口”运维工作由平台运营公司统一负责，95198 服务热线由海南省国际商务促进中心运营管理。2022 年，共对海南“单一窗口”组织开展 4 次网络安全督导检查；95198 服务热线共受理企业来电 7740 通，受理问题咨询 6792 个，办理 12345 转办工单 1025 单，借助 QQ 群、微信群受理解决企业问题 1289 单。

（三）宣传推广

2022 年，共组织召开 3 期国际贸易“单一窗口”业务培训，培训人员 248 人次。门户网站访问量共计 158979 人次，发布资讯信息 233 篇。微信公众号共发布资讯文章 213 篇。

三、特色应用

空港口岸物流服务系统

2022 年，为贯彻落实国家口岸管理办公室关于国家航空物流公共信息服务平台试点建设工作要求，实现海南航空国际货运通关作业电子化流转，海南省商务厅（口岸办）会同海口海关，启动海南“单一窗口”空港口岸物流服务系统相关功能应用建设。

海南“单一窗口”空港口岸物流服务系统项目建设借鉴北京首都国际机场、大兴国际机场等空港口岸电子化作业功能应用的经验，整合货站、海关、安检等业务，实现“一站式”服务。该系统具备五大功能特点：信息互联互通，业务办理“一站式”服务，业务操作电子化及单证管理无纸化，全流程货况跟踪，数据统计分析。

该系统的主要功能，一是提供在线交提货预约、电子安检申报、电子托运书合同、监管卡口自动通行、手机通知、安检电子放行、线上退运、提货委托、身份核验、扫码提货等电子化交提货功能；二是通过多系统数据集成和应用，实现进出港货物在机场货运区的货况跟踪，解决信息盲点问题。系统主要模块包括系统门户、国际货运进出港服务、综合服务、货站业务辅助管理、安检业务辅助管理、园区业务辅助管理、通关信息查询、统计分析、移动端服务、基础管理、信息订阅服务等。

截至 2022 年年底，该系统已先后实现了海口美兰国际机场和三亚凤凰国际机场两个空港口岸的跨境贸易货物通关作业电子化流转，精简了托运书、海关查验单、货物放行单等空港口岸通关业务纸质单证，实现线上交提货预约、车辆自动过卡等功能应用，提升了海南空港口岸通关效率。

四、大事记

4 月 12 日

海南“单一窗口”上线空港口岸物流服务系统。

5 月 23 日

海南省省长冯飞听取海南“单一窗口”专题汇报。

重庆市

一、 综述

2022 年，重庆市口岸物流办积极响应国务院营商环境创新试点和海关总署 2022 年促进跨境贸易便利化专项行动相关要求，贯彻落实重庆市委、市政府优化营商环境决策部署，扎实推动中国（重庆）国际贸易单一窗口（以下简称重庆“单一窗口”）建设，不断丰富完善地方特色功能，在智能通关、智慧物流、金融服务、区域互通和国际合作 5 个方面取得创新成果。截至 2022 年年底，重庆“单一窗口”建设了政务、物流、数据、金融、特色 5 大板块 59 项功能，与海关、外汇等 60 多个单位 70 个系统实现对接交互，为外贸领域相关企业提供“一站式”综合服务，累计申报业务量 1.67 亿余票，主要业务（货物申报、舱单申报、运输工具申报）覆盖率保持 100%，持续推动打造一流口岸营商环境，跨境贸易便利化水平持续提升。

二、 运行情况

（一）运行数据

截至 2022 年年底，重庆“单一窗口”货物申报 85.49 万票，舱单申报 118.10 万票，运输工具申报 4.31 万票，企业资质办理 1.11 万票，原产地证申领 2.88 万票，税费支付 2.71 万票，加贸保税 32.32 万票，物品通关 226.58 万票，监管证件 1388 票，出口退税 51 笔。

（二）运行维护

在重庆“单一窗口”“两级三线”的运维服务框架下，重庆市口岸物流办会同相关单位为企业提供“7×24 小时”的客户服务，及时反馈和解决企业问题。据统计，2022 年共接收问题咨询近 2 万个，其中 95198 热线电话接听量 0.35 万个；微信群（16 个）与 QQ 群（2 个）累计受理企业反馈各类问题 0.74 万个；智能客服与企业对话总数 0.93 万个，问题在线解决率达 98%以上；通过门户网站与微信公众号发布各类相关资讯动态 130 余条。

1. 组建专业运维团队

组织专人负责解答企业日常咨询；采购软、硬件运维服务，确保系统稳定运行；成立多部门应急联动小组，解决系统突发故障。

2. 保障系统网络安全

制定《重庆市政府口岸物流办政务数据管理办法》，持续优化完善《重庆国际贸易“单一窗口”信息数据管理办法实施细则（试行）》等网络安全管理制度，确保数据使用规范安全；按照等级保护2.0标准要求，完成重庆“单一窗口”三级等级保护备案；完成安全等级保护测评工作，不定期开展渗透测试；常态化组织安全教育培训，增强工作人员的安全意识。

3. 实施联动应急管理

贯彻落实《重庆国际贸易“单一窗口”多部门业务应急联动预案》《重庆国际贸易“单一窗口”网络与信息安全应急演练方案》，完善跨部门应急处置联动机制，充分检验应急预案的可靠性、实用性、可操作性，确保应急工作组织协调顺畅。

（三）宣传推广

1. 企业培训

2022年，重庆“单一窗口”通过线上视频的方式，开展企业培训3场。1月7日，开展标准版监管证件培训，70余家进出口企业参会。7月21日，开展重庆跨境电商B2B出口业务培训，西永综合保税区管委会、21家跨境电商出口企业参会。12月29日，开展重庆“单一窗口”跨境贸易企业服务系统企业培训，5家企业参会。

2. 新闻报道

2022年1月27日，华龙网以“重庆持续提升跨境贸易便利化水平 口岸营商环境面貌明显改善”为题，报道了重庆“单一窗口”深化建设，推动重庆“单一窗口”功能向国际贸易全链条延伸，实现“通关+物流”“物流+金融”等方面融合发展。4月9日，上游新闻以“‘单一窗口’西部陆海新通道服务专区来了，企业请车每天至少节省2小时”为题，报道了中国国际贸易单一窗口门户网站西部陆海新通道服务专区正式开通，可为西部陆海新通道区域贸易相关企业提供智能制单、通关物流业务协同、铁路订舱与物流追踪、新加坡港物流动态共享等功能服务。7月5日，《重庆日报》以“全面推进一百项改革举措 重庆推动营商环境创新试点走深走实”为题，报道了重庆建成“单一窗口”西部陆海新通道平台，加强铁路与海关信息系统数据共享。7月19日，“营商重庆”微信公众号以“市政府口岸物流办深化跨境贸易全链条改革”为题，提到深化“单一窗口”建设，口岸物流衔接紧密顺畅。7月20日，重庆广电“第1眼”新闻客户端以“大数据智能化引领 重庆跨境贸易便利化水平明显提升”为题，报道了重庆“单一窗口”建设了50项贸易便利化功能，实现重庆国际贸易主要申报业务100%覆盖，延伸拓展了贸易全链条服务体系。7月22日，《重庆日报》以“国际贸易‘单一窗口’西部陆海新通道平台正式上线”为题，报道了“单一窗口”西部陆海新通道平台正式上线。7月24日，重庆国际传播中心采访报道了重庆建设“单一窗口”西部陆海新通道平台，通过“人工智能+大数据”的方式，为通关和物流单证流转提供智能化的解决方案。8月22日，华龙网以“智慧赋能重庆口岸物流跑出‘加速度’”为题，报道了“单一窗口”西部陆海新通道平台实现西部陆海新通道沿线省（区、市）“单一窗口”互联互通及业务协同，为通道沿线企业共享共用，重庆市智慧物流信息平台实现服务“一站式”办理。

三、特色应用

（一）“单一窗口”西部陆海新通道平台

2022年7月22日，“单一窗口”西部陆海新通道平台正式上线仪式在第四届中国西部国际投资贸易洽谈会开幕式暨2022陆海新通道国际合作论坛上举行，西部陆海新通道平台成为首个在国家层面推广的区域“单一窗口”平台。

该平台从智能通关、业务协同、数据应用和国际合作4个方面为西部陆海新通道提供高效的信息化服务。一是智能通关方面，平台采用“人工智能+大数据”技术，实现人工智能填报报关相关单证，可服务生产、贸易、物流等4大类企业。据测算，单证处理效率提高3倍以上，单证成本降低50%以上，提高通关效率80%以上。二是智慧物流方面，平台打通西部陆海新通道“13+2”省市间物流信息，构建跨省市物流操作无缝衔接体系，实现了生产、报关、仓储、物流、货代等环节的有效链接，降低人工成本50%以上。三是数据应用方面，平台在全国率先与铁路货运系统互联互通，实现了铁路物流和“单一窗口”报关数据复用，请车耗时减少2小时以上，准确率提高到100%，有效串联铁路、船公司、各地港口等节点信息，推动通道通关物流数据全链条可视、可溯、可控。四是国际合作方面，平台正积极推动以新加坡为代表的东盟国家和以重庆为代表的西部陆海新通道城市贸易畅通，目前已与新加坡港务集团开展集装箱、船舶动态数据等8项核心数据共享。

（二）重庆进出口危险品智能监控系统

9月5日，重庆“单一窗口”上线重庆进出口危险品智能监控系统，为海关监管部门提供进出口危险品的查询、预警、物流跟踪、决策分析等服务，切实保障水运口岸安全作业运营和公共安全。该系统在重庆果园港试点运行，收录危险品品目近6000项，截至2022年年底，累计核验进口申报货物1万余票，有效加强了重庆港关监管部门对进出口危险品的监控预警。

（三）重庆市冷链物流公共信息平台

9月20日，重庆“单一窗口”上线重庆市冷链物流公共信息平台。该平台通过采集生产企业、冷储企业、运输车辆等数据，实现冷链全过程精细化溯源。截至2022年年底，已接入生产企业54个、冷储企业89个、冷链运输车辆1223辆、销售门店1286个，产生329条溯源信息，涉及商品编码、生产厂家名称、商品名称、数量、包装类型、证书编号等多种信息，确保商品溯源可查。

（四）智能转关单功能

11月9日，重庆“单一窗口”上新智能转关单功能。该功能为重庆市口岸物流办与重庆海关合作共建，应用人工智能技术智能生成转关单，主要解决内陆地区转关单货品繁复，申报差错率高、效率低、成本高等问题。据统计，单票转关单制单时间由 25 分钟压减至 5 分钟之内，准确率达 95%以上。截至 2022 年年底，已有 11 家企业参与该功能的试点应用。

（五）跨境贸易企业服务系统

12 月 5 日，重庆“单一窗口”上线跨境贸易企业服务系统，分为外贸企业备案管理、商品归类及原产地服务、自动订舱机器人服务及国际贸易培训 4 大功能版块，致力于实现“用数据了解企业，用技术服务企业，用政策支持企业”。

一是在管理层面，为政府决策、企业统计提供数据支撑。通过政务大数据、重庆“单一窗口”数据、企业补录填报等方式，构建跨境贸易企业名录，为企业提供定制的贸易数据分析报表，深入挖掘数据，有效支撑市商务委、区县商务委等相关部门决策制定、惠企政策推送，赋能跨境贸易企业发展。二是在通关环节，增添新的便利服务手段。应用人工智能、大数据等技术手段，直击报关前海关 HS 编码归类难题，探索建设商品税则归类、原产地证、归类预裁定、商品要素归档等 9 大商品归类知识库，为企业提供便捷、高效的 HS 编码查询、识别、审核、推荐服务，同时自动提醒企业申领最惠国原产地证、规避贸易风险，提高企业通关作业效率，降低企业通关成本。三是在物流环节，提供新的便捷订舱路径。创新利用人工智能、RPA 机器人等技术，联通航空、公路、铁运等多个物流运营主体，为进出口企业提供物流订舱新路径，通过重庆“单一窗口”实现“一站式”单证上传、自动订舱、物流跟踪，企业无须跨系统操作，大幅减少人工重复录入工作，降低差错率。四是在助企发展层面，为进出口企业提供国际贸易学习资源。搭建国际贸易知识广场，设置 AEO 认证、原产地证、贸易风险、税则归类、地方特色应用等 11 项课程，汇集 150 余节在线课程，企业可通过在线学习、自测考试积累国际贸易知识，为企业顺利通过 AEO 认证及开展进出口业务提供辅助。

四、大事记

2 月 23 日

重庆市政府办公厅、四川省政府办公厅联合发布《关于印发共建成渝地区双城经济圈口岸物流体系实施方案的通知》，方案提出深化川渝“单一窗口”合作。

3 月 12 日

重庆市政府办公厅印发《关于重庆市“十四五”时期推进西部陆海新通道高质量建设的实施意见》，实施意见提出深化“单一窗口”西部陆海新通道平台建设，加强跨区域通关物流协同。

4 月 6 日

“单一窗口”西部陆海新通道平台正式在标准版上线试运行。

4 月 18 日

重庆市委书记陈敏尔视察重庆“单一窗口”展示大屏并听取工作汇报。

7 月 22 日

第四届中国西部国际投资贸易洽谈会在重庆国际博览中心开幕，在由重庆市口岸物流办牵头搭建的出海出境大通道展厅，展示了重庆“单一窗口”建设成效。

7 月 22 日

“单一窗口”西部陆海新通道平台正式上线仪式在第四届中国西部国际投资贸易洽谈会开幕式暨 2022 陆海新通道国际合作论坛上举行。

7 月 28 日

中国—上海合作组织地方经贸合作示范区管理委员会赴重庆市口岸物流办调研“单一窗口”西部陆海新通道平台。

8 月 21 日

2022 中国国际智能产业博览会在重庆国博中心开幕，在由重庆市口岸物流办牵头搭建的智慧物流暨数字通道主题展厅，通过大屏展示了“单一窗口”西部陆海新通道平台的建设成效。

9 月 5 日

重庆“单一窗口”上线重庆进出口危险品智能监控系统。

9 月 20 日

重庆“单一窗口”上线重庆市冷链物流公共信息平台。

9 月 21 日

由重庆市口岸物流办牵头搭建的主题展厅——内陆国际物流枢纽展示中心正式开放。其中，重庆“单一窗口”大屏主要从智能通关、智慧物流、金融服务、区域互通和国际合作 5 个方面进行了详细展示。

11 月 9 日

重庆“单一窗口”上新智能转关单功能。

12 月 5 日

重庆“单一窗口”上线跨境贸易企业服务系统。

12 月 28 日

重庆市委书记袁家军，重庆市委副书记、市长胡衡华在专题调研推动西部陆海新通道建设活动中，视察重庆“单一窗口”展示大屏并听取工作汇报。

五、政策文件

重庆市人民政府口岸和物流办公室　中华人民共和国重庆海关关于印发重庆市贯彻落实国务院营商环境创新试点和海关总署 2022 年促进跨境贸易便利化专项行动工作措施的通知

渝口岸物流发〔2022〕7 号

各区县（自治县）人民政府，两江新区、西部科学城重庆高新区、万盛经开区管委会，市政府有关部门，有关单位：

《重庆市贯彻落实国务院营商环境创新试点和海关总署 2022 年促进跨境贸易便利化专项行动

工作措施》已经市政府同意，现印发给你们，请认真贯彻执行。

重庆市人民政府口岸和物流办公室

中华人民共和国重庆海关

2022 年 3 月 29 日

（此件公开发布）

重庆市贯彻落实国务院营商环境创新试点和海关总署 2022 年促进跨境贸易便利化专项行动工作措施

为深入贯彻国务院《关于开展营商环境创新试点工作的意见》（国发〔2021〕24 号）精神，落实海关总署等十部委《关于进一步深化跨境贸易便利化改革优化口岸营商环境的通知》（署岸发〔2021〕85 号）和海关总署 2022 年促进跨境贸易便利化专项行动部署会议要求，进一步深化改革创新，稳固改革成效，持续提升重庆跨境贸易便利化水平，结合重庆口岸物流实际，特制定以下工作措施。

一、深化应用通关模式改革措施。进一步扩大“提前申报”“两步申报”应用率，对高时效性商品在进出口环节实施快速验放，货物抵达并按要求提交相关信息后，尽可能实现快件、易腐类货物 6 小时内放行，普通类货物 48 小时内放行。（责任单位：重庆海关）

二、推进转关转港、清关物流并联作业。进一步探索优化转关转港流程，应用好“离港确认”模式；争取长三角河海口岸和港口支持重庆外贸货物快装、快卸、快转；争取长江航务管理局、三峡通航管理局支持快速有序过闸，重庆口岸快速清关放行、港口快速装卸作业，促进长三角河海口岸与长江上游内河口岸便利化协同提升、互促共进、陆海联动，推动长江经济带建设。（责任单位：市政府口岸物流办、市交通局、重庆海关，重庆港务物流集团）

三、提质开行“沪渝直达快线”。推动“沪渝直达快线”提质提效，加强船舶适航能力监管，及时传递航道交通管控信息，将外贸集装箱整体通关物流时间控制在上水 12 天、下水 10 天左右（特殊情况除外）。加强与四川对接合作，通过“小改大”“水水中转”等形式，力争将“沪渝直达快线”延伸至四川相关港口，拓展服务范围，推动成渝地区双城经济圈建设。（责任单位：市政府口岸物流办、重庆海关、重庆海事局，重庆港务物流集团）

四、扩大江船舱位共享。引导更多船公司开展舱位互换，应用科技、信息手段，实现智能换舱、充分换舱，整合港航企业船舶运力、集装箱、货源、泊位等资源，提升船舶装载率、装载能力。适时将该模式探索研究推广应用到件散货、危化品船舶，切实增强企业获得感。（责任单位：市政府口岸物流办、市交通局）

五、推进落实原产地签证便利化措施。推广应用 RCEP 经核准出口商制度，支持高级认证企业获得经核准出口商认定，便利企业自主出具原产地声明在国外清关享惠。开展原产地证书自助

打印，支持 RCEP 项下输新加坡、泰国、日本、新西兰、澳大利亚等更多国家原产地证书自助打印。(责任单位：重庆海关)

六、加强 AEO 认证培育与激励。依托中新（重庆）关际合作协议的框架，开展中国与新加坡 AEO 互认安排的落实和实施评估，帮扶双方企业充分享受 AEO 互认通关便利。对新兴贸易业态企业、国家和地方重点扶持企业、产业链供应链中龙头企业等进行靶向培育，扩大 AEO 政策红利的覆盖面，继续推动出台 AEO 高级认证企业联合奖励政策，使高级认证企业充分享受信用激励机制带来的政策红利。(责任单位：重庆海关)

七、推进海关全业务领域一体化试点。在西部陆海新通道沿线海关之间推进跨关区业务协同管理，深化涉税化验、集团保税、稽核查、风险防控一体化。深化以企业为单元的海关税款担保改革，提升政策宣传覆盖面，保障税款担保改革政策红利惠及更多进出口企业。(责任单位：重庆海关)

八、加强技术性贸易措施咨询服务。持续打造“渝关技贸之声”服务品牌，加强对我市出口产品遭遇 RCEP 国家技贸措施影响调查和监测，及时发布国外准入新规实施预警信息，对重点出口产品和主要受影响产业开展技术贸易措施应对研究和帮扶，收集企业拓展海外市场需求，提供目标市场准入要求咨询服务，助力企业避免损失，扩大出口。(责任单位：重庆海关)

九、推广在线预约查验。优化完善查验通知推送、预约查验等工作，积极推动“单一窗口”预约查验在水运和铁路口岸实现全覆盖，企业足不出户在线进行预约查验、调箱申请、移箱到位等操作，并实时掌握动态，进一步提高通关时效。(责任单位：市政府口岸物流办、重庆海关，重庆港务物流集团、重庆果园港枢纽公司、重庆铁路口岸公司、中铁联集重庆分公司)

十、拓展智能报关应用范围。推广应用“单一窗口”智能报关功能，鼓励进出口企业、报关行等相关单位通过上传原始凭证，智能生成报关单、核注清单、运抵报告、转关单等各类通关物流单证底单，减少数据手动录入，降低差错率，提高单证申报效率，降低企业单证成本。(责任单位：市政府口岸物流办、重庆海关)

十一、持续创新融资结算服务。推动跨境运费结算高效便捷，支持银行以审核电子单证方式为跨境运费支付提供结算便利；联合开展国家区块链创新应用试点，在“区块链+跨境金融”特色领域合力共建西部陆海新通道物流融资结算应用场景，促进数字技术与实体经济深度融合，便利金融机构融资产品研发与结算业务办理。(责任单位：人行重庆营管部、市政府口岸物流办)

十二、探索开展跨境贸易信息共享国际合作。在确保数据安全的前提下，推进“智慧海关、智能边境、智享联通”，加强与新加坡等东盟国家跨境贸易通关物流信息互联互通、信息共享，积极与新加坡探索开展中新贸易通商互信铁海联运“数字提单互联互认”合作，逐步构建覆盖贸易、通关、物流、金融等跨境贸易主要链条的电子化一单制互认机制，建立双方进出口市场准入、技术法规沟通机制，提升透明度。(责任单位：市政府口岸物流办、重庆海关、市中新项目管理局)

十三、持续推行“大围网”建设。在满足监管要求的前提下，在果园港口岸试点，探索研究电子化监管，促进内外贸码头、堆场等口岸资源和设施设备共享共用。引导企业充分运用“提前申报”“抵港确认”模式，对海关无需查验且放行的外贸货物，可采用进口货物“船边直提”、出口货物“抵港直装”方式，或由口岸经营单位统筹安排场所堆存，提升作业效率，降低作业成本。（责任单位：市政府口岸物流办、重庆海关，重庆港务物流集团、重庆果园港枢纽公司）

十四、巩固推行“快处快放”措施。对航空外贸货物，根据航班信息、货物外包装类型（木箱、纸箱等）、运单尾号、仓库号位进行分区、分号、分类管理，提升找货效率。优化疫情期间航空进口货物消毒和理货流程，持续推行“空侧消毒+陆侧理货”模式，实现“便捷提货”。（责任单位：市政府口岸物流办，重庆机场集团、重庆中航货站）

十五、开设 CCC 免办便捷通道。落实在“CCC 免办及特殊用途进口产品检测处理管理系统”中为符合条件的企业开设便捷通道政策。对符合条件的企业开设便捷通道，企业进口符合 CCC 免办政策产品，免于 CCC 免办证书审核环节，实现“白名单企业”自我承诺、自主填报、自动获证。制定白名单资质认定办法等，做好全链条闭环监管。（责任单位：市市场监管局）

十六、简化科研设备、耗材进出口通关手续。探索开展科研设备、耗材跨境自由流动，简化研发用途设备和样本样品进出口手续试点，征集跨境科研用物资正面清单建议，逐步探索简化正面清单所列研发用途设备和样本样品进出口手续管理模式。针对国外已上市但国内未注册的研发医用医疗器械，督促试点单位强化自主管理，准许其在确保安全的情况下申请进口，由海关根据有关部门意见办理通关手续。（责任单位：市科技局、重庆海关，有关科研院所和事业单位性质的社会研发机构）

十七、推动跨境电商创新发展。支持“中欧班列+海外仓+集货仓”业务模式，落实“中欧班列+跨境电商 B2B 出口”“国际航空+跨境电商 B2B 出口”监管政策，完善跨境电商出口退货政策措施，推广终端“溯源二维码”，实现跨境电商商品溯源查询，支持国内企业海外布局，助力跨境电商企业规模化“买全球”“卖全球”。（责任单位：市政府口岸物流办、市商务委、重庆海关）

十八、探索实施口岸物流单证无纸化。在果园港口岸继续推进集装箱设备交接单、装箱单、提货单等单证电子化，减少船公司、拖车公司（或进出口企业）、港口等纸质单证，通过无纸化系统实现“三单”线上交互、电子化流转，提升货物提离速度，进一步降低企业成本。（责任单位：市政府口岸物流办，重庆港务物流集团）

十九、进一步规范口岸收费行为。持续推动口岸收费主体通过“单一窗口”公开收费标准、服务项目等信息，增强口岸收费透明度。加大收费监督检查力度，督促口岸经营单位、中介服务机构进一步清理精简收费项目，规范收费名称和服务内容。依法查处口岸领域违法违规收费行为。（责任单位：市政府口岸物流办、市发展改革委、市财政局、市交通局、市商务委、市市场监管局、重庆海关）

二十、落实作业时限公示制度。引导各口岸作业单位优化完善调箱、移位、装卸、查验、提货等作业流程和各环节时限标准，制作流程图，并在口岸现场、服务大厅、相关网站进行公示，稳定企业预期。（责任单位：市政府口岸物流办，重庆机场集团、重庆中航货站、重庆港务物流集

团、重庆果园港枢纽公司、重庆铁路口岸公司、中铁联集重庆分公司)

二十一、加强政策措施宣讲。健全政企沟通机制，通过上门解读、线下培训、线上推广等多种形式，推动惠企政策落地，深化“一企一策”精准帮扶，帮助企业用好用足各项政策措施。(责任单位：市政府口岸物流办、重庆海关)

重庆市人民政府口岸和物流办公室

2022 年 3 月 31 日印发

四川省

一、综述

中国（四川）国际贸易单一窗口（以下简称四川“单一窗口”）以习近平新时代中国特色社会主义思想和习近平总书记对四川工作系列重要指示精神为指导，坚持“围绕企业提升服务，围绕服务完善建设，围绕建设强化能力”工作主线，持续深化四川“单一窗口”功能建设，提升服务质效，做好服务保障。2022 年，四川“单一窗口”接入标准版业务功能 34 项，累计接入标准版业务功能 20 类 797 项；上线加贸工单核销业务申请系统、预包装食品标签智能辅助管理系统两项地方特色功能，累计上线地方特色功能 24 项。同时，四川“单一窗口”还强化与各市（州）口岸、海关特殊监管区数据互联互通，加强培训宣传工作，线上咨询、线下走访“双线并进”，始终发挥全省重要贸易基础设施的支撑作用，为推进四川外贸保稳提质发展提供积极动能。

二、运行情况

（一）运行数据

截至 2022 年年底，四川“单一窗口”累计注册企业用户 1.29 万家，较 2021 年增加 3853 家，同比增长 42.61%。全年货物申报 113.92 万票，舱单申报 176.83 万票，运输工具申报 6.05 万票，企业资质办理 2.78 万票，原产地证申领 2.48 万票，税费支付 4.08 万票，加贸保税 122.10 万票，物品通关 6.23 万票，监管证件 5509 票，出口退税 232 笔。

（二）运行维护

1. 安全运行

2022 年，多地受到多频次网络攻击，为平台网络安全防护带来了新的挑战，四川“单一窗口”从人防、物防、技防多方面入手，严格按照《中国（四川）国际贸易“单一窗口”数据安全管理实施细则》《四川省国际贸易“单一窗口”系统安全事件及风险管理制度》等 22 项安全管理规范及操作细则开展工作，设立 2 个同城异地数据灾备点，保障监测连续不间断，累计防御各类网络攻击 5000 余次，有效确保平台安全、平稳、高效运行，保障业务数据安全。

2. 客服服务

四川“单一窗口”持续完善“7×24 小时”服务体系，形成了 95198 热线电话、微信服务群、QQ 服务群、智能客服、在线客服“五大服务通道”，确保“全天候、全时段”服务不间断。全年各服务通道累计受理咨询业务 1.64 万次，其中 95198 热线接听 6301 次，QQ 服务群、微信服务群在线答疑 7070 次，智能客服受理 2839 次，运管平台工单受理 149 次。同时深入企业现场服务，全年调研成都高新综合保税区、青白江铁路港、成都空港保税物流中心、眉山跨境电商综合试验区等 7 个口岸和园区，走访英特尔、富士康、德州仪器、中国物流四川公司等外贸相关企业 100 余家，解决问题和征求意见达 3000 余次，将收集的各类问题和意见转化为提升四川“单一窗口”服务水平的具体措施。

（三）宣传推广

1. 宣传工作

四川“单一窗口”不断探索新的推广方式和渠道，2022 年在原有宣传方式基础上，开通微信视频号，并通过门户网站、公众号、报刊、视频号等媒体平台发布宣传文章 638 篇，阅读量 4.31 万人次，获得四川新闻网、新华财经、《国际商报》、凤凰新闻、网易新闻等 10 余家媒体多次转载。

2. 培训工作

四川“单一窗口”先后联合商务部国际贸易经济合作研究院、国家税务总局四川省税务局、中国电子口岸数据中心成都分中心等单位和中国工商银行四川省分行、中国建设银行四川省分行、中国信保四川分公司等金融机构，围绕外贸新业态新模式发展现状和趋势、跨境电商进出口实务、“单一窗口”出口退税实务、海关企业申请 AEO 认证操作实践等业务热点，以“线上+线下”的方式，为全省 400 余家企业 1.86 万人次开展了 15 次业务培训，指导进出口企业通过四川“单一窗口”办理报关、缴税等业务，提升四川国际贸易专业人才素质，帮助企业应对新风险、新挑战，实现外贸新突破。

三、 特色应用

（一）加贸账册工单核销业务申请系统

1. 建设背景

为贯彻落实《四川省优化营商环境条例》精神，助力企业提升办事效率，有效减轻办事人员疫情接触风险，根据加工贸易企业业务需求，联合中国电子口岸数据中心成都分中心开发加贸账册工单核销业务申请系统。

2. 功能介绍

建设加贸账册工单核销业务开通、变更、注销及办理状态查询等服务功能。加工贸易企业可直接通过四川“单一窗口”在线办理工单核销业务，并实时获取相关审批回执，无须前往现场书面申请，实现无纸化业务办理。

3. 创新点

系统打通了海关、电子口岸、企业间的信息通道，实现数据对接，企业在线上即可完成工单核销业务的备案申请，无须线下多次递交相关资料。

4. 业务量

系统上线后，全省海关特殊监管区内有工单核销业务需求的加工贸易企业均通过系统完成备案申请。

5. 应用成效

系统上线前，办理加贸账册工单核销业务需要向海关和电子口岸递交纸质申请，至少需要半天时间。而通过该系统办理业务，从提交资料、发起申请到海关审批，用时不到 10 分钟，后续还可以跟踪办理进度，及时了解审批情况。

（二）预包装食品标签智能辅助管理系统

1. 建设背景

为解决外贸企业标签管理难题，成都青白江铁路口岸管委会和青白江海关共同研发预包装食品标签智能辅助管理系统，并在四川“单一窗口”部署、上线，用信息化系统解决传统模式下进口预包装食品的中文标签内容、格式、样式等不规范问题，提升企业进口预包装食品标签管理水平，助力货物快速通关。

2. 功能介绍

该系统帮助企业采集食品标签数据，企业登录平台、录入标签信息、打印导出即可“一站式”快速自动生成规范化标签建议方案，完成标签信息申报和打印。

3. 创新点

（1）创新服务方式，实现从“被动监管”到“主动服务”的转变。海关将接受企业标签送审变为提前指导企业制定规范的中文标签，市场监管部门变流通环节监管为入市前介入，实现海关、市场监管、商务部门协同监管。

（2）创新监管模式，实现从“分段负责”到“一体共管”的转变。进口预包装食品中文标签面临不同的行业需求，海关、市场监管、商务（外贸）、属地管理等部门提出符合各方要求的建议方案，进口环节和市场流通领域监管效能得到明显提升。

（3）创新工作平台，实现从“繁复低效”到“便捷高效”的转变。三步即可完成整个流程，解决企业自行设计标签工作效率低下、审查环节时间长等问题。

4. 业务量

截至2022年年底，全省共有500余家企业注册并使用该系统服务。

5. 应用成效

系统上线后，以葡萄酒进口企业为例，海关预包装食品标签合格率从不到10%提高到99%以上，进口预包装食品通关效率显著提升。

四、大事记

1月18日

四川省政府办公厅、重庆市政府办公厅联合发布《关于印发成渝地区双城经济圈优化营商环境方案的通知》（川办发〔2022〕7号），提出开展国际贸易“单一窗口”合作，推行一站式、集约化服务，推进成渝地区双城经济圈口岸物流信息共享和业务协同。

2月9日

重庆市政府办公厅、四川省政府办公厅联合发布《关于印发成渝地区双城经济圈“放管服”改革2022年重点任务清单等3个清单的通知》（渝府办发〔2022〕20号），其中《成渝地区双城经济圈“放管服”改革2022年重点任务清单》提出依托国际贸易“单一窗口”，推动两地单证流、信息流互联互通互享，提高通关和物流便利化程度。

2月23日

重庆市政府办公厅、四川省政府办公厅联合发布《关于双城经济圈口岸物流体系实施方案的通知》（渝府办发〔2022〕24号），提出持续完善川渝国际贸易“单一窗口”功能，延伸国际贸易全链条服务，深化川渝“单一窗口”合作；力争到2025年，川渝“单一窗口”实现与主要口岸、海关特殊监管区域、金融机构对接，总申报量达1亿票，货物申报时间降低15%以上。

3月3日

四川“单一窗口”上线加贸账册工单核销业务申请系统。

4月2日

四川省政府办公厅发布《关于印发四川省深化“放管服”改革优化营商环境2022年工作要点的通知》（川办发〔2022〕37号），指出提升对外服务水平，加快推动国际贸易“单一窗口”服务功能向口岸物流、贸易服务等方面拓展。

4月15日

四川“单一窗口”上线预包装食品标签智能辅助管理系统。

7月26日

重庆市政府办公厅、四川省政府办公厅联合发布《关于印发成渝地区联手打造内陆开放高地方案的通知》（渝府办发〔2022〕86号），提出推动跨境贸易便利化，积极开展跨境贸易安全与便利化合作，进一步加强协同互助，共同优化口岸营商环境；加强国际贸易“单一窗口”建设。

11 月 16 日

四川省航空与电子口岸服务中心正式启动，四川省委、省政府高度重视四川“单一窗口”发展，批复其承担四川“单一窗口”平台建设、发展规划、功能开发、推广应用和日常维护，以及相关数据的收集整理、分析利用等工作。

五、 政策文件

重庆市人民政府办公厅　四川省人民政府办公厅关于印发共建成渝地区双城经济圈口岸物流体系实施方案的通知

渝府办发〔2022〕24 号

重庆市各区县（自治县）、四川省各市（州）人民政府，重庆市政府和四川省政府各部门、各直属机构，有关单位：

《共建成渝地区双城经济圈口岸物流体系实施方案》已经两省市政府同意，现印发给你们，请认真贯彻执行。

重庆市人民政府办公厅
四川省人民政府办公厅
2022 年 2 月 23 日

共建成渝地区双城经济圈口岸物流体系实施方案

为高质量推进成渝地区双城经济圈口岸物流体系建设，营造良好口岸物流发展环境，提高合作质量和发展水平，根据《成渝地区双城经济圈建设规划纲要》，制定本方案。

一、总体要求

（一）指导思想。以习近平新时代中国特色社会主义思想为指导，全面贯彻党的十九大和十九届历次全会精神，深入贯彻落实习近平总书记关于推动成渝地区双城经济圈建设的系列重要指示精神，完整、准确、全面贯彻新发展理念，以供给侧结构性改革为主线，以双核引领、彰显特色、协同发展为导向，统筹优化成渝地区双城经济圈口岸物流系统总体布局，协作推进重大项目、重大平台等建设，加强口岸物流协同运营，构建区域优势突出、运行特色鲜明、网络均衡发展的高质量现代口岸物流体系，支撑引领成渝地区双城经济圈全面融入和服务新发展格局。

（二）主要目标。全面优化区域协同发展环境，畅通西部陆海新通道、中欧班列、沿江综合立体物流通道、国际航空网络通道等物流通道，通过空间布局、口岸服务、基础设施、运营组织协同共建，促进区域口岸物流降本增效，打造高度一体化的成渝地区双城经济圈现代口岸物流体系。力争到 2025 年，川渝两地社会物流总额达到 14 万亿元，社会物流总费用与地区生产总值比率较 2020 年降低 1 个百分点左右，5A 级物流企业总数达到 20 家，创建 2 个及以上国家物流枢纽经济示范区。

二、统筹推进区域口岸物流联网运行

（一）提高对外物流通道整体辐射能级

高水平共建西部陆海新通道。共同做优陆海新通道运营有限公司，支持陆海新通道运营重庆有限公司与四川陆海新通道公司高度协同、市场共享，共同争取通道培育政策，实现运作、规则、品牌“三统一”。共同探索在东盟国家共建共享物流基地、海外分拨仓等设施。共同实施通道公共信息平台、通道发展指数、贸易产业综合服务平台等一批跨区域合作项目，探索建立境内外集装箱共享体系。力争到2025年，成渝地区经西部陆海新通道累计运输货物达46万标箱。（责任单位：重庆市政府口岸物流办、市商务委；四川省商务厅、省发展改革委、省政府口岸物流办，成都市政府）

高品质共营中欧班列（成渝）品牌。按照近中远“三步走”工作思路，继续深化中欧班列一体化发展，强化市场拓展、线路优化等合作创新，联合开展至俄罗斯、波兰等线路竞争性谈判，推进共建班列定价协商合作机制，增强中欧班列（成渝）竞争力和引领力。共推铁路提单物权化试点，探索赋予中欧班列国际铁路运单金融属性的有效途径。力争到2025年，中欧班列（成渝）年开行量超5000列，“十四五”期间累计开行约3万列。（责任单位：重庆市政府口岸物流办、人行重庆营管部、重庆银保监局、市金融监管局；四川省政府口岸物流办、省发展改革委，成都市政府）

高质量共建长江上游航运中心。联合打造干支衔接、江海直达的国际物流通道。加快组建长江上游港口联盟，推广应用重庆水运口岸营商环境优化系统。加快建设智慧长江物流工程，实施港口装卸、船舶运行、三峡过闸等数字化管理，推动三峡过闸安检和调度前移，逐步覆盖成渝地区沿江港口。推动成都经开区无水港、重庆果园港双港联动。共同争取国家开展三峡水运新通道研究并启动建设。力争到2025年，成渝地区长江上游港口货物吞吐量达3.1亿吨。（责任单位：重庆市政府口岸物流办、市交通局；四川省交通运输厅、省政府口岸物流办）

高起点构建区域国际航空网络。支持两地机场集团交叉持股，打造成渝航空战略联盟。推动成都双流国际机场、成都天府国际机场、重庆江北国际机场资源开放共享，支持共营卡车航班，推动两地机场互为异地货站，有效实现运力统筹和航线整合，做大国际航空中转，共建国际航空枢纽。支持重庆新机场错位发展，推动万州、黔江、绵阳、宜宾、泸州、达州等支线机场协同运营，打造错位发展、功能互补的世界级机场群。力争到2025年，成渝地区机场实现年货邮吞吐量150万吨，国际航线覆盖130个城市。（责任单位：重庆市政府口岸物流办、市发展改革委、市交通局、市国资委，有关区县政府；四川省政府口岸物流办、省发展改革委、省国资委，有关市州政府）

高标准推动区域多式联运协同。依托通道运营企业及国家物流枢纽运营主体，推进各环节、各运输方式联运转运规范作业，强化票证单据、服务标准协调对接。创新区域多式联运组织，深入推进“一单制”试点，探索赋予多式联运单证物权凭证功能，共同培育全程服务主体。合作推进国家多式联运示范工程建设，打造万达开多式联运合作试验区，共同培育商品车、冷链、化工品等专业多式联运市场。力争到2025年，区域集装箱铁水联运量年均增长10%以上，联合新增2—3条对外多式联运线路。（责任单位：重庆市政府口岸物流办、市交通局，有关区县政府；四

川省交通运输厅、省政府口岸物流办，有关市政府）

（二）增强物流通道网络一体化运行能力

推动面向成渝地区统一分拨配送的公路整车、零担、综合物流等企业，选择毗邻地区建设跨区域公共运力资源池。完善成都铁路枢纽集疏运体系，加快建设成都经泸州（宜宾）、百色至北部湾西线铁路通道，有序推进泸州、宜宾等重要物流节点建设，提高四川至北部湾铁海联运通道运输组织效率。深化泸州港、宜宾港与重庆港水水、铁水、公水联运合作，推动江津到北部湾冷链班列服务延伸至泸州。加快万达开物流一体化建设，支持常态化开行万州/开州—达州—团结村中心站的中转续接班列。加快完善铁路多式联运、冷链物流等集成服务，推动遂（宁）潼（南）、内（江）荣（昌）、合（川）广（安）长（寿）物流一体化发展。（责任单位：重庆市政府口岸物流办、市交通局，有关区县政府；四川省交通运输厅、省政府口岸物流办，有关市政府）

（三）强化区域口岸物流信息平台联动

持续完善川渝国际贸易“单一窗口”功能，延伸国际贸易全链条服务，深化川渝“单一窗口”合作，推进空运物流单证、铁路物流信息等互联互换，推进智能制单、跨境电商无纸化申报等特色功能共享共用。力争到2025年，川渝“单一窗口”实现与主要口岸、海关特殊监管区域、金融机构对接，总申报量达1亿票，货物申报时间降低15%以上。共同深化国际贸易“单一窗口”西部陆海新通道平台建设，完善商品归类、原产地证提示、贸易国别风险提示等功能。力争到2025年，降低通关单证成本70%以上，西部陆海新通道沿线省（区、市）应用覆盖率50%以上。（责任单位：重庆市政府口岸物流办、重庆海关，有关区县政府；四川省政府口岸物流办、成都海关，有关市州政府）

三、培育提升区域口岸物流经济发展动能

（一）打造供应链一体化服务体系

依托成渝地区双城经济圈支柱产业，共建生产服务信息平台和制造业供应链物流服务网络，推进物流与产业融合发展。完善特色农业物流服务网络，积极整合快递、邮政、供销、物流等资源，打造“多站合一、一站多能”的县、乡、村商业消费网点，共同推动多层级、广覆盖的特色农业冷链物流设施建设，服务保障特色农副产品规模化“走出去”和“引进来”。（责任单位：重庆市政府口岸物流办、市经济信息委、市商务委，有关区县政府；四川省政府口岸物流办、经济和信息化厅、交通运输厅、商务厅）

（二）共同培育发展枢纽经济

依托重庆、成都极核，加快重庆空港型国家物流枢纽建设，推进成都空港型国家物流枢纽申报，培育“适空高端制造+临空枢纽服务”航空枢纽经济。发挥达州商贸服务型国家物流枢纽供应链组织优势，积极申报重庆生产服务型国际物流枢纽，推进万达开枢纽经济发展。加快发展成渝中部枢纽经济，合作共建遂宁陆港型国家物流枢纽，支持打造遂（宁）潼（南）成渝中部物流配送枢纽，推动广安全面融入重庆都市圈。推动川南渝西枢纽经济发展，支持自贡、泸州、内江、

宜宾、江津、永川、綦江—万盛、大足、铜梁、荣昌共建川南渝西融合发展试验区，合作共建泸州港口型国家物流枢纽、重庆陆港型国家物流枢纽。加快建设重庆港口型国家物流枢纽，积极申报重庆商贸服务型国家物流枢纽，形成枢纽经济发展合力。（责任单位：重庆市发展改革委、市政府口岸物流办，有关区县政府；四川省政府口岸物流办、省发展改革委，有关市政府）

（三）协力推进三大口岸物流发展带

共同提升成渝主轴发展水平，推动重庆两江新区、成都经开区等加强产业集聚合作，推动重庆内陆国际物流分拨中心、成都现代国际物流供应链体系建设，依托成渝中线高铁，建设重庆国际物流城“升级版”，共同打造成渝特色口岸物流发展带。充分发挥长江黄金水道优势，支持果园港、万州港、涪陵港、珞璜港、长寿港、泸州港、宜宾港、广安港等加强合作，打造港产城联动的沿江口岸物流发展带。发挥成昆、西成等铁路大通道运力优势，强化成都平原经济区资源要素集聚作用，推动物流和生产制造、商贸流通产业融合联动发展，打造便捷高效的成绵乐口岸物流发展带。（责任单位：重庆市政府口岸物流办、市经济信息委，有关区县政府；四川省政府口岸物流办、经济和信息化厅、交通运输厅、省发展改革委，有关市政府）

四、合作开展口岸物流设施建设运营

（一）协同完善区域综合交通网络

强化区域铁路网和对外铁路通道协同建设。推进成渝中线、渝西、成达万高铁建设，积极推进成渝铁路成隆段扩能改造前期工作，加快重庆经自贡至雅安铁路研究论证，提升铁路货运能力。稳定开行城厢、团结村等站点间的小运转班列，提高成渝地区货物流转效率。探索打造高铁物流基地，共同争取国铁集团试点开行成渝地区至国内重点城市的高铁货运班列。（责任单位：重庆市交通局、市发展改革委、市政府口岸物流办，有关区县政府；四川省发展改革委、省政府口岸物流办，中国铁路成都局集团有限公司，成都市政府）

提高省际公路通道联系和通行能力。加快建设泸州至永川、大足至内江、南充至潼南、开江至梁平、铜梁至安岳等高速公路，力争开工建设成渝扩容、遂渝扩容、大竹至垫江、重庆经叙永至筠连等高速公路项目。加快推进川渝毗邻地区普通国省干线公路和快速通道建设，完善多层次路网体系，提升互联互通水平。（责任单位：重庆市交通局；四川省交通运输厅）

提升水运网络衔接能力。推进长江、嘉陵江、岷江、渠江等航道整治和航电枢纽建设，提高干支航运能力。加密支线航运网络，优化水水中转货运航线，推进干支联运常态化。构建深度辐射腹地、全面对接江海、高效联通国际的水运物流网络。（责任单位：重庆市政府口岸物流办、市交通局；四川省交通运输厅、省政府口岸物流办，有关市政府）

（二）协作推进枢纽设施建设运营

发挥国家骨干冷链物流基地作用，共同布局建设冷链产销集配中心，加强农产品冷链物流企业协同运营。深化荣昌综合物流园与泸州、宜宾等地合作。支持广安、合川、长寿共建长寿港沿江现代物流园。加快万州新田港、秦巴（达州）国际无水港、西南（自贡）国际陆港、开州港、广安港等航运物流设施建设。持续建设铁路口岸国际邮件互换中心，积极申建各类指定监管场地。

（责任单位：重庆市政府口岸物流办、市商务委、重庆海关，有关区县政府；四川省发展改革委、商务厅、省政府口岸物流办，有关市州政府）

（三）协同拓展境外口岸物流枢纽节点

加强成渝地区海外服务和贸易物流资源共享，推动重庆中欧班列在德国杜伊斯堡等既有海外仓扩容提质，逐步完善成都中欧班列波兰马拉运控中心功能，探索在不来梅、布达佩斯、塔什干等主要节点打造中欧班列（成渝）海外仓，优化配置物流中心、还箱点等配套资源，提升集散能力和物流组织水平。研究推动西部陆海新通道境外节点建设，加大海外仓、铁路场站、车辆购置等场站设施设备建设投入，部署建设柬埔寨、缅甸、泰国等地境外物流运营体系，提升南向货源组织能力。（责任单位：重庆市政府口岸物流办、市商务委；成都市政府，四川省政府口岸物流办）

（四）合力推动口岸建设和服务一体化

增强成渝地区口岸联动开放合力，共同争取重庆铁路口岸、成都铁路口岸和万州港、涪陵港、珞璜港、长寿港、泸州港、宜宾港水运口岸以适当方式对外开放，推动九寨黄龙机场、万州机场口岸开放。力争到 2025 年，新增 1～2 个正式开放口岸。培育壮大口岸经济发展平台，探索新路径、新模式，共同申报口岸经济高质量发展示范区建设试点。持续推动综合保税区优势互补和高质量发展，从区域布局角度，研究建设服务成渝地区的保税物流中心（B 型）。协调优化成渝地区口岸提效降费措施和便利通关模式，强化应用果园港、泸州港启运港退税政策。（责任单位：重庆市政府口岸物流办、市商务委、重庆海关、市财政局；四川省政府口岸物流办、商务厅、财政厅、成都海关）

五、优化区域口岸物流协同发展环境

（一）完善协同发展机制。建立区域口岸物流一体化发展协商合作联席会议机制，开展定期会商，统筹推进区域合作，协同开展口岸物流规划编制、跨省市重大基础设施建设等工作，推进实施方案落地落实。

（二）营造一体化营商环境。规范口岸物流领域市场准入管理，探索建立区域内互认准入机制，统筹开展区域反垄断和反不正当竞争。加大金融支持力度，鼓励不同属地、不同类型企业开展资产整合。加强区域物流用地、税收、招商引资等方面优惠政策协同，营造公平发展环境。

（三）深化行业统筹治理。加强规划统筹，有机衔接国土空间、城市建设、产业发展等规划，围绕重大物流设施、重大物流通道、区域物流枢纽等，推进配套交通网络规划与建设。共同制定一批区域口岸物流行业标准，推进口岸管理内容、流程等协同互认。健全区域应急物流协调联动机制，制定应急预案，加强应急力量建设。

（四）合作培养聚集人才。搭建成渝地区口岸物流产学研合作平台，组建区域口岸物流发展智库，鼓励区域龙头物流企业、商贸流通企业与大专院校深度合作，定向培养企业所需的专业物流人才，协同制定物流人才引进激励政策。

附件：共建成渝地区双城经济圈口岸物流体系重点事项清单（2022—2025 年）

附件

共建成渝地区双城经济圈口岸物流体系重点事项清单（2022—2025年）

序号	重点事项	责任单位		完成时限
		重庆市	四川省	
1	共同做优陆海新通道运营有限公司，支持陆海新通道运营重庆有限公司与四川陆海新通道公司高度协同、市场共享，共同争取通道培育政策，实现运作、规则、品牌“三统一”。	市政府口岸物流办 市商务委	商务厅 省政府口岸物流办	2025年
2	力争成渝地区经西部陆海新通道累计运输货物达46万标箱。	市政府口岸物流办 市商务委	商务厅 省政府口岸物流办	2025年
3	推进陆海新通道公共信息平台建设，支持实体平台创新发展，提升通道服务水平。	市政府口岸物流办 市商务委	商务厅 省政府口岸物流办	2025年
4	共同打造中欧班列（成渝）品牌，力争年开行量超5000列。	市政府口岸物流办	成都市政府 省政府口岸物流办	2025年
5	联合开展至俄罗斯、波兰等线路竞争性谈判，推动实现成本更低、服务更优。	市政府口岸物流办	成都市政府 省政府口岸物流办	2025年
6	共同建设运营杜伊斯堡、蒂尔堡海外仓，力争西部陆海新通道和中欧班列新增3~5个海外仓，提供海外一站式服务。	市政府口岸物流办	成都市政府 省政府口岸物流办	2025年
7	高质量共建长江上游航运中心，力争成渝地区长江上游港口货物吞吐量达3.1亿吨。	市政府口岸物流办	交通运输厅	2025年
8	加快建设智慧长江物流工程，逐步覆盖成渝地区沿江港口。	市政府口岸物流办	交通运输厅	2023年
9	加快重庆空港型国家物流枢纽建设，推进成都空港型国家物流枢纽申报。	市政府口岸物流办 市发展改革委	省发展改革委	2025年
10	探索两地机场集团交叉持股，打造成渝航空战略联盟。	市国资委 市政府口岸物流办	省国资委 省政府口岸物流办	2025年
11	打造成都、重庆“双轴辐式”航线网络，力争成渝机场国际航线覆盖130个城市。	市政府口岸物流办 渝北区政府	成都市政府 省政府口岸物流办 省发展改革委	2025年
12	加强成都双流国际机场、成都天府国际机场、重庆江北国际机场运力统筹，打造国际航空枢纽，力争成渝机场实现年货邮吞量150万吨。	市政府口岸物流办 渝北区政府	成都市政府 省政府口岸物流办 省发展改革委	2025年
13	高成效推动区域多式联运协同，力争区域集装箱铁水联运量年均增长10%以上。	市政府口岸物流办 市交通局	交通运输厅	2025年
14	加强多式联运线路开发，力争联合新增2~3条对外多式联运线路。	市政府口岸物流办 市交通局	交通运输厅 省政府口岸物流办	2025年

续表

序号	重点事项	责任单位		完成时限
		重庆市	四川省	
15	深化多式联运合作，共同打造万达开多式联运合作试验区。	市政府口岸物流办 万州区政府 开州区政府	交通运输厅 省政府口岸物流办 达州市政府	2025 年
16	申报建设 2~3 个国家多式联运示范工程。	市政府口岸物流办 市交通局	交通运输厅 省政府口岸物流办	2025 年
17	加强成渝地区公路物流合作，力争推动落地 1~2 个成渝公路货运班车项目。	市政府口岸物流办	交通运输厅	2023 年
18	力争新增 1~2 个正式开放口岸。	市政府口岸物流办	省政府口岸物流办	2025 年
19	川渝“单一窗口”实现与主要口岸、海关特殊监管区域、金融机构对接，力争总申报量达 1 亿票。	市政府口岸物流办 重庆海关	省政府口岸物流办 成都海关	2025 年
20	推进国际贸易“单一窗口”西部陆海新通道平台、水运营商环境等系统在川渝两地共享共用。	市政府口岸物流办 重庆海关	省政府口岸物流办 成都海关	2025 年

贵州省

一、综述

2022年，贵州省深入贯彻党的二十大精神和习近平总书记对贵州工作的系列重要指示批示精神，按照国家口岸管理办公室工作部署，结合贵州省实际情况，依托贵州电子口岸，持续深化中国（贵州）国际贸易单一窗口（以下简称贵州“单一窗口”）建设，将国际贸易“单一窗口”全流程无纸化建设作为贵州省口岸建设发展重点工作之一，并将其纳入省政府工作要点，定期制订宣传推广计划，确保企业用好各项功能。

截至2022年年底，贵州“单一窗口”集成20项标准版功能，开发贵州省跨境电商公共服务平台、“单一窗口”数据安全管理系统、“单一窗口”两步申报查询系统3项地方特色功能，已成为贵州省进出口企业办理货物申报的主要平台。制定印发《贵州国际贸易“单一窗口”全流程无纸化建设工作方案》（黔商函〔2022〕32号）、《省商务厅关于成立贵州国际贸易“单一窗口”全流程无纸化建设工作专班的通知》。严格按照运行管理办法，持续做好运维保障，推广95198服务热线，及时完成国家运维和服务请求两项管理规程。全年组织开展2次全省规模的线上培训，累计180余家省内进出口企业参加。

二、运行情况

（一）运行数据

截至2022年年底，贵州“单一窗口”货物申报1.62万票，舱单申报5票，运输工具申报94票，企业资质办理5352票，原产地证申领6435票，税费支付1657票，加贸保税5.22万票，物品通关74票，监管证件347票，出口退税75笔。

“单一窗口”运维管理服务平台受理服务请求2003次，已解决2003次，其中微信服务请求1422次、热线服务请求581次，处置率达100%。标准版主要业务应用保持全覆盖。

（二）运行维护

借助中央外经贸发展专项资金，确保各项运维工作顺利进行。持续建立运维管理台账，定期对各类问题进行归纳整理，形成“单一窗口”常见问题和运维知识库。同时，为及时处理企业存在问题，省口岸办、贵阳海关、省税务局等联合建立服务群，第一时间对企业存在问题进行处理，并定期向有关企业发送意见征求调查问卷。

（三）宣传推广

8月23日，省口岸办举办贵州“单一窗口”线上专题培训。主要围绕系统使用流程及使用操作进行讲解，包括介绍单一窗口最新情况进展、“单一窗口+出口信保”政策宣讲、许可证申领及应用等相关内容，邀请贵阳海关对贸易便利化相关政策进行解读，并针对企业在使用“单一窗口”过程中发现的问题进行现场解答。

12月9日，省口岸办举办贵州“单一窗口”线上专题培训。主要围绕系统使用流程及使用操作进行讲解，包括介绍单一窗口最新情况进展、进口关税配额管理系统申请端操作等相关内容，并针对企业在线上培训和操作过程中遇到的问题进行答疑互动。

三、特色应用

（一）贵州省跨境电商公共服务平台运营

结合中国（贵州）跨境电商综合试验区建设，持续优化贵州跨境电商公共服务平台运营。截至2022年12月31日，累计完成77家跨境电商企业入驻平台。“1210”“9610”业务下已完成申报清单94.63万张，涉及金额约7756.88万元；“9710”业务下已完成申报订单6527单，涉及金额约65.38亿元；“9810”业务下已完成申报订单5单，涉及金额约774万元。累计处理解决企业有关问题1076个。

（二）贵州省跨境电商公共服务平台的改造升级建设

为贯彻落实党中央、国务院关于加快跨境电商新业态发展的总体部署要求，发挥跨境电商稳外贸保就业等积极作用，完成贵州省跨境电商公共服务平台软硬件设施升级改造，优化软件结构等；增加报文拆解、报文解签、传输协议扩展、IBMMQ传输服务等，并升级平台单证流转处理效率；更换三级数据交换节点软件，提高上行、下行报文执行效率，实现报文交换处理能力由原来的1秒6个报文（一天可处理51万余个报文），提高到现在的1秒100个报文（一天可处理864万个报文）。此外，通过采购平台和三级交换节点运维服务，保障平台和三级交换节点故障解决效率、应急响应能力，确保未来跨境贸易单量陡增的情况下实现高质量保障。

四、大事记

7月12日

印发《贵州国际贸易“单一窗口”全流程无纸化建设工作方案》（黔商函〔2022〕32号）。

11月7日

印发《贵州省商务厅关于成立贵州国际贸易“单一窗口”全流程无纸化建设工作专班的通知》。

云南省

一、综述

中国（云南）国际贸易单一窗口（以下简称云南“单一窗口”）上线运行以来，立足云南实际，不断完善和提升综合服务能力，积极拓展特色服务功能。2022 年，围绕全省智慧口岸建设，探索运用物联网、大数据、人工智能等技术手段，启动口岸（通道）、港口、海关特殊监管区域“场场联动”业务模式建设，不断优化资源和要素配置，提升口岸通关效率。

不断完善系统功能，开展服务保障工作。一是对标发达地区建设模式，推动 RCEP 最优关税查询系统等功能部署，方便企业查询比较不同国际贸易协定下的税率政策。二是完成与标准版边民互市系统的对接，进一步规范边民互市交易，提升贸易便利化水平。三是及时收集和解决企业提出的问题，为企业提供“7×24 小时”服务。四是广泛开展“单一窗口”政策解读和业务功能培训会，提高云南“单一窗口”应用率。

二、运行情况

（一）运行数据

截至 2022 年年底，云南“单一窗口”注册企业 9369 家，较 2021 年增加 1790 家；注册用户 1.36 万个，较 2021 年增加 2521 个；累计注册边民 10 万多人。全年货物申报 35.36 万票，舱单申报 127.01 万票，运输工具申报 22.96 万票，企业资质办理 1.87 万票，原产地证申领 9.36 万票，税费支付 1710 票，加贸保税 7.84 万票，物品通关 21.60 万票，监管证件 4698 票，出口退税 33 笔。

（二）运行维护

云南省口岸办牵头组织实施云南“单一窗口”信息系统的运行维护管理工作，组织制定信息系统的维护规程、维护管理办法、运维制度和信息安全管理制度，统筹开展云南“单一窗口”信息系统运维管理、监督检查和质量考核评定工作。

为保障云南“单一窗口”稳定运行，运维单位对云南“单一窗口”硬件设备每日进行 1 次远程巡检、每周进行 1 次机房现场巡检，汇总形成运维日报、服务器终端巡检周报和网络安全设备巡检周报。

信息安全保障方面，按照信息安全等级保护三级要求进行系统整改，完成并通过等级保护测评。除做好日常的安全检查保障外，针对特定时期开展专项信息安全保障工作（护网行动、渗透测试、应急演练等），全面保障重大节日及活动期间的信息安全。

客户服务方面，建立 95198 服务热线、2 个 QQ 运维群、6 个微信运维群，为云南进出口贸易企业提供服务咨询、答疑服务，2022 年共为企业解决问题 5191 个。

（三）宣传推广

业务培训方面，围绕原产地证（RCEP 篇）海关政策解读及系统操作、跨境电商相关政策讲解及解读、海关通关便利化、原产地管理、AEO 高级认证企业以及标准版边民互市系统应用等专题，组织多次线上线下培训，培训人数逾 1000 人。对于个人用户，提供针对特定操作流程的一对一线上操作指导。

信息发布方面，门户网站共发布新闻资讯、通知公告超 1000 条，访问量 8 万多人次。

三、特色应用

（一）边民互市系统

2022 年，云南“单一窗口”边民互市系统已完成与标准版边民互市系统的对接，业务功能主要涵盖进境运输工具申报、出境运输工具申报、进口商品申报、出口商品申报等，已覆盖云南省所有沿边州市边民互市点。截至 2022 年年底，边民互市系统累计注册边民 10 万多人，全年全省边民互市货值共计 132 亿元，其中进口货值 86 亿元、出口货值 46 亿元；货运量共计 452 万吨，其中进口货运量 327 万吨、出口货运量 125 万吨；业务量共计 173 万票，其中进口 113 万票、出口 60 万票。

（二）“场场联动”业务模式

主要在云南省内实施口岸（通道）、港口、海关特殊监管区域“场场联动”业务模式建设，包含 AEO 企业备案管理、转关车辆备案等软件系统和智能关锁、卡口改造等硬件改造。将卡口管理、园区管理、口岸港口管理融为一体，实行“港、区、场”联动综合管理，通过区域化、网络化、电子化的通关模式，在全封闭的监管条件下，可减少 2 项海关作业手续和 4 份企业申报资料，转关时间减少 50%，提高货物通关效率，切实为企业节省口岸仓储和物流成本。

四、大事记

1 月 21 日

云南省政府发布《云南省人民政府关于印发云南省加快对接 RCEP 行动计划的通知》（云政发〔2022〕5 号）。

4 月 7 日

云南“单一窗口”上线 RCEP 最优关税查询系统。

7月21日

云南省商务厅副厅长、省口岸办主任马俊在重庆参加国际贸易“单一窗口”西部陆海新通道平台第二次建设推进研讨会。

11月11日

启动云南“单一窗口”“场场联动”业务模式建设。

五、政策文件

云南省人民政府关于印发云南省加快对接RCEP行动计划的通知

云政发〔2022〕5号

各州、市人民政府，省直各委、办、厅、局：

现将《云南省加快对接RCEP行动计划》印发给你们，请结合本地本部门实际，认真贯彻落实。

云南省人民政府

2022年1月21日

（此件公开发布）

云南省加快对接RCEP行动计划

为加快对接《区域全面经济伙伴关系协定》（RCEP），做好内外统筹、双向开放文章，推动我省成为强大国内市场与南亚东南亚国际市场之间的战略纽带、“大循环、双循环”的重要支撑，制定本行动计划。

一、聚焦RCEP关税减免，深挖贸易合作潜力

（一）深化与东盟国家贸易合作。深耕东盟传统市场，以首年减税至零的商品和新增减税商品为重点，促进水果及坚果、蔬菜、花卉、烟草、中药材等特色农产品出口，加大机电产品、化工产品、运输设备、家电产品、纺织品、金属制品等出口。积极创建进口贸易促进创新示范区，加快口岸海关指定监管场地建设；支持金属矿砂、煤炭、天然橡胶、天然气、原油等大宗商品和水果、水产品、肉牛、木材等特色产品扩大进口。支持与周边国家电力贸易，不断扩大电力交易范围和交易规模。（责任单位：省工业和信息化厅、省农业农村厅、省商务厅、省能源局，昆明海关，各州、市人民政府按照职责分工负责）

（二）挖掘与日韩澳新贸易潜力。重点关注日韩市场新增减税商品，积极推动机电产品、纺织品、杂项制品等出口，着力扩大松茸、花卉、咖啡、烟草、茶叶、中药材等农产品出口；鼓励企业进口集成电路、存储器、汽车零部件、医疗仪器等高新技术产品和药品、家电等商品。拓展澳新贸易空间，提升高原特色农产品、化工产品、家具等出口份额，扩大金属矿砂、乳制品、牛肉等优质产品进口。通过驻外商务代表处在日韩澳新设立“云品”展示展销中心。（责任单位：省

工业和信息化厅、省农业农村厅、省商务厅，昆明海关，各州、市人民政府按照职责分工负责）

（三）创新发展边境贸易。推动周边国家水果、蔬菜等农产品检验检疫准入风险分析工作，丰富边民互市商品种类；加快边民互市贸易进口来源地清单落地实施，发展边民互市贸易进口商品落地加工。完善边民互市点基础设施，建设邻接口岸的加工、物流园区和专业市场。创新发展“互联网+边民互市”，引导企业线上推广、线下交易，鼓励出口周边国家所需的食品、日用百货等商品。（责任单位：省农业农村厅、省商务厅，昆明海关、省税务局、国家外汇管理局云南省分局，各边境州、市人民政府按照职责分工负责）

（四）加大贸易主体培育和市场开拓力度。实施贸易市场主体倍增行动，内培外引一批“互联网+边境贸易”龙头企业和互市贸易落地加工试点企业，吸引具有较强国际经营能力和海外市场优势的市场主体落地云南，鼓励在我省口岸有进出口业务的企业注册落地。加快贸易企业集聚园区、农产品国际贸易中心建设，推动外向型经济主体及业务向开放型平台集中。指导外贸企业特别是民营企业精准对接 RCEP 国家市场需求，提升“拓市场、抢订单”能力。（责任单位：省商务厅、省投资促进局、贸促会云南省分会，各州、市人民政府按照职责分工负责）

二、聚焦 RCEP 新增承诺，深化服务贸易和双向投资合作

（五）加快发展服务贸易。积极推进运输服务、教育服务、金融保险、商业服务、文化服务、通信服务、建筑及相关服务等领域对接 RCEP 规则，重点发展旅游、运输、中医药、教育等服务贸易，鼓励开展研发、设计、批发零售等制造业相关服务贸易，积极推动金融结算、外贸型保险、投融资等供应链金融服务贸易发展。支持服务贸易企业建立面向 RCEP 国家的综合服务网络。（责任单位：省发展改革委、省工业和信息化厅、省教育厅、省住房城乡建设厅、省交通运输厅、省商务厅、省文化和旅游厅、省卫生健康委、省地方金融监管局、省投资促进局，省通信管理局、人民银行昆明中心支行、云南银保监局，各州、市人民政府按照职责分工负责）

（六）加大吸引外资力度。健全外商投资促进和服务体系，落实外商投资准入前国民待遇加负面清单管理制度，及时清理我省现行与《外商投资法》及 RCEP 外商投资领域不符的规定。建立针对 RCEP 国家的招商项目库，积极引进境外“隐形冠军”企业和产业链龙头企业来滇投资。加大对日韩在新能源、装备制造、汽车、半导体材料及设备、家电制造、现代农业、生物医药、旅游文化、物流、数字经济等领域的招商引资力度。（责任单位：省发展改革委、省工业和信息化厅、省科技厅、省农业农村厅、省商务厅、省文化和旅游厅、省卫生健康委、省能源局、省投资促进局，各州、市人民政府按照职责分工负责）

（七）稳步推进对外投资合作。稳步推进与 RCEP 国家在制造业、农业、林业、渔业、采矿业等领域的投资合作，强化与缅甸、老挝、泰国、柬埔寨等国开展农业园区、商贸物流园区、加工制造园区和文旅园区等投资合作。积极承接国家对东盟国家的援助项目，主动做好农业发展示范和农业科技推广运用等援助工作。支持法律、会计、税务、投资顾问等中介机构和社会组织“走出去”，提升对外投资合作专业化水平。（责任单位：省发展改革委、省工业和信息化厅、省民政厅、省司法厅、省财政厅、省自然资源厅、省农业农村厅、省商务厅、省文化和旅游厅、省外办，省税务局，各州、市人民政府按照职责分工负责）

（八）积极布局区域产业协作。充分利用 RCEP 国家之间的产业互补性，围绕先进制造、新材料、生物医药、绿色能源、环保等产业链缺失环节，加强与 RCEP 其他成员国的产业分工协作，

逐步完善产业链布局。促进劳动密集型产业向沿边地区集聚，与周边国家形成紧密产业协作，打造沿边特色产业经济带。（责任单位：省发展改革委、省工业和信息化厅、省科技厅、省人力资源社会保障厅、省生态环境厅、省商务厅、省外办、省能源局，省投资促进局，各州、市人民政府按照职责分工负责）

（九）用好用足原产地区域累积规则。充分利用原产地区域累积规则，优化资源配置，调整供应链布局，降低生产成本，建立更精密更完善的产业链分工体系，促进我省轻工、机械、电子信息等产品出口。利用 RCEP 背对背原产地规则开展分销业务，扩大区域内原材料、零部件等中间品生产和采购规模，推动云南建成面向 RCEP 区域的生产资料和中间产品大市场。（责任单位：省发展改革委、省工业和信息化厅、省商务厅、贸促会云南省分会，昆明海关，各州、市人民政府按照职责分工负责）

三、聚焦 RCEP 开放环境，着力打造高水平合作平台

（十）立体推进“通道+平台”建设。以面向南亚东南亚和环印度洋地区开放的大通道和桥头堡建设为引领，强化通道枢纽与园区平台间的协同互动；依托现有特色产业集聚区和自贸试验区、经开区、综保区、边（跨）合区等开放平台，加强与 RCEP 国家在先进制造、绿色能源、生物医药等领域产能合作。围绕 RCEP 关税减让、投资、原产地规则、服务贸易、跨境电商、知识产权保护等规则，在自贸试验区开展跨境制度创新和开放环境压力测试，在货物（邮件快件）通关、贸易统计、原产地证书核查、检验检疫标准、打假维权等方面开展多双边合作，探索将原产地声明制度实施范围逐步扩大到所有出口商和生产商，先行先试服务贸易负面清单承诺表。（责任单位：省发展改革委、省工业和信息化厅、省商务厅、省市场监管局，昆明海关，各州、市人民政府按照职责分工负责）

（十一）推进跨境电子商务综合试验区建设。增强跨境电商综合试验区“两平台、六体系”功能，发展壮大一批具备交易、物流、报关、综合服务等要素集聚、主体多元、服务专业的跨境电商园区。支持园区内企业利用 RCEP 关税减免大力发展跨境电子商务。推动昆明长水国际机场跨境电商直邮（直购）监管中心、腾俊保税物流中心（B 型）、昆明综合保税区经开片区跨境电商园区等跨境电商进出口业务发展，促进跨境电商业务全模式落地。支持企业加快发展面向 RCEP 市场的跨境电商出口海外仓业务。（责任单位：省发展改革委、省商务厅，昆明海关，昆明市、德宏州人民政府按照职责分工负责）

（十二）加快市场采购贸易方式试点发展。精准对接 RCEP 市场需求，拓展市场采购贸易方式试点商品种类，开展茶叶、果蔬、鲜花等特色商品市场采购贸易出口试单。梳理市场采购出口商品享惠 RCEP 正面清单，简化重点商品申请 RCEP 原产地证书的材料和流程。举办 RCEP 国家市场采购贸易商对接会，提升试点影响力。加快推进昆明市、德宏州瑞丽市市场采购贸易方式试点工作，优化市场采购贸易综合管理系统，推进全国通关一体化、出口转关通关模式。（责任单位：省商务厅、省市场监管局，昆明海关、省税务局，昆明市、德宏州人民政府按照职责分工负责）

（十三）用好现有机制和会展平台。依托中国—南亚博览会举办中国（云南）RCEP 国家专家对话会、RCEP 贸易投资峰会等活动。依托 GMS 经济走廊省长论坛举办 RCEP 促进澜沧江—湄公河区域跨境经济发展论坛。邀请 RCEP 有关国家共同举办边境经济贸易交易会等活动。将 RCEP 相关领域合作纳入云南—老北合作工作组会议、滇缅合作论坛、中越五省市经济走廊合作会议等

议题。（责任单位：省发展改革委、省商务厅、省外办、省投资促进局、贸促会云南省分会，各州、市人民政府按照职责分工负责）

（十四）建设RCEP企业服务中心。围绕企业需求，通过政府主导、市场运作方式，建设“一站式”RCEP企业服务中心，为广大企业走向RCEP其他成员国市场和RCEP其他成员国企业进入云南市场提供商务、法律、税务、关务、金融、物流等专业化服务，实现企业全链条全流程服务，打造云南面向RCEP市场的示范窗口。（责任单位：省司法厅、省商务厅、省地方金融监管局、贸促会云南省分会，昆明海关、省税务局、人民银行昆明中心支行、云南银保监局按照职责分工负责）

四、聚焦RCEP规则体系，持续提升便利化水平

（十五）提升原产地证书申领便利化水平。优化原产地签证管理模式，尽快推动RCEP原产地管理信息化应用项目3.0版本在云南上线应用，稳步推进海关原产地业务全流程无纸化线上办理。加强对企业在原产资格、进口申请享惠、原产地证明出具及核查等有关标准和操作流程的培训，指导企业用好经核准出口商原产地自主声明、原产地证书智能审单、企业自助打印等便利措施。（责任单位：省商务厅、贸促会云南省分会，昆明海关按照职责分工负责）

（十六）加快提升口岸通关便利化水平。加快推进“智慧口岸”建设，加快东盟农产品快速通关“绿色通道”建设，采取预裁定、抵达前处理、信息技术运用等高效管理手段，落实易腐货物、快运货物“6小时”通关要求。积极与新加坡、马来西亚、泰国等国家开展国际贸易“单一窗口”建设，持续提升通关便利化水平。通过信用政策宣讲、配备企业协调员、建立AEO认证企业培育库等措施，引导企业积极申请AEO认证。（责任单位：省商务厅，昆明海关，有关州、市人民政府按照职责分工负责）

（十七）提升跨境物流便利化水平。以完善内联外通枢纽功能、打造战略枢纽为重点，全面对接RCEP规则，加快推进中老铁路国际班列、中缅印度洋新通道等重点项目建设。加强中国（云南）自由贸易试验区、开发区、海关特殊监管区、口岸等开放型平台物流载体功能建设，推动跨境多式联运、跨境甩挂运输、集装化运输、“点对点”直达货运列车、国际全货机航班等发展。支持具备较强跨境物流经营实力和境外资源整合能力的物流信息交易平台运营企业延伸拓展面向RCEP国家的跨境物流信息服务业务。（责任单位：省发展改革委、省交通运输厅、省商务厅、云南机场集团，中国铁路昆明局集团有限公司、昆明海关，各州、市人民政府按照职责分工负责）

（十八）提升自然人移动便利化水平。加快落实RCEP中涉及移民管理领域的约束性义务清单，研究出台RCEP其他成员国商务访问者、公司内部流动人员、合同服务提供者、安装和服务人员、随行配偶及家属等自然人临时入境的便利化措施，为RCEP其他成员国高层次人才入境及停居留提供便利。积极配合国家推进与缅甸、越南等周边国家签署跨境人力资源合作协议，推动开展职业资格国际互认。（责任单位：省公安厅、省教育厅、省人力资源社会保障厅、省商务厅、省外办，云南出入境边检总站，各州、市人民政府按照职责分工负责）

五、聚焦RCEP生效实施，营造良好发展环境

（十九）强化知识产权保护。利用现有多双边对话合作机制推进与周边国家的知识产权保护合作，完善海外知识产权维权援助机制。推动中国（云南）自由贸易试验区知识产权运营服务中

心、中国（云南）知识产权维权援助中心、中国（昆明）知识产权保护中心等建设。持续实施地理标志运用促进工程，开展地理标志与专利、商标等多类型知识产权协同运用。加强与国家海外知识产权纠纷应对指导中心的沟通联系，强化海外知识产权纠纷预警防范。（责任单位：省商务厅、省市场监管局、省知识产权局，昆明海关，各州、市人民政府按照职责分工负责）

（二十）创新国际争端解决机制。支持与 RCEP 其他成员国开展法律事务合作，促进仲裁、调解、公证、鉴定等法律服务多元化，支持市场主体依法选择商事纠纷解决方式。常态化开展 RCEP 国家贸易摩擦信息收集、预测和预警工作，提升企业海外风险防范能力。实施涉外律师领军人才培养计划，组建适应 RCEP 国家的涉外法律服务人才库。（责任单位：省司法厅、省商务厅、省外办、贸促会云南省分会按照职责分工负责）

（二十一）完善工作机制。建立由省人民政府主要领导任组长的 RCEP 跨部门协调推进工作机制，强化部门间协同配合。持续开展 RCEP“一国一策”、“一品一策”规则研究和探索实践，及时反映 RCEP 对我省贸易投资领域以及各相关行业的影响与挑战。各地、有关部门要依据本行动计划研究制定具体措施，合力推动 RCEP 落地见效。（责任单位：省商务厅牵头，省直有关部门，各州、市人民政府按照职责分工负责）

附件：云南省加快对接 RCEP 行动计划重点任务清单（略）

西藏自治区

一、综述

2022 年，西藏自治区商务厅（口岸办）加强组织推广，积极引导企业应用标准版，不断提升“单一窗口”业务应用率，加快推进中国（西藏）国际贸易单一窗口（以下简称西藏“单一窗口”）建设。

为完善西藏对外贸易系统共享协调机制，推动数据汇聚融合，打通信息壁垒，形成覆盖全区、统筹利用、统一接入的对外贸易数据共享大平台，推进跨层级、跨地区、跨系统、跨部门、跨业务的数据有序流通和共享，自治区口岸办依托自治区电子政务云服务推动西藏“单一窗口”建设。拟建设“单一窗口”门户网站、标准版功能融合、呼叫中心、口岸物流调拨、边民互市综合服务系统、进出口货物物流实时状态监测、通关时效采集分析、口岸运行三级指挥调度、卡口总线升级及数据预定、北斗物流监控、数据交换中心数、数据落地中心 12 个业务功能。

二、运行情况

（一）运行数据

截至 2022 年年底，西藏“单一窗口”货物申报 7418 票，舱单申报 6190 票，企业资质办理 621 票，原产地证申领 10 票，税费支付 688 票，加贸保税 53 票，物品通关 4 票，监管证件 45 票。

（二）运行维护

2022 年，通过 95198 服务热线和 2 个服务微信群，及时解决企业在应用“单一窗口”时遇到的系统操作等问题。组织人员积极参加系统操作、系统运维等线上培训，不断提升运维人员的专业能力和服务水平。按照《国家口岸管理办公室关于做好“单一窗口”客户端控件升级的通知》要求，在线解答企业在“单一窗口”客户端控件升级过程中存在的问题，确保西藏“单一窗口”注册用户按时完成上线。

（三）宣传推广

为进一步改善自治区跨境贸易营商环境，提高跨境贸易管理水平，扎实做好西藏“单一窗口”实体平台建设项目前期工作，11 月 22 日，自治区口岸办组织各地口岸管委会及驻地查验部门，围绕标准版功能融合、进出口货物物流实时状态监测、通关时效采集分析和口岸物流调拨、边民互市综合服务系统、口岸运行三级指挥调度系统、呼叫中心、统一门户（含移动端）等方面的内容，召开“单一窗口”设计调研视频会议。通过召开企业座谈会和实地走访等方式，指导企业尽享“单一窗口”政策红利，切实提升企业获得感。

三、大事记

7月21日

西藏自治区商务厅副厅长唐颂在重庆参加国际贸易“单一窗口”西部陆海新通道平台第二次建设推进研讨会。

陕西省

一、综述

2022 年，陕西省口岸办在国家口岸管理办公室的指导下，依据全国口岸办主任电视电话会议精神和《国家口岸管理办公室 2022 年工作要点》有关要求，结合本省贸易情况，不断加大中国（陕西）国际贸易单一窗口（以下简称陕西“单一窗口”）推广力度，积极拓展建设地方特色应用。

二、运行情况

（一）运行数据

截至 2022 年年底，陕西“单一窗口”累计注册用户 1.01 万家，较 2021 年增加 1251 家。全年货物申报 46.63 万票，舱单申报 35.75 万票，运输工具申报 1.62 万票，企业资质办理 1.50 万票，原产地证申领 1.95 万票，税费支付 1409 票，加贸保税 50.24 万票，物品通关 446.65 万票，监管证件 1849 票，出口退税 591 笔。

（二）运行维护

1. 运营 17 个企业微信群，同时利用 95198 服务热线，及时解答企业使用陕西“单一窗口”时遇到的系统问题及业务咨询，保障陕西外贸业务正常运转，收集企业意见，发布系统升级维护通知。

2. 通过线上和线下两种方式对全省外贸企业进行技术支持，走访调研并派驻业务人员定点服务西安咸阳国际机场、西安国际港务区外贸企业等，了解其外贸业务环节及企业信息化需求。

3. 2022 年，95198 服务热线有效来电量 1.40 万通，接听来电 1.37 万通；发布服务月报共 12 期。

（三）宣传推广

1. 加强组织培训。截至 2022 年年底，累计组织企业培训 9 次，培训企业 1000 余家。2 月 28 日，举办陕西“单一窗口”货物申报、税费办理等业务功能线上推广培训班。3 月 30 日，举办陕西“单一窗口”口岸收费及服务信息发布系统线上培训班。4 月 8 日，举办陕西省进口物品口岸流转信息管理平台线上业务培训。5 月 16 日，举办陕西“单一窗口”智慧云报关线上培训。6 月 24 日，举办陕西“单一窗口”监管证件申领功能线上培训班。8 月 9 日，举办陕西“单一窗口”税款担保备案及关税保证保险培训。8 月 17 日，举办陕西“单一窗口”全国收费及服务信息发布系统线上培训。10 月 11 日，举办陕西“单一窗口”税费电子支付、减免税查询、进口非冷链货物高污染风险通知查询线上培训。11 月 9 日，举办陕西“单一窗口”全国收费及服务信息发布系统线上培训。

2. 加大宣传推广力度。通过陕西“单一窗口”门户网站、运维群，以及陕西电子口岸综合服务平台、微信公众号等多种形式，积极推进陕西“单一窗口”的推广与应用。截至 2022 年 12 月 31 日，陕西电子口岸综合服务平台发布新闻 1002 条，陕西“单一窗口”门户网站发布通知公告 24 条，陕西电子口岸微信公众号发布信息 644 条。为开展政策研究工作，采集、梳理相关新闻共 2032 条。

三、 特色应用

（一）“陕单宝典”

“陕单宝典”为外贸企业提供高效便捷的“一站式”查询服务，包含 32 项查询服务，用户可通过移动端随时随地查询智能归类、归类决定、税则、规范申报要素、海关涉证涉检、3C 目录、CIQ 编码等参数，以及报关单状态、舱单状态、通关联网状态等通关信息。

（二）大数据分析和全景数据展示平台（二期）

平台（二期）在一期的基础上建设完成了地市应用服务端和综合保税区应用服务端，实现了全省外贸运行实时数据可视化展示，便于政府部门获取所管辖区域的外贸运行情况。

（三）智能客服平台

平台建设内容包括在线客服 IM、智能机器人、知识库管理系统、工单管理系统及报表中心等。平台能够为企业提供“7×24 小时”机器人在线问答服务，大幅提升陕西“单一窗口”客服运维效率和地方特色应用客户服务能力。

（四）航空物流公共信息平台

作为国家航空物流公共信息平台的首批建设试点，该平台已完成国际航空物流服务子平台、航空物流全链状态查询子平台、航空物流大数据统计分析子平台、全景可视化子平台、基础管理子平台以及移动端的建设，能够有效解决航空物流公共信息多头填报、流转不畅、效率不高等问题。

（五）金融服务平台（二期）

平台（二期）围绕外汇收支便利化、外贸数据融资验证和贷后管理辅助验证场景，建设了收汇关单核验等 7 项功能。平台已接入中国建设银行陕西省分行和招商银行西安分行两家金融机构，10 余家企业完成试用，取得了外汇申报要素自动生成、贷后管理领域“单一窗口”数据应用、

“口岸+物流+金融”综合数据应用以及辅助优化外汇收支便利化监管 4 项全国首创建设成果。

四、大事记

3 月 22 日

陕西“单一窗口”上线微信小程序“陕单宝典”。

10 月 18 日

陕西“单一窗口”智能客服平台正式上线运行。

陕西“单一窗口”大数据分析和全景数字展示平台（二期）正式上线运行。

12 月 26 日

陕西“单一窗口”航空物流公共信息平台上线试运行。

12 月 27 日

陕西“单一窗口”金融服务平台（二期）上线试运行。

甘肃省

一、综述

2022年，甘肃省委、省政府高度重视中国（甘肃）国际贸易单一窗口（以下简称甘肃“单一窗口”）建设和推广工作，成立了以分管副秘书长和省商务厅厅长为组长、口岸各相关单位分管领导为成员的省国际贸易“单一窗口”建设协调推进领导小组，研究推动甘肃“单一窗口”建设推广工作。

甘肃省口岸办牵头负责甘肃“单一窗口”工作，统筹协调省市两级政府及各相关查验单位，健全“单一窗口”工作机制与建设运营体制，开通95198本地呼叫中心，建立“甘肃省单一窗口申报”工作群、“甘肃单一窗口操作咨询”客服群，畅通业务交流和问题解答渠道。上线运行“单一窗口”运维服务管理平台，多次组织召开专题工作会议，开展专题调研，积极推广应用“单一窗口”，加快推进甘肃“单一窗口”项目建设。

二、运行情况

（一）运行数据

截至2022年年底，甘肃“单一窗口”货物申报5986票，舱单申报10票，运输工具申报192票，企业资质办理2411票，原产地证申领5336票，税费支付1508票，加贸保税2.96万票，物品通关101票，监管证件311票，出口退税57笔。

（二）运行维护

1. 政务云平台安全机制

甘肃“单一窗口”依托甘肃省电子政务云公共平台建设，实现信息资源集中管理，为甘肃“单一窗口”“一站式”服务能力提供支撑。甘肃省电子政务云公共平台实施包括安全主体责任落实、账号口令管理、日常安全检测、安全问题预警在内的一系列安全技术及管理措施，满足信息安全等级保护三级要求，建成平台专用办公场所，完成操作人员重新授权审查，规范操作审批授权流程，采取技术手段加强账户管理，定期对应用系统进行漏洞扫描，完成商品溯源系统升级改造，保障系统安全平稳运行。

2. 客户服务机制

开通 95198 本地话务中心，提供“7×24 小时”保障服务。通过电话、QQ、微信等服务方式搜集企业反映的各类问题，协调相关单位帮助解决并及时反馈给企业。全年累计解决企业问题约 2300 件。

（三）宣传推广

1. 开展“一对一”服务

2022 年，甘肃“单一窗口”积极开展推广工作，省口岸办持续派遣技术人员深入业务现场，与企业面对面沟通、“一对一”指导操作，保障企业顺利完成业务申报工作，同时通过热线电话、QQ 群、微信群及时处理企业使用系统过程中遇到的问题，由专业客服人员“一对一”进行解答并记录工单。2022 年，累计帮助企业排解问题约 2300 例（含企业操作性问题），累计整理企业常见问题近 300 例，并通过门户网站的用户帮助—常见问题版块进行分享，在提高企业申报效率的同时进一步增强企业对应用“单一窗口”的偏好。

2. 开展线上回访

2022 年，甘肃“单一窗口”通过话务系统、QQ、微信在线进行企业回访，了解企业使用“单一窗口”时常用的功能、遇见的问题以及意见建议，并填写回访记录，共计回访企业 297 家，填写回访记录 322 份。

3. 开展培训

2022 年，甘肃省重点通过线上渠道指导进出口企业进行甘肃“单一窗口”的注册及使用。共开展线上培训 7 次，内容分别是金融服务—银行服务、货物申报系统、企业资质、原产地（RCEP 篇）、出口退税、货物贸易税费支付系统以及金融服务—保险服务，累计培训企业 550 余家、人员 561 人次。

4. 开展其他宣传推广

“甘肃国际贸易单一窗口”微信公众号每月发布 4 次，2022 年共发布内容 241 篇，涉及热点关注、关税聚焦、窗口动态、操作指导以及热点答疑等内容。借助微信公众号开设“关企通”线上服务平台，为进出口企业提供业务问题反映渠道，形成“提出—解决—反馈—评估”闭环管理模式，加强对兰州关区中小微、民营、外资进出口企业调研，坚持惠企政策集中宣讲和“精准滴灌”。

三、特色应用

（一）多式联运口岸综合服务系统

为满足企业用户对物流信息服务的需求，依托甘肃“单一窗口”平台开发建设多式联运口岸综合服务系统，消除信息孤岛现象，实现物流、信息流的融合互通，提高企业用户管理效率，提升信息化水平，推动传统物流企业向现代物流企业的转型升级。

1. 主要做法

（1）全程电子信息化管理。充分发挥互联网高效便捷的优势，将传统物流业务中货主单位和货运代理使用的纸质单据文件，转变为通过甘肃“单一窗口”电子化交互，提升沟通效率，减少线下业务模式带来的损耗。

（2）班列信息透明化。通过甘肃“单一窗口”发布班列和贸易信息，吸引更多企业参与实际业务，充分发掘市场潜力，激发潜在业务。

（3）物流信息全程可视化。通过综合货运代理发布的最新物流节点信息和95306铁路货运信息，保证各环节数据实现共享互通，为货主企业提供更加精准的实时数据支撑。

2. 创新点

在实际业务处理过程中，充分发挥互联网高效便捷的优势，减少业务双方线下沟通成本，基本实现全程无纸化；物流信息全程可视化将原本在货运代理、进出口报关报检等涉及国际贸易环节的复杂业务流程整理为简洁明了的顺序时间节点，各个环节完成时间以及消耗时间清晰可见，满足客户企业对物流信息的了解需求。

3. 实践成效

减少沟通成本，缩短办理时间。以往货主企业和货运代理企业初步确定完成一票业务需经过货主企业问询、代理企业确认、电话沟通初步达成业务意向、递送纸质证明资料确认协议内容等多个步骤，历时2~3天。通过综合服务系统办理相关业务，货主企业问询、代理企业确认可直接通过互联网表单完成，同时减少了纸质证明的递送，在1天内就可以达成合作，减少了办事环节。

（二）商品溯源系统

为解决企业难于自证问题，同时帮助树立企业品牌形象、建立投诉反馈通道、保障消费者权益，依托甘肃“单一窗口”平台开发建设商品溯源系统。通过系统可实现商品信息、企业信息、检验检测信息、物流信息等自动关联整合，并通过一物一码技术实现精准定位匹配。同时，系统融合软硬多种安全防伪手段，有效保证商品货物信息安全。

1. 主要做法

（1）信息透明化。系统采用信息电子化，将商品货物所有信息公布在二维码上，以便消费者使用时随时随地追溯查看商品相关信息。

（2）全程可视化。通过技术方式叠加有效事前、事中、事后的监管功能模块，实现对货物和企业的有效监管，维护消费市场秩序。

2. 创新点

为进出口货物提供全面可视化的电子信息追溯，给消费者提供关于商品货物的更多信息。同时，也为国内特色产品提升国际认知度从而实现外销提供有力保障。

3. 实践成效

商品溯源系统在监管部门、生产销售企业和消费者之间建立信息共享沟通渠道，有助于增强监管力度，提升企业信誉度和消费者对商品的信心，维护消费市场秩序，促进贸易流通。

（三）拼箱出口交易撮合系统

为解决中小企业对拼箱业务的需求，依托甘肃“单一窗口”平台开发建设拼箱出口交易撮合系统。通过系统可实现多方信息共享，减少资源浪费，降低物流成本。

1. 主要做法

为相关企业搭建公共信息平台，物流部门及代理企业可通过系统实时发布箱源信息和各节支点的物流报价，货源企业可通过系统了解箱源信息和物流价格，通过电子化交互提升工作效率，降低物流成本。

2. 创新点

建立公共信息发布平台，打破区域限制，充分释放物流运力，满足贸易企业多元化需求，降低企业运营成本。

3. 实践成效

有业务需求的企业可通过系统随时随地发布和查看相关业务信息，实现箱源信息匹配、订舱询价、报价等全程电子化交互。同时，也便于物流部门和代理企业实时掌握区域内拼箱业务需求，及时调整业务进程和动向。

四、大事记

2 月 25 日

举办甘肃“单一窗口”金融服务—银行服务线上培训。

3 月 31 日

举办甘肃“单一窗口”货物申报系统线上培训。

4 月 28 日

举办甘肃“单一窗口”企业资质版块线上培训。

5 月 31 日

举办甘肃“单一窗口”原产地（RCEP 篇）线上培训。

6 月 23 日

甘肃“单一窗口”受邀为兰州新区重点进出口企业进行“一对一”上门培训。

6 月 27 日

对甘肃“单一窗口”平台进行等级保护三级测评工作。

6 月 30 日

举办甘肃“单一窗口”出口退税申报系统线上培训。

8月19日

开展甘肃“单一窗口”2022年度安全检查。

8月23日

进行甘肃“单一窗口”安全检查漏洞修复。

8月30日

举办甘肃“单一窗口”货物申报税费支付系统线上培训。

9月27日

举办甘肃“单一窗口”金融服务—保险服务线上培训。

五、政策文件

甘肃省人民政府办公厅关于印发贯彻落实全省优化营商环境大会精神若干措施的通知

甘政办发〔2022〕98号

各市、自治州人民政府，甘肃矿区办事处，兰州新区管委会，省政府各部门，中央在甘有关单位：

《贯彻落实全省优化营商环境大会精神若干措施》（以下简称《若干措施》）已经省政府同意，现印发给你们，请结合实际，认真贯彻落实。

各地各部门要进一步提高政治站位，增强责任感、使命感和紧迫感，切实把优化营商环境作为担好政治责任、落实重大部署、转化难得机遇、解决当务之急的重要抓手，按照《若干措施》明确的既定目标任务，细化工作举措，完善推进机制，层层落实责任，协调解决重大问题，确保《若干措施》尽快落地见效，以实际行动迎接党的二十大胜利召开。

省政府将对各市州和兰州新区营商环境开展督导督查。省发展改革委要组织第三方评价机构开展全省营商环境评价，评价结果计入各地年度高质量综合考核成绩。

甘肃省人民政府办公厅

2022年8月18日

（此件公开发布）

贯彻落实全省优化营商环境大会精神若干措施

为深入贯彻习近平总书记关于优化营商环境的重要指示要求，全面落实党中央、国务院决策部署和省第十四次党代会精神，2022年6月8日，省委、省政府召开了全省优化营商环境大会。为贯彻落实大会精神，特别是会议提出的打造“六个环境”和加强法治化营商环境建设的任务要求，提出如下措施。

一、打造“办事更高效”的政务环境

1. 推进数字政府建设。全面提升“全程网办”率和“一网通办”能力，推动“掌上办、指尖办”。推进跨层级、跨区域、跨部门电子证照、电子印章、电子档案生成制作及应用推广，形成数据共享清单，做好数据整合迁移、归集共享工作。［责任单位：省政府办公厅（省大数据管理局）、省大数据中心，各市州人民政府，兰州新区管委会。以下措施均需各市州人民政府、兰州新区管委会落实，不再一一列出］

2. 优化企业开办流程。全面推行企业开办全程网办。推行企业登记、公章刻制、申领发票和税控设备、员工参保登记、住房公积金企业缴存登记线上“一表填报”申请办理。在政务服务大厅全面推行企业开办线下“一窗通办”。鼓励具备条件的地方改变税控设备“先买后抵”的信用方式，免费向新开办企业发放税务 Ukey。（责任单位：省市场监管局、省公安厅、省税务局、省人社厅、省住建厅、省大数据中心）

3. 提升办理建筑许可质效。实施一站式办理施工许可，推行“清单制+告知承诺制”，鼓励推行工程质量保险，逐步实施一站式联合验收备案，推行联合监督检查，扩大区域评估范围。加快落实施工图设计文件审查政府购买服务，积极推广农民工工资保证金保函替代。2022 年底前，工程建设项目（不包括特殊工程和交通、水利、能源等领域的重大工程）全流程在线审批时限压减至 90 个工作日以内，新建社会投资简易低风险工程建设项目审批时限压减至 18 个工作日以内。（责任单位：省住建厅、省财政厅、省人社厅、省自然资源厅、省发展改革委）

4. 提高纳税便利化水平。简并征期基础上扩大合并申报和网上申报，推行“多税合一综合申报”。全面落实组合式税费支持政策，加快出口业务各环节事项办理速度。（责任单位：省税务局）

5. 加快不动产登记改革。加大不动产登记电子证照应用，推动不动产登记证在“水电气暖讯”等市政公用基础设施报装方面的应用力度，实现居民客户线上“刷脸办理”时可自动获取不动产登记证。加快推进化解国有土地上已售城镇住宅历史遗留“登记难”问题工作。（责任单位：省自然资源厅、省住建厅、省电力公司）

6. 增强政府采购透明度和效能。进一步推进政府采购信息化建设，全面落实采购意向公开制度，完善电子化评标流程，持续推进“政采贷”平台建设。2022 年底前，将合同签订期限由法定 30 日内压缩至 10 日内，合同备案由法定 7 个工作日以内压缩至 2 个工作日以内。（责任单位：省财政厅、省公共资源交易中心）

7. 优化招标投标全过程服务。加快招标投标全流程电子化，健全招标投标信息共享共用机制。推动电子营业执照、电子担保保函应用在省、市、县三级公共资源交易平台实现全覆盖。2022 年底前，实现招投标活动全流程电子化交易率达到 90%以上。（责任单位：省发展改革委、省公共资源交易中心、省住建厅、省自然资源厅、省工信厅、省水利厅、省交通运输厅、省商务厅）

8. 提升办电效率。精简办电业务证件，推广线上办电，创新配套项目储备。2022 年底前，实现低压居民、低压小微企业全流程办理时间分别不超过 5 个、15 个工作日，高压单、双电源供电公司合计办理时限分别不超过 22 个、32 个工作日。（责任单位：省电力公司、省发展改革委）

9. 提升供水供气效率。将报装必需要件信息全部整合进工程建设项目审批管理系统一张表单，申报材料压减至2份（含）以内，用户报装参与环节减少为“用户申请、现场勘查、装表接通”三个环节，对无外线工程的用户，可压减为“用户申请、装表接通”两个环节。2022年底前，将不含外线工程规划及施工许可的用水、用气报装时限压缩至3个工作日内。（责任单位：省住建厅）

10. 提升通关便利化水平。推动“两步申报”“两段准入”改革，规范通关流程和物流作业时限，提升口岸查验区域作业效率。拓展国际贸易“单一窗口”功能，实行代理报关委托书电子化，推动实现企业在线缴费、自主打印证件。巩固压缩整体通关时间成效。（责任单位：兰州海关、省商务厅）

二、打造“企业更满意”的政策环境

11. 加大优化营商环境政策供给。省级有关部门、中央在甘有关单位完善各行业领域优化营商环境措施。各市州、兰州新区聚焦本地实际，对优化营商环境重点任务实行清单化管理、项目化推进。针对新冠疫情造成市场主体普遍性经营困难的，及时制定纾困解难政策。（责任单位：省直有关部门、中央在甘有关单位）

12. 推动政策集成创新。鼓励地方先行先试、大胆探索，对锐意改革的地区和单位加大激励力度。鼓励国家级新区、开发区、产业园区以制度创新为核心，在重点领域、关键环节取得突破，加大营商环境制度集成创新改革。（责任单位：省直有关部门、中央驻甘有关单位）

13. 推动惠企政策“不来即享”提档升级。完善涉企政策精准推送和“不来即享”服务系统功能，进一步优化业务流程，实现创业担保贷款、土地增值税减免等更多政策业务在线办理，推动税费优惠“不来即享”向社保费、非税收入等领域拓展，让更多惠企政策直达直享。（责任单位：省工信厅、省人社厅、省税务局）

14. 规范涉企政策制定程序。制定与市场主体生产经营活动密切相关的地方性法规、规章、规范性文件时，充分听取市场主体、行业协会商会、消费者等方面的意见，公开征求社会意见，并建立健全意见采纳情况反馈机制。制定市场准入和退出、产业发展、招商引资、招标投标、政府采购、经营行为规范、资质标准等涉及市场主体经济活动的政策措施时，全面进行公平竞争审查，防止排除、限制市场竞争。（责任单位：省直有关部门、中央驻甘有关单位）

15. 建立健全政策评估制度。以政策效果评估为重点，健全重大政策事前评估和事后评价制度。建立政策评估主体多元化制度，积极发挥第三方评估作用，提高政策评估过程的透明度，完善评估结果的反馈处理机制。对市场主体满意度高、效果显著的政策，及时复制推广、立法固化、持续深化；对获得感不强、效果不明显、社会满意度不高的政策，及时调整或停止施行。（责任单位：省直有关部门、中央在甘有关单位）

16. 加大涉企政策宣传力度。通过新闻发布、专题采访、追踪报道、开辟专栏等方式，广泛宣传优化营商环境政策措施和先进典型，加强政企沟通，主动听取市场主体、专业机构以及行业协会商会的建议，营造全社会参与的良好营商舆论氛围。（责任单位：省工商联、省发展改革委、省工信厅）

三、打造“配置更合理”的要素环境

17. 深化土地要素市场化配置。改革土地计划管理和项目用地配置方式，积极探索矿山用地管理方式，推动土地要素跟着项目走。全面推行企业投资项目“标准地”改革，实现“拿地即开工”。加大批而未供和闲置土地处置力度，引导新上项目优先使用存量建设用地，鼓励采取协商收回、转让等方式实施城镇低效用地再开发。（责任单位：省自然资源厅、省发展改革委）

18. 加大技术创新政策支持。实施“小升高”培育行动，推进高新技术企业实现量质齐升。积极争取国家科技项目，主动对接国家创新战略布局，支持省内有实力的高校、科研院所和创新型企业，参与“国家科技创新 2030—重大项目”研究。支持企业加大研发投入比例，鼓励企业建立省级研发平台，引导全社会提高研发经费投入比重。（责任单位：省科技厅、省发展改革委）

19. 完善涉企融资纾困政策。探索建立小微企业贷款全流程限时制度，实现动产抵押业务一站式网上办理。推动省级大中型商业银行下放贷款审批权限，提高企业信贷审批效率。降低担保费率，争取在 2022 年底前，对单户担保金额 500 万元及以下的小微企业和“三农”主体收取的担保费率降低至不超过 1%。积极探索运用支小再贷款、再贴现等货币政策工具，引导金融机构创新金融产品，加强对供应链企业的信贷支持。（责任单位：省金融监管局、人行兰州中心支行、甘肃银保监局、甘肃证监局）

20. 健全人才服务保障体系。建立省级“四化”项目人才库，加大重点紧缺人才引进和本土技工人才培养、输送力度。对民营企业作出重大贡献人才和从国外引进的高层次人才、急需紧缺人才，可采取“一事一议、特事特办”模式，开通职称评审“绿色通道”，不受学历、资历、台阶、论文、身份等限制，符合条件直接申报职称。建立完善高层次人才服务体系，保障人才在子女教育、医疗保健、交通出行、住房保障等方面的需求。（责任单位：省人社厅、省教育厅、省卫生健康委、省交通运输厅、省住建厅）

21. 加快数字经济创新发展。持续完善甘肃省数据共享交换平台体系，加强政务信息共享应用。着力构建数据要素市场化体系，研究制定数据交易市场管理制度，推动数据确权交易流通，充分释放数据作为关键生产要素的重要价值，推进大数据市场化应用。充分发挥我省资源优势，打造超大型绿色数据中心集聚区、国家算力资源协同调度先行区、西部数据要素创新应用示范区。［责任单位：省发展改革委、省工信厅、省政府办公厅（省大数据管理局）、省大数据中心］

四、打造“支撑更有力”的设施环境

22. 完善市政交通设施。以配建停车场为主构建城市停车系统，支持新建商业综合体、公共服务设施等工程建设项目配套建设地下停车库或立体停车库，有效解决“停车难问题”。加快提升市辖区、城乡公共交通使用新能源汽车比重。完善公路客运站服务功能，加强公路客运站土地综合开发利用。（责任单位：省发展改革委、省住建厅、省交通运输厅、省公安厅、省自然资源厅）

23. 健全商贸流通网络。鼓励具有辐射带动作用的市县建设区域性仓储物流集散中心，优化以综合物流园区、配送（分拨）中心、末端配送网点为支撑的商贸物流设施网络，推进冷链物流基地布局建设。支持高原夏菜、苹果、中药材等农产品主产区和特色农产品优势区，建设一批农产品产地仓储保鲜冷链物流设施，优化农产品产地市场集散功能。（责任单位：省商务厅、省发展改革委、省交通运输厅、省农业农村厅、省乡村振兴局、省供销联社、省邮政管理局）

24. 健全医疗卫生和康养服务设施。加强医疗卫生机构基础设施建设，支持县级医院提标扩能，加强传染病区建设，支持中医医疗机构及现代化疾控体系建设，推进妇女儿童健康服务能力建设。加强省市三级医院对口帮扶薄弱县级医院，深化东西协作医疗帮扶，加大选派医疗机构管理人员和医疗骨干联合组团支援力度。推动文旅康养融合创新发展，构建大健康产业体系。（责任单位：省卫生健康委、省发展改革委、省文旅厅、省农业农村厅）

25. 扩大教育资源供给。进一步优化基础教育资源布局，按常住人口合理测算义务教育学位供给。推进义务教育学校标准化建设，改善教学用房、学生宿舍、运动场地等教学和生活设施，扩大教育资源供给，落实以居住证为主的外来人员随迁子女入学和转学政策。通过异地培训、委托培养、联合办学、网络培训等方式，加强人才培训。（责任单位：省教育厅、省财政厅）

26. 推进公共文化服务能力建设。搭建省市县乡村五级公共数字文化服务体系，完成省级和试点县数字文化资源整合。进一步完善公共图书馆、文化馆（站）和基层综合性文化服务中心等公共文化机构建设、管理、服务和评价标准规范，健全城乡公共文化服务标准体系。加强基层公共文化管理人才培养，建设一支高素质的公共文化服务人才队伍。（责任单位：省文旅厅、省发展改革委）

27. 加强生态保护和人居环境建设。加大落后产能淘汰力度，推进清洁取暖散煤替代，实施钢铁、水泥行业超低排放改造，持续推进挥发性有机物（VOCs）治理，落实扬尘污染管控措施。切实强化饮用水水源地环境保护，加快河湖综合治理与水生态修复。严格建设用地土壤环境质量准入管理，开展城乡生活垃圾分类。着力推进国土绿化和露天矿山综合整治，加快推进“两山”基地建设，开展生态园林城市系列创建工程。（责任单位：省生态环境厅、省发展改革委、省工信厅、省自然资源厅、省住建厅、省水利厅、省农业农村厅、省林草局、省市场监管局）

五、打造“活力更充盈”的产业环境

28. 大力推进产业园区建设。加快推进标准化现代园区、数字化智慧园区、集群化高端园区、低碳化绿色园区、科研型创新园区建设。加强园区融资服务，推进园区企业与金融机构深度合作，积极引导社会资本参与园区建设。深化园区体制机制改革，进一步提高园区服务质量和效率。（责任单位：省发展改革委、省工信厅、省生态环境厅、省科技厅、省金融监管局）

29. 大力实施重点产业链培育锻造。通过延链、补链、强链高质量发展举措，带动“链主”企业做优做强，“链核”企业提质增效，加速推进竞争力强、特色鲜明的本十产业链建设。引导中小企业围绕重点产业链“链主”、头部企业需求，提供配套产品和服务，实现“一企带一链，一链成一片”的链式集群发展。（责任单位：省发展改革委、省工信厅）

30. 开展产业链重大项目攻坚。研究建立相关专项省内配套支持机制，鼓励有基础有条件的企业参与国家和省级产业基础再造招投标，承担并突破一批国家和省重大战略任务。规划建设一批产业基础重大项目和示范平台，对重要工业基础产品实施技术研发、试验验证、产业化应用、示范推广“一条龙”协同推进。（责任单位：省发展改革委、省工信厅）

六、打造“关系更优良”的政商环境

31. 充分发挥商协会纽带作用。建立地方党政领导干部联系重点非公企业和商协会工作制度，加强政策性指导和综合协调服务，增强企业的发展信心。充分发挥商协会联系商界的优势，利用商协会识商、亲商、引商的能力，通过“请进来、走出去”方式，积极开展对外交流合作，推动商会招商、以商招商工作。（责任单位：省工商联）

32. 着力打造亲商爱商环境。建立政府与商协会、企业联席会议制度，定期召开非公经济人士座谈会、非公经济发展政企对接会等会议，听取企业家的诉求和建议，帮助解决企业发展中存在的困难和问题。安排优秀企业家列席全省重大会议，引导民营企业家主动融入全省重大发展战略。激发企业家精神，发挥优秀企业家示范带动作用，对有突出贡献的优秀企业家，以适当方式予以表彰和宣传。(责任单位：省工商联)

33. 加强政务商务诚信建设。建立政府机构失信治理及补偿机制，地方政府不得以换届、规划调整、政策变更等理由损害企业合法权益。严格履行与投资主体依法签订的各类合同，因国家利益、公共利益或其他法定事由需要改变政府承诺和合同约定的，应依法给予企业适当补偿。加大涉企遗留问题解决力度，杜绝“新官不理旧账”的现象。(责任单位：省发展改革委、省商务厅、省政府办公厅)

七、打造“监管更有效”的法治环境

34. 提升企业破产便利度。健全执行转破产移送审查机制，依法积极受理破产案件。加强破产案件审限管理，严格落实简单、普通、复杂案件不同结案时限。加大快速审理机制适用力度，缩短审理周期。加大长期未结破产案件清理力度，压缩破产案件审理用时。(责任单位：省法院)

35. 提高合同案件审判执行质效。深入推进民商事案件繁简分流，提升简易程序、小额诉讼程序适用率。加大司法救助力度，依法审批诉讼费用缓、减、免交，减轻当事人负担。在不改变政府指导价与市场调节价并存模式的前提下，对实行市场调节的律师服务收费，在律师事务所与委托人协商确定的基础上，进行合理引导。在法定期限内进一步压缩商业纠纷解决周期。(责任单位：省法院、省司法厅)

36. 推进新型监管方式的探索和运用。全面推动市场监管领域部门联合“双随机、一公开”监管工作，扎实推进企业信用风险分级分类管理，切实做好直接涉及公共安全和人民群众生命健康等重点领域信用监管工作，推进“互联网+监管”，构建信息共享、协同联动、闭环管理的事中事后监管体系。积极探索对新技术、新产业、新业态、新模式的监管方式。(责任单位：省市场监管局、省司法厅、省政府办公厅)

37. 加大知识产权保护力度。严格执行恶意侵犯知识产权惩罚性赔偿制度。开展关键领域、重点环节、重点群体知识产权保护专项行动，强化对知识产权代理机构的监管。充分发挥中国(甘肃)知识产权保护中心作用，打造快速审查、快速确权、快速维权等为一体的知识产权保护机制。建立知识产权重点企业保护名录，建立完善跨部门、跨区域知识产权保护协调机制。加强知识产权犯罪侦查队伍专业化建设，进一步加大知识产权犯罪刑事打击力度。(责任单位：省市场监管局、省法院、省公安厅)

青海省

一、综述

2022年，青海省加快标准版推广应用，不断拓展中国（青海）国际贸易单一窗口（以下简称青海“单一窗口”）地方特色应用，全面推行非接触方式办理出口退（免）税事项，实行电子退库等便利化措施，有效缩短出口退税办理时间。

二、运行情况

（一）运行数据

截至2022年年底，青海“单一窗口”注册用户237家，较2021年增加29家。全年货物申报232票，舱单申报1票，企业资质办理991票，原产地证申领535票，税费支付85票，加贸保税339票，物品通关17票，监管证件75票，出口退税10笔。

（二）运行维护

2022年，青海“单一窗口”通过流程化、规范化的运维操作规程，确保平台高效运行。

1. 积极做好平台系统运行维护

通过执行更新、修补程序或升级操作系统，保证系统或应用的稳定运行。监控系统和应用，及时发现并解决故障；执行安全策略，确保系统和应用的安全性；定期开展运维人员技术培训，提高运维人员工作效率；利用自动化工具和技术，提高运维效率和可靠性；优化系统和应用的性能，提升用户体验和满意度；开展应用程序、业务数据库以及相关服务等的日常巡检。针对“单一窗口”各业务系统的软件故障及事故情况，及时分析、排查故障原因，快速解决问题；对系统软件进行深度分析，评估系统软件的可用性水平，提高系统软件的连续服务能力，降低业务中断风险；提供业务系统应急预案，定期组织应急演练，不断完善应急预案；建立和管理好所有数据和软件模块备份，确保一般故障情况下系统能够及时恢复。青海“单一窗口”与互联网采取防火墙隔离措施，其中，从互联网直接可访问的服务器2台、采取隔离措施仅内部可访问的服务器17台。

2. 坚定不移做好平台网络安全维护

为认真贯彻党中央、国务院和省委、省政府关于网络安全工作的系列部署要求，保障青海“单一窗口”在党的二十大期间安全、稳定、高效运行，进一步提升平台网络安全防护能力，青海省口岸办对接省公安厅、省电子政务云相关业务处室，组织相关部门开展青海“单一窗口”安全等级保护定级工作，于 2022 年 6 月获得公安部颁发的《信息系统安全等级保护备案证明》。

3. 坚持做好服务管理、 问题管理

明确运维服务流程和各方责任，及时有效解决用户问题。运维服务单位采取数据库审计、堡垒机运维方式防范运维人员违规访问业务数据。

（三）宣传推广

青海省口岸办联合西宁海关、青海省税务局、中国建设银行青海省分行等单位多次举办青海“单一窗口”培训班，邀请行业专家、沿海地区海关部门负责人及特殊监管区域一线业务人员等为青海省进出口企业、报关行、金融、市场监管、外汇、税务等部门有关人员进行“单一窗口”政策宣讲和业务培训，详细解读“单一窗口”新功能，引导进出口企业和报关行使用青海“单一窗口”开展业务，进一步提升口岸通关便利化水平。

三、 特色应用

2022 年，青海“单一窗口”积极拓展特色应用功能，优化青海省首个跨境电商公共服务平台，打通平台与曹家堡保税物流园区（B 型）等海关特殊监管区的数据连接。

青海“单一窗口”地方特色业务以推进“关、汇、税、商、物、融”一体化为建设目标，实现跨境电商公共服务平台与各类特色试点园区融合发展，推广全流程的企业到企业（B2B）跨境电商服务平台模式，整合金融、通关、退税、外汇、销售、物流、售后服务等环节，为经营主体提供便捷的“一站式”服务。在此基础上，平台划分为跨境电商公共服务平台、基础平台、运维支持基础平台、数据交换平台等协同服务云平台以及第三方增值服务云平台。除政府部门的申报协同外，平台还能够满足企业间的合作需要，为各生产企业、贸易商、物流商提供更优质的关贸服务、协同服务、第三方增值服务。平台作为国际贸易交易、政府监管、物流仓储等综合服务的枢纽和载体，实现了跨区域、跨部门、跨企业的交易数据、监管数据、物流数据的交换协同。

四、 大事记

3 月 4 日

青海省商务厅厅长朱龙翔调研青海“单一窗口”工作。

5 月 12 日

青海省口岸办在西宁组织召开推进“单一窗口”建设会议。

11 月 12 日

青海省政府办公厅印发《青海省推动外贸保稳提质若干措施》（青政办〔2022〕95 号），其中提到“加强国际贸易‘单一窗口’建设，使‘单一窗口’功能覆盖国际贸易管理全链条”。

青海省政府办公厅印发《关于印发青海省进一步优化营商环境降低市场主体制度性交易成本工作方案的通知》（青政办〔2022〕97号），明确提到“积极拓展‘单一窗口’应用范围，提升国际贸易各方信息共享和业务协同水平”。

11月29日

青海省政府办公厅印发《关于印发青海省复制推广营商环境创新试点改革举措工作方案的通知》（青政办〔2022〕102号），通知明确“利用国际贸易‘单一窗口’为企业提供本企业进出口货物全流程查询服务。经企业授权和‘单一窗口’平台认证，企业申报信息及海关部门处理结果信息可为金融机构开展融资、保险和收付汇等服务提供信用参考”。

五、政策文件

青海省人民政府办公厅关于印发青海省推动外贸保稳提质若干措施的通知

青政办〔2022〕95号

各市、自治州人民政府，省政府各委、办、厅、局：

《青海省推动外贸保稳提质若干措施》已经省政府同意，现印发给你们，请结合实际，认真抓好贯彻落实。

青海省人民政府办公厅

2022年11月11日

（此件公开发布）

青海省推动外贸保稳提质若干措施

为贯彻落实《国务院办公厅关于做好跨周期调节进一步稳外贸的意见》（国办发〔2021〕57号）和《国务院办公厅关于推动外贸保稳提质的意见》（国办发〔2022〕18号），做好跨周期调节，帮扶外贸企业应对困难挑战，促进外贸保稳提质，助力稳经济稳产业链供应链，现提出以下措施。

一、稳定市场主体

（一）加大外贸企业纾困力度。贯彻落实国务院关于扎实稳住经济一揽子政策措施和我省关于助企纾困和支持市场主体发展的有关政策措施，根据部门职能，建立重点外贸企业联点帮扶工作机制，加强分类指导，强化“一企一策”服务，切实解决外贸企业面临的生产经营、物流运输中存在的突出问题，推动复工企业尽快达产满产，帮助企业纾困解难，稳定企业发展预期。（省商务厅、省发展改革委、省工业和信息化厅、省交通运输厅按职责分工负责）

（二）鼓励创新绿色产品开拓国际市场。坚持生态优先、绿色低碳的贸易发展方向，引导生产型外贸企业推进产品向全生命周期绿色环保转型，促进外贸产业链供应链绿色发展。培育若干具有国际竞争力的贸易双循环企业，支持贸易双循环企业加强关键技术和商业模式创新，加强对企业的配套服务，推动内外贸企业发展同线同标同质产品。支持企业开展境外专利申请、商标注册和有机认证、食品认证、资质认证。（省商务厅、省发展改革委、省工业和信息化厅、省科技厅按职责分工负责，各市州政府负责）

（三）提升贸易便利化水平。以《区域全面经济伙伴关系协定》（RCEP）生效实施为契机，支持企业积极申领农产品原产地证明，开展地理标志认证，扩大原产地区域累积规则的综合效应，用足用好市场开放承诺和规则。加强国际贸易“单一窗口”建设，使“单一窗口”功能覆盖国际贸易管理全链条。积极推进海关业务改革，创新海关核查模式，精简单证及证明材料，优化通关流程，提高通关效率，确保海关高级认证企业进出口货物平均查验率低于实施常规管理措施企业平均查验率的20%。落实国家暂免征收加工贸易企业内销税款缓税利息，促进加工贸易发展。税务部门办理正常出口退税的平均时间压缩至6个工作日内。（省商务厅、省市场监管局、省税务局、西宁海关、省外汇管理局按职责分工负责，各市州政府负责）

（四）加大外贸领域人才培育。创新外贸人才培养方式，推动企业与省内外教育及培训机构人才培养合作，鼓励企业、机构和部门开展外贸业务培训，鼓励省内有条件的学校开设国际贸易、跨境电商等专业，培养外贸发展需要的专业人才。充分利用对口援青机制，积极引进各类外贸人才。（省人力资源社会保障厅、省教育厅、省财政厅、省商务厅按职责分工负责，各市州政府负责）

二、挖掘进出口潜力

（五）深挖出口潜力。依托“四地”建设，围绕盐湖化工、新能源、新材料、能源化工、藏毯绒纺、绿色有机农畜产品和生物医药等产业，加快国家级和省级外贸转型升级示范基地建设。积极引导我省自产产品出口，稳定焦炭、硅铁、地毯、枸杞、蜂产品、山羊绒等传统特色优势产品出口。积极培育单晶硅、多晶硅、太阳能组件、铝型材、碳素制品等新型工业产品和沙棘、黑蒜、藜麦、羊肚菌、中成药特色农产品出口。着力提升钾肥、纯碱、碳酸锂、聚氯乙烯、金属锂、磷酸铁锂、氢氧化镁等工业产品，虫草、枸杞、蜂蜜、青稞、牛羊肉、冷水鱼等特色农畜产品，坯绸、山羊绒、丝织品等轻工产品出口比重。（省商务厅、省发展改革委、省工业和信息化厅、省农业农村厅、省林草局、省市场监管局、西宁海关按职责分工负责，各市州政府负责）

（六）挖掘进口潜力。着力培育省内重点进口企业，稳定从澳新、南美等地区锌精矿、镍矿、羊毛等大宗商品进口；扩大从东南亚、非洲等地区氧化铝、铬矿等大宗商品进口。引导省内重点企业扩大盐湖化工、新能源、新材料、生物医药等新兴产业和金属冶炼等传统产业的先进设备、关键零部件和技术进口规模。引导医院、学校和企业积极开展医疗设备、精密仪器、教育设备等设备进口。支持企业建设自营进口商品直销平台，扩大牛羊肉、食品、酒类、母婴用品、日化用品等一般消费品进口。（省商务厅、省市场监管局、西宁海关按职责分工负责，各市州政府负责）

（七）发挥国际营销网络带动作用。发挥我省地毯、坯绸、藏绣、枸杞、蜂蜜、羊绒制品等产品出口优势，重点支持骨干出口企业在欧洲、西亚、中东和东南亚等地布局国际营销网络，在巴基斯坦、阿联酋、尼泊尔、美国、中国香港等国家和地区建设若干国际营销网点。积极鼓励我省重点企业采取共建、自建或租赁的方式，在境外建设布局若干海外仓，有效提升海外仓综合服务能力。鼓励具备跨境金融服务能力的金融机构，在依法合规、风险可控的前提下，加大对建设和开展海外仓业务企业的金融支持。（省商务厅、省发展改革委、西宁海关、省地方金融监管局、省外汇管理局按职责分工负责，各市州政府负责）

三、促进外贸物流畅通

（八）做好外贸货物运输保通保畅。按照全国保障物流畅通促进产业链供应链稳定电视电话会议精神及《国务院应对新型冠状病毒感染肺炎疫情联防联控机制关于切实做好货运物流保通保畅工作的通知》（国办发明电〔2022〕3号）要求，将外贸货物纳入重要物资范围，对持有重点物资运输车辆通行证的外贸企业货运车辆按相关规定给予快速便捷通行，全力保障外贸货运物流运输畅通。根据外贸企业实际运输需求，用好航空货运运力，保障重要零部件、装备和产品运输。（省交通运输厅、省发展改革委、省公安厅、省商务厅、西宁海关、中国铁路青海公司、民航青海监管局、青海机场公司按职责分工负责，各市州政府负责）

（九）支持国际货运班列常态化运营。着力打造西宁商贸服务型、格尔木陆港型国家物流枢纽，积极推进我省面向南亚、中欧（中亚）、东南亚的贸易通道建设，进一步畅通纯碱、聚氯乙烯、氯化镁、日用百货、木材、燕麦等产品进出口通道。鼓励企业采用公铁联运、铁海联运模式开行面向南亚、中欧、中亚和东南亚方向的国际货运班列。积极探索与周边省区合作开展集拼集运，鼓励企业拼箱集货，有效整合零散货源和班列资源，提高班列重载率。支持建设国际班列综合运营平台，打造国际班列货物集散中心。（省商务厅、省发展改革委、中国铁路青海公司按职责分工负责，各市州政府负责）

四、支持开放平台建设

（十）加快跨境电商发展。着力推动西宁、海东跨境电商综试区建设，完善两地跨境电商公共服务平台功能，积极推进海关、外汇、金融、税务等政府部门间数据联通共享，提升通关效率。积极引进中东部知名跨境电商平台企业、综合服务企业、物流企业，完善物流、金融等配套设施和服务，帮助指导本地跨境电商企业孵化和人才培训，带动本地传统贸易企业向跨境电商领域转型发展，打造跨境电子商务产业链和生态圈。积极争取省内条件成熟的地区申报跨境电商综试区。加大跨境电商政策宣传力度，指导企业用足用好现行出口退税政策，及时申报办理退税。支持符合条件的跨境电商企业申报高新技术企业。（省商务厅、省财政厅、省科技厅、西宁海关、国家税务总局青海省税务局按职责分工负责，各市州政府负责）

（十一）促进加工贸易发展。发挥西宁综保区保税加工和保税物流辐射带动作用，积极承接东中部加工贸易梯度转移，重点承接生物技术、轻工纺织、农牧产品等特色产业加工贸易企业及其产业链配套企业，着力发展检测维修业务，探索研发设计，发展新业务模式，促进加工贸易向产业链高端延伸，逐步提高我省加工贸易比例。（省商务厅、省工业和信息化厅、西宁海关按职责分工负责，各市州政府负责）

（十二）用好线上线下渠道。支持外贸企业以“境内线上对口谈、境外线下商品展”等方式参加境内外展会，组织省内重点外贸企业充分利用广交会、进博会、消博会等线上线下展会进行贸易洽谈，帮助企业开拓国际市场。支持运用虚拟现实（VR）、增强现实（AR）、大数据等技术，推进青洽会、生态博览会等重点展会模式创新，探索线上线下、有机融合的办展模式。（省商务厅、省财政厅、省工业和信息化厅、省农业农村厅、省外事办、省贸促会按职责分工负责）

五、加大金融支持

（十三）加大出口信用保险支持。优化支持企业开展出口信用保险政策，支持外贸企业根据实际需求，自行选择政府保单或企业单独投保方式参加出口信用保险，稳定中小微企业出口信保覆盖率。提高出口信用保险理赔时效，缩短赔付时间。鼓励有意愿、有能力的商业保险公司开展短期险业务。持续培育发展短期险项下的保单融资业务，对符合条件的重点企业给予优先支持，缓解中小微外贸企业融资难、融资贵问题。（省商务厅、青海银保监局、省地方金融监管局、中信保陕西分公司按职责分工负责，各市州政府负责）

（十四）创新优化信贷产品。创新完善小微企业法人信用评价模型、风险管控技术和批量授信审批机制，扩大信贷服务覆盖面；探索建立企业抵质押物价值重置机制，盘活企业存量资产，拓展企业知识产权、动产、原材料等有效贷款抵质押物范围，提高企业融资能力。（人行西宁中心支行、青海银保监局、省地方金融监管局按职责分工负责，各市州政府负责）

（十五）提升外贸企业应对汇率风险能力。鼓励银行机构在依法合规、风险可控前提下，对符合条件的小微外贸企业根据客户资信情况以授信或保证金等方式开展远期结售汇业务。举办银企对接会，加强对跨境人民币结算和汇率避险政策宣传培训力度，引导外贸企业树立汇率风险中性意识，提升外贸企业汇率避险能力。坚持“本币优先”，鼓励省内银行机构加强产品服务创新，为外贸企业提供涵盖人民币贸易融资、结算在内的综合性金融服务。支持银行机构在依法合规的前提下，通过单证电子化审核等方式简化结算流程，提高跨境人民币结算效率。（省商务厅、省外汇管理局、省地方金融监管局按职责分工负责，各市州政府负责）

六、加强组织实施

各地区、各部门要认真贯彻党中央、国务院决策部署，切实落实省委、省政府工作要求，高度重视跨周期调节推动外贸保稳提质工作。充分发挥省经济调度服务工作机制外贸外资专项小组工作专班作用，主动服务，加强调研，健全完善调度手段，相关部门要按照职责分工，加强协同、形成合力，确保各项政策措施落到实处。各地区要把稳定外贸企业发展预期放在重要位置，切实支持外贸企业降成本，加快落实减税降费等工作措施，继续整治乱收费、乱罚款等问题，在支持企业保订单方面加大工作力度，全力实现跨周期调节进出口保稳提质的任务目标。

本若干措施自 2022 年 12 月 10 日起施行，有效期至 2025 年 12 月 9 日。

宁夏回族自治区

一、综述

2022年是党的二十大召开之年，也是国家实施“十四五”规划承上启下的关键之年。宁夏回族自治区认真贯彻落实党中央、国务院有关决策部署，按照国家口岸管理办公室有关工作要求，不断推进中国（宁夏）国际贸易单一窗口（以下简称宁夏“单一窗口”）建设。

二、运行情况

（一）运行数据

截至2022年年底，宁夏“单一窗口”注册用户累计超1100家，货物申报1.75万票，运输工具申报17票，企业资质办理2989票，原产地证申领5704票，税费支付959票，加贸保税2.95万票，物品通关59票，监管证件1123票，出口退税53笔。

（二）运行维护

持续做好95198热线咨询服务。全面升级咨询服务服务质量和公众号推广力度，组建微信、钉钉等线上服务保障群，实行“7×24小时”服务制度；构建常见问题库，大幅提升问题解答能力。

全年95198服务热线为宁夏回族自治区302家企业解决问题632个，其中微信群解决问题141个、电话解决问题491个。问题分布情况如下：货物申报问题190个，原产地证问题105个，企业资质问题67个，出口退税问题55个，税费办理问题40个，登录问题25个，电子口岸卡问题23个，用户管理问题19个，金融服务问题12个，加工贸易问题10个，电子口岸问题10个，许可证件问题5个，资质办理问题4个，跨境电商问题2个，“互联网+海关”问题2个，其他问题63个。

（三）宣传推广

1. 积极开展业务培训

2022年6月9日，宁夏回族自治区口岸办在宁夏商务厅举办全区外经贸形势分析及政策解读培训会，向线上线下参会的进出口企业详细讲解“单一窗口”办理退税贷、出口贷、税费支付、关税保证保险以及小微企业信保投保等业务操作流程，进一步提高企业“单一窗口”应用水平。

2. 持续开展“送政策送服务问需求保落实”活动

赴大型进出口企业现场讲解出口退税、RCEP 原产地证申领、许可证件申领等服务功能，实现 RCEP 海关原产地证和贸促会原产地证申领、生产企业免抵扣退税等业务全面落地；指导宁夏某公司成为宁夏首家 RCEP 经核准出口商。推动宁夏发展改革委深入宁夏回族自治区内 5 家棉花进口关税配额企业和 2 家粮食进口关税配额企业，进行现场实操培训，实现棉花、粮食进口配额审批功能在宁夏全面落地。

3. 积极利用互联网开展宣传推广活动

开通宁夏“单一窗口”95198 咨询服务热线公众号，全年发布系统更新通知 45 条，推送相关文章、资讯 100 篇，整理汇总常见问题 632 余条，录制“单一窗口”操作视频课程 12 节，整理常用功能操作手册 9 篇。

三、大事记

1 月 4 日

宁夏“单一窗口”首票 RCEP 项下原产地证申领成功。

3 月 8 日

宁夏“单一窗口”首票 RCEP 项下贸促会原产地证申领成功。

9 月 1 日

宁夏“单一窗口”首票棉花进口关税配额再分配业务办理成功。

10 月 15 日

宁夏“单一窗口”首票粮食进口关税配额业务办理成功。

新疆维吾尔自治区

一、综述

2022年，中国（新疆）国际贸易单一窗口（以下简称新疆“单一窗口”）已上线标准版和地方特色应用22类819项功能。持续加强安全管理工作，全面排查安全风险隐患，提升安全防护能力，建立长效防控机制，确保“单一窗口”安全稳定健康运行。

二、运行情况

（一）运行数据

截至2022年年底，新疆“单一窗口”货物申报40.93万票，舱单申报143.42万票，运输工具申报3.89万票，企业资质办理1.92万票，原产地证申领1.61万票，税费支付1.46万票，加贸保税21.55万票，物品通关40票，监管证件380票，出口退税6笔。

（二）运行维护

一是按照《国家口岸管理办公室关于开展2022年度国际贸易“单一窗口”安全检查的通知》要求，对新疆“单 窗口”开展数据安全自查，未发现数据安全问题。二是95198服务热线实行“7×24小时”服务，做好业务咨询工作，及时解决企业应用问题。全年95198服务热线处理企业问题2393次，运维服务管理平台处理工单41条。

（三）宣传推广

2022年，新疆维吾尔自治区口岸办积极组织进出口企业、货运代理企业及物流企业通过线上培训方式开展宣传推广工作，全年共举办5期标准版功能应用推广培训。同时，在新疆“单一窗口”门户网站、企业微信群上传应用推广手册。

三、特色应用

农副产品快速通关“绿色通道”监管应用平台

为服务共建“一带一路”发展需要，深化与周边国家（地区）跨境贸易合作，进一步提高农产品进出口的通关效率，新疆“单一窗口”纳入海关“三智”重点项目“中哈贸易安全与便利智能监管合作项目”的子项目——农副产品快速通关“绿色通道”监管应用平台，这也是新疆“单一窗口”首个地方特色应用。2022 年，监管应用平台已建设完成，待运营对接问题解决后可上线应用。

宁波市

一、综述

2022年是党的二十大召开之年，也是国家实施“十四五”规划承上启下的关键之年。中国（宁波）国际贸易单一窗口（以下简称宁波“单一窗口”）聚焦“建设世界一流口岸，服务世界一流强港”的“双一流”目标，围绕优化口岸营商环境，持续推广标准版功能，创新宁波地方特色应用，提升宁波“单一窗口”政务服务、物流服务、数据服务和地方特色服务能力，推动宁波“单一窗口”数字化改革，以数字化改革实战实效提升宁波跨境贸易便利化水平，赋能宁波经济高质量发展。

二、运行情况

（一）运行数据

截至2022年年底，宁波“单一窗口”新增注册企业373家，累计注册企业达18762家，同比增长2.02%。全年货物申报597.78万票，舱单申报5090.97万票，运输工具申报16.03万票，企业资质办理3.44万票，原产地证申领42.52万票，税费支付4.87万票，加贸保税107.82万票，物品通关365.90万票，监管证件9569票，出口退税179笔。

（二）运行维护

1. 加强运维服务培训，提升运维服务质量

随着宁波“单一窗口”系统功能不断完善，为保障运维工作顺利稳定开展，多次组织内部培训。一是完成呼叫中心系统建设及95198服务热线接入，围绕常见问题进行培训，提升客服一线解决问题能力。二是开通客服审批权限，规范企业注册及信息变更审批流程，协助企业第一时间完成审批。三是开展“单一窗口”运行服务管理平台培训，使客服能够熟练掌握企业问题和需求的反馈、提交及跟踪，通过内部全面培训，客服能力不断提升。

2. 多措并举强化安全保障，确保平台稳定运行

安全问题一直是宁波“单一窗口”工作的重中之重，宁波电子口岸有限公司始终坚持以平台

安全为己任，筑牢平台安全铜墙铁壁，从紧抓好平台数据安全、从实抓好网络安全、从细抓好门户网站内容安全工作，保障了党的二十大期间平台网络和信息安全。全年平台稳定率达到 100%，未出现网络安全、数据泄漏、网站攻破事件。

（1）落实《国家口岸管理办公室关于开展 2022 年度国际贸易“单一窗口”安全检查的通知》（国岸函〔2022〕43 号）要求，全面组织开展安全自查工作。一是组织专题会议，强化安全意识。组织召开运维安全专题会议，传达上级指示要求，明确网络安全和数据安全的重要性，强化安全意识和责任意识。二是参与攻防演练，组织应急培训。结合 ISO20000 体系、信息安全等级保护制度，内控管理流程，制定《信息系统运维服务保障等级定级规范》并修订完善。参加国家口岸管理办公室组织的网络安全攻防演练，未出现网络安全问题。三是扩大排查范围，落实整改措施。全面排查“单一窗口”数据传输、数据管理扩大到用户管理和身份认证、账号密码、门户网站安全、基础设施等。

（2）保障党的二十大期间平台网络与信息安全。根据《浙江省大数据发展管理局关于加强党的二十大会议期间政务外网网络与信息安全保障工作的通知》要求，各级公共政务服务平台建设单位要落实安全管理责任，维护公共平台数据、网络、门户内容安全。一是成立工作专班。专门组建“单一窗口”安保工作组，负责制订安保工作方案，明确目标任务、细化措施要求、完善工作机制，保证各项工作落到实处。二是制订应急预案。明确网络安全异常事件上报及处置流程，发生信息被恶意篡改或虚假发布等破坏事件立即关停相关网络和服务器，第一时间控制发展态势，避免扩散。三是实行“零报告”制度。严格落实领导带班、技术骨干值守、“7×24 小时”值班制度，对门户网站实行每天两班 6 个时间段轮流巡查，严格执行重要保障期间网络安全“零报告”制度。

（3）全面升级安全设施，提升安全防护能力。一是升级客户端控件，支持国产密码算法证书签名验签以及加密解密。二是升级 HTTPS 加密协议，提升网站数据安全性。三是重新整理排布新闻资讯版块，对于无活跃度的页面进行合并，将原来散、多、广的内容进行聚焦，突出口岸要闻、通知公告、热点聚焦等内容，提升时效性，防范宣传信息被恶意篡改或虚假发布。

（4）定期开展等级保护复评，确保达到三级要求。按照国际贸易“单一窗口”安全等级保护要求，组织开展宁波“单一窗口”三级等级保护测评，分别从网络、主机存储、数据库、中间件、应急响应和故障救援、数据交换、网络（信息安全）、监控等方面进行安全测评，最终通过三级等级保护复评。

截至 2022 年年底，宁波地区 95198 客服热线共接听电话 3082 个，通过 QQ 及微信群解答企业问题 7579 个，向标准版工程组提交系统功能需求及服务响应 190 条，微信公众号推送“单一窗口”相关政策、通知、功能操作指南 41 次，门户网站发布新闻动态约 1056 条。

（三）宣传推广

为推广标准版应用，提升宁波“单一窗口”影响力，通过线上与线下相结合等方式，举办多场次业务培训。

1. 线上培训

一是对于新上线功能，如企业跨境贸易档案管理系统、货物申报系统“海关通知查询”模块等，通过腾讯会议在线直播等方式组织企业培训。二是通过“宁波电子口岸”微信公众号、QQ/微信群发布“单一窗口”操作指南，解读标准版相关政策，利用门户网站提供相关功能操作手册下载，通过录制视频、直播等重复轮播形式讲解具体操作。

2. 现场培训

为更好发挥宁波“单一窗口”服务宁波口岸跨境贸易便利化及稳外贸作用，克服疫情困难，开展海关 AEO 高级企业认证、口岸查验免收费系统宣讲、危险品原始舱单申报等培训，培训对象覆盖全市进出口企业、跨境电商企业、船代理、报关行等。

截至 2022 年年底，共开展 5 场企业培训（线下 2 场、线上 3 场），累计培训 541 人、400 余家企业。

三、大事记

1 月 5 日

宁波“单一窗口”按《国家口岸管理办公室关于在海运口岸推广通关物流全程评估系统的通知》（国岸函〔2021〕87 号）要求开展工作。

7 月 18 日

“单一窗口”与物流行业机构合作对接专题座谈会在宁波召开，宁波市口岸办、宁波海关、中国电子口岸数据中心宁波分中心、宁波电子口岸参加座谈会。

11 月 4 日

宁波“单一窗口”年度运维考核会召开，平台顺利通过考核。

四、政策文件

宁波市口岸协调委员会关于印发《2022 年宁波口岸工作要点》的通知

甬口岸委〔2022〕1 号

市口岸协调委员会各成员单位：

为统筹做好 2022 年口岸工作，按照市委市政府年度目标任务要求，依据《国家口岸管理办公室 2022 年工作要点》文件精神，经市政府研究同意，现将《2022 年宁波口岸工作要点》印发给你们，请按职能分工，认真抓好贯彻落实。

附件：2022 年宁波口岸工作要点

宁波市口岸协调委员会

2022 年 3 月 14 日

附件

2022 年宁波口岸工作要点

2022 年宁波口岸工作总体要求是：坚持以习近平新时代中国特色社会主义思想为指引，全面贯彻党的十九大和十九届历次全会精神，深入贯彻习近平总书记考察浙江重要讲话精神，贯彻中央、省有关口岸工作的决策部署，落实市第十四次党代会精神，围绕“建设世界一流口岸，服务世界一流强港”总体目标，实施宁波市口岸“十四五”规划和宁波市推进世界一流口岸建设行动方案，推进平安、效能、智慧、法治、绿色“五型”口岸建设，努力实现跨境贸易标杆城市地位、口岸整体智治水平、国际航运物流产业能级有新提升，坚决扛起“五大历史使命”，为现代化滨海大都市打造更多口岸领域标志性成果，以宁波口岸高水平开放、高质量发展的优异成绩，迎接党的二十大胜利召开。

一、坚定不移加强政治建设

1. 旗帜鲜明讲政治。深入学习贯彻习近平新时代中国特色社会主义思想、党的十九大和十九届历次全会精神、习近平总书记考察浙江重要讲话精神，从党的百年奋斗历史成就和历史经验中汲取智慧和力量，推动全市口岸系统不断提高政治判断力、政治领悟力、政治执行力，进一步树牢“四个意识”、坚定“四个自信”，胸怀两个大局，服务国之大者，以“建设世界一流口岸”的实际行动，忠诚拥护“两个确立”，忠实践行“两个维护”。（责任单位：市口岸委各成员单位）

2. 履职尽责抓落实。把贯彻落实习近平总书记重要指示批示精神作为践行“两个维护”的重要标尺，以高度的责任感、使命感抓好贯彻落实，确保习近平总书记重要指示批示精神和党中央重大决策部署落实到位。坚决贯彻省委省政府的决策部署、市委市政府的工作要求，锻造一流作风、营造一流环境、抓好“十个聚力”，推动宁波口岸高水平开放高质量发展，为“六大变革”增智添力，为“六个之都”增光添彩。（责任单位：市口岸委各成员单位）

二、积极推动口岸更高能级对外开放

3. 提升口岸开放水平。积极推进穿山港区 1 号泊位、石浦港区和象山港港区等码头扩大开放申报工作；做好北仑港区通用泊位、中宅矿石码头二期等对外启用工作；做好穿山 1 号泊位临时开放、石浦港区新港码头临开延续工作，做好梅山 6 号、7 号泊位临时对外启用延续工作，支持梅山 8 号泊位以及冠保、北仑电厂等业主码头临时启用，支持梅山 9 号泊位开展内支线业务。推动空港口岸货运通道建设，拓展欧美国际货运专线航线。国际邮件互换中心投入运营，推动“海陆空铁邮”业务联动。（责任单位：市口岸办、宁波海关、宁波海事局、浙江边检总站宁波指挥部、市邮政管理局、宁波经济技术开发区管委会、海曙区政府、象山县政府、宁波舟山港集团、宁波机场集团有限公司）

4. 推动口岸与腹地联动发展。加强与腹地城市的合作，深入省内外腹地开展口岸政策措施宣讲推介，推动监管信息互联互享，构建高效交流沟通机制。唱好口岸“双城记”，深化杭甬、甬舟口岸跨区域合作。组织开展地方口岸部门间的业务交流，推广借鉴好经验、好做法，进一步提升统筹口岸疫情防控和保障口岸畅通的能力和水平。（责任单位：市口岸办、宁波海关、宁波海事局、浙江边检总站宁波指挥部、宁波舟山港集团）

三、持续优化口岸营商环境

5. 开展促进跨境贸易便利化专项行动。出台《2022 年宁波口岸深化跨境贸易便利化改革若干措施》。深化“提前申报”“两步申报”“两段准入”等通关模式改革，持续开展进口货物“船边直提”和出口货物“抵港直装”作业，进一步优化通关全链条全流程服务。完善口岸收费目录清单制度，强化目录清单动态管理。加强口岸收费监管和收费公开公示，实施港口集装箱费用线上统一结算。依法查处进出口环节存在的违规收费行为，为企业减负增效。继续推进集装箱设备交接单、装箱单、提货单等单证电子化，争取空运电子运单试点，探索空运提货单无纸化。发展壮大本地口岸进出口贸易规模，力争宁波口岸进出口贸易额全国占比达到 5.3%。宁波口岸整体通关时间保持长三角领先水平。（责任单位：市口岸办、宁波海关、宁波海事局、浙江边检总站宁波指挥部、市发改委、市财政局、市商务局、市交通局、市市场监管局、宁波舟山港集团）

6. 深入开展“三服务”“三为”“驻企开门红”等活动。发挥社交平台作用，畅通意见投诉、问题反馈渠道，及时解决企业热点、难点问题。设立线下办事“首问专岗”，建立热点、难点和高频问题库，推行“点单式”精准咨询服务模式。利用新媒体、直播“小课堂”、在线访谈等平台，拓宽涉企措施宣传渠道，扩大惠企政策宣传培训覆盖面，提高企业政策熟悉度和改革参与度。（责任单位：市口岸办、宁波海关、宁波海事局、浙江边检总站宁波指挥部、宁波舟山港集团）

四、着力提升宁波航运物流产业发展能级

7. 实施“招大引优育强”。不断优化航运产业发展导向，大力引进知名航运企业总部在宁波落地，进一步夯实航运产业基础，提升宁波国际航运物流产业集聚区规模能级；着力聚焦和培育海事登记、船舶管理、航运经纪等高端功能性航运服务领域，提升宁波航运服务水平。不断优化产业发展环境，探索出台航运服务业专项招商政策，修订集聚区资金管理办法，丰富集聚区经济运行监测功能和运行评价体系。（责任单位：市口岸办、鄞州区政府、宁波舟山港集团）

8. 搭建国际合作平台。举办第五届中国（宁波）国际航运物流交易会、首届全球港航创新创业大赛决赛，通过“一会一赛”招引一批航运服务机构、培育一批航运科技项目、吸引一批航运高端人才。举办第十届国际海商法研讨会，进一步深化与中国海事仲裁委员会战略合作框架协议。（责任单位：市口岸办、市商务局、鄞州区政府、宁波舟山港集团）

9. 推动产业数字化转型。进一步完善中国-中东欧国家贸易指数体系，研发中国-中东欧国家贸易景气指数和编制年度蓝皮书，在第三届中国-中东欧国家博览会期间发布，提升指数国际影响力。推动航运大数据中心应用，创新大数据产品服务体系和应用场景，提升数据应用创新力和海丝指数影响力。（责任单位：市口岸办、宁波海关、宁波舟山港集团）

五、加快推进口岸数字化改革

10. 加快“甬 e 通”平台建设。聚焦“国际贸易一件事”，加快推进“甬 e 通”国际贸易一站式服务场景应用改革，推动口岸监管模式升级、查验流程优化、物流高效衔接、货物流向监控等领域更深层次的体制机制创新。保质保量完成“甬 e 通”一期建设任务，争取 3 月底前部分应用项目建成上线，6 月底前完成基本建设并上线试运行。做好“甬 e 通”二期项目需求调研，编制建设方案。（责任单位：市口岸办、宁波海关、宁波舟山港集团）

11. 提升“单一窗口”服务功能和运维水平。加强电子口岸公司制度建设，全力做好“单一窗口”运维工作，确保“单一窗口”运行安全稳定，数据安全保密。及时做好“单一窗口”标准版新应用项目落地，积极争取新项目试点。完善“单一窗口”对外开放服务体系，推进与金融、物流等机构合作对接，创新“外贸+金融”“外贸+物流”服务模式。持续完善通关物流全程评估系统，加强口岸物流作业各环节数据采集和交换，实现通关物流全流程查询、分析和展示。开展进出口退税数字化单证备案试点，符合条件的企业可选择数字化形式保存出口退税备案单证，企业正常出口退税的平均时间压缩至6个工作日以内。（责任单位：市口岸办、宁波海关、宁波市税务局、宁波舟山港集团）

六、织牢织密口岸疫情防控防护网

12. 慎始如初抓好口岸疫情防控。严格落实国务院应对新型冠状病毒感染肺炎疫情联防联控机制相关要求，切实加强口岸“闭环”管理，实施全链条精准防控。加强对口岸重点人群的防控措施，严格落实进口冷链食品和高风险非冷链集装箱货物的监测检测和预防性消毒措施。大力推广疫情期间“免于到场查验”、全程转关无纸化、海事港口国监督远程化和边检登轮码等新模式应用，强化直升机海面常态化巡航巡查，利用“数据跑路”实现通关事务“云办理”。（责任单位：市口岸办、宁波海关、宁波海事局、浙江边检总站宁波指挥部、市交通局、宁波舟山港集团、宁波机场集团有限公司）

13. 做好涉疫外轮应急处置。完善涉疫外轮应急处置机制，规范、稳妥、高效开展涉疫船舶、船员处置，确保零输入零感染。妥善回应船东、货主、码头合理诉求，保障涉疫船员正常权益，确保企业正常生产运营。（责任单位：市口岸办、宁波海关、宁波海事局、浙江边检总站宁波指挥部、市交通局、宁波经济技术开发区管委会、宁波舟山港集团）

七、努力提升口岸“四大中心”服务水平

14. 持续提高服务保障水平。强化国际航运服务中心、海港通关中心、空港通关中心、国际邮件互换中心的服务管理，加大服务保障力度，协调解决口岸基层单位实际困难。加强对国际航运服务中心入驻企业的服务管理，做好等级评定，完善奖惩机制。（责任单位：市口岸办、海曙区政府、宁波经济技术开发区管委会）

15. 持续提升文明创建水平。积极参与文明典范城市创建工作，完善宁波国际航运服务中心创建全国文明单位常态化工作机制，持续做好节能减排、垃圾分类、制止餐饮浪费、无烟大楼工创建工作，做好宁波国际航运服务中心创建全国文明单位“四连冠”的准备工作。（责任单位：市口岸办、宁波海关、宁波海事局、浙江边检总站宁波指挥部）

厦门市

一、综述

2022年是党的二十大胜利召开之年，在厦门市委、市政府的领导下，以及各成员单位的共同努力下，中国（厦门）国际贸易单一窗口（以下简称厦门“单一窗口”）建设运营工作坚持以习近平新时代中国特色社会主义思想为指导，以宣传贯彻党的二十大精神为主线，认真落实福建省委、厦门市委关于“提高效率、提升效能、提增效益”行动部署要求，紧贴中心工作，围绕数字厦门、数字自贸区工作要点，努力找准服务大局的切入点和结合点，全年较好地完成各项既定目标任务，平台建设取得重要进展和显著成效：“单一窗口”工作被写入《厦门经济特区优化营商环境条例》，为推动平台建设提供法律依据；首次参与厦门市促进跨境贸易便利化专项行动，口岸营商环境进一步优化，2022年12月厦门关区进、出口整体通关时间分别为23.96小时、0.89小时，同比分别压缩11.13%、35.97%，压缩比例再创历史新高，助力厦门在十大海运集装箱口岸营商环境测评中蝉联最高星级；厦门口岸航空电子货运平台先后入选中共厦门市委全面深化改革委员会办公室“厦门市2021年度改革创新优秀案例”、被中央党校（国家行政学院）电子政务研究中心评为“党政信息化最佳实践案例”；平台体制机制建设进一步规范和完善，《厦门国际贸易“单一窗口”数据安全管理暂行办法》《厦门国际贸易“单一窗口”平台项目共建协议》等制度落地实施助推项目建设；厦门“单一窗口”数据服务系列标准入选2022年厦门市地方标准制定项目计划，全面启动编制工作。

二、运行情况

（一）运行数据

截至2022年年底，厦门“单一窗口”累计注册用户9874家，较2021年增加609家。全年货物申报266.69万票，舱单申报1458.74万票，运输工具申报17.33万票，企业资质办理3.93万票，原产地证申领25.27万票，税费支付5.64万票，加贸保税46.63万票，物品通关227.31万票，监管证件1686票，出口退税287笔。

（二）运行维护

厦门“单一窗口”运维管理内容包括平台公共服务运行管理、平台软硬件运行维护、平台与各成员单位及相关部门的互联互通管理等。由运营单位负责建立健全厦门“单一窗口”运维管理各项规章制度，确保厦门“单一窗口”的正常运行，并于每年年底形成平台运行维护报告报送厦门“单一窗口”建设工作领导小组办公室。

2022 年，厦门“单一窗口”累计受理咨询 4.68 万次，其中电话咨询 2.15 万次、在线咨询 2.53 万次，电话接通率 99%，问题解决率 100%；提交标准版服务工单 71 份，工单解决率 100%；全年累计抵御互联网攻击 19.30 万次。

（三）宣传推广

一是厦门“单一窗口”工作和成效被国家口岸管理办公室、厦门市政府等相关刊物采纳 21 条；被人民网、《人民日报》、《福建日报》、《厦门日报》等中央、省、市级媒体宣传报道 14 条；积极向商务部报送航空电子货运平台建设案例，向中央媒体推荐报送厦门“单一窗口”为“新时代档案·经典案例”。

二是全年编发《厦门国际贸易单一窗口工作简报》21 期（累计编发 100 期），发布各类工作动态、项目进展、简讯等 161 条。

三是微信公众号全年推送信息 47 期 225 条，阅读量超 10 万次，新增关注人数超 2 万人，累计关注人数突破 8.6 万。

四是全年组织各类培训 41 场次，其中地方特色应用培训 26 场、标准版应用培训 15 场，培训人数近 600 人次。

五是全年接待来自商务部、天津、黑龙江、云南、广西、青岛、贵阳及福建省各地市的党政、企业交流团共 78 批次、950 人次。

三、特色应用

2022 年，厦门“单一窗口”本地特色功能不断丰富，新上线非贸一体化运行智能管理平台、“单一窗口+联防联控”海关检疫 E 码通功能、“单一窗口”企业供应链融资和银行贷款用途跟踪五场景；启动厦门数字口岸平台、蓝海智慧服务平台、边检空港旅客通关视频智能应用平台等共建项目建设。

（一）厦门数字口岸平台

由厦门自贸委、厦门海关共建，依托厦门“单一窗口”建设，是厦门市提升口岸通关效率、持续优化口岸营商环境的重要举措。该项目的目标是整合厦门“单一窗口”数据资源，推进口岸数字化转型，构建数字化协同体系，提升海关监管效能和进出口企业服务能力，打造厦门“单一窗口”升级版本。项目建设内容为“一舱三平台”，即数字驾驶舱、海关辅助监管子平台、协同合作子平台、对外服务子平台。项目建设成效，一是运行管理数字化，立足业务部门政策分析需求，提供厦门口岸进出口业务全要素感知、全链路覆盖、全过程监管的“一站式”决策支撑；二是信息系统集约化，精准对接海关业务改革，为关员提供“一平台一界面”集约化作业场景，增强移动办公能力，提升海关监管效能；三是口岸协作一体化，接入港区内外物流数据、生产作业数据，扩充“单一窗口”平台资源，实现单证流、监管流、货物流、信息流“四流合一”，提升口岸运转效率，推进厦门口岸数字化转型；四是综合服务便利化，通过多部门联通，深化多场景应用融合，打造集统一认证、通关、物流、移动应用的多功能对外服务矩阵，切实益企高质量发展。

（二）厦门海关非贸业务一体化运行智能管理平台

该平台需求起源于厦门海关，平台以实战为导向，打造能够自主深度学习的AI模型，自动下达指令，有效减少通关时间，形成智慧运行、监测预警的长效机制，完善非贸领域自动化通关流程，将邮件、快件、跨境电商、旅检及大嶝市场5个渠道业务共8个业务系统的申报数据、ERP联网数据、外部信息数据统一纳入，减少事中人工干预，化解监管风险。截至2022年年底，该平台已查发各类安全准入事件4388起，大幅提高通关效率，降低通关成本，实现关企共赢。

（三）“单一窗口+联防联控”海关检疫E码通功能

该功能需求起源于厦门海关，适应关员上船的移动作业模式，建立船员健康电子台账，实现事前船舶预警可视化、事中船员流调及采样环节信息电子化、事后口岸与地方联防联控信息交接无纸化，提高了海港口岸对船舶及船员防疫检疫工作效率，保障了航运公司及码头的正常运作，实现了对海港口岸船舶及船员防疫检疫的高效监管。

（四）空港旅客通关视频智能应用平台

该项目由厦门边检总站提出，结合厦门高崎边检站工作业务流程，在科学合理规划高清人脸抓拍摄像机布设点位基础上，应用人脸识别、人工智能、深度学习技术，实现各通关节点旅客数量一屏实时展示，极大提高警力调配、通道管理、勤务排布精细化水平，达到用警效能和通关效率双提升；同时，便利边检、航司人员快速核对旅客名单，节省时间20分钟以上。

（五）蓝海智慧服务平台

该平台需求由厦门海事局提出，统筹融合海事、港口、引航、码头、气象等各部门相关数据，充分利用5G、大数据、人工智能等技术进行深度挖掘和整合利用，扩宽海事侧服务供给渠道，实现航班动态可视化实时展示、海港气象网格化精准服务、船舶航行安全支持服务、政企互联互通服务四大功能，实现海上安全数据高效应用、船舶安全服务精准及时，最大限度减少船舶在港待时，为厦门市港航经济发展提供高水平服务，有力优化厦门港口营商环境。

（六）“单一窗口”企业供应链融资和银行贷款用途跟踪五场景开发

该项目需求由厦门自贸委财金局提出，项目为银行提供银行承兑汇票开票承兑、银行承兑汇票或商业承兑汇票贴现、国内信用证交单和福费廷（议付）、国内应收账款保理、银行贷款资金用途5个场景下的增值税发票或普通发票区块链核验和存证，创新金融监管方式，进一步提高银行对企业贷款业务的授信安全性和服务效率。

四、大事记

1月6日

厦门“单一窗口”建设工作领导小组常务副组长、厦门自贸委常务副主任熊衍良组织召开厦门“单一窗口”建设工作领导小组办公室 2022 年第一次工作会议。

2 月 9 日

“厦门口岸首创‘单一窗口+航空物流’模式”入选中共厦门市委全面深化改革委员会办公室“厦门市 2021 年度改革创新优秀案例”。

2 月 17 日

厦门市委常委、副市长黄晓舟组织召开国际贸易“单一窗口”建设工作领导小组第四次会议。

2 月 28 日

厦门“单一窗口”建设工作领导小组印发《厦门国际贸易“单一窗口”数据安全管理暂行办法》。

3 月 1 日

“单一窗口”工作写入《厦门经济特区优化营商环境条例》，该条例于 2023 年 3 月 1 日起施行。

3 月 22 日

“中国（厦门）国际贸易单一窗口数据开放服务标准”课题通过验收。

4 月 1 日

厦门“单一窗口”服务平台微信小程序注册成功。

4 月 21 日

厦门“单一窗口”上线运行 7 周年。

4 月 25 日

厦门“单一窗口”微信公众号认证主体由运营单位“厦门自贸试验区电子口岸有限公司”变更为业主单位“厦门自贸委信息化服务中心”。

4 月 28 日

上海 14 项海关监管创新制度于厦门落地应用建设项目（“先进区后报关”管理模块）升级改造项目通过终验评审。

5 月 5 日

厦门“单一窗口”服务平台微信小程序上线空运查验功能。

5 月 20 日

厦门“单一窗口”门户网站新增厦门海关 12306 业务咨询栏目。

5 月 27 日

厦门“单一窗口”率先在全国完成国家航空物流公共信息平台数据对接。

6 月 9 日

福建省政府印发《关于推广福建自贸试验区第九批可复制创新成果的通知》（闽政〔2022〕16 号），厦门“单一窗口”4 项创新成果成功入选，分别是通关全流程状态可视化服务、国际贸易口岸物流公共服务平台、航空物流电子货运信息一点登录查询、航运公司综合服务平台。

6 月 17 日

厦门“单一窗口”企业供应链融资和银行贷款用途跟踪五场景开发项目通过终验评审。

6 月 27 日

厦门海关非贸业务一体化运行智能管理平台项目通过终验评审。

7月11日

航空物流公共信息平台通过海关总署自贸试验区创新举措备案。

7月22日

厦门自贸委党组书记、主任，厦门“单一窗口”建设工作领导小组常务副组长何东宁主持召开厦门“单一窗口”建设工作领导小组办公室2022年第二次工作会议。

8月5日

福建省商务厅副厅长、一级巡视员黄娜恩一行调研厦门“单一窗口”工作。

8月15日

厦门“单一窗口”数据服务“总体技术要求”“报关业务元数据规范”“报关服务接口规范”3个项目成功入选2022年厦门市地方标准制定项目计划。

8月31日

“单一窗口”大数据基础平台通过初验评审。

9月5日

陕西省商务厅一级巡视员陶绍卿一行调研厦门“单一窗口”和厦门口岸航空电子货运平台建设和管理工作。

9月22日

厦门自贸委信息化服务中心联合市标准化研究院、市口岸办、厦门边检总站、厦门海事局、北京国研数通公司、自贸区电子口岸公司、厦门外代公司组织召开厦门“单一窗口”数据服务系列标准建设工作启动会。

10月11日

厦门自贸委信息化服务中心组织相关单位召开数字口岸平台项目启动会，标志着该项目正式进入建设阶段。

11月1日

厦门自贸片区航空电子货运平台获评中共中央党校（国家行政学院）电子政务研究中心“党政信息化最佳实践案例”。

11月4日

厦门自贸委党组书记、主任，厦门“单一窗口”建设工作领导小组常务副组长何东宁在国际航运中心主持召开厦门“单一窗口”建设工作领导小组办公室2022年第三次工作会议。

11月11日

“单一窗口+联防联控”海关检疫E码通功能建设项目通过终验评审。

11月16日

福建省委书记周祖翼调研福建自贸试验区厦门片区，参观厦门自贸片区大数据服务中心数字展厅，听取厦门“单一窗口”建设成效。

11月22日

厦门自贸委规建局、信息化服务中心和厦门电子口岸公司代表厦门口岸线上参加亚太示范电子口岸网络第八届公私对话会。

12月16日

“单一窗口”大数据基础平台项目通过终验评审。

12 月 20 日

厦门跨境电商公共服务平台升级改造项目通过终验评审。

12 月 22 日

大嶝市场海关监管辅助系统支付及库存模块项目通过终验评审。

深圳市

一、综述

2022 年是全面贯彻党的二十大精神的开局之年，中国（深圳）国际贸易单一窗口（以下简称深圳“单一窗口”）围绕国家口岸管理办公室总体工作部署以及优化营商环境相关工作要求，在做好平台运维保障工作的基础上，大力推进地方特色应用服务功能建设。截至 2022 年年底，深圳“单一窗口”上线标准版应用及地方特色应用共 34 类业务、155 个应用系统，为广大进出口企业提供网上服务事项超 1500 项。

二、运行情况

（一）运行数据

截至 2022 年年底，深圳“单一窗口”注册企业数 13.51 万家，较 2021 年增加 2.09 万家，同比增长 18.30%。全年货物申报 1349.51 万票，舱单申报 4262.61 万票，运输工具申报 87.09 万票，企业资质办理 11.56 万票，原产地证申领 58.24 万票，税费支付 128.18 万票，加贸保税 432.97 万票，物品通关 2086.79 万票，监管证件 3.74 万票，出口退税 977 笔。

（二）运行维护

深圳“单一窗口”运行维护工作包括客户服务、应用保障和系统保障三个方面。在客户服务方面，为企业提供用户咨询、操作指导、问题处理、需求收集、意见反馈等支持服务，响应用户提出的业务服务请求，全年累计受理企业反馈各类问题 7.2 万个，问题处理率达 96%；提供答疑服务约 14.7 万次。在应用保障方面，实体 SaaS 平台全年无故障运行时间为 99.99%，维护业务应用服务器 205 台、虚拟化服务器 325 台，在线运行应用程序 359 个，部署监控点 2576 个，提供用户技术支持 1788 次，更新平台应用系统 602 次。在系统保障方面，与政府部门、口岸监管单位及企事业单位对接专线 37 条，数据维护总量约 25.5TB，全年完成系统和网络维护 6 次、硬件和系统巡检 24 次。

（三）宣传推广

深圳“单一窗口”高度重视平台业务宣传推广工作，通过培训宣讲、信息发布、企业调研等形式，全力拓宽宣传覆盖面。在培训宣讲方面，采用现场宣讲、线上培训、联合培训等线上线下相结合的方式，全年组织各类业务培训 44 场次，参加人数超 1.10 万人次。在信息发布方面，充分利用门户网站、服务群、微信公众号等各类渠道，全年发布或转发各类政策措施等公告信息 2000 多次。在企业调研方面，全年开展 RCEP 生效实施后进出口企业面临的机遇挑战、陆海空一体化通关协同及深圳“单一窗口”移动端需求等各类企业调研工作 40 余次。

三、特色应用

在全力完成好标准版建设和推广任务的基础上，结合本地口岸业务建设以及进出口企业开展业务的需求，积极探索在口岸政务、物流、数据、税务、金融、外贸新业态等领域拓展地方特色应用，拓宽服务边界。

（一）出口退税备案单证电子化系统

2022 年 8 月 23 日，国家税务总局深圳市税务局、深圳市商务局联合举行发布会，正式上线深圳市出口退税备案单证电子化系统，这标志着深圳出口退税服务的便利化、智能化水平再次迈上新的台阶。

1. 主要做法

依托深圳“单一窗口”搭建出口退税备案单证电子化系统，支持企业一键上传办理出口退税所必需的各类备案单证，对出口退税备案单证数据实现电子化采集，以电子化申报方式实现出口退税业务全流程无纸化、数字化管理。同时，该系统还可以自动采集企业报关单数据和预配舱单、运抵、装载、理货、船舶动态等通关物流数据，补充作为企业出口贸易真实性的核查资料，辅助税务部门验证企业出口贸易的真实性，为税务部门核查备案单证创造条件，大幅提高业务办理效率。

2. 创新点

作为全国首个由税务部门和地方政府部门共同建设的出口退税备案单证电子化系统，该系统不仅是商税合作助力优化深圳国际贸易营商环境的第一次尝试，也是地方加快兑现国家出口退税政策红利的重要举措，在服务外贸市场主体、促进外贸稳定增长等方面发挥着重要作用。

3. 实践成效

该系统大幅降低企业获取出口退税备案单证的难度，减轻纸质资料存储成本，精简企业报送资料 6 项、简化并优化表单 4 项、增加电子税务局便捷服务功能 5 项，推动一类与二类出口退税企业的正常退税业务办理时间缩短至 3 个工作日以内。

（二）深港无缝清关服务

深港陆路运输是深港贸易合作的重要环节。深港陆路运输的通畅、便捷和高效，对深化深港两地贸易合作、增强区域进出口贸易活力和竞争力具有重要意义。2022 年 6 月，深圳“单一窗口”上线深港无缝清关服务。

1. 主要做法

此前，企业开展深港陆路运输业务时，需在深港两地海关不同平台系统录入数据进行业务申报。以货物从深圳运往香港为例，一票单据大多由多个申报主体（例如工厂、报关行、运输行、香港关务代理公司等）组合申报完成，申报人需要在多个平台（如深圳“单一窗口”、香港关务系统等）之间切换操作，且香港方面对申报有资质要求，需要申报人在香港注册公司或者委托香港服务商代理申报。在该模式下，整个业务流程涉及多个申报主体，存在多个操作环节，单据申报节点状态无法及时反馈，导致信息不透明、沟通成本高，而且需要重复录入数据，业务办理效率低。

深圳“单一窗口”创新推出深港无缝清关服务功能，向企业提供一次申报及线下委托服务，实现深港两地各类业务单证的“一站式”数据采集和共享，减少跨平台操作和数据重复录入，大幅提升操作效率，降低业务门槛和业务成本。

2. 创新点

一是集成深港进出口通关申报的 7 个环节于一个平台，用户通过深圳“单一窗口”一个平台即可将完成一票单据的所有申报环节，实现“一次录入、两地申报、无缝清关”，实现数据共享、信息透明以及跨境贸易业务全程可视可控，为深港两地跨境贸易业务相关企业带来极大的申报便利。

二是为企业解决多人多平台的人力密集型申报模式，帮助企业优化业务流程、降低关务成本、减轻经营负担。

三是支持人民币计费。由于香港报关业务为有偿服务，以往都必须以港币计费，经整合后按人民币计费，既方便企业支付，又避免了私下外汇交易。

3. 实践成效

该服务实现了深港两地通关单证“一次录入、两地申报”，帮助企业减少 50%的单证录入工作量，并降低 33%~67%的关务人力成本，将一票单据的通关服务费用由原来的约 750 元降低至现在的约 100 元。2022 年，该服务累计开展业务近 2000 单。

（三）深圳市场采购贸易联网信息平台

依托深圳“单一窗口”建设推广深圳市场采购贸易联网信息平台，为各类经营主体提供“一站式”信息化服务，为业务监管部门提供信息化辅助支撑。

1. 主要做法

深圳市场采购贸易联网信息平台是涵盖市场采购贸易各类经营主体和贸易全流程的综合管理服务平台，承载市场采购贸易方式各项政策的实施。各类经营主体可通过该平台进行主体备案登记，录入商品交易信息，开展组货装箱、报关申报、免税备案登记、收结汇等业务。

同时，该平台支持与信息化程度较高、有自己应用系统的企业进行系统对接，实现企业在自己的应用系统上完成商品交易登记、组货装箱、货物报关/报检等业务。

2. 创新点

该平台是支撑深圳市场采购贸易试点的信息化基础设施，连接商务、市场监管、海关、税务、外汇管理等业务监管部门，将各类经营主体纳入电子围网，实现本地市场采购贸易业务全流程信息化监管服务。

3. 实践成效

该平台推出检验检疫、收结汇、预包装食品等功能，支持预包装食品、竹木草制品等本地特色产品加速扩大市场采购贸易方式出口；与中国工商银行、中国建设银行、交通银行等 11 家银行对接收结汇服务，支持采用人民币结算，满足各类经营主体的个性化金融需求。2022 年，该平台共有 681 家企业进行主体备案，累计申报报关单 3747 份，出口金额 1.31 亿美元，收汇金额 5800 万美元。

该平台的上线和推广，推动深圳市场采购贸易业务实现“源头可溯、责任可究、风险可控”的管理目标，有效助力内外贸一体化发展和推进营商环境优化。

四、 大事记

4 月 28 日

深圳海关与深圳市商务局联合推出的深圳航空物流公共信息平台正式投入使用，促进了深圳空港通关智能化。

6 月 22 日

深圳“单一窗口”平台服务企业总数突破 40 万家。

6 月 30 日

深港无缝清关服务正式上线。

8 月 23 日

国家税务总局深圳市税务局会同深圳市商务局联合举行发布会，正式上线出口退税备案单证电子化系统。

8 月 26 日

深圳市场采购贸易联网信息平台正式上线。

9 月 5 日

深圳市商务局印发《中国（深圳）国际贸易单一窗口建设外贸综合服务体系行动计划（2022—2025 年）》。

五、 政策文件

深圳市人民政府办公厅关于印发2022年进一步优化深圳口岸营商环境若干措施的通知

深府办函〔2022〕17号

市有关单位：

《2022年进一步优化深圳口岸营商环境若干措施》已经市政府同意，现予以印发，请遵照执行，实施中遇到的问题，请径向市口岸办反映。

深圳市政府办公厅

2022年2月27日

2022年进一步优化深圳口岸营商环境若干措施

为落实《国务院关于开展营商环境创新试点工作的意见》（国发〔2021〕24号）、《关于进一步深化跨境贸易便利化改革优化口岸营商环境的通知》（署岸发〔2021〕85号）及2022年促进跨境贸易便利化专项行动的部署和要求，持续深入推进“放管服”改革，进一步优化口岸营商环境，结合本市实际，制定以下措施。

一、创新监管方式，提升口岸通关时效

1. 优化进出口货物通关模式。进一步推广“提前申报”“两步申报”通关模式。完善通关配套系统，指导企业灵活叠加运用“两段准入”“汇总征税”等便利化通关模式。

2. 扩大“船边直提”“抵港直装”业务试点范围。在“互联网+海关”一体化网上办事服务平台上线直装直提模块，实现“船边直提”“抵港直装”业务在线办理。结合海运通关、物流模式改革，进一步提高“船边直提”“抵港直装”业务量。

3. 加强海外仓信息共享，完善海外仓相关业务办理指南。探索建立海外仓信息共享系统，鼓励海外仓企业对接跨境电商线上综合服务平台，匹配供需信息。完善海外仓备案等相关业务办理指南，推进海外仓备案业务在线办理。

4. 推进涉检业务“主动披露”制度和容错机制实施。对进出口食品、化妆品等商品试行涉检业务“主动披露”制度和容错机制，并逐步扩大适用范围。

5. 推动出口退税备案单证数字化，强化数据信息共享，加快出口退税流程。依托深圳国际贸易“单一窗口”，搭建出口退税备案单证电子化系统，实现企业备案单证的共享协同。加快出口退税流程，2022年底前税务部门办理正常出口退税的平均时间压缩至5个工作日以内。

6. 推进第三方商品检验结果采信。加强深港技术交流和实验室认可协作，推动内地检测机构成为香港机电工程署认可核证团体。对从香港进口的部分法检商品，试行采信香港地区符合条件的检验鉴定机构的检验结果。

7. 深化“组合港”通关便利化改革。创新海关监管模式，加强跨关区协同监管，以海关舱单数据“一单到底”的监管理念，优化水路转关业务模式，推动启动更多“组合港”试点。

8. 开设 CCC 免办证书便捷通道。制定企业准入标准，为符合条件的企业开设 CCC 免办证书便捷通道。制定并执行 CCC 免办产品管理要求，及时追溯 CCC 免办产品流向。建立闭环监管机制，加强事中事后监管。

9. 开展深港无缝清关服务。依托深圳国际贸易“单一窗口”，对接市场化第三方平台，推动深港无缝清关，向进出口企业提供报关单、公路舱单、进出口捆绑、进出口清关等单证“一次录入、两地申报”服务。

10. 推动国际贸易“单一窗口”联合登临检查业务在深圳试点推广。建立口岸查验单位间的信息共享机制，推进执法互助和监管互认。

11. 试点建设通关服务中心。整合通关业务办理窗口，对需现场办理的通关业务实施“一站式”办理。

二、强化科技赋能，提升口岸信息化水平

12. 完善深圳国际贸易“单一窗口”功能。对接深圳主要物流信息综合服务平台，推动通关与物流运输环节信息共享、业务协同和资源整合，优化海空运公共信息查询、状态订阅、空运货主及物流货物信息共享等服务。联通银行、支付部门数据，实现金融结算业务线上操作和企业贸易背景真实性验证。推出智能报关、智慧税则服务系统，辅助企业智慧化制单。上线海运口岸业务委托服务功能，为企业提供“线上+线下”全流程服务。

13. 推进口岸信息化平台建设。借助大数据、区块链、人工智能等新技术，推进深圳跨境贸易大数据平台试点建设。推动口岸物流公共信息整合。依托国际贸易“单一窗口”为深圳口岸跨境贸易提供一站式服务的统一入口。

14. 提高口岸物流单证全流程无纸化水平。提高深圳海运口岸进口集装箱设备交接单、装箱单、提货单等单证电子化比率。推动国际贸易“单一窗口”航空物流公共信息平台试点。

15. 加快“智慧港口”建设。加快盐田港区东作业区全自动化码头建设，带动深圳港自动化改造工作。将海关智慧监管嵌入智慧港口建设，推动监管设施信息化、海运港口智能化。

16. 推进水铁空公多式联运信息共享。推进铁路、公路、水路、航空等运输环节信息对接共享，实现运力信息可查、货物全程实时追踪。依托公铁等多式联运示范工程创建工作，推动企业搭建多式联运信息系统。启动深圳机场物流综合信息服务平台二期建设工作。

17. 加强铁路信息系统与海关信息系统的数据交换共享。以中欧班列为试点，建立铁路部门与海关的横向联系机制。

18. 推进寄递渠道监管智能化。探索运用 5G 智能单兵等技术设备，实现寄递渠道智能化监管，提升对快邮件、跨境电商商品的快速验放能力，提高通关效率。

三、规范口岸收费，降低进出口环节费用

19. 依法依规开展口岸收费成本监审调查。根据国家和省工作部署，针对地方政府定价的口岸收费项目，依法依规开展成本监审或成本调查，为理顺口岸服务收费机制提供依据。

20. 规范海运相关收费行为。规范货代、报关、港口、船代、理货以及港外堆场等主体的收

费行为，督促引导企业严格遵守相关法律法规，切实加强价格自律和行业自律。

21. 推动口岸服务项目市场化。对有限竞争性经营的口岸服务，引入招标制度，鼓励市场经营主体公平竞争。对属于政府职责且适合通过市场化方式提供的服务项目，推进政府购买服务。

22. 加大口岸收费公示力度。推广“单一窗口”全国口岸收费及服务信息发布系统，引导口岸收费主体公开和动态更新收费标准、服务项目等信息。

23. 强化进出口环节收费监督检查。依法查处口岸不执行政府定价和指导价、不按规定明码标价、未落实优惠减免政策等各种违法违规收费行为，并及时向社会公布。依法依规调查处理口岸经营活动中的涉嫌垄断行为。

四、聚焦市场主体关切，高效利企便民

24. 筑牢口岸防疫防线。落实属地管理责任，配备充足口岸作业人员，严格落实疫苗接种、核酸检测、人员管理等各项疫情防控措施，从严做好人员安全防护，统筹做好进出口冷链商品消杀等工作，严防疫情通过商品传入。

25. 完善通关全流程可视化查询服务。研究开发查验流程信息互联网查询功能，在海运口岸将海关查验信息、放行信息等数据通过国际贸易“单一窗口”推送至企业。推动港口企业及时公开集装箱存箱、用箱信息，实现提箱预约、电子化放箱和精准提箱。公布深圳机场国际货物保障的服务标准，优化深圳机场国际货站进出港货物保障流程。

26. 推动海关信用管理创新改革。探索海关链式信用管理模式，将海关信用管理向国家、深圳市重点扶持的产业链供应链的上下游延伸，出台针对性帮扶措施，促进产业链供应链协同发展。探索海关信用培育新方法，以专精特新小巨人、独角兽企业等为重点，充分挖掘高级认证企业新增量，扩大 AEO 政策享惠面，提升深圳外贸企业国际竞争力。

27. 加强知识产权海关保护。深入开展“龙腾”等专项行动和粤港澳海关保护知识产权联合执法行动。加强培塑出口知识产权优势企业，为企业提供指导与服务。为中小微企业开展知识产权海关保护政策培训，增强企业知识产权保护意识和能力。

28. 加强技术性贸易措施企业咨询服务。发挥无人机、医疗器械、移动通信等技术性贸易措施研究评议基地作用，通过开展通报评议、研提特别贸易关注议题等方式助力企业参与国外技术规则制定与修订，降低国外技术性贸易措施不利影响。开展国外技术性贸易措施培训及海关技术性贸易措施工作宣贯，为广大中小型企业提供技术信息供给，不断扩大咨询服务覆盖面。

29. 拓宽企业意见反馈渠道。在深圳国际贸易“单一窗口”上线中小企业服务专区等专题专栏服务，公布相关便利化资讯、公告通知等信息；增设 RCEP 信息服务专栏；优化公众号推送、在线培训、需求收集、政策资讯推送以及公共数据服务；实现用户咨询问题线上受理和自动应答。

30. 实施中小微外贸企业出口信用保险统保。发挥出口信用保险支持外贸企业开拓国际市场的重要保障和促进作用，对出口额 800 万美元（含）以下中小微外贸企业实施出口信用保险统保支持。

31. 建立口岸营商环境“问题清零”机制。推动成立口岸协会，完善优化口岸营商环境特邀顾问工作机制和 AEO 企业服务机制，清单式推进解决企业反馈问题，实现“问题清零”。

32. 推动优化口岸营商环境政策宣传常态化。定期举办宣讲会，建立政府部门宣传联动机制，指导企业用好用足口岸通关便利化政策。

中国国际贸易
单一窗口
年鉴

法规文件篇

FAGUI WENJIAN PIAN

2023

国务院办公厅关于印发“十四五”现代物流发展规划的通知

国办发〔2022〕17号

各省、自治区、直辖市人民政府，国务院各部委、各直属机构：

《“十四五”现代物流发展规划》已经国务院同意，现印发给你们，请认真贯彻执行。

国务院办公厅

2022年5月17日

（本文有删减）

“十四五”现代物流发展规划

现代物流一头连着生产，一头连着消费，高度集成并融合运输、仓储、分拨、配送、信息等服务功能，是延伸产业链、提升价值链、打造供应链的重要支撑，在构建现代流通体系、促进形成强大国内市场、推动高质量发展、建设现代化经济体系中发挥着先导性、基础性、战略性作用。“十三五”以来，我国现代物流发展取得积极成效，服务质量效益明显提升，政策环境持续改善，对国民经济发展的支撑保障作用显著增强。为贯彻落实党中央、国务院关于构建现代物流体系的决策部署，根据《中华人民共和国国民经济和社会发展第十四个五年规划和2035年远景目标纲要》，经国务院同意，制定本规划。

一、现状形势

（一）发展基础

物流规模效益持续提高。“十三五”期间，社会物流总额保持稳定增长，2020年超过300万亿元，年均增速达5.6%。公路、铁路、内河、民航、管道运营里程以及货运量、货物周转量、快递业务量均居世界前列，规模以上物流园区达到2000个左右。社会物流成本水平稳步下降，2020年社会物流总费用与国内生产总值的比率降至14.7%，较2015年下降1.3个百分点。

物流资源整合提质增速。国家物流枢纽、国家骨干冷链物流基地、示范物流园区等重大物流基础设施建设稳步推进。物流要素与服务资源整合步伐加快，市场集中度提升，中国物流企业50强2020年业务收入较2015年增长超过30%。航运企业加快重组，船队规模位居世界前列。民航货运领域混合所有制改革深入推进，资源配置进一步优化。

物流结构调整加快推进。物流区域发展不平衡状况有所改善，中西部地区物流规模增速超过全国平均水平。运输结构加快调整，铁路货运量占比稳步提升，多式联运货运量年均增速超过20%。仓储结构逐步优化，高端标准仓库、智能立体仓库快速发展。快递物流、冷链物流、农村物流、即时配送等发展步伐加快，有力支撑和引领消费结构升级。

科技赋能促进创新发展。移动互联网、大数据、云计算、物联网等新技术在物流领域广泛应用，网络货运、数字仓库、无接触配送等“互联网+”高效物流新模式新业态不断涌现。自动分拣系统、无人仓、无人码头、无人配送车、物流机器人、智能快件箱等技术装备加快应用，高铁快运动车组、大型货运无人机、无人驾驶卡车等起步发展，快递电子运单、铁路货运票据电子化得到普及。

国际物流网络不断延展。我国国际航运、航空物流基本通达全球主要贸易合作伙伴。截至2020年底，中欧班列通达欧洲20多个国家的90多个城市，累计开行超过3万列，在深化我国与共建“一带一路”国家经贸合作、应对新冠肺炎疫情和推进复工复产中发挥了国际物流大动脉作用。企业海外仓、落地配加快布局，境外物流网络服务能力稳步提升。

营商环境持续改善。推动现代物流发展的一系列规划和政策措施出台实施，特别是物流降本增效政策持续发力，“放管服”改革与减税降费等取得实效。物流市场监测、监管水平明显提升，政务服务质量和效率大幅改善。物流标准、统计、教育、培训等支撑保障体系进一步完善，物流诚信体系建设加快推进，行业治理能力稳步提升。

（二）突出问题

物流降本增效仍需深化。全国统一大市场尚不健全，物流资源要素配置不合理、利用不充分。多式联运体系不完善，跨运输方式、跨作业环节衔接转换效率较低，载运单元标准化程度不高，全链条运行效率低、成本高。

结构性失衡问题亟待破局。存量物流基础设施网络“东强西弱”、“城强乡弱”、“内强外弱”，对新发展格局下产业布局、内需消费的支撑引领能力不够。物流服务供给对需求的适配性不强，低端服务供给过剩、中高端服务供给不足。货物运输结构还需优化，大宗货物公路中长距离运输比重仍然较高。

大而不强问题有待解决。物流产业规模大但规模经济效益释放不足，特别是公路货运市场同质化竞争、不正当竞争现象较为普遍，集约化程度有待提升。现代物流体系组织化、集约化、网络化、社会化程度不高，国家层面的骨干物流基础设施网络不健全，缺乏具有全球竞争力的现代物流企业，与世界物流强国相比仍存在差距。

部分领域短板较为突出。大宗商品储备设施以及农村物流、冷链物流、应急物流、航空物流等专业物流和民生保障领域物流存在短板。现代物流嵌入产业链深度广度不足，供应链服务保障能力不够，对畅通国民经济循环的支撑能力有待增强。行业协同治理水平仍需提升。

（三）面临形势

统筹国内国际两个大局要求强化现代物流战略支撑引领能力。中华民族伟大复兴战略全局与世界百年未有之大变局历史性交汇，新冠肺炎疫情、俄乌冲突影响广泛深远，全球产业链供应链加速重构，要求现代物流对内主动适应社会主要矛盾变化，更好发挥连接生产消费、畅通国内大循环的支撑作用；对外妥善应对错综复杂国际环境带来的新挑战，为推动国际经贸合作、培育国际竞争新优势提供有力保障。

建设现代产业体系要求提高现代物流价值创造能力。发展壮大战略性新兴产业，促进服务业繁荣发展，要求现代物流适应现代产业体系对多元化专业化服务的需求，深度嵌入产业链供应链，促进实体经济降本增效，提升价值创造能力，推进产业基础高级化、产业链现代化。

实施扩大内需战略要求发挥现代物流畅通经济循环作用。坚持扩大内需战略基点，加快培育完整内需体系，要求加快构建适应城乡居民消费升级需要的现代物流体系，提升供给体系对内需的适配性，以高质量供给引领、创造和扩大新需求。

新一轮科技革命要求加快现代物流技术创新与业态升级。现代信息技术、新型智慧装备广泛应用，现代产业体系质量、效率、动力变革深入推进，既为物流创新发展注入新活力，也要求加快现代物流数字化、网络化、智慧化赋能，打造科技含量高、创新能力强的智慧物流新模式。

二、总体要求

（一）指导思想

以习近平新时代中国特色社会主义思想为指导，坚持稳中求进工作总基调，完整、准确、全面贯彻新发展理念，加快构建新发展格局，全面深化改革开放，坚持创新驱动发展，推动高质量发展，坚持以供给侧结构性改革为主线，统筹疫情防控和经济社会发展，统筹发展和安全，提升产业链供应链韧性和安全水平，推动构建现代物流体系，推进现代物流提质、增效、降本，为建设现代产业体系、形成强大国内市场、推动高水平对外开放提供有力支撑。

（二）基本原则

——市场主导、政府引导。充分发挥市场在资源配置中的决定性作用，激发市场主体创新发展活力，提高物流要素配置效率和效益。更好发挥政府作用，加强战略规划和政策引导，推动形成规范高效、公平竞争、统一开放的物流市场，强化社会民生物流保障。

——系统观念、统筹推进。统筹谋划物流设施建设、服务体系构建、技术装备升级、业态模式创新，促进现代物流与区域、产业、消费、城乡协同布局，构建支撑国内国际双循环的物流服务体系，实现物流网络高效联通。

——创新驱动、联动融合。以数字化、网络化、智慧化为牵引，深化现代物流与制造、贸易、信息等融合创新发展，推动形成需求牵引供给、供给创造需求的良性互动和更高水平动态平衡。

——绿色低碳、安全韧性。将绿色环保理念贯穿现代物流发展全链条，提升物流可持续发展能力。坚持总体国家安全观，提高物流安全治理水平，完善应急物流体系，提高重大疫情等公共卫生事件、突发事件应对处置能力，促进产业链供应链稳定。

（三）主要目标

到2025年，基本建成供需适配、内外联通、安全高效、智慧绿色的现代物流体系。

——物流创新发展能力和企业竞争力显著增强。物流数字化转型取得显著成效，智慧物流应用场景更加丰富。物流科技创新能力不断增强，产学研结合机制进一步完善，建设一批现代物流科创中心和国家工程研究中心。铁路、民航等领域体制改革取得显著成效，市场活力明显增强，形成一批具有较强国际竞争力的骨干物流企业和知名服务品牌。

——物流服务质量效率明显提升。跨物流环节衔接转换、跨运输方式联运效率大幅提高，社会物流总费用与国内生产总值的比率较2020年下降2个百分点左右。多式联运、铁路（高铁）快运、内河水运、大宗商品储备设施、农村物流、冷链物流、应急物流、航空物流、国际寄递物流等重点领域补短板取得明显成效。通关便利化水平进一步提升，城乡物流服务均等化程度明显提高。

——“通道+枢纽+网络”运行体系基本形成。衔接国家综合立体交通网主骨架，完成120个左右国家物流枢纽、100个左右国家骨干冷链物流基地布局建设，基本形成以国家物流枢纽为核心的骨干物流基础设施网络。物流干支仓配一体化运行更加顺畅，串接不同运输方式的多元化国际物流通道逐步完善，畅联国内国际的物流服务网络更加健全。枢纽经济发展取得成效，建设20个左右国家物流枢纽经济示范区。

——安全绿色发展水平大幅提高。提高重大疫情、自然灾害等紧急情况下物流对经济社会运行的保障能力。冷链物流全流程监测能力大幅增强，生鲜产品冷链流通率显著提升。货物运输结构进一步优化，铁路货运量占比较2020年提高0.5个百分点，集装箱铁水联运量年均增长15%以上，铁路、内河集装箱运输比重和集装箱铁水联运比重大幅上升。面向重点品类的逆向物流体系初步建立，资源集约利用水平明显提升。清洁货运车辆广泛应用，绿色包装应用取得明显成效，物流领域节能减排水平显著提高。

——现代物流发展制度环境更加完善。物流标准规范体系进一步健全，标准化、集装化、单元化物流装载器具和包装基础模数广泛应用。社会物流统计体系、信用体系更加健全，营商环境持续优化，行业协同治理体系不断完善、治理能力显著提升。

展望2035年，现代物流体系更加完善，具有国际竞争力的一流物流企业成长壮大，通达全球的物流服务网络更加健全，对区域协调发展和实体经济高质量发展的支撑引领更加有力，为基本实现社会主义现代化提供坚实保障。

三、精准聚焦现代物流发展重点方向

（一）加快物流枢纽资源整合建设

深入推进国家物流枢纽建设，补齐内陆地区枢纽设施结构和功能短板，加强业务协同、政策协调、运行协作，加快推动枢纽互联成网。加强国家物流枢纽铁路专用线、联运转运设施建设，有效衔接多种运输方式，强化多式联运组织能力，实现枢纽间干线运输密切对接。依托国家物流枢纽整合区域物流设施资源，引导应急储备、分拨配送等功能设施集中集约布局，支持各类物流中心、配送设施、专业市场等与国家物流枢纽功能对接、联动发展，促进物流要素规模集聚和集成运作。

专栏 1　国家物流枢纽建设工程
优化国家物流枢纽布局，实现东中西部物流枢纽基本均衡分布。发挥国家物流枢纽联盟组织协调作用，建立物流标准衔接、行业动态监测等机制，探索优势互补、资源共享、业务协同合作模式，形成稳定完善的国家物流枢纽合作机制。积极推进国家级示范物流园区数字化、智慧化、绿色化改造。

（二）构建国际国内物流大通道

依托国家综合立体交通网和主要城市群、沿海沿边口岸城市等，促进国家物流枢纽协同建设和高效联动，构建国内国际紧密衔接、物流要素高效集聚、运作服务规模化的“四横五纵、两沿十廊”物流大通道。“四横五纵”国内物流大通道建设，要畅通串接东中西部的沿黄、陆桥、长江、广昆等物流通道和联接南北方的京沪、京哈—京港澳（台）、二连浩特至北部湾、西部陆海新通道、进出藏等物流通道，提升相关城市群、陆上口岸城市物流综合服务能力和规模化运行效率。加快“两沿十廊”国际物流大通道建设，对接区域全面经济伙伴关系协定（RCEP）等，强化服务共建“一带一路”的多元化国际物流通道辐射能力。

（三）完善现代物流服务体系

围绕做优服务链条、做强服务功能、做好供应链协同，完善集约高效的现代物流服务体系，支撑现代产业体系升级，推动产业迈向全球价值链中高端。加快运输、仓储、配送、流通加工、包装、装卸等领域数字化改造、智慧化升级和服务创新，补齐农村物流、冷链物流、应急物流、航空物流等专业物流短板，增强专业物流服务能力，推动现代物流向供应链上下游延伸。

（四）延伸物流服务价值链条

把握物流需求多元化趋势，加强现代物流科技赋能和创新驱动，推进现代物流服务领域拓展和业态模式创新。发挥现代物流串接生产消费作用，与先进制造、现代商贸、现代农业融合共创产业链增值新空间。提高物流网络对经济要素高效流动的支持能力，引导产业集群发展和经济合理布局，推动跨区域资源整合、产业链联动和价值协同创造，发展枢纽经济、通道经济新形态，培育区域经济新增长点。

（五）强化现代物流对社会民生的服务保障

围绕更好满足城乡居民生活需要，适应扩大内需、消费升级趋势，优化完善商贸、快递物流网络。完善城市特别是超大特大城市物流设施网络，健全分级配送体系，实现干线、支线物流和末端配送有机衔接、一体化运作，加强重点生活物资保障能力。补齐农村物流设施和服务短板，推动快递服务基本实现直投到建制村，支撑扩大优质消费品供给。加快建立覆盖冷链物流全链条的动态监测和追溯体系，保障食品药品消费安全。鼓励发展物流新业态新模式，创造更多就业岗位，保障就业人员权益，促进灵活就业健康发展。

（六）提升现代物流安全应急能力

统筹发展和安全，强化重大物流基础设施安全和信息安全保护，提升战略物资、应急物流、国际供应链等保障水平，增强经济社会发展韧性。健全大宗商品物流体系。加快构建全球供应链物流服务网络，保持产业链供应链稳定。充分发挥社会物流作用，推动建立以企业为主体的应急物流队伍。

四、加快培育现代物流转型升级新动能

（一）推动物流提质增效降本

促进全链条降成本。推动解决跨运输方式、跨作业环节瓶颈问题，打破物流“中梗阻”。依托国家物流枢纽、国家骨干冷链物流基地等重大物流基础设施，提高干线运输规模化水平和支线运输网络化覆盖面，完善末端配送网点布局，扩大低成本、高效率干支仓配一体化物流服务供给。鼓励物流资源共享，整合分散的运输、仓储、配送能力，发展共建船队车队、共享仓储、共同配送、统仓统配等组织模式，提高资源利用效率。推动干支仓配一体化深度融入生产和流通，带动生产布局和流通体系调整优化，减少迂回、空驶等低效无效运输，加快库存周转，减少社会物流保管和管理费用。

推进结构性降成本。加快推进铁路专用线进港区、连园区、接厂区，合理有序推进大宗商品等中长距离运输“公转铁”、“公转水”。完善集装箱公铁联运衔接设施，鼓励发展集拼集运、模块化运输、“散改集”等组织模式，发挥铁路干线运输成本低和公路网络灵活优势，培育有竞争力的“门到门”公铁联运服务模式，降低公铁联运全程物流成本。统筹沿海港口综合利用，提升大型港口基础设施服务能力，提高码头现代化专业化规模化水平，加快推进铁水联运衔接场站改造，提高港口铁路专用线集疏网络效能，优化作业流程。完善内河水运网络，统筹江海直达、江海联运发展，发挥近海航线、长江水道、珠江水道等水运效能，稳步推进货物运输“公转水”。推进铁水联运业务单证电子化，促进铁路、港口信息互联，实现铁路现车、装卸车、货物在途、到达预确报以及港口装卸、货物堆存、船舶进出港、船期舱位预订等铁水联运信息交换共享。支持港口、铁路场站加快完善集疏运油气管网，有效对接石化等产业布局，提高管道运输比例。

专栏 2　铁路物流升级改造工程

大力组织班列化货物列车开行，扩大铁路“点对点”直达货运服务规模，在运量较大的物流枢纽、口岸、港口间组织开行技术直达列车，形成“核心节点+通道+班列”的高效物流组织体系，增强铁路服务稳定性和时效性。有序推动城市中心城区既有铁路货场布局调整，或升级改造转型为物流配送中心。到 2025 年，沿海主要港口、大宗货物年运量 150 万吨以上的大型工矿企业、新建物流园区等的铁路专用线接入比例力争达到 85%左右，长江干线主要港口全面实现铁路进港。

（二）促进物流业与制造业深度融合

促进企业协同发展。支持物流企业与制造企业创新供应链协同运营模式，将物流服务深度嵌入制造供应链体系，提供供应链一体化物流解决方案，增强制造企业柔性制造、敏捷制造能力。引导制造企业与物流企业建立互利共赢的长期战略合作关系，共同投资专用物流设施建设和物流器具研发，提高中长期物流合同比例，制定制造业物流服务标准，提升供应链协同效率。鼓励具备条件的制造企业整合对接分散的物流服务能力和资源，实现规模化组织、专业化服务、社会化

协同。

推动设施联动发展。加强工业园区、产业集群与国家物流枢纽、物流园区、物流中心等设施布局衔接、联动发展。支持工业园区等新建或改造物流基础设施，吸引第三方物流企业进驻并提供专业化、社会化物流服务。发展生产服务型国家物流枢纽，完善第三方仓储、铁路专用线等物流设施，面向周边制造企业提供集成化供应链物流服务，促进物流供需规模化对接，减少物流设施重复建设和闲置。

支持生态融合发展。统筹推进工业互联网和智慧物流体系同步设计、一体建设、协同运作，加大智能技术装备在制造业物流领域应用，推进关键物流环节和流程智慧化升级。打造制造业物流服务平台，促进制造业供应链上下游企业加强采购、生产、流通等环节信息实时采集、互联共享，实现物流资源共享和过程协同，提高生产制造和物流服务一体化运行水平，形成技术驱动、平台赋能的物流业制造业融合发展新生态。

专栏3　物流业制造业融合创新工程
在重点领域梳理一批物流业制造业深度融合创新发展典型案例，培育一批物流业制造业融合创新模式、代表性企业和知名品牌。鼓励供应链核心企业发起成立物流业制造业深度融合创新发展联盟，开展流程优化、信息共享、技术共创和业务协同等创新。研究制定物流业制造业融合发展行业标准，开展制造企业物流成本核算对标。

（三）强化物流数字化科技赋能

加快物流数字化转型。利用现代信息技术推动物流要素在线化数据化，开发多样化应用场景，实现物流资源线上线下联动。结合实施“东数西算”工程，引导企业信息系统向云端跃迁，推动“一站式”物流数据中台应用，鼓励平台企业和数字化服务商开发面向中小微企业的云平台、云服务，加强物流大数据采集、分析和应用，提升物流数据价值。培育物流数据要素市场，统筹数据交互和安全需要，完善市场交易规则，促进物流数据安全高效流通。积极参与全球物流领域数字治理，支撑全球贸易和跨境电商发展。研究电子签名和电子合同应用，促进国际物流企业间互认互验，试点铁路国际联运无纸化。

推进物流智慧化改造。深度应用第五代移动通信（5G）、北斗、移动互联网、大数据、人工智能等技术，分类推动物流基础设施改造升级，加快物联网相关设施建设，发展智慧物流枢纽、智慧物流园区、智慧仓储物流基地、智慧港口、数字仓库等新型物流基础设施。鼓励智慧物流技术与模式创新，促进创新成果转化，拓展智慧物流商业化应用场景，促进自动化、无人化、智慧化物流技术装备以及自动感知、自动控制、智慧决策等智慧管理技术应用。加快高端标准仓库、智慧立体仓储设施建设，研发推广面向中小微企业的低成本、模块化、易使用、易维护智慧装备。

促进物流网络化升级。依托重大物流基础设施打造物流信息组织中枢，推动物流设施设备全面联网，实现作业流程透明化、智慧设备全连接，促进物流信息交互联通。推动大型物流企业面向中小微企业提供多样化、数字化服务，稳步发展网络货运、共享物流、无人配送、智慧航运等新业态。鼓励在有条件的城市搭建智慧物流“大脑”，全面链接并促进城市物流资源共享，优化城市物流运行，建设智慧物流网络。推动物流领域基础公共信息数据有序开放，加强物流公共信息服务平台建设，推动企业数据对接，面向物流企业特别是中小微物流企业提供普惠性服务。

专栏 4　数字物流创新提质工程
加强物流公共信息服务平台建设，在确保信息安全的前提下，推动交通运输、公安交管、市场监管等政府部门和铁路、港口、航空等企事业单位向社会开放与物流相关的公共数据，推进公共数据共享。利用现代信息技术搭建数字化、网络化、协同化物流第三方服务平台，推出一批便捷高效、成本经济的云服务平台和数字化解决方案，推广一批先进数字技术装备。推动物流企业“上云用数赋智”，树立一批数字化转型标杆企业。

（四）推动绿色物流发展

深入推进物流领域节能减排。加强货运车辆适用的充电桩、加氢站及内河船舶适用的岸电设施、液化天然气（LNG）加注站等配套布局建设，加快新能源、符合国六排放标准等货运车辆在现代物流特别是城市配送领域应用，促进新能源叉车在仓储领域应用。继续加大柴油货车污染治理力度，持续推进运输结构调整，提高铁路、水路运输比重。推动物流企业强化绿色节能和低碳管理，推广合同能源管理模式，积极开展节能诊断。加强绿色物流新技术和设备研发应用，推广使用循环包装，减少过度包装和二次包装，促进包装减量化、再利用。加快标准化物流周转箱推广应用，推动托盘循环共用系统建设。

加快健全逆向物流服务体系。探索符合我国国情的逆向物流发展模式，鼓励相关装备设施建设和技术应用，推进标准制定、检测认证等基础工作，培育专业化逆向物流服务企业。支持国家物流枢纽率先开展逆向物流体系建设，针对产品包装、物流器具、汽车以及电商退换货等，建立线上线下融合的逆向物流服务平台和网络，创新服务模式和场景，促进产品回收和资源循环利用。

专栏 5　绿色低碳物流创新工程
依托行业协会等第三方机构，开展绿色物流企业对标贯标达标活动，推广一批节能低碳技术装备，创建一批绿色物流枢纽、绿色物流园区。在运输、仓储、配送等环节积极扩大电力、氢能、天然气、先进生物液体燃料等新能源、清洁能源应用。加快建立天然气、氢能等清洁能源供应和加注体系。

（五）做好供应链战略设计

提升现代供应链运行效率。推进重点产业供应链体系建设，发挥供应链核心企业组织协同管理优势，搭建供应链协同服务平台，提供集贸易、物流、信息等多样化服务于一体的供应链创新解决方案，打造上下游有效串接、分工协作的联动网络。加强数字化供应链前沿技术、基础软件、先进模式等研究与推广，探索扩大区块链技术应用，提高供应链数字化效率和安全可信水平。规范发展供应链金融，鼓励银行等金融机构在依法合规、风险可控的前提下，加强与供应链核心企业或平台企业合作，丰富创新供应链金融产品供给。

强化现代供应链安全韧性。坚持自主可控、安全高效，加强供应链安全风险监测、预警、防控、应对等能力建设。发挥供应链协同服务平台作用，引导行业、企业间加强供应链安全信息共享和资源协同联动，分散化解潜在风险，增强供应链弹性，确保产业链安全。积极参与供应链安全国际合作，共同防范应对供应链中断风险。

专栏 6　现代供应链体系建设工程

现代供应链创新发展工程。总结供应链创新与应用试点工作经验，开展全国供应链创新与应用示范创建，培育一批示范城市和示范企业，梳理一批供应链创新发展典型案例，推动供应链技术、标准和服务模式创新。

制造业供应链提升工程。健全制造业供应链服务体系，促进生产制造、原材料供应、物流等企业在供应链层面强化战略合作。建立制造业供应链评价体系、重要资源和产品全球供应链风险预警系统。提升制造业供应链智慧化水平，建设以工业互联网为核心的数字化供应链服务体系，深化工业互联网标识解析体系应用。选择一批企业竞争力强、全球化程度高的行业，深入挖掘数字化应用场景，开展制造业供应链数字化创新应用示范工程。

（六）培育发展物流经济

壮大物流枢纽经济。发挥国家物流枢纽、国家骨干冷链物流基地辐射广、成本低、效率高等优势条件，推动现代物流和相关产业深度融合创新发展，促进区域产业空间布局优化，打造具有区域集聚辐射能力的产业集群，稳妥有序开展国家物流枢纽经济示范区建设。

发展物流通道经济。围绕共建“一带一路”、长江经济带发展等重大战略实施和西部陆海新通道建设，提升“四横五纵、两沿十廊”物流大通道沿线物流基础设施支撑和服务能力，密切通道经济联系，优化通道沿线产业布局与分工合作体系，提高产业组织和要素配置能力。

五、深度挖掘现代物流重点领域潜力

（一）加快国际物流网络化发展

推进国际通道网络建设。强化国家物流枢纽等的国际物流服务设施建设，完善通关等功能，加强国际、国内物流通道衔接，推动国际物流基础设施互联互通。推动商贸物流型境外经贸合作区建设，优化海外布局，扩大辐射范围。巩固提升中欧班列等国际铁路运输组织水平，推动跨境公路运输发展，加快构建高效畅通的多元化国际物流干线通道。积极推进海外仓建设，加快健全标准体系。鼓励大型物流企业开展境外港口、海外仓、分销网络建设合作和协同共享，完善全球物流服务网络。

补齐国际航空物流短板。依托空港型国家物流枢纽，集聚整合国际航空物流货源，完善配套服务体系，打造一体化运作的航空物流服务平台，提供高品质“一站式”国际航空物流服务。加快培育规模化、专业化、网络化的国际航空物流骨干企业，优化国际航空客运航线客机腹舱运力配置，增强全货机定班国际航线和包机组织能力，逐步形成优质高效的国际航空物流服务体系，扩大国际航空物流网络覆盖范围，建设覆盖重点产业布局的国际货运通道。

培育国际航运竞争优势。加密国际海运航线，打造国际航运枢纽港，提升国际航运服务能力，强化国际中转功能，拓展国际金融、国际贸易等综合服务。加快推进长三角世界级港口群一体化治理体系建设。加强港口与内陆物流枢纽等联动，发展海铁联运、江海联运，扩大港口腹地辐射范围。鼓励港航企业与货主企业、贸易企业加强战略合作，延伸境外末端服务网络。

提高国际物流综合服务能力。优化完善中欧班列开行方案统筹协调和动态调整机制，加快建设中欧班列集结中心，完善海外货物集散网络，推动中欧班列双向均衡运输，提高货源集结与班列运行效率。加快国际航运、航空与中欧班列、西部陆海新通道国际海铁联运班列等协同联动，提升国际旅客列车行包运输能力，开行客车化跨境班列，构建多样化国际物流服务体系。提高重点边境铁路口岸换装和通行能力，推动边境水运口岸综合开发和国际航道物流合作，提升边境公路口岸物流能力。推进跨境物流单证规则、检验检疫、认证认可、通关报关等标准衔接和国际互认合作。

专栏 7　国际物流网络畅通工程
国际物流设施提升工程。培育一批具备区域和国际中转能力的海港、陆港、空港。发挥国家物流枢纽资源整合优势，加快中欧班列集结中心建设，完善物流中转配套能力，加快形成“干支结合、枢纽集散”的高效集疏运体系；开展航空货运枢纽规划布局研究，提升综合性机场货运设施服务能力和服务质量，稳妥有序推进专业性航空货运枢纽机场建设。 西部陆海新通道增量提质工程。发挥西部陆海新通道班列运输协调委员会作用，提升通道物流服务水平。加强通道物流组织模式创新，推动通道沿线物流枢纽与北部湾港口协同联动，促进海铁联运班列提质增效。推动通道海铁联运、国际铁路联运等运输组织方式与中欧班列高效衔接。

（二）补齐农村物流发展短板

完善农村物流节点网络。围绕巩固拓展脱贫攻坚成果与乡村振兴有效衔接，重点补齐中西部地区、经济欠发达地区和偏远山区等农村物流基础设施短板，切实改善农村流通基础条件。统筹城乡物流发展，推动完善以县级物流节点为核心、乡镇服务网点为骨架、村级末端站点为延伸的县乡村三级物流服务设施体系。推动交通运输与邮政快递融合发展，加快农村物流服务品牌宣传推广，促进交通、邮政、快递、商贸、供销、电商等农村物流资源融合和集约利用，打造一批公用型物流基础设施，建设村级寄递物流综合服务站，完善站点服务功能。推进公益性农产品市场和农产品流通骨干网络建设。

提升农村物流服务效能。围绕农村产业发展和居民消费升级，推进物流与农村一二三产业深度融合，深化电商、快递进村工作，发展共同配送，打造经营规范、集约高效的农村物流服务网络，加快工业品下乡、农产品出村双向物流服务通道升级扩容、提质增效。推动物流服务与规模化种养殖、商贸渠道拓展等互促提升，推动农产品品牌打造和标准化流通，创新物流支持农村特色产业品质化、品牌化发展模式，提升农业产业化水平。

（三）促进商贸物流提档升级

完善城乡商贸物流设施。优化以综合物流园区、专业配送中心、末端配送网点为支撑的商贸物流设施网络。完善综合物流园区干线接卸、前置仓储、流通加工等功能。结合老旧小区、老旧厂区、老旧街区和城中村改造以及新城新区建设，新建和改造升级一批集运输、仓储、加工、包装、分拨等功能于一体的公共配送中心，支持大型商超、批发市场、沿街商铺、社区商店等完善临时停靠装卸等配套物流设施，推进智能提货柜、智能快件箱、智能信包箱等设施建设。

提升商贸物流质量效率。鼓励物流企业与商贸企业深化合作，优化业务流程，发展共同配送、集中配送、分时配送、夜间配送等集约化配送模式，优化完善前置仓配送、即时配送、网订店取、自助提货等末端配送模式。深化电商与快递物流融合发展，提升线上线下一体服务能力。

（四）提升冷链物流服务水平

完善冷链物流设施网络。发挥国家物流枢纽、国家骨干冷链物流基地的资源集聚优势，引导商贸流通、农产品加工等企业向枢纽、基地集聚或强化协同衔接。加强产销冷链集配中心建设，提高产地农产品产后集散和商品化处理效率，完善销地城市冷链物流系统。改善机场、港口、铁路场站冷链物流配套条件，健全冷链集疏运网络。加快实施产地保鲜设施建设工程，推进田头小型冷藏保鲜设施等建设，加强产地预冷、仓储保鲜、移动冷库等产地冷链物流设施建设，引导商贸流通企业改善末端冷链设施装备条件，提高城乡冷链设施网络覆盖水平。

提高冷链物流质量效率。大力发展铁路冷链运输和集装箱公铁水联运，对接主要农产品产区和集散地，创新冷链物流干支衔接模式。发展“生鲜电商+产地直发”等冷链物流新业态新模式。推广蓄冷箱、保温箱等单元化冷链载器具和标准化冷藏车，促进冷链物流信息互联互通，提高冷链物流规模化、标准化水平。依托国家骨干冷链物流基地、产销冷链集配中心等大型冷链物流设施，加强生鲜农产品检验检疫、农兽药残留及防腐剂、保鲜剂、添加剂合规使用等质量监管。研究推广应用冷链道路运输电子运单，加强产品溯源和全程温湿度监控，将源头至终端的冷链物流全链条纳入监管范围，提升冷链物流质量保障水平。健全进口冷链食品检验检疫制度，筑牢疫情外防输入防线。

专栏8　冷链物流基础设施网络提升工程
国家骨干冷链物流基地建设工程。到2025年，面向农产品优势产区、重要集散地和主销区，依托存量冷链物流基础设施群布局建设100个左右国家骨干冷链物流基地，整合集聚冷链物流市场供需、存量设施以及农产品流通、生产加工等上下游产业资源，提高冷链物流规模化、集约化、组织化、网络化水平。探索建立以国家骨干冷链物流基地为核心的安全检测、全程冷链追溯系统。 产地保鲜设施建设工程。到2025年，在农产品主产区和特色农产品优势产区支持建设一批田头小型冷藏保鲜设施，推动建设一批产地冷链集配中心，培育形成一批一体化运作、品牌化经营、专业化服务的农产品仓储保鲜冷链物流运营主体，初步形成符合我国国情的农产品仓储保鲜冷链物流运行模式，构建稳定、高效、低成本运行的农产品出村进城冷链物流网络。

（五）推进铁路（高铁）快运稳步发展

完善铁路（高铁）快运网络。结合电商、邮政快递等货物的主要流向、流量，完善铁路（高铁）快运线路和网络。加快推进铁路场站快运服务设施布局和改造升级，强化快速接卸货、集散、分拣、存储、包装、转运和配送等物流功能，建设专业化铁路（高铁）快运物流基地。鼓励电商、邮政快递等企业参与铁路（高铁）快运设施建设和改造，就近或一体布局建设电商快递分拨中心，完善与铁路（高铁）快运高效衔接的快递物流服务网络。

创新高铁快运服务。适应多样化物流需求，发展多种形式的高铁快运。在具备条件的高铁场站间发展“点对点”高铁快运班列服务。依托现有铁路物流平台，构建业务受理、跟踪查询、结算办理等“一站式”高铁快运服务平台，推动高铁快运与电商、快递物流企业信息对接。

（六）提高专业物流质量效率

完善大宗商品物流体系。优化粮食、能源、矿产等大宗商品物流服务，提升沿海、内河水运通道大宗商品物流能力，扩大铁路货运班列、“点对点”货运列车、大宗货物直达列车开行范围，发展铁路散粮运输、棉花集装箱运输、能源和矿产重载运输。有序推进油气干线管道建设，持续完善支线管道，打通管网瓶颈和堵点，提高干支管网互联互通水平。依托具备条件的国家物流枢纽发展现代化大宗商品物流中心，增强储备、中转、通关等功能，推进大宗商品物流数字化转型，探索发展电子仓单、提单，构建衔接生产流通、串联物流贸易的大宗商品供应链服务平台。

安全有序发展特种物流。提升现代物流对大型装备制造、大型工程项目建设的配套服务能力，加强大件物流跨区域通道线路设计，推动形成多种运输方式协调发展的大件物流综合网络。发展危化品罐箱多式联运，提高安全服务水平，推动危化品物流向专业化定制、高品质服务和全程供应链服务转型升级。推动危化品物流全程监测、线上监管、实时查询，提高异常预警和应急响应处置能力。完善医药物流社会化服务体系，培育壮大第三方医药物流企业。鼓励覆盖生产、流通、消费的医药供应链平台建设，健全全流程监测追溯体系，确保医药产品物流安全。

（七）提升应急物流发展水平

完善应急物流设施布局。整合优化存量应急物资储备、转运设施，推动既有物流设施嵌入应急功能，在重大物流基础设施规划布局、设计建造阶段充分考虑平急两用需要，完善应急物流设施网络。统筹加强抗震、森林草原防灭火、防汛抗旱救灾、医疗救治等各类应急物资储备设施和应急物流设施在布局、功能、运行等方面相互匹配、有机衔接，提高紧急调运能力。

提升应急物流组织水平。统筹应急物流力量建设与管理，建立专业化应急物流企业库和人员队伍，健全平急转换和经济补偿机制。充分利用市场资源，完善应急物流干线运输和区域配送体系，提升跨区域大规模物资调运组织水平，形成应对各类突发事件的应急物流保障能力。

健全物流保通保畅机制。充分发挥区域统筹协调机制作用，鼓励地方建立跨区域、跨部门的应对疫情物流保通保畅工作机制，完善决策报批流程和信息发布机制，不得擅自阻断或关闭高速公路、普通公路、航道船闸等通道，不得擅自关停高速公路服务区、港口码头、铁路车站和航空机场，严禁采取全城 24 小时禁止货车通行的限制措施，不得层层加码实施“一刀切”管控措施；加快完善物流通道和物流枢纽、冷链基地、物流园区、边境口岸等环节的检验检疫、疫情阻断管理机制和分类分级应对操作规范，在发生重大公共卫生事件时有效阻断疫情扩散、确保物流通道畅通，保障防疫物资、生活物资以及工业原材料、农业生产资料等供应，维护正常生产生活秩序和产业链供应链安全。

专栏 9　应急物流保障工程
研究完善应急物流转运等设施和服务标准，对具备条件的铁路场站、公路港、机场和港口进行改造提升，建设平急两用的应急物资运输中转站。完善应急物流信息联通标准，强化各部门、各地区、各层级间信息共享，提高应对突发事件物流保障、组织指挥、辅助决策和社会动员能力。

六、强化现代物流发展支撑体系

（一）培育充满活力的物流市场主体

提升物流企业市场竞争力。鼓励物流企业通过兼并重组、联盟合作等方式进行资源优化整合，培育一批具有国际竞争力的现代物流企业，提升一体化供应链综合服务能力。引导中小微物流企业发掘细分市场需求，做精做专、创新服务，增强专业化市场竞争力，提高规范化运作水平。完善物流服务质量评价机制，支持企业塑造物流服务品牌。深化物流领域国有企业改革，盘活国有企业存量物流资产，支持国有资本参与物流大通道建设。鼓励民营物流企业做精做大做强，加快中小微企业资源整合，培育核心竞争力。

规范物流市场运行秩序。统筹推进物流领域市场监管、质量监管、安全监管和金融监管，实现事前事中事后全链条全领域监管，不断提高监管效能。加大物流领域反垄断和反不正当竞争执法力度，深入推进公平竞争政策实施。有序放宽市场准入，完善市场退出机制，有效引导过剩物流能力退出，扩大优质物流服务供给。引导公路运输企业集约化、规模化经营，提升公路货物运输组织效率。

专栏 10　现代物流企业竞争力培育工程
支持具备条件的物流企业加强软硬件建设，壮大发展成为具有较强国际竞争力的现代物流领军企业，参与和主导全球物流体系建设和供应链布局。支持和鼓励中小微物流企业专业化、精益化、品质化发展，形成一批“专、精、特、新”现代物流企业。

（二）强化基础标准和制度支撑

健全物流统计监测体系。研究建立物流统计分类标准，加强社会物流统计和重点物流企业统计监测，开展企业物流成本统计调查试点。研究制定反映现代物流重点领域、关键环节高质量发展的监测指标体系，科学系统反映现代物流发展质量效率，为政府宏观调控和企业经营决策提供参考依据。

健全现代物流标准体系。强化物流领域国家标准和行业标准规范指导作用，鼓励高起点制定团体标准和企业标准，推动国际国内物流标准接轨，加大已发布物流标准宣传贯彻力度。推动基础通用和产业共性的物流技术标准优化升级，以标准提升促进物流科技成果转化。建立政府推动、行业协会和企业等共同参与的物流标准实施推广机制。建立物流标准实施评价体系，培育物流领域企业标准“领跑者”，发挥示范带动作用。

加强现代物流信用体系建设。加强物流企业信用信息归集共享，通过“信用中国”网站和国家企业信用信息公示系统依法向社会公开。建立健全跨部门、跨区域信用信息共享机制，建立以信用为基础的企业分类监管制度，完善物流行业经营主体和从业人员守信联合激励和失信联合惩戒机制。依法依规建立物流企业诚信记录和严重失信主体名单制度，提高违法失信成本。

加强物流安全体系建设。完善物流安全管理制度，加强对物流企业的监督管理和日常安全抽查，推动企业严格落实安全生产主体责任。提高物流企业承运物品、客户身份等信息登记规范化水平，加强运输物品信息共享和安全查验部门联动，实现物流活动全程跟踪，确保货物来源可追溯、责任能倒查。提高运输车辆安全性能和从业人员安全素质，规范车辆运输装载，提升运输安全水平。落实网络安全等级保护制度，提升物流相关信息系统的安全防护能力。

专栏 11　物流标准化推进工程

研究制定现代物流标准化发展规划，完善现代物流标准体系。加强多式联运、应急物流、逆向物流、绿色物流等短板领域标准研究与制订。制修订一批行业急需的物流信息资源分类与编码、物流单证、智慧物流标签标准，以及企业间物流信息采集、信息交互标准和物流公共信息服务平台应用开发、通用接口、数据传输等标准。完善包装、托盘、周转箱等标准，加强以标准托盘为基础的单元化物流系统系列标准制修订，加快运输工具、载运装备、设施体系等标准对接和系统运作，提高全社会物流运行效率。推动完善货物运输、物流园区与冷链、大件、药品和医疗器械、危化品等物流标准规范。推进危险货物在铁路、公路、水路等运输环节标准衔接。加快制定智慧物流、供应链服务、电商快递、即时配送、城乡物流配送等新兴领域标准。推进面向数字化与智慧化需求的物流装备设施标准制修订。积极参与国际物流标准制修订。

（三）打造创新实用的科技与人才体系

强化物流科技创新支撑。依托国家企业技术中心、高等院校、科研院所等开展物流重大基础研究和示范应用，推动设立一批物流技术创新平台。建立以企业为主体的协同创新机制，鼓励企业与高等院校、科研院所联合设立产学研结合的物流科创中心，开展创新技术集中攻关、先进模式示范推广，建立成果转化工作机制。鼓励物流领域研究开发、创业孵化、技术转移、检验检测认证、科技咨询等创新服务机构发展，提升专业化服务能力。

建设物流专业人才队伍。发挥物流企业用人主体作用，加强人才梯队建设，完善人才培养、使用、评价和激励机制。加强高等院校物流学科专业建设，提高专业设置的针对性，培育复合型高端物流人才。加快物流现代职业教育体系建设，支持职业院校（含技工院校）开设物流相关专业。加强校企合作，创新产教融合人才培养模式，培育一批有影响力的产教融合型企业，支持企业按规定提取和使用职工教育经费，开展大规模多层次职业技能培训，促进现代物流专业技术人员能力提升。指导推动物流领域用人单位和社会培训评价组织开展职业技能等级认定，积极开展物流领域相关职业技能竞赛。实现学历教育与培训并举衔接，进一步推动物流领域 1+X 证书制度和学分银行建设。对接国际专业认证体系，提高国际化物流人才培养水平，加大海外高端人才引进力度。实施新一轮专业技术人才知识更新工程和职业技能提升行动，推进物流领域工程技术人才职称评审，逐步壮大高水平工程师和高技能人才队伍。

七、实施保障

（一）优化营商环境

深化“放管服”改革，按规定放宽物流领域相关市场准入，消除各类地方保护和隐性壁垒。依托全国一体化政务服务平台，推动物流领域资质证照电子化，支持地方开展“一照多址”改革，促进物流企业网络化布局，实现企业注册、审批、变更、注销等“一网通办”，允许物流领域（不含快递）企业分支机构证照异地备案和异地审验。推动物流领域（不含快递）资质许可向资质备案和告知承诺转变。完善物流发展相关立法，推动健全物流业法律法规体系和法治监督体系。开展现代物流促进法等综合性法律立法研究和准备工作。严格依法行政依法监管，统一物流监管执法标准和处罚清单。推动跨部门、跨区域、跨层级政务信息开放共享，避免多头管理和重复监管。大力推动货车非法改装治理，研究制定非标准货运车辆治理工作方案。依托国际贸易“单一窗口”创新“通关+物流”服务，提高口岸智慧管理和服务水平。推动部门间物流安检互认、数据互通共享，减少不必要的重复安检。支持航空公司壮大货运机队规模，进一步简化货机引进程序和管理办法，优化工作流程，鼓励航空物流企业“走出去”。

（二）创新体制机制

完善全国现代物流工作部际联席会议制度，强化跨部门、跨区域政策协同，着力推动降低物流成本等重点工作。深化铁路货运市场化改革，推进投融资、运输组织、科技创新等体制机制改革，吸引社会资本进入，推动铁路货运市场主体多元化和服务创新发展，促进运输市场公平有序竞争。鼓励铁路企业与港口、社会物流企业等交叉持股，拓展战略合作联盟。

（三）强化政策支持

保障重大项目用地用海。依据国土空间规划，落实《国土空间调查、规划、用途管制用地用海分类指南（试行）》要求，完善物流设施专项规划，重点保障国家物流枢纽等重大物流基础设施和港航设施等的合理用地用海需求，确保物流用地规模、土地性质和空间位置长期稳定。创新物流用地模式，推动物流枢纽用地统一规划和科学布局，提升土地空间集约节约利用水平，支持物流仓储用地以长期租赁或先租后让、租让结合的方式供应。鼓励地方政府盘活存量土地和闲置土地资源用于物流设施建设。支持物流企业利用自有土地进行物流基础设施升级改造。支持依法合规利用铁路划拨用地、集体建设用地建设物流基础设施。

巩固减税降费成果。落实深化税收征管制度改革有关部署，推进现代物流领域发票电子化。按规定落实物流企业大宗商品仓储设施用地城镇土地使用税减半征收、购置挂车车辆购置税减半征收等税收优惠政策。严格落实已出台的物流简政降费政策，严格执行收费目录清单和公示制度，严禁违规收费，坚决治理乱收费、乱罚款、乱摊派，依法治理“只收费、不服务”的行为。清理规范铁路、港口、机场等收费，对主要海运口岸、机场地面服务收费开展专项调查，增强铁路货运收费透明度。对货运车辆定位信息及相关服务商开展典型成本调查，及时调整过高收费标准。

加大金融支持力度。鼓励符合条件的社会资本按市场化方式发起成立物流产业相关投资基金。发挥各类金融机构作用，按照市场化、法治化原则，加大对骨干物流企业和中小物流企业的信贷支持力度，拓宽企业兼并重组融资渠道，引导资金流向创新型物流企业。在仓储物流行业稳妥推进基础设施领域不动产投资信托基金（REITs）试点。鼓励保险公司开发农产品仓储保鲜冷链物流保险，提升鲜活农产品经营和质量安全风险保障水平。

（四）深化国际合作

推动建立国际物流通道沿线国家协作机制，加强便利化运输、智慧海关、智能边境、智享联通等方面合作。持续推动中欧班列“关铁通”项目在有合作意愿国家落地实施。逐步建立适应国际铁路联运特点的陆路贸易规则体系，推动完善配套法律法规，加强与国内外银行、保险等金融机构合作，探索使用铁路运输单证开展贸易融资。

（五）加强组织实施

国家发展改革委要会同国务院有关部门加强行业综合协调和宏观调控，协调解决本规划实施中存在的问题，确保规划落地见效。建立现代物流发展专家咨询委员会，加强对重大问题的调查研究和政策咨询，指导规划任务科学推进。推动行业协会深度参与行业治理，发挥社会监督职能，加强行业自律和规范发展，助力规划落地实施。

国务院办公厅关于进一步优化营商环境降低市场主体制度性交易成本的意见

国办发〔2022〕30号

各省、自治区、直辖市人民政府，国务院各部委、各直属机构：

优化营商环境、降低制度性交易成本是减轻市场主体负担、激发市场活力的重要举措。当前，经济运行面临一些突出矛盾和问题，市场主体特别是中小微企业、个体工商户生产经营困难依然较多，要积极运用改革创新办法，帮助市场主体解难题、渡难关、复元气、增活力，加力巩固经济恢复发展基础。为深入贯彻党中央、国务院决策部署，打造市场化法治化国际化营商环境，降低制度性交易成本，提振市场主体信心，助力市场主体发展，为稳定宏观经济大盘提供有力支撑，经国务院同意，现提出以下意见。

一、进一步破除隐性门槛，推动降低市场主体准入成本

（一）全面实施市场准入负面清单管理。健全市场准入负面清单管理及动态调整机制，抓紧完善与之相适应的审批机制、监管机制，推动清单事项全部实现网上办理。稳步扩大市场准入效能评估范围，2022年10月底前，各地区各部门对带有市场准入限制的显性和隐性壁垒开展清理，并建立长效排查机制。深入实施外商投资准入前国民待遇加负面清单管理制度，推动出台全国版跨境服务贸易负面清单。（国家发展改革委、商务部牵头，国务院相关部门及各地区按职责分工负责）

（二）着力优化工业产品管理制度。规范工业产品生产、流通、使用等环节涉及的行政许可、强制性认证管理。推行工业产品系族管理，结合开发设计新产品的具体情形，取消或优化不必要的行政许可、检验检测和认证。2022年10月底前，选择部分领域探索开展企业自检自证试点。推动各地区完善工业生产许可证审批管理系统，建设一批标准、计量、检验检测、认证、产品鉴定等质量基础设施一站式服务平台，实现相关审批系统与质量监督管理平台互联互通、相关质量技术服务结果通用互认，推动工业产品快速投产上市。开展工业产品质量安全信用分类监管，2022年底前，研究制定生产企业质量信用评价规范。（市场监管总局牵头，工业和信息化部等国务院相关部门及各地区按职责分工负责）

（三）规范实施行政许可和行政备案。2022年底前，国务院有关部门逐项制定中央层面设定的行政许可事项实施规范，省、市、县级编制完成本级行政许可事项清单及办事指南。深入推进告知承诺等改革，积极探索“一业一证”改革，推动行政许可减环节、减材料、减时限、减费用。在部分地区探索开展审管联动试点，强化事前事中事后全链条监管。深入开展行政备案规范管理改革试点，研究制定关于行政备案规范管理的政策措施。（国务院办公厅牵头，国务院相关部门及

各地区按职责分工负责）

（四）切实规范政府采购和招投标。持续规范招投标主体行为，加强招投标全链条监管。2022年10月底前，推动工程建设领域招标、投标、开标等业务全流程在线办理和招投标领域数字证书跨地区、跨平台互认。支持地方探索电子营业执照在招投标平台登录、签名、在线签订合同等业务中的应用。取消各地区违规设置的供应商预选库、资格库、名录库等，不得将在本地注册企业或建设生产线、采购本地供应商产品、进入本地扶持名录等与中标结果挂钩，着力破除所有制歧视、地方保护等不合理限制。政府采购和招投标不得限制保证金形式，不得指定出具保函的金融机构或担保机构。督促相关招标人、招标代理机构、公共资源交易中心等及时清退应退未退的沉淀保证金。（国家发展改革委、财政部、市场监管总局等国务院相关部门及各地区按职责分工负责）

（五）持续便利市场主体登记。2022年10月底前，编制全国统一的企业设立、变更登记规范和审查标准，逐步实现内外资一体化服务，有序推动外资企业设立、变更登记网上办理。全面清理各地区非法设置的企业跨区域经营和迁移限制。简化企业跨区域迁移涉税涉费等事项办理程序，2022年底前，研究制定企业异地迁移档案移交规则。健全市场主体歇业制度，研究制定税务、社保等配套政策。进一步提升企业注销“一网服务”水平，优化简易注销和普通注销办理程序。（人力资源社会保障部、税务总局、市场监管总局、国家档案局等国务院相关部门及各地区按职责分工负责）

二、进一步规范涉企收费，推动减轻市场主体经营负担

（六）严格规范政府收费和罚款。严格落实行政事业性收费和政府性基金目录清单，依法依规从严控制新设涉企收费项目，严厉查处强制摊派、征收过头税费、截留减税降费红利、违规设置罚款项目、擅自提高罚款标准等行为。严格规范行政处罚行为，进一步清理调整违反法定权限设定、过罚不当等不合理罚款事项，抓紧制定规范罚款设定和实施的政策文件，坚决防止以罚增收、以罚代管、逐利执法等行为。2022年底前，完成涉企违规收费专项整治，重点查处落实降费减负政策不到位、不按要求执行惠企收费政策等行为。（国家发展改革委、工业和信息化部、司法部、财政部、税务总局、市场监管总局等国务院相关部门及各地区按职责分工负责）

（七）推动规范市政公用服务价外收费。加强水、电、气、热、通信、有线电视等市政公用服务价格监管，坚决制止强制捆绑搭售等行为，对实行政府定价、政府指导价的服务和收费项目一律实行清单管理。2022年底前，在全国范围内全面推行居民用户和用电报装容量160千瓦及以下的小微企业用电报装“零投资”。全面公示非电网直供电价格，严厉整治在电费中违规加收其他费用的行为，对符合条件的终端用户尽快实现直供到户和“一户一表”。督促商务楼宇管理人等及时公示宽带接入市场领域收费项目，严肃查处限制进场、未经公示收费等违法违规行为。（国家发展改革委、工业和信息化部、住房城乡建设部、市场监管总局、国家能源局、国家电网有限公司等相关部门和单位及各地区按职责分工负责）

（八）着力规范金融服务收费。加快健全银行收费监管长效机制，规范银行服务市场调节价管理，加强服务外包与服务合作管理，设定服务价格行为监管红线，加快修订《商业银行服务价格管理办法》。鼓励银行等金融机构对小微企业等予以合理优惠，适当减免账户管理服务等收费。坚决查处银行未按照规定进行服务价格信息披露以及在融资服务中不落实小微企业收费优惠政策、

转嫁成本、强制捆绑搭售保险或理财产品等行为。鼓励证券、基金、担保等机构进一步降低服务收费，推动金融基础设施合理降低交易、托管、登记、清算等费用。（国家发展改革委、人民银行、市场监管总局、银保监会、证监会等国务院相关部门及各地区按职责分工负责）

（九）清理规范行业协会商会收费。加大对行业协会商会收费行为的监督检查力度，进一步推动各级各类行业协会商会公示收费信息，严禁行业协会商会强制企业到特定机构检测、认证、培训等并获取利益分成，或以评比、表彰等名义违规向企业收费。研究制定关于促进行业协会商会健康规范发展的政策措施，加强行业协会商会收费等规范管理，发挥好行业协会商会在政策制定、行业自治、企业权益维护中的积极作用。2022 年 10 月底前，完成对行业协会商会违规收费清理整治情况“回头看”。（国家发展改革委、民政部、市场监管总局等国务院相关部门及各地区按职责分工负责）

（十）推动降低物流服务收费。强化口岸、货场、专用线等货运领域收费监管，依法规范船公司、船代公司、货代公司等收费行为。明确铁路、公路、水路、航空等运输环节的口岸物流作业时限及流程，加快推动大宗货物和集装箱中长距离运输“公转铁”、“公转水”等多式联运改革，推进运输运载工具和相关单证标准化，在确保安全规范的前提下，推动建立集装箱、托盘等标准化装载器具循环共用体系。2022 年 11 月底前，开展不少于 100 个多式联运示范工程建设，减少企业重复投入，持续降低综合运价水平。（国家发展改革委、交通运输部、商务部、市场监管总局、国家铁路局、中国民航局、中国国家铁路集团有限公司等相关部门和单位及各地区按职责分工负责）

三、进一步优化涉企服务，推动降低市场主体办事成本

（十一）全面提升线上线下服务能力。加快建立高效便捷、优质普惠的市场主体全生命周期服务体系，全面提高线下“一窗综办”和线上“一网通办”水平。聚焦企业和群众“办好一件事”，积极推行企业开办注销、不动产登记、招工用工等高频事项集成化办理，进一步减少办事环节。依托全国一体化政务服务平台，加快构建统一的电子证照库，明确各类电子证照信息标准，推广和扩大电子营业执照、电子合同、电子签章等应用，推动实现更多高频事项异地办理、“跨省通办”。（国务院办公厅牵头，国务院相关部门及各地区按职责分工负责）

（十二）持续优化投资和建设项目审批服务。优化压覆矿产、气候可行性、水资源论证、防洪、考古等评估流程，支持有条件的地方开展区域综合评估。探索利用市场机制推动城镇低效用地再开发，更好盘活存量土地资源。分阶段整合各类测量测绘事项，推动统一测绘标准和成果形式，实现同一阶段“一次委托、成果共享”。探索建立部门集中联合办公、手续并联办理机制，依法优化重大投资项目审批流程，对用地、环评等投资审批有关事项，推动地方政府根据职责权限试行承诺制，提高审批效能。2022 年 10 月底前，建立投资主管部门与金融机构投融资信息对接机制，为重点项目快速落地投产提供综合金融服务。2022 年 11 月底前，制定工程建设项目审批标准化规范化管理措施。2022 年底前，实现各地区工程建设项目审批管理系统与市政公用服务企业系统互联、信息共享，提升水、电、气、热接入服务质量。（国家发展改革委、自然资源部、生态环境部、住房城乡建设部、水利部、人民银行、银保监会、国家能源局、国家文物局、国家电网有限公司等相关部门和单位及各地区按职责分工负责）

（十三）着力优化跨境贸易服务。进一步完善自贸协定综合服务平台功能，助力企业用好区

域全面经济伙伴关系协定等规则。拓展“单一窗口”的“通关+物流”、“外贸+金融”功能，为企业提供通关物流信息查询、出口信用保险办理、跨境结算融资等服务。支持有关地区搭建跨境电商一站式服务平台，为企业提供优惠政策申报、物流信息跟踪、争端解决等服务。探索解决跨境电商退换货难问题，优化跨境电商零售进口工作流程，推动便捷快速通关。2022 年底前，在国内主要口岸实现进出口通关业务网上办理。（交通运输部、商务部、人民银行、海关总署、国家外汇局等国务院相关部门及各地区按职责分工负责）

（十四）切实提升办税缴费服务水平。全面推行电子非税收入一般缴款书，推动非税收入全领域电子收缴、“跨省通缴”，便利市场主体缴费办事。实行汇算清缴结算多缴退税和已发现的误收多缴退税业务自动推送提醒、在线办理。推动出口退税全流程无纸化。进一步优化留抵退税办理流程，简化退税审核程序，强化退税风险防控，确保留抵退税安全快捷直达纳税人。拓展“非接触式”办税缴费范围，推行跨省异地电子缴税、行邮税电子缴库服务，2022 年 11 月底前，实现 95%税费服务事项“网上办”。2022 年底前，实现电子发票无纸化报销、入账、归档、存储等。（财政部、人民银行、税务总局、国家档案局等国务院相关部门及各地区按职责分工负责）

（十五）持续规范中介服务。清理规范没有法律、法规、国务院决定依据的行政许可中介服务事项，建立中央和省级行政许可中介服务事项清单。鼓励各地区依托现有政务服务系统提供由省级统筹的网上中介超市服务，吸引更多中介机构入驻，坚决整治行政机关指定中介机构垄断服务、干预市场主体选取中介机构等行为，依法查处中介机构强制服务收费等行为。全面实施行政许可中介服务收费项目清单管理，清理规范环境检测、招标代理、政府采购代理、产权交易、融资担保评估等涉及的中介服务违规收费和不合理收费。（国务院办公厅、国家发展改革委、市场监管总局等国务院相关部门及各地区按职责分工负责）

（十六）健全惠企政策精准直达机制。2022 年底前，县级以上政府及其有关部门要在门户网站、政务服务平台等醒目位置设置惠企政策专区，汇集本地区本领域市场主体适用的惠企政策。加强涉企信息归集共享，对企业进行分类“画像”，推动惠企政策智能匹配、快速兑现。鼓励各级政务服务大厅设立惠企政策集中办理窗口，积极推动地方和部门构建惠企政策移动端服务体系，提供在线申请、在线反馈、应享未享提醒等服务，确保财政补贴、税费减免、稳岗扩岗等惠企政策落实到位。（各地区、各部门负责）

四、进一步加强公正监管，切实保护市场主体合法权益

（十七）创新实施精准有效监管。进一步完善监管方式，全面实施跨部门联合“双随机、一公开”监管，推动监管信息共享互认，避免多头执法、重复检查。加快在市场监管、税收管理、进出口等领域建立健全信用分级分类监管制度，依据风险高低实施差异化监管。积极探索在安全生产、食品安全、交通运输、生态环境等领域运用现代信息技术实施非现场监管，避免对市场主体正常生产经营活动的不必要干扰。（国务院办公厅牵头，国务院相关部门及各地区按职责分工负责）

（十八）严格规范监管执法行为。全面提升监管透明度，2022 年底前，编制省、市两级监管事项目录清单。严格落实行政执法三项制度，建立违反公平执法行为典型案例通报机制。建立健全行政裁量权基准制度，防止任性执法、类案不同罚、过度处罚等问题。坚决杜绝“一刀切”、“运动式”执法，严禁未经法定程序要求市场主体普遍停产停业。在市场监管、城市管理、应急管

理、消防安全、交通运输、生态环境等领域，制定完善执法工作指引和标准化检查表单，规范日常监管行为。(国务院办公厅牵头，国务院相关部门及各地区按职责分工负责)

(十九) 切实保障市场主体公平竞争。全面落实公平竞争审查制度，2022年10月底前，组织开展制止滥用行政权力排除、限制竞争执法专项行动。细化垄断行为和不正当竞争行为认定标准，加强和改进反垄断与反不正当竞争执法，依法查处恶意补贴、低价倾销、设置不合理交易条件等行为，严厉打击"搭便车"、"蹭流量"等仿冒混淆行为，严格规范滞压占用经营者保证金、交易款等行为。(国家发展改革委、司法部、人民银行、国务院国资委、市场监管总局等国务院相关部门及各地区按职责分工负责)

(二十) 持续加强知识产权保护。严格知识产权管理，依法规范非正常专利申请行为，及时查处违法使用商标和恶意注册申请商标等行为。完善集体商标、证明商标管理制度，规范地理标志集体商标注册及使用，坚决遏制恶意诉讼或变相收取"会员费"、"加盟费"等行为，切实保护小微商户合法权益。健全大数据、人工智能、基因技术等新领域、新业态知识产权保护制度。加强对企业海外知识产权纠纷应对的指导，2022年底前，发布海外重点国家商标维权指南。(最高人民法院、民政部、市场监管总局、国家知识产权局等相关部门和单位及各地区按职责分工负责)

五、进一步规范行政权力，切实稳定市场主体政策预期

(二十一) 不断完善政策制定实施机制。建立政府部门与市场主体、行业协会商会常态化沟通平台，及时了解、回应企业诉求。制定涉企政策要严格落实评估论证、公开征求意见、合法性审核等要求，重大涉企政策出台前要充分听取相关企业意见。2022年11月底前，开展行政规范性文件合法性审核机制落实情况专项监督工作。切实发挥中国政府网网上调研平台及各级政府门户网站意见征集平台作用，把握好政策出台和调整的时度效，科学设置过渡期等缓冲措施，避免"急转弯"和政策"打架"。各地区在制定和执行城市管理、环境保护、节能减排、安全生产等方面政策时，不得层层加码、加重市场主体负担。建立健全重大政策评估评价制度，政策出台前科学研判预期效果，出台后密切监测实施情况，2022年底前，在重大项目投资、科技、生态环境等领域开展评估试点。(各地区、各部门负责)

(二十二) 着力加强政务诚信建设。健全政务守信践诺机制，各级行政机关要抓紧对依法依规作出但未履行到位的承诺列明清单，明确整改措施和完成期限，坚决纠正"新官不理旧账"、"击鼓传花"等政务失信行为。2022年底前，落实逾期未支付中小企业账款强制披露制度，将拖欠信息列入政府信息主动公开范围。开展拖欠中小企业账款行为集中治理，严肃问责虚报还款金额或将无分歧欠款做成有争议欠款的行为，清理整治通过要求中小企业接受指定机构债务凭证或到指定机构贴现进行不当牟利的行为，严厉打击虚假还款或以不签合同、不开发票、不验收等方式变相拖欠的行为。鼓励各地区探索建立政务诚信诉讼执行协调机制，推动政务诚信履约。(最高人民法院、国务院办公厅、国家发展改革委、工业和信息化部、司法部、市场监管总局等相关部门和单位及各地区按职责分工负责)

(二十三) 坚决整治不作为乱作为。各地区各部门要坚决纠正各种懒政怠政等不履职和重形式不重实绩等不正确履职行为。严格划定行政权力边界，没有法律法规依据，行政机关出台政策不得减损市场主体合法权益。各地区要建立健全营商环境投诉举报和问题线索核查处理机制，充分发挥12345政务服务便民热线、政务服务平台等渠道作用，及时查处市场主体和群众反映的不

作为乱作为问题，切实加强社会监督。国务院办公厅要会同有关方面适时通报损害营商环境典型案例。（各地区、各部门负责）

各地区各部门要认真贯彻落实党中央、国务院决策部署，加强组织实施、强化协同配合，结合工作实际加快制定具体配套措施，确保各项举措落地见效，为各类市场主体健康发展营造良好环境。国务院办公厅要加大协调督促力度，及时总结推广各地区各部门经验做法，不断扩大改革成效。

国务院办公厅

2022 年 9 月 7 日

（此件公开发布）

国务院办公厅关于复制推广营商环境创新试点改革举措的通知

国办发〔2022〕35号

各省、自治区、直辖市人民政府，国务院各部委、各直属机构：

优化营商环境是培育和激发市场主体活力、增强发展内生动力的关键之举，党中央、国务院对此高度重视。2021年，国务院部署在北京、上海、重庆、杭州、广州、深圳6个城市开展营商环境创新试点。相关地方和部门认真落实各项试点改革任务，积极探索创新，着力为市场主体减负担、破堵点、解难题，取得明显成效，形成了一批可复制推广的试点经验。为进一步扩大改革效果，推动全国营商环境整体改善，经国务院同意，决定在全国范围内复制推广一批营商环境创新试点改革举措。现就有关事项通知如下：

一、复制推广的改革举措

（一）进一步破除区域分割和地方保护等不合理限制（4项）。“开展‘一照多址’改革”、“便利企业分支机构、连锁门店信息变更”、“清除招投标和政府采购领域对外地企业设置的隐性门槛和壁垒”、“推进客货运输电子证照跨区域互认与核验”等。

（二）健全更加开放透明、规范高效的市场主体准入和退出机制（9项）。“拓展企业开办‘一网通办’业务范围”、“进一步便利企业开立银行账户”、“优化律师事务所核名管理”、“企业住所（经营场所）标准化登记”、“推行企业登记信息变更网上办理”、“推行企业年度报告‘多报合一’改革”、“探索建立市场主体除名制度”、“进一步便利破产管理人查询破产企业财产信息”、“进一步完善破产管理人选任制度”等。

（三）持续提升投资和建设便利度（7项）。“推进社会投资项目‘用地清单制’改革”、“分阶段整合相关测绘测量事项”、“推行水电气暖等市政接入工程涉及的行政审批在线并联办理”、“开展联合验收‘一口受理’”、“进一步优化工程建设项目联合验收方式”、“简化实行联合验收的工程建设项目竣工验收备案手续”、“对已满足使用功能的单位工程开展单独竣工验收”等。

（四）更好支持市场主体创新发展（2项）。“健全知识产权质押融资风险分担机制和质物处置机制”、“优化科技企业孵化器及众创空间信息变更管理模式”等。

（五）持续提升跨境贸易便利化水平（5项）。“优化进出口货物查询服务”、“加强铁路信息系统与海关信息系统的数据交换共享”、“推进水铁空公多式联运信息共享”、“进一步深化进出口货物‘提前申报’、‘两步申报’、‘船边直提’、‘抵港直装’等改革”、“探索开展科研设备、耗材跨境自由流动，简化研发用途设备和样本样品进出口手续”等。

（六）维护公平竞争秩序（3项）。“清理设置非必要条件排斥潜在竞争者行为”、“推进招投标全流程电子化改革”、“优化水利工程招投标手续” 等。

（七）进一步加强和创新监管（5项）。“在部分领域建立完善综合监管机制”、“建立市场主体全生命周期监管链”、“在部分重点领域建立事前事中事后全流程监管机制”、“在税务监管领域建立‘信用+风险’监管体系”、“实行特种设备作业人员证书电子化管理” 等。

（八）依法保护各类市场主体产权和合法权益（2项）。“建立健全政务诚信诉讼执行协调机制”、“畅通知识产权领域信息交换渠道” 等。

（九）优化经常性涉企服务（13项）。“简化检验检测机构人员信息变更办理程序”、“简化不动产非公证继承手续”、“对个人存量房交易开放电子发票功能”、“实施不动产登记、交易和缴纳税费‘一网通办’”、“开展不动产登记信息及地籍图可视化查询”、“推行非接触式发放税务UKey”、“深化‘多税合一’申报改革”、“推行全国车船税缴纳信息联网查询与核验”、“进一步拓展企业涉税数据开放维度”、“对代征税款试行实时电子缴税入库的开具电子完税证明”、“推行公安服务‘一窗通办’”、“推行企业办事‘一照通办’”、“进一步扩大电子证照、电子签章等应用范围” 等。

二、切实抓好复制推广工作的组织实施

（一）高度重视复制推广工作。各地区要将复制推广工作作为进一步打造市场化法治化国际化营商环境的重要举措，主动对标先进，加强学习借鉴，细化改革举措，确保复制推广工作取得实效。国务院各有关部门要结合自身职责，及时出台改革配套政策，支持指导地方做好复制推广工作；涉及调整部门规章和行政规范性文件，以及向地方开放系统接口和授权数据使用的，要抓紧按程序办理，确保 2022 年底前落实到位。

（二）用足用好营商环境创新试点机制。各试点城市要围绕推动有效市场和有为政府更好结合，持续一体推进“放管服”改革，进一步对标高标准国际经贸规则，聚焦市场主体所需所盼，加大先行先试力度，为全国优化营商环境工作积累更多创新经验。国务院办公厅要加强统筹协调和跟踪督促，及时总结推广典型经验做法，推动全国营商环境持续改善。

（三）完善改革配套监管措施。各地区、各有关部门要结合实际稳步推进复制推广工作，对于涉及管理方式、管理权限、管理层级调整的相关改革事项，要夯实监管责任，逐项明确监管措施，完善监管机制，实现事前事中事后全链条全领域监管，确保改革平稳有序推进。

复制推广工作中的重要情况，各地区、各有关部门要及时向国务院请示报告。

附件：首批在全国复制推广的营商环境创新试点改革举措清单（略）

国务院办公厅
2022 年 9 月 28 日

（此件公开发布）

国务院办公厅关于印发第十次全国深化“放管服”改革电视电话会议重点任务分工方案的通知

国办发〔2022〕37号

各省、自治区、直辖市人民政府，国务院各部委、各直属机构：

《第十次全国深化“放管服”改革电视电话会议重点任务分工方案》已经国务院同意，现印发给你们，请结合实际认真贯彻落实。

国务院办公厅

2022年10月15日

（此件公开发布）

第十次全国深化“放管服”改革电视电话会议重点任务分工方案

党中央、国务院高度重视深化“放管服”改革优化营商环境工作。2022年8月29日，李克强总理在第十次全国深化“放管服”改革电视电话会议上发表重要讲话，部署持续深化“放管服”改革，推进政府职能深刻转变，加快打造市场化法治化国际化营商环境，着力培育壮大市场主体，稳住宏观经济大盘，推动经济运行保持在合理区间。为确保会议确定的重点任务落到实处，现制定如下分工方案。

一、依靠改革开放释放经济增长潜力

（一）继续把培育壮大市场主体作为深化“放管服”改革的重要着力点，坚持“两个毫不动摇”，对各类所有制企业一视同仁，依法平等保护各类市场主体产权和合法权益、给予同等政策支持。（市场监管总局、国家发展改革委、工业和信息化部、司法部、财政部、商务部、国务院国资委、国家知识产权局等国务院相关部门及各地区按职责分工负责）

具体举措：

1. 落实好《促进个体工商户发展条例》，抓紧制定完善配套措施，切实解决个体工商户在经营场所、用工、融资、社保等方面面临的突出困难和问题，维护个体工商户合法权益，稳定个体工商户发展预期。（市场监管总局牵头，国务院相关部门及各地区按职责分工负责）

2. 深入开展制止滥用行政权力排除、限制竞争执法专项行动，进一步健全公平竞争审查制度，建立健全市场竞争状况监测评估和预警机制，更大力度破除地方保护、市场分割，切实维护公平竞争市场秩序。（市场监管总局牵头，国务院相关部门及各地区按职责分工负责）

3. 持续清理招投标领域针对不同所有制企业、外地企业设置的各类隐性门槛和不合理限制，畅通招标投标异议、投诉渠道，严厉打击围标串标、排斥潜在投标人等违法违规行为。（国家发展改革委牵头，国务院相关部门及各地区按职责分工负责）

（二）加快推进纳入国家“十四五”规划以及省级规划的重点项目，运用“放管服”改革的办法，打通堵点卡点，继续采取集中办公、并联办理等方式，提高审批效率，强化要素保障，推动项目尽快落地。同时，进一步压实地方政府和相关业主单位的责任，加强监督。（国家发展改革委牵头，自然资源部、生态环境部、住房城乡建设部、交通运输部、水利部、审计署等国务院相关部门及各地区按职责分工负责）

具体举措：

1. 依托推进有效投资重要项目协调机制，加强部门协同，高效保障重要项目尽快落地，更好发挥有效投资对经济恢复发展的关键性作用。（国家发展改革委牵头，国务院相关部门及各地区按职责分工负责）

2. 落实好重要项目用地、规划、环评、施工许可、水土保持等方面审批改革举措，对正在办理手续的项目用海用岛审批实行即接即办，优化水利工程项目招标投标程序，推动项目及时开工，尽快形成实物工作量。（自然资源部、生态环境部、住房城乡建设部、水利部等国务院相关部门及各地区按职责分工负责）

（三）依法盘活用好 5000 多亿元专项债地方结存限额，与政策性开发性金融工具相结合，支持重点项目建设。在专项债资金和政策性开发性金融工具使用过程中，注重创新机制，发挥对社会资本的撬动作用。引导商业银行扩大中长期贷款投放，为重点项目建设配足融资。（财政部、国家发展改革委、人民银行、银保监会等国务院相关部门及各地区按职责分工负责）

具体举措：

指导政策性开发性银行用好用足政策性开发性金融工具额度和 8000 亿元新增信贷额度，优先支持专项债券项目建设。鼓励商业银行信贷资金等通过银团贷款、政府和社会资本合作（PPP）等方式，按照市场化原则加大对重要项目建设的中长期资金支持力度。（财政部、人民银行、银保监会等国务院相关部门及各地区按职责分工负责）

（四）抓紧研究支持制造业企业、职业院校等设备更新改造的政策，金融机构对此要增加中长期贷款投放。完善对银行的考核办法，银行要完善内部考评和尽职免责规定，形成激励机制。持续释放贷款市场报价利率改革和传导效应，降低企业融资和个人消费信贷成本。（人民银行、银保监会、国家发展改革委、财政部、教育部、工业和信息化部、人力资源社会保障部等国务院相关部门及各地区按职责分工负责）

具体举措：

继续深化利率市场化改革，发挥存款利率市场化调整机制作用，释放贷款市场报价利率（LPR）形成机制改革效能，促进降低企业融资和个人消费信贷成本。督促 21 家全国性银行完善内部考核、尽职免责和激励机制，引导商业银行扩大中长期贷款投放，为设备更新改造等配足融资。（人民银行、银保监会负责）

（五）落实好阶段性减征部分乘用车购置税、延续免征新能源汽车购置税、放宽二手车迁入限制等政策。给予地方更多自主权，因城施策运用好政策工具箱中的 40 多项工具，灵活运用阶段性信贷政策，支持刚性和改善性住房需求。有关部门和各地区要认真做好保交楼、防烂尾、稳预期相关工作，用好保交楼专项借款，压实项目实施主体责任，防范发生风险，保持房地产市场平稳健康发展。同时，结合实际出台针对性支持其他消费领域的举措。（财政部、税务总局、工业和信息化部、公安部、生态环境部、住房城乡建设部、商务部、人民银行、银保监会等国务院相关部门及各地区按职责分工负责）

具体举措：

1. 延续实施新能源汽车免征车辆购置税政策，组织开展新能源汽车下乡和汽车“品牌向上”系列活动，支持新能源汽车产业发展，促进汽车消费。（财政部、工业和信息化部、税务总局等国务院相关部门及各地区按职责分工负责）

2. 实施好促进绿色智能家电消费政策，积极开展家电以旧换新和家电下乡。办好国际消费季、家电消费季、中华美食荟、老字号嘉年华等活动。加快培育建设国际消费中心城市，尽快扩大城市一刻钟便民生活圈试点，促进消费持续恢复。（商务部牵头，国务院相关部门及各地区按职责分工负责）

（六）支持企业到国际市场打拼，在公平竞争中实现互利共赢。加强对出口大户、中小外贸企业服务，帮助解决生产、融资、用工、物流等问题。加大对跨境电商、海外仓等外贸新业态支持力度，线上线下相结合搭建境内外展会平台，支持企业稳订单拓市场。（商务部、工业和信息化部、人力资源社会保障部、交通运输部、人民银行、银保监会、中国贸促会等相关部门和单位及各地区按职责分工负责）

具体举措：

1. 2022 年底前再增设一批跨境电子商务综合试验区，加快出台更多支持海外仓发展的政策措施。鼓励贸促机构、会展企业以“境内线上对口谈、境外线下商品展”方式举办境外自办展会，帮助外贸企业拓市场、拿订单。（商务部牵头，中国贸促会等相关部门和单位及各地区按职责分工负责）

2. 鼓励金融机构积极创新贸易金融产品，提升贸易融资服务水平。支持金融机构按照市场化原则，为海外仓企业和项目提供定制化的信贷产品及出口信保等金融产品和服务。（人民银行、银保监会牵头，国务院相关部门及各地区按职责分工负责）

（七）继续深化通关便利化改革，推进通关业务全流程网上办理，提升港口集疏运水平，畅通外贸产业链供应链。（海关总署、交通运输部、商务部、国家铁路局、中国国家铁路集团有限公司等相关部门和单位及各地区按职责分工负责）

具体举措：

1. 2022 年底前，依托国际贸易“单一窗口”平台，加强部门间信息共享和业务联动，开展进口关税配额联网核查及相应货物无纸化通关试点。在有条件的港口推进进口货物“船边直提”和出口货物“抵港直装”。（海关总署牵头，国务院相关部门及各地区按职责分工负责）

2. 加快推动大宗货物和集装箱中长距离运输“公转铁”、“公转水”等多式联运改革，推进铁路专用线建设，降低综合货运成本。2022 年 11 月底前，开展不少于 100 个多式联运示范工程建设。（交通运输部、国家发展改革委、国家铁路局、中国国家铁路集团有限公司等相关部门和单位及各地区按职责分工负责）

（八）保障外资企业国民待遇，确保外资企业同等享受助企惠企、政府采购等政策，推动一批制造业领域标志性外资项目落地，增强外资在华长期发展的信心。（国家发展改革委、商务部、工

业和信息化部、财政部、中国贸促会等相关部门和单位及各地区按职责分工负责）

具体举措：

1. 2022 年底前制定出台关于以制造业为重点促进外资扩增量稳存量提质量的政策文件，进一步优化外商投资环境，高标准落实外资企业准入后国民待遇，保障外资企业依法依规平等享受相关支持政策。（国家发展改革委、商务部等国务院相关部门及各地区按职责分工负责）

2. 更好发挥服务外资企业工作专班作用，完善问题受理、协同办理、结果反馈等流程，有效解决外资企业面临的实际困难问题。（中国贸促会牵头，国务院相关部门及各地区按职责分工负责）

二、提升面向市场主体和人民群众的政务服务效能

（九）继续行简政之道，放出活力、放出创造力。落实和完善行政许可事项清单制度，坚决防止清单之外违法实施行政许可，2022 年底前省、市、县级要编制完成本级行政许可事项清单和办事指南，加快实现同一事项在不同地区和不同层级同标准、无差别办理。（国务院办公厅牵头，国务院相关部门及各地区按职责分工负责）

具体举措：

1. 2022 年底前，省、市、县级人民政府按照统一的清单编制要求，编制并公布本级行政许可事项清单，明确事项名称、主管部门、实施机关、设定和实施依据等基本要素。（国务院办公厅牵头，各地区按职责分工负责）

2. 2022 年底前，对行政许可事项制定实施规范，明确许可条件、申请材料、审批程序等内容，持续推进行政许可标准化、规范化、便利化。强化监督问责，坚决防止清单之外违法实施行政许可。（国务院办公厅牵头，国务院相关部门及各地区按职责分工负责）

（十）不断强化政府部门监管责任，管出公平、管出质量。依法严厉打击制售假冒伪劣、侵犯知识产权等违法行为，完善监管规则，创新适应行业特点的监管方法，推行跨部门综合监管，进一步提升监管效能。（国务院办公厅、市场监管总局、国家知识产权局等国务院相关部门及各地区按职责分工负责）

具体举措：

1. 2022 年底前制定出台关于深入推进跨部门综合监管的指导意见，对涉及多个部门、管理难度大、风险隐患突出的监管事项，加快建立健全职责清晰、规则统一、信息互通、协同高效的跨部门综合监管制度，切实增强监管合力，提高政府监管效能。（国务院办公厅牵头，国务院相关部门及各地区按职责分工负责）

2. 针对企业和群众反映强烈、侵权假冒多发的重点领域，进一步加大执法力度，严厉打击商标侵权、假冒专利等违法行为，对重大典型案件开展督查督办，持续营造创新发展的良好环境。（市场监管总局、国家知识产权局等国务院相关部门及各地区按职责分工负责）

（十一）严格规范公正文明执法，深入落实行政处罚法，坚持过罚相当、宽严相济，明确行政处罚裁量权基准，切实解决一些地方在行政执法过程中存在的简单粗暴、畸轻畸重等问题，决不能搞选择性执法、“一刀切”执法、逐利执法。严肃查处吃拿卡要、牟取私利等违法违规行为。（司法部等国务院相关部门及各地区按职责分工负责）

具体举措：

1. 深入贯彻落实《国务院办公厅关于进一步规范行政裁量权基准制定和管理工作的意见》(国办发〔2022〕27号)，进一步推动各地区各部门分别制定本地区本领域行政裁量权基准，指导督促各地区尽快建立行政裁量权基准动态调整机制，将行政裁量权基准制定和管理工作纳入法治政府建设考评指标体系，规范行政执法，避免执法畸轻畸重。(司法部牵头，国务院相关部门及各地区按职责分工负责)

2. 严格规范行政罚款行为，抓紧清理调整一批违反法定权限设定、过罚不当等不合理罚款事项，进一步规范罚款设定和实施，防止以罚增收、以罚代管、逐利执法等行为。(司法部牵头，国务院相关部门及各地区按职责分工负责)

(十二) 按照构建全国统一大市场的要求，全面清理市场准入隐性壁垒，推动各地区、各部门清理废除妨碍公平竞争的规定和做法。(国家发展改革委、市场监管总局等国务院相关部门及各地区按职责分工负责)

具体举措：

1. 落实好《市场准入负面清单（2022年版）》，抓紧推动清单事项全部实现网上办理，建立健全违背市场准入负面清单案例归集和通报制度，进一步畅通市场主体对隐性壁垒的投诉渠道，健全处理回应机制。(国家发展改革委、商务部牵头，国务院相关部门及各地区按职责分工负责)

2. 加快出台细化落实市场主体登记管理条例的配套政策文件，编制登记注册业务规范和审查标准，在全国推开经营范围规范化登记，完善企业名称争议处理机制。(市场监管总局牵头，国务院相关部门及各地区按职责分工负责)

(十三) 加强政务数据共享，推进企业开办注销、不动产登记、招工用工等常办事项由多环节办理变为集中办理，扩大企业电子营业执照等应用。(国务院办公厅、自然资源部、人力资源社会保障部、市场监管总局等国务院相关部门及各地区按职责分工负责)

具体举措：

1. 2022年底前实现企业开办、涉企不动产登记、员工录用、企业简易注销等“一件事一次办”，进一步提升市场主体获得感。(国务院办公厅牵头，国务院相关部门及各地区按职责分工负责)

2. 加快国家政务大数据平台建设，依托政务数据共享协调机制，不断完善政务数据共享标准规范，提升政务数据共享平台支撑能力，促进更多政务数据依法有序共享、合理有效利用，更好满足企业和群众办事需求。(国务院办公厅牵头，国务院相关部门及各地区按职责分工负责)

3. 加快建设全国统一、实时更新、权威可靠的企业电子证照库，并与全国一体化政务服务平台电子证照共享服务系统互联互通，推动电子营业执照和企业电子印章跨地区跨部门互信互认，有序拓展电子营业执照在市场准入、纳税、金融、招投标等领域的应用，为市场主体生产经营提供便利。(国务院办公厅、市场监管总局等国务院相关部门及各地区按职责分工负责)

(十四) 再推出一批便民服务措施，解决好与人民群众日常生活密切相关的“关键小事”。(国务院相关部门及各地区按职责分工负责)

具体举措：

1. 延长允许货车在城市道路上通行的时间，放宽通行吨位限制，推动取消皮卡车进城限制，对新能源配送货车扩大通行范围、延长通行时间，进一步便利货车在城市道路通行。(公安部牵头，国务院相关部门及各地区按职责分工负责)

2. 加快开展“互联网+考试服务”，建立中国教育考试网统一用户中心，丰富和完善移动端功能，实行考试信息主动推送，进一步提升考试成绩查询和证书申领便利度。（教育部牵头，国务院相关部门及各地区按职责分工负责）

（十五）进一步扩大营商环境创新试点范围，支持有条件的地方先行先试，以点带面促进全国营商环境不断改善。（国务院办公厅牵头，国务院相关部门及各地区按职责分工负责）

具体举措：

密切跟踪营商环境创新试点工作推进情况，及时总结推广实践证明行之有效、市场主体欢迎的改革举措，适时研究扩大试点地区范围，推动全国营商环境持续改善。（国务院办公厅牵头，国务院相关部门及各地区按职责分工负责）

（十六）落实好失业保险保障扩围政策，进一步畅通申领渠道，提高便利度，继续对不符合领取失业保险金条件的失业人员发放失业补助金，确保应发尽发。加强动态监测，及时发现需要纳入低保的对象，该扩围的扩围，做到应保尽保。及时启动价格补贴联动机制并足额发放补贴。加强和创新社会救助，打破户籍地、居住地申请限制，群众在哪里遇到急难就由哪里直接实施临时救助。加强各类保障和救助资金监管，严查优亲厚友、骗取套取等行为，确保资金真正用到困难群众身上，兜牢基本民生底线。（民政部、人力资源社会保障部、国家发展改革委、财政部、退役军人部、国家统计局等国务院相关部门及各地区按职责分工负责）

具体举措：

1. 2022 年底前制定出台关于进一步做好最低生活保障等社会救助兜底保障工作的政策文件，指导督促地方及时将符合条件的困难群众纳入社会救助范围，优化非本地户籍人员救助申请程序，全面推行由急难发生地直接实施临时救助，切实兜住、兜准、兜好困难群众基本生活底线。（民政部牵头，国务院相关部门及各地区按职责分工负责）

2. 深入推进线上申领失业保险待遇，简化申领手续、优化申领服务，推动失业保险金和失业补助金应发尽发、应保尽保。（人力资源社会保障部、财政部及各地区按职责分工负责）

3. 指导督促各地于 2023 年 3 月前阶段性调整价格补贴联动机制，进一步扩大保障范围，降低启动条件，加大对困难群众物价补贴力度，并及时足额发放补贴。（国家发展改革委、民政部、财政部、人力资源社会保障部、退役军人部、国家统计局及各地区按职责分工负责）

三、着力推动已出台政策落地见效

（十七）用“放管服”改革办法加快释放政策效能，推动各项助企纾困政策第一时间落到市场主体，简化办理程序，尽可能做到直达快享、“免申即享”。各级政府包括财政供养单位都要真正过紧日子，盘活存量资金和资产，省级政府要加大财力下沉力度，集中更多资金落实惠企利民政策，支持基层保基本民生支出、保工资发放。严厉整治乱收费乱罚款乱摊派等行为。（财政部、国家发展改革委、工业和信息化部、司法部、税务总局、市场监管总局等国务院相关部门及各地区按职责分工负责）

具体举措：

1. 落实好阶段性缓缴社会保险费政策，进一步优化经办服务流程，健全部门协作机制，实现企业“即申即享”。优化增值税留抵退税办理流程，在实现信息系统自动推送退税提醒、提取数据、预填报表的基础上，进一步完善退税提醒服务，促进留抵退税政策在线直达快享。（人力资源

社会保障部、国家发展改革委、财政部、税务总局等国务院相关部门及各地区按职责分工负责)

2. 2022年底前，在交通物流、水电气暖、金融、地方财经、行业协会商会和中介机构等重点领域，集中开展涉企违规收费专项整治行动，切实减轻市场主体负担。(国家发展改革委、工业和信息化部、财政部、市场监管总局等国务院相关部门及各地区按职责分工负责)

(十八) 加大稳就业政策实施力度。着力拓展市场化社会化就业主渠道，落实好各项援企稳岗政策，让各类市场主体在吸纳就业上继续当好“主角”。对200多万未落实就业去向的应届大学毕业生，要做好政策衔接和不断线就业服务，扎实开展支持就业创业行动，对自主创业者落实好担保贷款、租金减免等政策。稳住本地和外来务工人员就业岗位，在重点项目建设中扩大以工代赈实施规模，帮助农民工就近就业增收。支持平台经济健康持续发展，发挥其吸纳就业等作用。同时，坚决消除就业歧视和不合理限制，营造公平就业环境。(人力资源社会保障部、教育部、国家发展改革委、中央网信办、住房城乡建设部、农业农村部、人民银行、市场监管总局、银保监会等相关部门和单位及各地区按职责分工负责)

具体举措：

1. 持续组织开展线上线下校园招聘活动，实施离校未就业高校毕业生服务攻坚行动，为未就业毕业生提供职业指导、岗位推荐、职业培训和就业见习机会，确保2022年底前离校未就业毕业生帮扶就业率达90%以上。深入推进企业吸纳就业社会保险补贴“直补快办”，扩大补贴对象范围，支持企业更多吸纳重点群体就业。(教育部、人力资源社会保障部、财政部等国务院相关部门及各地区按职责分工负责)

2. 推进新就业形态就业人员职业伤害保障试点。针对新冠肺炎康复者遭遇就业歧视问题，加大监察执法力度，发现一起严肃处理一起，切实维护劳动者平等就业权益。(人力资源社会保障部、财政部、国家卫生健康委、税务总局、国家医保局等相关部门和单位及各地区按职责分工负责)

(十九) 保障好粮食、能源安全稳定供应，确保全年粮食产量保持在1.3万亿斤以上。围绕保饮水保秋粮继续抓实抗旱减灾工作。强化农资供应等服务保障，把农资补贴迅速发到实际种粮农民手中，进一步保护他们的种粮积极性。稳定生猪产能，防范生猪生产和猪肉价格出现大的波动。(农业农村部、水利部、应急部、国家发展改革委、财政部、商务部、国家粮食和储备局等国务院相关部门及各地区按职责分工负责)

具体举措：

1. 及时启动或调整国家防汛抗旱总指挥部抗旱应急响应，加大对旱区的抗旱资金、物资装备支持力度，督促旱区加快蓄引提调等抗旱应急工程建设。加强预报、预警、预演、预案“四预”措施，及时发布干旱预警。依据晚稻等秋粮作物需水情况，适时开展抗旱保供水联合调度，为灌区补充水源。(应急部、水利部、财政部、农业农村部等国务院相关部门及各地区按职责分工负责)

2. 压实生猪产能分级调控责任，督促产能过度下降的省份及时增养能繁母猪，重点排查并纠正以用地、环保等名义关停合法运营养殖场的行为，确保全国能繁母猪存栏量稳定在4100万头以上。加强政府猪肉储备调节，切实做好猪肉市场保供稳价工作。(农业农村部、国家发展改革委、财政部、自然资源部、生态环境部、商务部等国务院相关部门及各地区按职责分工负责)

(二十) 加强煤电油气运调节，严格落实煤炭稳价保供责任，科学做好跨省跨区电力调度，确保重点地区、民生和工业用电。国有发电企业担起责任，应开尽开、稳发满发。（国家发展改革委、国务院国资委、国家能源局等国务院相关部门及各地区按职责分工负责）

具体举措：

在确保安全生产和生态安全的前提下，加快煤矿核增产能相关手续办理，推动已核准煤炭项目加快开工建设。督促中央煤炭企业加快释放先进煤炭产能，带头执行电煤中长期合同。（国家发展改革委、自然资源部、生态环境部、应急部、国务院国资委、国家能源局、国家矿山安监局等国务院相关部门及各地区按职责分工负责）

（二十一）持续推进物流保通保畅，进一步畅通“主动脉”和“微循环”，稳定产业链供应链，保障全行业、全链条稳产达产，稳定市场预期。（交通运输部、工业和信息化部等国务院相关部门及各地区按职责分工负责）

具体举措：

密切关注全国高速公路收费站和服务区关闭关停情况，及时协调解决相关问题。指导各地认真落实优先过闸、优先引航、优先锚泊、优先靠离泊等“四优先”措施，保障今冬明春煤炭、液化天然气（LNG）等重点物资水路运输。（交通运输部牵头，国务院相关部门及各地区按职责分工负责）

各地区、各部门要对照上述任务分工，结合自身职责，细化实化相关任务措施，明确时间表，落实责任单位和责任人，强化协同配合，切实抓好各项改革任务落地，最大限度利企便民，更好服务经济社会发展大局。国务院办公厅要加强业务指导和督促协调，支持地方探索创新，及时总结推广经验做法，推动改革取得更大实效。各地区、各部门的贯彻落实情况，年底前书面报国务院。

海关总署关于印发促进外贸保稳提质十条措施的通知

署综发〔2022〕45号

广东分署，天津、上海特派办，各直属海关、院校，总署各部门，驻署纪检监察组，各在京直属企事业单位：

现将《关于促进外贸保稳提质的十条措施》（以下简称《十条措施》）现印发给你们，并就有关要求通知如下：

一、各海关单位要深入学习贯彻习近平总书记重要指示批示精神，提高思想认识、强化责任担当，继续从严从紧做好口岸疫情防控，毫不动摇坚持“外防输入、内防反弹”总策略和“动态清零”总方针，把人、物、环境同防要求贯彻到位。在认真落实总署各项防控措施，有效防止疫情通过口岸蔓延扩散的同时，统筹推进口岸疫情防控和促进外贸保稳提质等其他重点工作任务的落实，为实现全年经济社会发展目标任务做贡献。

二、各海关单位要认真抓好《十条措施》贯彻实施工作，深入调研、跟踪分析当前外贸发展面临的挑战，结合关区实际和地方政府、企业反映的突出问题，研究细化具体措施，明确责任部门和完成时限，以实实在在的举措，帮助企业渡过难关。工作中遇到需总署研究解决的困难和问题，及时向总署报告。

三、总署各有关部门要加强协作配合和对各直属海关的业务指导，及时研究解决实施中遇到的新情况、新问题。

四、全国海关要加大对《十条措施》及落实成效的新闻宣传力度，增强市场信心，形成良好舆论氛围。

特此通知。

海关总署

2022年5月10日

关于促进外贸保稳提质的十条措施

为深入贯彻习近平总书记关于统筹做好新冠肺炎疫情防控和经济社会发展工作的重要指示精神，落实党中央、国务院决策部署，在做好疫情防控工作的同时，促进外贸保稳提质，总署研究制定了以下十条措施。

一是保障重点区域产业链供应链循环畅通。扩大海运船只到长江内河运输船只的“联动接卸”监管模式，缓解上海及周边地区港口码头、公路交通接卸运输能力不足问题；认真做好真空包装等高新技术货物一体化布控查验模式扩大试点工作，加快长三角区域电子信息企业维持产业链运转关键物料的口岸通关速度。

二是加快企业急需货物通关。在符合条件的港口深入推进进口货物“船边直提”和出口货物“抵港直装”试点，优化工作流程，进一步提高通关效率。

三是提高进出境物流效率。积极支持企业开展铁路“快速通关”业务，提高境内段铁路物流便利化水平。大力推广“智慧海关、智能边境、智享联通”海关国际合作理念。继续务实推进与其他有意愿国家的海关磋商实施“关铁通”合作，提升中欧班列跨境运输便利化水平。进一步优化长三角等重点地区水路物流海关监管模式，支持扩大“离港确认”等模式试点范围，不断提高水路物流效率。

四是保障进出境邮路畅通。为疏运受疫情影响积压的进出境邮件，根据邮政公司申请研究开通临时邮路，保障境内外用邮需求。

五是完善新冠疫苗试剂快速通道。在风险可控的前提下，优化新冠疫苗和检测试剂出入境保障措施，加快新冠疫苗和检测试剂审批，保障新冠疫苗和检测试剂快速通关。

六是积极落实减税降费措施。服务我国企业出口货物在 RCEP 成员方顺利享受关税优惠，收集并协调解决影响企业享惠的具体问题，落实落细 RCEP 政策红利。

七是保障进出口农食产品等商品有效供给。加快进出口食品生产企业注册/备案。推进优质农食产品检疫准入。支持优异动植物种质资源引进。复制推广进境动植物源性生物材料检疫监管措施。优化进出口商品检验监管要求和模式。设立进出口鲜活易腐农食产品查检绿色通道。保障农食产品安全供应港澳地区。

八是支持中小微企业开展市场采购贸易。简化优化市场采购贸易小额小批量监管适用条件，扩大小额小批量出口检验检疫自动审单、快速签发电子底账的范围，促进市场采购贸易健康发展。

九是推进进口关税配额通关无纸化。会同发展改革委、商务部加快推进关税配额联网核查系统建设，依托国际贸易“单一窗口”加强部门间信息共享和业务联动，实现关税配额线上申请、自动核查核销和无纸化通关。

十是强化统计监测分析和数据服务。持续跟踪全球主要经济体贸易份额、重要商品全球贸易规模及流向变化，积极开展对中小微企业、专精特新企业等进出口分析，为企业开拓市场提供数据支持。提升海关统计在线查询系统性能，不断创新面向社会公众的数字化统计服务方式。加强进出口数据发布和解读，为外贸稳增长和高质量发展提供有力预期引导。

国家发展改革委关于印发长三角国际一流营商环境建设三年行动方案的通知

发改法规〔2022〕1562号

上海市、江苏省、浙江省、安徽省人民政府优化营商环境工作牵头部门、发展改革委：

经推动长三角一体化发展领导小组办公室衔接审核，现将《长三角国际一流营商环境建设三年行动方案》印发给你们，请结合实际认真贯彻落实。

国家发展改革委

2022年10月8日

附件：《长三角国际一流营商环境建设三年行动方案》

长三角国际一流营商环境建设三年行动方案

长三角一体化发展战略实施以来，长三角地区优化营商环境成效明显，市场化改革深入推进，法治化建设步伐加快，国际化水平明显提升，便利化举措广泛推行，参与国际竞争合作新优势不断增强。同时，也应清醒认识到，长三角地区营商环境建设还存在不少短板弱项，重点领域关键环节改革任务仍然艰巨，达到国际一流水平仍需加力。为深入落实《长江三角洲区域一体化发展规划纲要》《优化营商环境条例》，打造长三角国际一流营商环境，更大激发市场主体活力和发展内生动力，推动长三角更高质量一体化发展，制定本行动方案。

一、总体要求

（一）指导思想

坚持以习近平新时代中国特色社会主义思想为指导，全面贯彻党的十九大和十九届历次全会精神，弘扬伟大建党精神，坚持稳中求进工作总基调，立足新发展阶段，完整、准确、全面贯彻新发展理念，加快构建新发展格局，全面深化改革开放，坚持创新驱动发展，推动高质量发展，以建设国际一流营商环境为主线，聚焦市场主体关切，进一步转变政府职能，推动有效市场和有为政府更好结合，加快要素自由流动，切实维护公平竞争，在更深层次、更宽领域、以更大力度推进全方位高水平开放，促进营商环境迈向更高水平，推动长三角地区加快建成我国发展强劲活跃增长极。

（二）基本原则

坚持人民至上、共建共享。始终坚持一切为了人民、发展为了人民，着力解决企业群众反映强烈的痛点堵点难点问题，统筹发挥市场、政府、社会等各方作用，加强协同联动，促进共建共治共享，推动改革发展成果更加普惠便利。

坚持改革创新、开放引领。加快破除制约区域高质量发展的体制机制障碍，推动重点领域和关键环节改革取得新突破，坚定不移推动高水平开放，深入推进规则、规制、管理、标准等制度型开放，增创国际合作和竞争新优势。

坚持系统集成、协同高效。树立系统观念，注重各项改革协调推进，增强改革的系统性、整体性、协同性，巩固和深化在解决体制性障碍、机制性梗阻、政策性创新方面取得的改革成果，推动改革落地见效，把制度优势转化为治理效能。

坚持依法依规、公正监管。按照重大改革于法有据的要求，完善与长三角国际一流营商环境建设相适应的法规制度体系，依法保护各类市场主体的合法权益，创新监管方式方法，保障规则公平、机会公平和权利公平，给市场主体以稳定预期。

坚持一体谋划、统筹推进。突出区域比较优势和功能定位，加强政策协调和规划衔接，营造市场统一开放、规则标准互认、要素自由流动的发展环境，进一步发挥上海龙头带动作用，苏浙皖各扬所长，推动区域一体化发展，形成叠加合力，提升区域整体竞争力。

（三）主要目标

到 2025 年，长三角区域资源要素有序自由流动，行政壁垒逐步消除，统一开放的市场体系基本建立。与国际高标准市场规则体系全面对接，协同开放达到更高水平。贸易投资和政务服务更加便利，制度性交易成本明显降低，市场主体活跃度和发展质量显著提高，政府治理效能全面提升。区域发展整体水平和效率进一步提升，市场化、法治化、国际化的一流营商环境率先建成，营商环境国际竞争力跃居世界前列。

二、深入推进市场化改革，更大激发市场活力

（四）进一步破除区域分割和地方保护等不合理限制

在不直接涉及公共安全和人民群众生命健康的领域，推进“一照多址”“一证多址”等改革。清理对企业跨区域经营、迁移设置的不合理条件，全面取消没有法律法规依据的要求企业在特定区域注册的规定。探索企业生产经营高频办理的许可证件、资质资格等跨区域互认通用。全面清理涉及地方保护的各类优惠政策，着力破除招标投标、政府采购等领域对外地企业设置的隐性门槛和壁垒。

（五）健全更加开放透明、规范高效的市场主体准入和退出机制

持续深化“证照分离”改革，进一步畅通行业准营、退出等全流程通道。加快提升市场主体登记规范化水平，优化前置审批和企业登记办理流程。制定出台上海浦东、长三角区域协同创新放宽市场准入特别措施。完善市场准入效能评估指标，稳步开展市场准入效能评估。探索实行企

业休眠制度。完善市场主体退出机制，优化简易注销和普通注销办理程序，建立市场主体强制退出制度。推行破产预重整制度，建立破产重整税费优惠和信贷支持机制。健全司法重整的府院联动机制，提高市场重组、出清的质量和效率。

（六）维护公平竞争秩序

坚持对各类市场主体一视同仁、平等对待，稳定市场主体预期。着力清理取消企业在资质资格获取、招标投标、政府采购、权益保护等方面存在的差别化待遇，防止滥用行政权力排除、限制竞争的行为。全面落实公平竞争审查制度，建立健全公平竞争审查投诉、公示、抽查制度。清理规范涉企收费，健全遏制乱收费、乱摊派的长效机制。

三、加快推进法治化建设，助力良法善治

（七）加强和创新监管

完善公开透明的监管规则和标准，夯实监管责任，健全事前事中事后全链条全流程的监管机制。健全以“双随机、一公开”监管和“互联网+监管”为基本手段、以重点监管为补充、以信用监管为基础的新型监管机制，推进线上线下一体化监管。加快在市场监管、税收管理、进出口等领域建立健全信用分级分类监管制度。开展综合监管“一件事”改革。推动行业协会商会等建立健全行业经营自律规范，更好发挥社会监督作用。

（八）严格规范执法行为

优化和完善行政执法程序，全面落实行政执法公示、执法全过程记录和重大执法决定法制审核制度。建立健全行政裁量权基准制度，防止任性执法、类案不同罚、逐利执法、过度处罚等问题。规范罚款行为，全面清理取消违反法定权限和程序设定的罚款事项，从源头上杜绝乱罚款。强化市场监管执法监督机制和能力建设，加强普法工作和法治教育，健全执法考核评议和执法案卷评查机制。

（九）保护市场主体合法权益

完善产权保护制度，平等保护各种所有制企业产权，依法保护企业家人身财产安全。推进知识产权公共服务标准化城市建设，建立完善跨区域全链条知识产权行政保护协作机制。加强对创新型中小企业原始创新和知识产权保护。坚决查处侵犯商业秘密违法行为。探索建立知识产权侵权快速处理机制，加大侵权违法行为联合惩治力度。加强国际知识产权保护。完善行政执法和司法衔接机制，促进知识产权行政执法标准和司法裁判标准统一，建立健全知识产权行政调解协议司法确认机制。

四、推进更高水平协同开放，增强国际竞争合作新优势

（十）提升外商投资和对外投资服务水平

深入实施外资准入前国民待遇加负面清单管理制度，落实好全国和自由贸易试验区外资准入

负面清单。完善外商投资促进机制，进一步做好安商稳商、招商引资工作。健全外商投资企业投诉工作机制，保障外商投资合法权益。加强国际对接合作，打造面向全球的综合服务平台，推动对外投资提质增效。

（十一）打造具有国际竞争力的人才高地

加大国际人才招引政策支持力度，健全人才培养、选拔评价、激励保障机制。推动国际人才认定、服务监管部门信息互换互认。在风险可控领域探索建立国际职业资格证书认可清单制度，加强执业行为监管，加大国际化高端技能人才的培养和使用力度。推进人才社区建设，提高国际人才综合服务水平。打破户籍、身份、学历、人事关系等制约，加强人才国际交流合作，促进人才跨地区、跨行业、跨领域顺畅流动。

（十二）持续提升贸易便利化水平

建立健全长三角区域内直属海关一体协同工作机制，深化货物转运、查验、保税监管等领域一体化改革。深化国际贸易“单一窗口”建设，推动“单一窗口”服务功能由口岸通关向口岸物流、贸易服务等全链条拓展。推进铁路、公路、水路、航空等环节信息对接共享，提升多式联运便利化水平。优化海关查验作业模式，巩固和扩大真空包装等高新技术货物一体化布控查验模式试点。推广出口信贷、信用保险等政策应用。深化货运领域“放管服”改革，优化许可办理手续及流程，推广电子运输证，实现长三角货运企业、人员资质资格互查互认。

五、聚焦标准化规范化便利化，提升政务服务能力和水平

（十三）推进政务服务标准化规范化发展

全面实行行政许可清单管理制度，推进长三角区域行政许可事项同源、统一规范。编制并向社会公开政务服务事项标准化工作流程和办事指南，加快实现长三角高频政务服务事项无差别受理、同标准办理，健全长三角政务服务事项动态管理机制。提供一站式服务，实现“一窗受理、综合服务”，严格执行首问负责、一次性告知和限时办结等制度。实行中介服务清单管理。推行告知承诺制和容缺受理服务模式，按照最大限度利企便民原则梳理可采取告知承诺制方式的服务事项，依法依规编制可容缺受理的政务服务事项清单，并向社会公布。

（十四）推动政务服务线上线下融合发展

深化“最多跑一次”“不见面审批”改革，实行“一次告知、一表申请、一套材料、一窗（端）受理、一网办理”。推广“免证办”“就近办”等服务，促进政务服务跨地区、跨部门、跨层级数据共享和业务协同。大力发展“互联网+政务服务”，依托全国一体化在线政务服务平台，推动更多政务服务事项“网上办、掌上办”。推进线上线下全面融合，推动政务服务事项集成化办理，提供主题式、套餐式服务。推进适老化、无障碍改造，满足企业和群众的多样化办事需求。

（十五）持续优化经常性涉企服务

优化政策落地机制，健全常态化政企沟通机制和营商环境投诉处理机制，落实好差评制度。

鼓励商业银行依法合规利用互联网大数据技术简化信贷审批流程。推进公共资源交易、纳税、不动产登记等事项全流程电子化。加快建设长三角区域公共资源交易统一市场，推进 CA 数字证书跨省互认。推进水电气暖等“一站式”便捷服务，加快实现报装、查询、缴费等业务全程网办。深化“一业一证”“用地清单制”改革。深化投资项目审批制度改革，持续提升投资建设便利化水平。深化工程建设项目审批制度改革，推行多规合一、多图联审、联合验收等。

（十六）技术赋能助力政务数据共享开放

推动区块链、人工智能、大数据、物联网等新一代信息技术在政务服务领域的应用，推广“免申即享”、政务服务地图、“一码办事”、智能审批等创新模式，支持有条件的城市建设基于人工智能和5G 物联的城市大脑集群。探索开展数字营商环境改革试点。加快打破信息孤岛，健全政务数据共享供需对接机制。建立长三角区域公共数据开放共享机制，制定公共数据资源开放清单。

六、促进共商共建共治共享，推动区域一体化发展

（十七）深化长三角区域“一网通办”“跨省通办”

完善“一网通办”全方位服务体系，统一规范服务流程、标准，提高在线智能客服水平。推动长三角区域身份认证和高频电子证照共享，实现一地认证、全域可办。推进电子证照、电子签章在银行开户、贷款、货物报关、项目申报、招标投标、知识产权等领域全面应用，推进更多政务服务事项接入“一网通办”。完善“跨省通办”事项标准和业务规则，制定长三角一体化“跨省通办”任务清单，明确时间表、路线图。简化“跨省通办”网上办理环节和流程，丰富网上办事引导功能。优化“跨省通办”线下服务，推动县级以上地方政务服务中心“跨省通办”窗口全覆盖。探索通过自主服务终端等渠道，推进“跨省通办”服务向基层延伸。

（十八）推动长三角区域市场监管一体化

统一长三角区域违法行为行政处罚裁量基准，研究制定区域行政执法领域轻微违法行为免罚清单。开展长三角区域网络监管合作，联合开展特定行业领域专项网络监测，实现网络案件线索电子化移送。建立健全行政执法信息通报机制，畅通长三角区域违法线索移送渠道，规范跨地区执法办案的协助、配合和支持标准。推进跨区域突发事件通气、重大舆情预警交流、行政执法快速协查、重大疑难案件联合查办、政策实施协作联动。

（十九）加快建设诚信长三角

深化长三角信用合作，建立健全自然人、法人和其他组织信用记录，完善“信用长三角”平台功能，强化信用信息互联互通与共享应用。推动信用服务领域供给侧改革，培育一批专业化、特色化信用服务机构。充分发挥长三角征信机构联盟和长三角征信链作用，加强地方融资信用服务平台建设，服务中小企业融资。深入推进长三角统一的信用监管制度和标准体系建设，构建跨区域跨部门信用协同监管和联防联控网络。健全失信惩戒对象认定机制，统一长三角地区失信信息公示范围，聚焦重点领域，实行失信行为标准互认、信用信息共享互动、惩戒措施路径互通的跨区域失信惩戒制度。健全政府守信践诺机制，建立政府承诺合法性审查制度和政府失信补偿、

赔偿与追究制度。

（二十）促进长三角深入推进包容普惠创新

共筑长三角绿色生态屏障，加强生态环境分区管控，完善跨流域跨区域生态保护补偿机制。全面实施基本公共服务标准化管理，持续推进基本公共服务均等化。推动以社会保障卡为载体建立居民服务“一卡通”。加快异地就医报销、就业创业、社会保障、交通出行、旅游观光、文体体验等一体化服务，进一步拓展“一卡通”适用范围。深化科技成果使用权、处置权和收益权改革，探索完善科研人员职务发明成果权益分享机制。鼓励各类企业在长三角设立总部机构、研发中心，鼓励相关国际组织落户本地区。

七、组织保障

（二十一）坚持党的全面领导

充分发挥党总揽全局、协调各方的领导核心作用，始终把党的全面领导贯穿到长三角国际一流营商环境建设的全过程各领域各环节。建立激励机制，做好容错纠错工作，调动广大干部的积极性主动性创造性，有效激励党员干部担当作为。重大事项及时向党中央、国务院报告。

（二十二）健全工作机制

长三角四省（市）要落实主体责任，加强沟通协作，细化重点任务，确保本行动方案落地见效。有关部门要加强工作指导，促进各方交流互鉴，在健全重点领域制度规则和重大政策沟通协调机制方面予以积极支持。推动长三角一体化发展领导小组办公室要加强统筹协调和督促检查，适时组织开展行动方案实施情况评估。

（二十三）积极探索创新

充分发挥上海、南京、苏州、杭州、宁波、合肥等城市示范带动作用，鼓励无锡、常州、南通、温州、衢州、舟山、芜湖等城市探索创新，着力破解体制机制难题。对实践证明行之有效、企业群众满意度高的改革举措进行总结和提炼，为全国积累更多可复制可推广经验。

（二十四）营造良好氛围

长三角四省（市）要围绕推动长三角国际一流营商环境建设、深化营商环境重点领域改革成效，主动开展多种形式的宣传报道，加大对先进典型、成功经验、有效做法的宣介力度，为推动长三角国际一流营商环境建设营造良好社会氛围和舆论氛围。

商务部等6部门关于高质量实施《区域全面经济伙伴关系协定》（RCEP）的指导意见

商国际发〔2022〕10号

各省、自治区、直辖市及计划单列市人民政府，新疆生产建设兵团，中央宣传部，国务院有关部门，最高人民法院，最高人民检察院，全国工商联，中国贸促会：

为深入贯彻落实党中央、国务院关于实施好《区域全面经济伙伴关系协定》（RCEP）的决策部署，全面落实协定规定的市场开放承诺和规则，引导地方、产业和企业适应区域市场更加开放的环境、更加充分的竞争，更好把握RCEP带来的机遇，促进经济高质量发展，经国务院同意，现提出以下意见：

一、指导思想

以习近平新时代中国特色社会主义思想为指导，全面贯彻党的十九大和十九届历次全会精神，认真落实党中央、国务院决策部署，立足新发展阶段，完整、准确、全面贯彻新发展理念，构建新发展格局，高质量实施RCEP，实施自由贸易区提升战略，构建面向全球的高标准自由贸易区网络，推动更高水平开放，建设开放型世界经济。

二、总体目标

通过高质量实施RCEP，以更高水平开放促进更深层次改革。将把握RCEP发展机遇与各地方发展战略紧密对接，推动地方高质量发展。引导鼓励企业以RCEP实施为契机，进一步提升贸易和投资发展水平，扩大国际合作，提升质量标准，促进产业升级，增强参与国际市场竞争力。

三、重点任务

（一）利用好协定市场开放承诺和规则，推动贸易投资高质量发展

1. 促进货物贸易发展。鼓励企业用好成员国降税承诺，结合各成员降税承诺和产业特点，推动扩大服装、鞋、箱包、玩具、家具、电子产品、机械装备、汽车零件、摩托车、化纤、农产品等优势产品出口，积极扩大先进技术、重要设备、关键零部件、原材料等进口，支持日用消费品、医药、康复设备和养老护理设备等进口。（商务部、财政部、海关总署、各地方人民政府按职责分工负责）

2. 确保优惠原产地规则发挥实效。进一步加强原产地规则组织实施和签证职能管理，探索与RCEP成员国共同推动原产地电子联网建设，扩大自助打印证书适用国别范围，提升签证智能化

水平，提高签证准确性和规范性。实施经核准出口商制度，鼓励企业用好区域原产地累积规则，指导企业用足用好原产地自主声明便利化措施。及时帮助进出口企业沟通解决享惠受阻问题。（海关总署、中国贸促会按职责分工负责）

3. 高标准实施海关程序和贸易便利化规则。除特殊情况外，进出口环节监管证件统一纳入“单一窗口”受理，最大限度实现通关物流环节单证无纸化。进一步督促指导各地方口岸管理部门落实口岸收费目录清单制度，做到清单之外无收费。积极推进与 RCEP 成员国“经认证的经营者（AEO）”互认合作。有条件的口岸对抵达海关监管作业场所且完整提交相关信息的 RCEP 原产易腐货物和快件，在满足必要条件下争取实行 6 小时内放行的便利措施。（海关总署、商务部按职责分工负责）

4. 加强动植物检疫和食品安全国际合作。加强与 RCEP 成员国的动植物疫情信息共享，推动国际动植物疫情监测合作，探索认可成员国间动植物检疫措施的等效性。加大对 RCEP 成员国技术性贸易措施关注和研究。按照进出口商品检验法做好对采信机构实施目录管理工作，为 RCEP 框架下互认打好基础。（海关总署、农业农村部按职责分工负责）

5. 提高服务贸易对外开放水平。落实好协定服务贸易开放承诺，推动制造业研发、管理咨询、养老服务、专业设计等服务承诺逐一落地。开展服务具体承诺表由正面清单向负面清单的转换，按照协定承诺在协定生效后 6 年内尽早完成。为区域内各国投资者、公司内部流动人员、合同服务提供者等各类商业人员及其随行配偶和家属的跨境流动提供必要的便利。（商务部及各有关部门、各地方人民政府按职责分工负责）

6. 提升投资自由化便利化水平。履行好协定投资负面清单承诺，确保开放措施落地到位。推动完善全国版和自由贸易试验区版外商投资准入特别管理措施（负面清单），落实好“十四五”规划纲要关于有序推进电信、互联网、教育、文化、医疗等领域开放的部署，在确保国家安全的前提下进一步扩大开放。（各有关部门、各地方人民政府按职责分工负责）

7. 提升对外投资便利化水平，提高对外投资质量效益。推动企业参与区域产业链供应链重塑，引导对外投资绿色低碳发展。推进对外投资便利化，推广使用电子证照。高质量建设境外经贸合作区，提高合作区与国内园区协同发展水平。加强对外投资保护，维护企业合法权益。（各有关部门、各地方人民政府按职责分工负责）

8. 加强知识产权保护。按照 RCEP 知识产权规则，为著作权、商标、地理标志、专利、外观设计、遗传资源、传统知识、民间文艺和商业秘密等提供高水平保护。完善国内知识产权保护体系，加大执法力度，加强打击盗版、假冒等侵权行为。加强知识产权行政执法、司法保护、社会共治的有效衔接。研究制定跨境电子商务知识产权保护指南。强化知识产权公共服务供给，加强海外知识产权纠纷应对和维权援助。按照 RCEP 规定推动加入知识产权领域国际条约。（商务部、中央宣传部、生态环境部、农业农村部、海关总署、市场监管总局、知识产权局、最高人民法院、最高人民检察院、各地方人民政府按职责分工负责）

9. 高水平履行电子商务规则。推动跨境电子商务高质量发展。推进数字证书、电子签名的国际互认。加强电子商务消费者保护和个人信息保护。鼓励电子商务平台企业全球化经营，完善仓储、物流、支付等全球电子商务基础设施建设。深化跨境电子商务综合试验区建设，支持各综合试验区结合本地实际创新发展。鼓励引导多元主体投入建设海外仓。积极发展“丝路电商”，与更多 RCEP 成员国开展电子商务务实合作。（商务部及各有关部门按职责分工负责）

（二）促进制造业升级，提升产业竞争力

10. 推动制造业优化升级。结合 RCEP 实施，增强制造业核心竞争力和开展技术改造，推进制造业补链强链，强化资源、技术、装备支撑。实施产业基础再造工程，建设产业技术基础公共服务平台。加大重要产品和关键核心技术攻关力度，鼓励企业应用先进适用技术，加强设备更新和新产品规模化应用。深入实施智能制造和绿色制造工程，发展服务型制造新模式，推动制造业高端化智能化绿色化。（发展改革委、工业和信息化部、各地方人民政府按职责分工负责）

11. 深入实施质量提升行动。结合 RCEP 实施，推动各行业、各地区，以及广大企业加强全面质量管理，不断提升产品、工程和服务质量水平，增强对外贸易质量效益。推进质量基础设施"一站式"服务，强化协同发展、集成服务、互联互通。以质量提升加强我国在 RCEP 区域中的市场参与能力。（市场监管总局、工业和信息化部、住房城乡建设部、商务部、各地方人民政府按职责分工负责）

12. 加强高端产业链合作和制造业项目合作，培育多元化全球供应链网络。充分发挥我国产业和市场优势，在 RCEP 区域内积极推动企业围绕共同关心的产业链供应链环节开展紧密合作，促进企业开展研发和技术交流，进一步推动高端产业链优势互补、深度融合。加强绿色产业链合作，推动建立绿色制造国际伙伴关系。（发展改革委、工业和信息化部、商务部按职责分工负责）

13. 健全产业开放安全保障体系。密切关注区域市场深度开放引发的贸易风险，发挥多主体协同作用，加强预警监测和法律服务。依法运用贸易救济措施维护产业安全。借鉴国际通行做法，开展贸易调整援助工作，推动建立贸易调整援助制度。（商务部、工业和信息化部、财政部、人力资源社会保障部、农业农村部、海关总署、各地方人民政府按职责分工负责）

（三）推进国际标准合作和转化，提升标准对产业发展的促进作用

14. 积极实施标准化战略，加快构建推动高质量发展的国家标准化体系。贯彻落实《国家标准化发展纲要》，加强标准化工作统筹协调。对接国际标准，推进重点领域标准制修订，增加国家标准有效供给，促进产业链上下游标准有效衔接，支撑经济高质量发展。（市场监管总局负责）

15. 加大对适用的国际标准的采标力度，提升转化率。聚焦 RCEP 成员国重点贸易领域需求，积极开展国际标准的适用性分析和关键技术指标比对，提出采用国际标准重点领域，加快采用国际标准，提升我国标准与国际标准一致性。根据 RCEP 区域内标准协调的需要，对国家采标标准立项申报项目实施审评快速程序。（市场监管总局、工业和信息化部按职责分工负责）

16. 加大参与国际标准制订和对接力度，加强行业交流合作。深度参与国际标准化活动，积极参与关键领域国际标准制订。鼓励我国标准化专家更大范围、更深层次参与国际标准制修订。支持行业协会、企事业单位、检测机构加强与 RCEP 成员国交流合作，共同开展国际标准研制。利用国家标准化委员会与 RCEP 成员国建立的标准化合作机制或签署的标准化合作协议搭建平台。（市场监管总局、工业和信息化部、农业农村部按职责分工负责）

17. 推动标准协调和合格评定结果互认合作。开展 RCEP 成员国标准化体系及合格评定程序研究，促进标准协调、合格评定结果互认。支持合格评定机构结合区位优势，与 RCEP 成员国合格评定机构开展深度合作，并建立灵活高效的合格评定结果互认模式。积极开展 RCEP 标准化协调推进关键技术研究，及时汇总发布 RCEP 成员国合格评定市场准入制度及相关调整信息。（市场监

管总局负责）

（四）完善金融支持和配套政策体系

18. 进一步提升贸易投资的金融服务质效。结合 RCEP 实施，鼓励引导金融机构按照市场化原则和商业可持续性原则，创新金融产品和服务，加大对外贸企业的信贷支持力度，支持符合条件的外贸企业拓宽直接融资渠道，优化对外贸领域小微、民营企业的信贷信保产品和服务。（人民银行、银保监会、证监会、商务部按职责分工负责）

19. 提高人民币结算对贸易投资发展的支持作用。推动 RCEP 区域内贸易投资活动更多使用人民币结算，帮助市场主体降低汇兑成本，规避汇率波动风险。持续优化政策安排和基础设施建设，为人民币跨境使用提供良好的制度环境。引导金融机构提升金融服务水平，支持金融机构创新人民币交易、投资、避险产品，为市场主体提供便捷高效的跨境人民币金融产品和服务。（人民银行负责）

（五）因地制宜用好 RCEP 规则，提升营商环境

20. 构建市场化、法治化、国际化的营商环境。各地方要严格实施与 RCEP 强制性义务对应的国内法律法规规章。以 RCEP 鼓励性义务作为进一步营造良好营商环境的抓手，不断提高地方治理能力。充分发挥 RCEP 作用，提升贸易投资环境，促进对外贸易和招商引资，积极引进区域内资金、人才。地方可依据自身实际情况，结合自身优势，就高质量实施 RCEP 探索经验，在本省（区、市）辖区内有条件的地方建立示范区，带动提升本省（区、市）整体实施协定的效果。（商务部及各有关部门、各地方人民政府按职责分工负责）

21. 结合地方优势和特点抢抓机遇。强化地方政府服务功能，深入细致研究当地产业优势和 RCEP 国别市场机遇，指导企业开拓 RCEP 成员国市场，重点推动优势产品出口。加快发展外贸新业态新模式，培育外贸发展新动能，鼓励支持企业完善重点市场营销渠道。培育建立地方营销服务平台，构建国际物流供应链服务保障体系，提升物流水平。鼓励开展产业链精准招商，加强外资企业服务保障。（商务部及各有关部门、各地方人民政府按职责分工负责）

22. 帮助中西部等地区提升参与国际市场竞争的能力。鼓励中西部和东北重点地区加强承接产业转移平台建设，积极发挥当地自由贸易试验区、国家级新区、经济技术开发区、综合保税区、加工贸易产业园等在承接产业转移中的作用，完善基础设施，建设公共服务平台，提升承接产业转移能力，特别是加大加工贸易承接力度。推进西部陆海新通道建设，通过北部湾国际门户港、战略性互联互通示范项目等重要枢纽，拓展面向 RCEP 成员国的经贸合作服务功能。落实《西部地区鼓励类产业目录》和企业所得税优惠政策，适时修订鼓励类产业范围，规范企业享受税收优惠的申报程序。（发展改革委、工业和信息化部、商务部、各地方人民政府按职责分工负责）

23. 发挥海南自由贸易港政策和 RCEP 的叠加效应。落实好海南自由贸易港相关方案和政策措施，深入研究 RCEP 规则条款及缔约方市场准入承诺，推动在发展现代服务业、提升制造业等方面更快发展。实施好海南自由贸易港跨境服务贸易特别管理措施（负面清单）。（商务部、海南省人民政府按职责分工负责）

24. 支持自由贸易试验区积极推动制度创新。推动落实国务院关于推进自由贸易试验区贸易投资便利化改革创新的政策措施。制定实施自由贸易试验区跨境服务贸易特别管理措施（负面清

单）。（商务部及各有关部门、相关地方人民政府按职责分工负责）

25. 促进边境贸易发展。在做好疫情防控的前提下，继续加强口岸基础设施建设，提升边境口岸通行能力。加快双边检验检疫议定书签署，扩大边境贸易进口商品品种。优化边境贸易检验检疫流程。鼓励边境地区外贸综合服务企业发展，促进边贸电商市场融合发展，为边贸企业提供通关、物流等优质服务，培育面向国内外的边境地区商品市场和商贸中心。（商务部、海关总署及各有关部门、各边境省区人民政府按职责分工负责）

（六）持续深入做好面向企业的配套服务

26. 建立自贸协定实施公共服务平台。强化中国自由贸易区服务网服务企业的功能，便利企业了解和查询关税优惠、原产地操作、服务投资开放、知识产权、电子商务等规则，就 RCEP 提供咨询服务，提供知识产权数据接口等服务支撑。鼓励地方积极开展自贸协定公共服务平台建设，努力为企业提供优惠关税政策、原产地证书申领、通关便利化、服务投资咨询、商事仲裁解决、商业保理等自贸伙伴贸易投资一站式解决方案。（商务部、中国贸促会、各地方人民政府按职责分工负责）

27. 发挥驻外经商机构对企业在海外的服务功能。在 RCEP 区域的中国驻外经商机构要加大对当地中资企业用好协定的支持力度，鼓励当地中资企业商（协）会充分发挥提供信息交流和资源共享服务等方面作用，为企业在当地开展业务合作中遇到的问题和困难提供咨询帮助。（商务部负责）

28. 增强展会等平台对贸易投资发展的促进作用。充分发挥中国国际进口博览会、中国进出口商品交易会、中国国际服务贸易交易会、中国国际投资贸易洽谈会、中国国际消费品博览会、中国—东盟博览会等展会平台服务企业的作用，扩大面向 RCEP 国家的贸易投资促进和推广，鼓励相关地方利用现有展会活动，更好带动与 RCEP 国家的对外贸易、双向投资和技术交流。（商务部负责）

29. 持续做好宣传培训。建设解读 RCEP 规则和指导实际操作的专家队伍。通过相关部门自主组织、政府购买服务等方式，加大对中西部地区和中小微企业的培训力度，结合各地特点和实际需要开展针对性培训，着力提升中小企业对 RCEP 规则的理解和应用能力。（商务部、财政部、中国贸促会、全国工商联、各地方人民政府按职责分工负责）

30. 加强 RCEP 实施效果跟踪。深入开展调研，广泛收集各方面诉求，加强地方和产业对 RCEP 实施工作的参与。及时查找、分析和解决实施中存在的问题，研究改进实施方法，提升企业利用 RCEP 的便利性，用足用好优惠措施。（商务部、各地方人民政府按职责分工负责）

四、组织实施

各有关部门、各地方要从全局和战略高度，深刻认识全面做好 RCEP 实施相关工作的重大意义，加强部门联动、央地协同，按照职责分工抓好贯彻落实，采取有效措施，切实将 RCEP 实施各项工作落到实处、取得实效。

商务部　发展改革委　工业和信息化部
人民银行　海关总署　市场监管总局
2022 年 1 月 24 日

商务部　中国出口信用保险公司关于加大出口信用保险支持　做好跨周期调节进一步稳外贸的工作通知

商财函〔2022〕54 号

各省、自治区、直辖市及计划单列市、新疆生产建设兵团商务主管部门，中国出口信用保险公司各营业机构：

为深入贯彻落实党中央、国务院决策部署，根据国务院办公厅《关于做好跨周期调节进一步稳外贸的意见》要求，现就进一步发挥出口信用保险作用，支持外贸稳定发展相关工作通知如下：

一、提高政治站位，将出口信用保险作为稳外贸工作有力抓手

各地商务主管部门和中信保公司各营业机构要以习近平新时代中国特色社会主义思想为指导，全面贯彻党的十九大和十九届历次全会精神，认真落实中央经济工作会议部署，坚持稳字当头、稳中求进，继续发挥好出口信用保险作用，全力以赴稳定外贸。各地商务主管部门要进一步提高政治站位，充分认识稳外贸对稳定宏观经济大盘的重要意义，密切关注外贸发展面临的不确定不稳定不平衡因素，引导企业用足用好出口信用保险政策工具，充分发挥出口信用保险风险保障和融资增信作用，为促进外贸平稳发展创造良好的政策环境。中信保公司各营业机构要切实发挥好政策性金融机构作用，在依法合规、风险可控前提下，进一步优化出口信用保险承保和理赔条件，强化产品联动，支持内外贸一体化发展，积极拓展产业链承保，加大对中小微外贸企业服务保障以及对跨境电商、海外仓等新业态的支持力度，帮助外贸企业稳定信心、增强抗风险能力。

二、做好跨周期调节，加大对外贸企业支持力度

（一）加强政策引导。各地商务主管部门要加强形势跟踪研判，进一步增强工作主动性前瞻性，充分发挥出口信用保险作用，做好跨周期政策设计，确保外贸运行在合理区间。更好发挥开放平台作用，拓展新的增长点，培育国际合作和竞争新优势。中信保公司各营业机构要明确工作方案，积极为企业提供更加有力的风险保障，在风险可控的前提下保障企业出运前风险，稳定企业接单信心并巩固扩大在手订单规模。支持企业深耕传统出口市场并开拓多元化市场，重点做好面向共建“一带一路”国家、新兴市场、自贸区伙伴等出口的信用保险服务。加大对绿色低碳产品、战略性新兴产业、高新技术产品等的支持。着力提升对自贸试验区、自由贸易港、国家级经济技术开发区、跨境电子商务综合试验区、边境（跨境）经济合作区、加工贸易重点承接地和示范地、加工贸易产业园内企业服务水平。

（二）强化中小微企业支持保障。各地商务主管部门要及时深入了解中小微外贸企业面临的突出困难和金融需求，完善地方统保平台，在保持政策连续稳定基础上，加大“一对一”服务精

准直达，增强企业政策获得感。中信保公司各营业机构要切实加大出口信用保险对中小微企业的服务支持力度，扩大中小微外贸企业覆盖面和承保规模，针对性降低中小微企业投保成本，优化理赔追偿服务措施。升级资信服务产品，提高风险信息的即时查询和动态推送能力，不断提升中小微企业线上化、便利化、专业化服务水平。

（三）促进对外贸易创新发展。各地商务主管部门要积极落实“十四五”外贸高质量发展规划、加快发展外贸新业态新模式意见等文件，结合各地实际情况完善信用保险支持政策，鼓励加大对跨境电商、海外仓、外贸综合服务企业等外贸新业态支持力度，采取针对性措施促进服务贸易发展。中信保公司各营业机构要强化产品模式创新，优化承保评审，为企业提供个性化服务方案。在依法合规、风险可控前提下，加大对传统外贸企业、跨境电商和物流企业等建设和使用海外仓的承保支持，支持外贸综合服务企业，试点承保市场采购贸易，探索支持保税维修，探索将条件成熟的新型离岸国际贸易纳入出口贸易险支持范围。要结合不同领域服务贸易特点完善出口信用保险支持政策。

（四）保障产业链供应链稳定畅通。各地商务主管部门要在疫情特殊困难背景下，围绕维护产业链供应链安全梳理本地重点外贸外资企业及项目信息，全力保障在产业链中具有重要影响的产业和关键产品出口，内外资一视同仁，为中信保公司精准服务提供支持。中信保公司各营业机构要加强产品联动和资源倾斜，积极拓展产业链承保，支持产业链上下游畅通运转。深化对产业链细分领域的精准服务，为大型骨干外贸企业、高科技企业、重点加工贸易企业、海运物流企业等提供多元化产品和服务。继续保持对纺织品、服装、家具、鞋靴、塑料制品、箱包、玩具、石材、陶瓷、优势特色农产品等劳动密集型出口企业的服务力度，支持边境地区资源加工产业链延伸发展。发挥好中长期出口信用保险作用，积极支持一批“小而美”、惠民生项目，稳步开展健康、绿色、数字、创新等新领域合作，培育合作新增长点，助力共建“一带一路”高质量发展。

（五）推进内外贸一体化发展。各地商务主管部门要深入开展调查研究，通过多种形式了解企业在开拓国内外市场方面的问题和诉求，协调解决企业困难，提高企业接单能力，培育更具国际竞争力的贸易双循环企业。中信保公司各营业机构要充分发挥国内贸易险对扩大内需的积极作用，重点支持电子信息、家电等产业链的国内信用贸易。持续支持外贸企业出口产品转内销，对同时经营国内国际两个市场的企业加强出口信用保险和国内贸易险协同支持，积极支持贸易双循环企业提升国际竞争力。

（六）强化短期险保单融资支持。各地商务主管部门要发挥外经贸发展专项资金引导作用，鼓励借鉴部分省市成功经验，积极推广“政府+银行+保险”和其他融资支持模式，并进一步引导银行结合外贸企业需求和外资企业特点创新保单融资等产品。积极协调地方出台相关支持政策，通过“再贷款+保单融资”等方式，精准滴灌中小微企业。中信保公司各营业机构要强化责任意识，用足用好地方支持政策和银行保单融资产品，提升保单融资规模。主动引导银行和中小微企业通过“单一窗口”、外汇局跨境金融区块链服务平台等渠道开展线上保单融资，扩大保单融资客户覆盖面。积极推动银行和外贸企业加强信息共享，充分发挥保单融资“白名单”机制作用强化供应链金融服务，为上下游企业提供增信支持和融资便利。

三、强化组织保障和协调配合，确保政策落实到位

各地商务主管部门和中信保公司各营业机构要运用好党史学习教育成果，切实履行政治责任，

强化系统思维，做好科学谋划，结合本地实际出台符合世贸规则的针对性支持举措。要认真组织实施，加强政策宣介，推动各项政策措施在本地区落地见效。工作中要加强协作联动，在政策支持、数据对接、信息共享等方面加强“总对总、分对分”合作。重要工作进展、存在困难问题和经验做法及时向商务部（财务司）和中信保公司（业务管理部）反馈。

商务部

中国出口信用保险公司

2022 年 2 月 21 日

税务总局等十部门关于进一步加大出口退税支持力度　促进外贸平稳发展的通知

税总货劳发〔2022〕36号

各省、自治区、直辖市人民政府，国务院有关部门：

为深入贯彻党中央、国务院决策部署，助力外贸企业缓解困难、促进进出口平稳发展，更好发挥出口退税这一普惠公平、符合国际规则政策的效用，并从多方面优化外贸营商环境，经国务院同意，现将有关事项通知如下：

一、进一步加大助企政策支持力度

（一）强化出口信用保险与出口退税政策衔接。企业申报退税的出口业务，因无法收汇而取得出口信用保险赔款的，将出口信用保险赔款视为收汇，予以办理出口退税。（商务部、税务总局、银保监会等按职责分工负责）

（二）完善加工贸易出口退税政策。为支持加工贸易企业发展，进一步减轻企业负担，对出口产品征退税率一致后，因征退税率不一致等原因而多转出的增值税进项税额，允许企业转入进项税额予以抵扣。（财政部、税务总局等按职责分工负责）

（三）挖掘离境退税政策潜力。进一步扩大境外旅客购物离境退税政策覆盖地域范围。优化退税商店布局，推动更多优质商户成为退税商店，形成更大规模集聚效应。积极推行离境退税便捷支付、“即买即退”等便利措施，促进境外旅客在华旅游购物消费，推动离境退税规范发展。（财政部、税务总局、海关总署、文化和旅游部、商务部等按职责分工负责）

二、进一步提升退税办理便利程度

（四）大力推广出口业务“非接触”办理。优化推广国际贸易“单一窗口”、电子税务局等信息系统，积极支持引导出口企业采用“非接触”方式办理口岸和跨境贸易领域相关业务。原则上出口企业通过网上渠道提交申报电子数据后，即可申请办理出口退税申报等事项，无需提交纸质资料。税务等部门审核电子数据无问题的，即可办结业务，并通过网上反馈办理结果。（税务总局、海关总署、交通运输部等按职责分工负责）

（五）持续精简出口退税环节报送资料。强化海关、税务等部门间数据共享与衔接管理，进一步精简委托出口货物退税申报、融资租赁货物出口退税申报、来料加工免税核销申报环节的报送资料。（税务总局、海关总署等按职责分工负责）

（六）积极推行出口退税备案单证电子化。支持出口企业根据自身实际，灵活选择电子化或者纸质化的方式留存保管出口货物提单等出口退税备案单证，提高单证收集整理效率。进一步优

化完善税务信息系统功能，为电子化方式核查备案单证积极创造条件。（税务总局、交通运输部等按职责分工负责）

（七）大幅提升出口退税智能申报水平。进一步提升出口退税申报便利水平，实现企业通过税务信息系统申报出口退税时自动调用本企业出口报关单信息，通过国际贸易“单一窗口”申报出口退税时自动调用本企业购进的出口货物的发票信息。持续扩大出口退税申报“免填报”范围，为企业高效申报退税创造便利条件，进一步提升申报效率。（税务总局、海关总署等按职责分工负责）

（八）不断提高出口退税办理质效。在2021年正常出口退税平均7个工作日办结的基础上，进一步压缩出口退税办理时间，2022年进一步压缩至6个工作日内。全面实现退库无纸化，进一步提高税款退付效率。（税务总局牵头，商务部、人民银行等按职责分工负责）

（九）进一步提高出口货物退运通关效率。深化海关、税务部门合作，积极推动《出口货物已补税/未退税证明》信息共享，在办理出口货物退运通关时，凡可查验信息的，不再要求企业报送纸质证明，改为查验共享信息，帮助企业加速办理退运通关。（税务总局牵头，海关总署等按职责分工负责）

（十）优化简化出口退税事项办理流程。对于风险可控的出口退税申报，采用“容缺”方式先行办理退税，事后再补办实地核查手续。进一步精简出口退税证明开具申请环节需要报送的资料，积极推动实现出口退税证明全流程无纸化。企业出口货物申报出口退税，受自然灾害、疫情等因素影响无法按期收汇的，取消事前报送举证资料，企业留存备查相关资料即可，同时按照包容审慎、风险可控原则适当放宽举证资料范围。（税务总局牵头，商务部等按职责分工负责）

三、进一步优化出口企业营商环境

（十一）帮助企业提高出口业务办理效率。丰富宣传渠道及精准提醒内容，让出口企业及时获知报关、结关、退税等事项办理进度，引导企业提高内部管理效率，进一步压缩出口单证收集、流转时间，加速申报出口退税。（商务部、海关总署、税务总局等按职责分工负责）

（十二）支持跨境电商健康持续创新发展。便利跨境电商进出口退换货管理。鼓励并支持符合条件的跨境电商出口企业积极适用出口退税政策。加快推动各地跨境电商综试区线上综合服务平台建设。规范跨境电商零售出口税收管理，引导出口企业在线上综合服务平台登记出口商品信息并进行免税申报，促进跨境电商出口贸易健康发展。（商务部、海关总署、税务总局、外汇局等按职责分工负责）

（十三）引导外贸综合服务企业健康成长。深化落实外贸综合服务企业代办退税管理办法，进一步提高集中代办退税备案及实地核查效率。鼓励外贸综合服务企业采用无纸化方式申报出口退税、电子化方式管理出口退税备案单证。加大对外贸综合服务企业信用培育力度，指导企业优化内部风险管理，提升集中代办退税风险管控水平。（商务部、税务总局等按职责分工负责）

（十四）加强信息共享引导企业诚信经营。强化海关、税务、外汇等部门信用评级信息共享，积极引入市场化信用评级机构，提供高质量的评级服务，提升出口退税企业管理类别动态调整及时性，依法依规深化守信激励和失信惩戒。引导出口企业及时、主动纠正失信行为，提高诚信意识、规范健康发展。（商务部、人民银行、海关总署、税务总局、外汇局等按职责分工负责）

（十五）积极营造公平公正的营商环境。强化税务、公安、海关、人民银行、外汇等部门协作，推动实现对虚开骗税等违法犯罪行为从事后打击向事前事中精准防范转变。对虚假出口、骗取出口退税等违法犯罪行为加大联合打击力度，为出口企业营造更优的营商环境。（公安部、人民银行、海关总署、税务总局、外汇局等按职责分工负责）

各地区各部门要进一步凝聚共识，加强政策统筹协调，切实落实工作责任，结合本地区本部门实际，认真组织实施。税务总局会同相关部门要加强工作指导，及时总结推广典型经验做法，协商解决政策实施中存在的问题，确保各项政策措施落地见效。

税务总局　公安部　财政部

交通运输部　商务部　文化和旅游部

人民银行　海关总署　外汇局　银保监会

2022 年 4 月 20 日

海关总署　国家发展改革委　商务部关于全面实施《中华人民共和国农产品进口关税配额证》等3种证（明）联网核查的公告

公告〔2022〕132号

为进一步优化口岸营商环境，促进跨境贸易便利化，在前期试点基础上，海关总署、国家发展改革委、商务部决定自2023年1月1日起对《中华人民共和国农产品进口关税配额证》等3种证（明）全面实施电子数据联网核查。现将有关事项公告如下：

一、对《中华人民共和国农产品进口关税配额证》《中华人民共和国化肥进口关税配额证明》《关税配额外优惠关税税率进口棉花配额证》（以下统称配额证）实施电子数据与报关单电子数据的联网核查。

二、国家发展改革委、商务部不再签发纸质配额证，改为签发电子配额证，并将电子数据传输至海关。企业凭电子配额证向海关办理进口手续，海关调用配额证电子数据与报关单电子数据进行比对核查。对于仍在有效期内的纸质配额证，企业可凭纸质配额证在有效期内向海关办理进口手续。

三、电子配额证无使用次数限制。不限贸易方式的配额证，适用于一般贸易、加工贸易、易货贸易、边境小额贸易、援助、捐赠等贸易方式进口。

四、使用配额证向海关办理进口手续的，企业应准确填报配额证代码和编号，并填报报关单商品项与配额证商品项的对应关系（填制要求详见附件）。《中华人民共和国化肥进口关税配额证明》的进口商和进口用户应分别与报关单的收发货人和消费使用单位一致。《中华人民共和国农产品进口关税配额证》和《关税配额外优惠关税税率进口棉花配额证》，以加工贸易方式进口的，最终用户名称应与报关单的消费使用单位或收发货人一致；以其他贸易方式进口的，最终用户名称应与报关单的消费使用单位一致。

五、根据《中华人民共和国进出口关税条例》第十五条有关提前申报货物“应当适用装载该货物的运输工具申报进境之日实施的税率”的规定，对于选择提前申报的货物，海关接受货物申报进口之日和运输工具申报进境之日配额证应当有效。选择两步申报的，应按照涉证模式申报。

六、使用国别关税配额证的，符合《中华人民共和国政府与新西兰政府自由贸易协定》《中华人民共和国政府和澳大利亚政府自由贸易协定》《中华人民共和国政府和毛里求斯共和国政府自由贸易协定》有关规定的，还应当根据海关总署公告2021年第34号的要求填报“优惠贸易协定享惠”类栏目。

七、如遇相关问题可联系中国国际贸易“单一窗口”客服咨询解决。电话：010-95198。

本公告自2023年1月1日起施行。海关总署、国家发展改革委、商务部2022年第92号联合公告同时废止。

特此公告。

附件：报关单填制要求（略）

海关总署
国家发展改革委
商务部
2022年12月26日

国家税务总局关于进一步便利出口退税办理促进外贸平稳发展有关事项的公告

国家税务总局公告2022年第9号

为深入贯彻党中央、国务院决策部署，积极落实《税务总局等十部门关于进一步加大出口退税支持力度促进外贸平稳发展的通知》（税总货劳发〔2022〕36号），进一步助力企业纾解困难，激发出口企业活力潜力，更优打造外贸营商环境，更好促进外贸平稳发展，现就有关事项公告如下：

一、完善出口退（免）税企业分类管理

出口企业管理类别年度评定工作应于企业纳税信用级别评价结果确定后1个月内完成。

纳税人发生纳税信用修复情形的，可以书面向税务机关提出重新评定管理类别。因纳税信用修复原因重新评定的纳税人，不受《出口退（免）税企业分类管理办法》（国家税务总局公告2016年第46号发布，2018年第31号修改）第十四条中“四类出口企业自评定之日起，12个月内不得评定为其他管理类别”规定限制。

二、优化出口退（免）税备案单证管理

（一）纳税人应在申报出口退（免）税后15日内，将下列备案单证妥善留存，并按照申报退（免）税的时间顺序，制作出口退（免）税备案单证目录，注明单证存放方式，以备税务机关核查。

1. 出口企业的购销合同（包括：出口合同、外贸综合服务合同、外贸企业购货合同、生产企业收购非自产货物出口的购货合同等）；

2. 出口货物的运输单据（包括：海运提单、航空运单、铁路运单、货物承运单据、邮政收据等承运人出具的货物单据，出口企业承付运费的国内运输发票，出口企业承付费用的国际货物运输代理服务费发票等）；

3. 出口企业委托其他单位报关的单据（包括：委托报关协议、受托报关单位为其开具的代理报关服务费发票等）。

纳税人无法取得上述单证的，可用具有相似内容或作用的其他资料进行单证备案。除另有规定外，备案单证由出口企业存放和保管，不得擅自损毁，保存期为5年。

纳税人发生零税率跨境应税行为不实行备案单证管理。

（二）纳税人可以自行选择纸质化、影像化或者数字化方式，留存保管上述备案单证。选择纸质化方式的，还需在出口退（免）税备案单证目录中注明备案单证的存放地点。

（三）税务机关按规定查验备案单证时，纳税人按要求将影像化或者数字化备案单证转换为纸质化备案单证以供查验的，应在纸质化单证上加盖企业印章并签字声明与原数据一致。

三、完善加工贸易出口退税政策

实行免抵退税办法的进料加工出口企业，在国家实行出口产品征退税率一致政策后，因前期征退税率不一致等原因，结转未能抵减的免抵退税“不得免征和抵扣税额抵减额”，企业进行核对确认后，可调转为相应数额的增值税进项税额。

四、精简出口退（免）税报送资料

（一）纳税人办理委托出口货物退（免）税申报时，停止报送代理出口协议副本、复印件。

（二）纳税人办理融资租赁货物出口退（免）税备案和申报时，停止报送融资租赁合同原件，改为报送融资租赁合同复印件（复印件上应注明“与原件一致”并加盖企业印章）。

（三）纳税人办理来料加工委托加工出口货物的免税核销手续时，停止报送加工企业开具的加工费普通发票原件及复印件。

（四）纳税人申请开具《代理出口货物证明》时，停止报送代理出口协议原件。

（五）纳税人申请开具《代理进口货物证明》时，停止报送加工贸易手册原件、代理进口协议原件。

（六）纳税人申请开具《来料加工免税证明》时，停止报送加工费普通发票原件、进口货物报关单原件。

（七）纳税人申请开具《出口货物转内销证明》时，停止报送《出口货物已补税/未退税证明》原件及复印件。

对于本条所述停止报送的资料原件，纳税人应当妥善留存备查。

五、拓展出口退（免）税提醒服务

为便于纳税人及时了解出口退（免）税政策及管理要求的更新情况、出口退（免）税业务申报办理进度，税务机关为纳税人免费提供出口退（免）税政策更新、出口退税率文库升级、尚有未用于退（免）税申报的出口货物报关单、已办结出口退（免）税等提醒服务。纳税人可自行选择订阅提醒服务内容。

六、简化出口退（免）税办理流程

（一）简化外贸综合服务企业代办退税备案流程

外贸综合服务企业在生产企业办理委托代办退税备案后，留存以下资料，即可为该生产企业申报代办退税，无需报送《代办退税情况备案表》（国家税务总局公告2017年第35号发布）和企业代办退税风险管控制度：

1. 与生产企业签订的外贸综合服务合同（协议）；
2. 每户委托代办退税生产企业的《代办退税情况备案表》；
3. 外贸综合服务企业代办退税风险管控制度、内部风险管控信息系统建设及应用情况。

生产企业办理委托代办退税备案变更后，外贸综合服务企业将变更后的《代办退税情况备案表》留存备查即可，无需重新报送该表。

（二）推行出口退（免）税实地核查“容缺办理”

1. 对于纳税人按照现行规定需实地核查通过方可办理的首次申报的出口退（免）税以及变更退（免）税办法后首次申报的出口退（免）税，税务机关经审核未发现涉嫌骗税等疑点或者已排除涉嫌骗税等疑点的，应按照“容缺办理”的原则办理退（免）税：在该纳税人累计申报的应退（免）税额未超过限额前，可先行按规定审核办理退（免）税再进行实地核查；在该纳税人累计申报的应退（免）税额超过限额后，超过限额的部分需待实地核查通过后再行办理退（免）税。

上述需经实地核查通过方可审核办理的首次申报的出口退（免）税包括：外贸企业首次申报出口退税（含外贸综合服务企业首次申报自营出口业务退税），生产企业首次申报出口退（免）税（含生产企业首次委托外贸综合服务企业申报代办退税），外贸综合服务企业首次申报代办退税。

上述按照“容缺办理”的原则办理退（免）税，包括纳税人出口货物、视同出口货物、对外提供加工修理修配劳务、发生零税率跨境应税行为涉及的出口退（免）税。

上述累计申报应退（免）税额的限额标准为：外贸企业（含外贸综合服务企业自营出口业务）100 万元；生产企业（含生产企业委托代办退税业务）200 万元；代办退税的外贸综合服务企业 100 万元。

2. 税务机关经实地核查发现纳税人已办理退（免）税的业务属于按规定不予办理退（免）税情形的，应追回已退（免）税款。因纳税人拒不配合而无法开展实地核查的，税务机关应按照实地核查不通过处理相关业务，并追回已退（免）税款，对于该纳税人申报的退（免）税业务，不适用“容缺办理”原则。

3. 纳税人申请变更退（免）税方法、变更出口退（免）税主管税务机关、撤回出口退（免）税备案时，存在已“容缺办理”但尚未实地核查的退（免）税业务的，税务机关应当先行开展实地核查。经实地核查通过的，按规定办理相关变更、撤回事项；经实地核查发现属于按规定不予办理退（免）税情形的，应追回已退（免）税款后，再行办理相关变更、撤回事项。

七、简便出口退（免）税办理方式

（一）推广出口退（免）税证明电子化开具和使用

纳税人申请开具《代理出口货物证明》《代理进口货物证明》《委托出口货物证明》《出口货物转内销证明》《中标证明通知书》《来料加工免税证明》的，税务机关为其开具电子证明，并通过电子税务局、国际贸易“单一窗口”等网上渠道（以下简称网上渠道）向纳税人反馈。纳税人申报办理出口退（免）税相关涉税事项时，仅需填报上述电子证明编号等信息，无需另行报送证明的纸质件和电子件。其中，纳税人申请开具《中标证明通知书》时，无需再报送中标企业所在地主管税务机关的名称、地址、邮政编码。

纳税人需要作废上述出口退（免）税电子证明的，应先行确认证明使用情况，已用于申报出口退（免）税相关事项的，不得作废证明；未用于申报出口退（免）税相关事项的，应向税务机关提出作废证明申请，税务机关核对无误后，予以作废。

（二）推广出口退（免）税事项“非接触”办理

纳税人申请办理出口退（免）税备案、证明开具及退（免）税申报等事项时，按照现行规定需要现场报送的纸质表单资料，可选择通过网上渠道，以影像化或者数字化方式提交。纳税人通过网上渠道提交相关电子数据、影像化或者数字化表单资料后，即可完成相关出口退（免）税事项的申请。原需报送的纸质表单资料，以及通过网上渠道提交的影像化或者数字化表单资料，纳税人应妥善留存备查。

税务机关受理上述申请后，按照现行规定为纳税人办理相关事项，并通过网上渠道反馈办理结果。纳税人确需税务机关出具纸质文书的，税务机关应当为纳税人出具。

八、完善出口退（免）税收汇管理

纳税人适用出口退（免）税政策的出口货物，有关收汇事项应按照以下规定执行：

（一）纳税人申报退（免）税的出口货物，应当在出口退（免）税申报期截止之日前收汇。未在规定期限内收汇，但符合《视同收汇原因及举证材料清单》（附件1）所列原因的，纳税人留存《出口货物收汇情况表》（附件2）及举证材料，即可视同收汇；因出口合同约定全部收汇最终日期在退（免）税申报期截止之日后的，应当在合同约定收汇日期前完成收汇。

（二）出口退（免）税管理类别为四类的纳税人，在申报出口退（免）税时，应当向税务机关报送收汇材料。

纳税人在退（免）税申报期截止之日后申报出口货物退（免）税的，应当在申报退（免）税时报送收汇材料。

纳税人被税务机关发现收汇材料为虚假或冒用的，应自税务机关出具书面通知之日起24个月内，在申报出口退（免）税时报送收汇材料。

除上述情形外，纳税人申报出口退（免）税时，无需报送收汇材料，留存举证材料备查即可。税务机关按规定需要查验收汇情况的，纳税人应当按照税务机关要求报送收汇材料。

（三）纳税人申报退（免）税的出口货物，具有下列情形之一，税务机关未办理出口退（免）税的，不得办理出口退（免）税；已办理出口退（免）税的，应在发生相关情形的次月用负数申报冲减原退（免）税申报数据，当期退（免）税额不足冲减的，应补缴差额部分的税款：

1. 因出口合同约定全部收汇最终日期在退（免）税申报期截止之日后的，未在合同约定收汇日期前完成收汇；

2. 未在规定期限内收汇，且不符合视同收汇规定；

3. 未按本条规定留存收汇材料。

纳税人在本公告施行前已发生上述情形但尚未处理的出口货物，应当按照本项规定进行处理；纳税人已按规定处理的出口货物，待收齐收汇材料、退（免）税凭证及相关电子信息后，即可申报办理出口退（免）税。

（四）纳税人确实无法收汇且不符合视同收汇规定的出口货物，适用增值税免税政策。

（五）税务机关发现纳税人申报退（免）税的出口货物收汇材料为虚假或者冒用的，应当按照《中华人民共和国税收征收管理法》有关规定进行处理，相应的出口货物适用增值税征税政策。

本条所述收汇材料是指《出口货物收汇情况表》及举证材料。对于已收汇的出口货物，举证材料为银行收汇凭证或者结汇水单等凭证；出口货物为跨境贸易人民币结算、委托出口并由受托方代为收汇，或者委托代办退税并由外贸综合服务企业代为收汇的，可提供收取人民币的收款凭证；对于视同收汇的出口货物，举证材料按照《视同收汇原因及举证材料清单》确定。

本条所述出口货物，不包括《财政部　国家税务总局关于出口货物劳务增值税和消费税政策的通知》（财税〔2012〕39 号）第一条第二项（第 2 目除外）所列的视同出口货物，以及易货贸易出口货物、边境小额贸易出口货物。

九、施行时间

本公告第一条、第二条、第三条自 2022 年 5 月 1 日起施行，第四条、第五条自 2022 年 6 月 1 日起施行，第六条、第七条、第八条自 2022 年 6 月 21 日起施行。《废止的文件条款目录》（附件 3）中列明的条款相应停止施行。

特此公告。

附件：1. 视同收汇原因及举证材料清单（略）

2. 出口货物收汇情况表（略）

3. 废止的文件条款目录（略）

国家税务总局

2022 年 4 月 29 日